Anna Kirchner
Arabischsprachig und evangelikal in Israel

Judaism, Christianity, and Islam – Tension, Transmission, Transformation

Edited by Patrice Brodeur, Alexandra Cuffel,
Assaad Elias Kattan, and Georges Tamer

Volume 18

Anna Kirchner

Arabischsprachig und evangelikal in Israel

Identität im Konflikt

DE GRUYTER

ISBN 978-3-11-135601-3
e-ISBN (PDF) 978-3-11-073451-5
e-ISBN (EPUB) 978-3-11-073455-3
ISSN 2196-405X

Library of Congress Control Number: 2021944787

Bibliografische Information der Deutschen Nationalbibliothek
Die Deutsche Nationalbibliothek verzeichnet diese Publikation in der Deutschen
Nationalbibliografie; detaillierte bibliografische Daten sind im Internet über
http://dnb.dnb.de abrufbar.

© 2023 Walter de Gruyter GmbH, Berlin/Boston
Dieser Band ist text- und seitenidentisch mit der 2022 erschienenen
gebundenen Ausgabe.
Druck und Bindung: CPI books GmbH, Leck

www.degruyter.com

Danksagung

Die vorliegende Studie wurde unter dem Titel „Arabischsprachige Evangelikale in Israel. Identität im Konflikt" als Dissertationsschrift an der Theologischen Fakultät der Universität Heidelberg im Sommersemester 2020 eingereicht und angenommen. Ihre Entstehung wäre ohne die Unterstützung und Begleitung anderer nicht möglich gewesen. Allen Menschen in Israel und den Palästinensischen Gebieten, die sich für mein Forschungsprojekt öffneten, danke ich herzlich für ihre Bereitschaft, auch über ihnen unliebsame Themen zu sprechen. Für die große Offenheit, Hilfsbereitschaft und Gastfreundschaft, die mir in den evangelikalen Gemeinden und durch ihre Mitglieder begegneten, bin ich sehr dankbar. Den Coptys und ganz besonders Rania Copty danke ich dafür, mir in Nazareth ein Zuhause bereitet zu haben.

Michael Bergunder danke ich für die Begleitung des Projekts von Anfang an. Seine kritischen Rückfragen, sein Aufspüren „blinder Flecken" und sein unermüdliches Lesen und Diskutieren meiner Textentwürfe haben der Studie zu der Gestalt verholfen, in der sie heute vorliegt. Bei Friederike Nüssel bedanke ich mich für die Erstellung des Zweitgutachtens.

Ungemein profitiert hat das Projekt von dem Austausch mit anderen Mitstreitenden an Michael Bergunders Lehrstuhl in Form von Forschungskolloquien und Oberseminaren. Meinem jetzigen und früheren Heidelberger Kollegium, insbesondere Judith Bachmann, Giovanni Maltese, Jörg Haustein, Katharina Wörn, Johanna Weirich, Lena Beisel, Nora Kurzewitz und Mathias Thurner, sei herzlich für unzählige Gespräche und Rückmeldungen zu Textentwürfen sowie motivierende Worte gedankt. Beate Konradt und den Mitarbeitenden in der Fakultätsbibliothek danke ich, dass sie die Bibliothek zu einem Arbeitsumfeld werden ließen, das einen für mich nötigen Wohlfühl- und Rückzugsort bot. Das Dissertationsprojekt wurde zunächst durch ein Gerhard-von-Rad-Stipendium, dann durch ein Stipendium der Studienstiftung des Deutschen Volkes gefördert. Beiden Förderinstitutionen gilt mein Dank.

Für Korrekturen und inhaltliche Anmerkungen danke ich Gerhard Habermann, Sabine Ruckteschler-Habermann, Simon Kirchner, Katharina Wörn, Lena Osen, Wolfgang Köhler, Martina Kirchner, Benjamin Simon, Henrike Koch und Eva Habermann. Für die Durchsicht der englischen Übersetzungen danke ich Miriam Buhr, für die Unterstützung bei der Erfassung größerer arabischer Textbestände, vor allem zur Erweckungsbewegung in den 1940er Jahren, Rania Copty.

Georges Tamer, Patrice Brodeur, Alexandra Cuffel und Assaad Elias Kattan danke ich für die Aufnahme in die Reihe „Judaism, Christianity, and Islam – Tension, Transmission, Transformation". Beim Verlag Walter de Gruyter sei Sophie

Wagenhofer und Katrin Mittmann für den wertvollen Austausch und die Unterstützung bei der Überarbeitung der Dissertation zur vorliegenden Version gedankt. Der Deutschen Gesellschaft für Missionswissenschaft e.V. und der Evangelischen Kirche in Deutschland danke ich für ihren großzügigen Zuschuss zu den Druckkosten.

Besonders dankbar bin ich meinen Eltern für die Begleitung und wertvolle Unterstützung, vor allem in der Endphase des Dissertationsprojektes. Mein größter Dank gilt schließlich meinem Mann, der gemeinsam mit unseren Kindern die größten Entbehrungen hinnehmen musste. Für seinen Zuspruch und seine uneingeschränkte Unterstützung von der ersten Überlegung des Projekts an bis zu seiner Vollendung bin ich sehr dankbar.

Stuttgart, im August 2021   Anna Kirchner

Inhaltsübersicht

Abkürzungsverzeichnis —— IX

Vorbemerkungen —— XI

Einleitung: Der Identitätskonflikt arabischsprachiger Evangelikaler in Israel —— 1
1   Eine Minderheit in einer Minderheit in einer Minderheit: Perspektiven der Forschung —— 3
2   Die arabischsprachigen Evangelikalen in Israel und ihr kritisches Potential: Theoretische Überlegungen —— 12
3   Nazareth als Zentrum des Evangelikalismus in Israel: Eingrenzung des Forschungsfelds —— 16
4   Zugang zum Feld: Methode und Quellen —— 21
5   Zur Struktur des Bandes —— 25

I   Religions- und Christentumsgeschichte Nazareths —— 29
1   Von den osmanischen Reformen bis zur israelischen Religionspolitik —— 31
2   Nazareth: „Christliches" Zentrum und „arabische" Hauptstadt Israels —— 60
3   Fazit: Die rechtliche und politische Bedeutung religiöser Zugehörigkeit —— 78

II   Geschichte des Evangelikalismus in Nazareth —— 80
1   Die Anfänge der „evangelischen" Christ Church (1851–1911) —— 81
2   Baptisten, Offene Brüdergemeinde und Erweckung (1912–1948) —— 84
3   Etablierung weiterer Gemeinden und Vernetzung (1949–1989) —— 96
4   Die Entstehung des Evangelikalismus (1990–2019) —— 116
5   Fazit: Die Auseinandersetzung um *inǧīlī* und die Entstehung des Evangelikalismus in Israel —— 130

III   Evangelikale Identität und Religion und Christentum in Nazareth —— 134
1   Der Glaube, nicht das Erbe, bestimmt das Christsein —— 140

2		Die Gemeinde, nicht die Institution, macht Kirche aus —— 146
3		Die Bibel, nicht die Tradition, ist Maßstab des Glaubens —— 149
4		Jesus, nicht Maria, ist der Weg zum Heil —— 154
5		Fazit: Religion und Christentum in Nazareth und evangelikale Kritik —— 157

IV Christlich-evangelikaler Zionismus und die „Stille" der arabischsprachigen Evangelikalen in Nazareth —— 159

1	Zwischen Politik und Religion: Forschungsstand zum christlich-evangelikalen Zionismus —— 159
2	Die globale Auseinandersetzung um christlich-evangelikalen Zionismus —— 164
3	Die „Stille" der arabischsprachigen Evangelikalen in Nazareth —— 184
4	Fazit: Die himmlische Identität als Kritik am globalen christlich-evangelikalen Zionismus —— 201

V Evangelikale Identität und messianisches Judentum —— 203

1	Die Lausanner Bewegung und „Geistliche Kriegsführung": Mission und soziale Verantwortung im globalen Evangelikalismus —— 204
2	Versöhnung und Gerechtigkeit durch Konfliktthematisierung —— 208
3	Gebet und innige Gottesbeziehung statt Konfliktthematisierung —— 221
4	Radikalisierung, Aufbrechen und Grenzen der „Stille" in evangelikalen Gemeinden und para-kirchlichen Einrichtungen —— 241
5	Fazit: Die Universalität und Transzendenz christlicher Identität als Mittel der Konfliktbewältigung und Ideologiekritik —— 245

Fazit: Evangelikal als Kritik —— 249

Anhang —— 256

1	Verzeichnis der Interviews —— 256
2	Beschreibung der evangelikalen Kirchengemeinden und para-kirchlichen Einrichtungen in Nazareth —— 258

Literaturverzeichnis —— 278

Register —— 294

Abkürzungsverzeichnis

ABC	Association of Baptist Churches
BBC	Bethlehem Bible College
BCI	Baptist Convention Israel
BEM	Bible Evangelistic Mission
CECI	Convention of Evangelical Churches in Israel
CEF	Child Evangelism Fellowship
CMS	Church Missionary Society
CUFI	Christians United for Israel
EAI	Evangelical Alliance Israel (vormals UCCI)
FCSI	Fellowship of Christian Students Israel
GCOWE	Global Consultation on World Evangelization
HOPE	House of Prayer and Exploits in Nazareth
ICB	Israel College of the Bible
ICEJ	International Christian Embassy Jerusalem
IFES	International Fellowship of Evangelical Students
IHOPKC	International House of Prayer in Kansas City
IMB	International Mission Board
LIRIP	Lausanne Initiative for Reconciliation in Israel-Palestine
LJS	London Jews' Society
NAE	National Association of Evangelicals
NAR	Neue Apostolische Reformation
NEC	Nazareth Evangelical College
SBC	Southern Baptist Convention
SMC	Supreme Muslim Council
UCCI	United Christian Council in Israel (heute EAI)
WEA	World Evangelical Alliance

Vorbemerkungen

Übersetzungen aus dem Arabischen und Englischen sind eigene Übersetzungen. Die Umschrift des Arabischen orientiert sich an den Richtlinien der Deutschen Morgenländischen Gesellschaft (DMG). Die Schreibweise von Eigennamen wird in der allgemein üblichen Verwendung dargestellt. Wichtige Eigennamen werden bei erstmaliger Nennung zusätzlich in der Umschrift der DMG wiedergegeben. Die Interviews wurden eigenständig transkribiert. Die Großschreibung einzelner Wortteile, Wörter oder Satzteile weist auf die in der Aussprache vorliegende Betonung hin.

Einleitung: Der Identitätskonflikt arabischsprachiger Evangelikaler in Israel

> Ich bin ein Israeli,
> aber kein Jude,
> ich bin ein Araber,
> ich bin ein Palästinenser,
> aber kein Muslim [...],
> sondern ich bin ein Christ,
> kein traditioneller Christ,
> ich bin ein Evangelikaler.[1]

Diese Selbstvorstellung eines arabischsprachigen[2] Evangelikalen aus Nazareth zeigt die mehrschichtige, komplexe und spannungsreiche Identität der arabischsprachigen Evangelikalen in Israel auf. Deutlich wird der Wunsch, sich gängigen Kategorien zuzuordnen, und es doch nicht zu können: Er ist weder ein jüdischer Israeli, noch ein muslimischer Palästinenser, noch ein traditioneller Christ. Er stößt mit seinem eigenen Selbstverständnis an die Grenzen gängiger, erwartbarer Kategorien. Trotzdem kann er sich auch zuordnen: Er ist israelisch, arabisch, palästinensisch, christlich und evangelikal. Er vereint scheinbar Widersprüchliches, die verschiedenen Selbstverständnisse stehen jedoch in Spannung zueinander. Dieser Identitätskonflikt lässt sich in zwei großen Linien beschreiben.

Die erste Konfliktlinie betrifft die Auseinandersetzung zwischen dem evangelikalen Verständnis von Religion und Christentum und dem in Israel vorherrschenden Religions- und Christentumsverständnis – einem „traditionellen" Christentum. In Israel gibt es geschätzt 5.000 arabischsprachige Evangelikale, die verschiedenen Denominationen – darunter Baptisten, Assemblies of God, Kirche des Nazareners, Brüdergemeinden – angehören. Der Fokus ihres Christseins liegt auf dem persönlichen Glauben, der ihrer Meinung nach allein das Christsein bewirkt. Damit kritisieren sie das gängige Verständnis von Religion und Christentum in Israel. Denn dieses ist geprägt durch die Zugehörigkeit zu einer Religionsgemeinschaft, die sich üblicherweise durch die Geburt beziehungsweise familiäre Zugehörigkeit ergibt, sie gilt als „unveränderbar", als Familien-, nicht als Privatangelegenheit. Diese Auseinandersetzung ist jedoch nicht nur eine theologische, sondern betrifft tiefe strukturelle und politische Dimensionen von Religion. Denn die heutige Bedeutung und Relevanz der Religionsgemeinschaften

---
1 Interview Nr. 23, 11.04.2017.
2 Zur Verwendung der Bezeichnung „arabischsprachig" s. S. 5.

in Israel ergibt sich vor allem dadurch, dass diese für die Verwaltung des Personenstandsrechts zuständig sind; eine Eheschließung und -scheidung ist nur innerhalb der Religionsgemeinschaften möglich. Eine zivile Eheschließung gibt es in Israel bis heute nicht. Die Zugehörigkeit zu einer anerkannten Religionsgemeinschaft ist daher unumgänglich. Die evangelikalen Gruppierungen sind jedoch nicht als Religionsgemeinschaft offiziell anerkannt. Dies stellt sie vor große Herausforderungen. Die Evangelikalen sind gezwungen, sich Strukturen zu eigen zu machen, die sie eigentlich ablehnen und kritisieren.

Die zweite große Konfliktlinie betrifft das nationale Selbstverständnis in Auseinandersetzung mit der evangelikalen Identität. Das nationale Selbstverständnis der arabischsprachigen Bevölkerung in Israel ist unabhängig ihrer religiösen Zugehörigkeit umkämpft. Israelische, arabische, palästinensische oder alternative Selbstverständnisse konkurrieren miteinander. Für die Evangelikalen wird diese Auseinandersetzung durch den christlich-evangelikalen Zionismus verschärft. Dieser sieht in der Staatsgründung Israels und der Gewinnung jüdisch-israelischer Kontrolle über die Palästinensischen Gebiete Zeichen der beginnenden Endzeit. Die Existenz und die Rechte der arabischsprachigen Bevölkerung in Israel werden vom christlich-evangelikalen Zionismus verleugnet. Einflussreich vor allem in den USA, unterstützen Anhänger eines christlich-evangelikalen Zionismus aktiv eine Politik, die sich negativ auf die arabischsprachige Bevölkerung in Israel und den Palästinensischen Gebieten auswirkt. Ein arabisch-palästinensisches Selbstverständnis steht somit in Konflikt mit dem zionistisch geprägten Evangelikalismus. Es wäre zu erwarten, dass die arabischsprachigen Evangelikalen sich dem jüdisch-israelischen Staat annähern und ihre arabisch-palästinensische Identität preisgeben. Doch dem ist nicht so; vielmehr zeigen die arabischsprachigen Evangelikalen alternative Positionierungen auf, mit denen sie den Konflikt kritisieren und transzendieren.

Die Untersuchung des Identitätskonflikts der arabischsprachigen Evangelikalen in Israel eröffnet aufgrund seiner Komplexität neue Perspektiven für die Erforschung religiöser und nationaler Identität in Israel an sich. Denn gerade weil die arabischsprachigen Evangelikalen sich an den vorfindlichen Kategorien stoßen, verweisen sie auf Problemlagen, die sonst kaum in den Blick genommen werden. Dies betrifft insbesondere das vorherrschende Verständnis von Religion und Christentum in Israel, das sich vor allem durch die Bedeutung der Religionsgemeinschaften als Rechtsgemeinschaften ergibt. Dieses Verständnis wird in Forschung und Öffentlichkeit kaum hinterfragt. Die Untersuchung des Identitätskonfliktes der arabischsprachigen Evangelikalen in Israel stößt jedoch eine kritische und historische Auseinandersetzung mit diesem Verständnis an. Um die Positionierungen der arabischsprachigen Evangelikalen adäquat einordnen und das evangelikale Anliegen plausibel machen zu können, sind zudem neue konzeptionelle Herangehensweisen an religiöse und nationale Identität erforderlich.

1 Eine Minderheit in einer Minderheit in einer Minderheit: Perspektiven der Forschung

Über die arabischsprachigen Evangelikalen in Israel ist bislang kaum etwas bekannt. Dies liegt mitunter an der beschriebenen Problemstellung. Als nicht anerkannte Religionsgemeinschaft führen sie ein Schattendasein fernab der großen anerkannten Kirchen. Aus offiziellen Statistiken fallen sie heraus. Ihre relativ geringe Mitgliederzahl und ihre teils abgelegenen, in Privathäusern oder im Industriegebiet befindlichen Gottesdiensträume verstärken die fehlende öffentliche Sichtbarkeit. Darüber hinaus dominiert der christlich-evangelikale Zionismus die Wahrnehmung von „Israel" und „evangelikal" und verdeckt damit die Existenz von arabischsprachigen Evangelikalen in Israel. Letztlich ist die mangelnde Kenntnis über die arabischsprachigen Evangelikalen aber auch auf eine konzeptionelle Hilflosigkeit zurückzuführen, da die bisherige Forschung mit ihren Herangehensweisen die komplexe Identität der arabischsprachigen Evangelikalen kaum erschließen kann. Dies liegt vor allem an einem in Israel populären Minderheitendiskurs, der wichtige Zusammenhänge aus den Augen verliert. So verstehen auch die wenig vorhandenen Beiträge zu arabischsprachigen Evangelikalen in Israel diese als „Minderheit innerhalb einer Minderheit innerhalb einer Minderheit"[3]:

> Als Araber machen sie 20,6 Prozent der gesamten Bevölkerung Israels aus. Als Christen machen sie nur 10 Prozent der Araber in Israel aus und zählen ungefähr 160.000 Menschen. Als Evangelikale beträgt die Zahl nicht mehr als 5.000.[4]

Die arabischsprachigen Evangelikalen in Israel werden als eine kleine Untergruppe (evangelikal) einer religiösen Minderheit (christlich) innerhalb einer nationalen Minderheit (arabisch) betrachtet. Durch die Nennung ihrer geringen Anzahl wird zudem ein marginaler Status suggeriert. Dabei bleibt aber unklar, was genau diese Kategorien bedeuten, wie sie sich jeweils zueinander verhalten

---

3 Azar Ajaj und Philip Sumpter, „An Introduction to the Convention of Evangelical Churches in Israel (CECI)," in *Arab Evangelicals in Israel*, hg.v. Azar Ajaj, Duane Alexander Miller und Philip Sumpter (Eugene [OR]: Pickwick, 2016), 35–51, 38; vgl. Lena Rose, „Geometries of ‚Global' Evangelicalism," *Global Networks* (2018): 1–15, 6.
4 Ajaj und Sumpter, „Introduction to the Convention", 38.

und was die Zahlen aussagen. Im Folgenden soll dieser in Forschung und Öffentlichkeit populäre Minderheitskurs zur Betrachtung von Identität ausgeführt und kritisch hinterfragt werden.

Die heutige arabischsprachige Bevölkerung in Israel beziehungsweise ihre Vorfahren lebten als „Palästinenser" in Palästina, als in diesem Land 1948 der Staat Israel gegründet wurde. Die vormaligen Palästinenser standen in Israel bis 1966 unter einer Militärregierung mit eingeschränkten Möglichkeiten und Rechten, sind seither aber Staatsbürger Israels und werden unter der offiziellen Terminologie „Araber in Israel" geführt. Das nationale Selbstverständnis der arabischsprachigen Bevölkerung ist Gegenstand zahlreicher Studien, stehen „arabisch" oder „palästinensisch" doch in Spannung zu dem Selbstverständnis des Staates Israel, der eine Heimstätte für das jüdische Volk sein möchte. In einer groß angelegten Studie über knapp 20 Jahre hinweg (1976 bis 1995) wurden unter der Leitung des israelischen Forschers Samy Smooha über 1.200 arabischsprachige Menschen unabhängig ihrer religiösen Zugehörigkeit zu ihrem nationalen Selbstverständnis interviewt. Sie wurden gefragt, ob sie sich erstens als Israeli, israelische Araber oder Araber, oder zweitens als israelische Palästinenser oder Palästinenser in Israel oder drittens als Palästinenser oder palästinensische Araber bezeichnen. 1995 entscheiden sich 54 % der Befragten für die erste, 36 % für die zweite und 10 % für die dritte Option.[5] Im Ergebnis sieht Smooha eine zunehmende Israelisierung, die er unter anderem an der Akzeptanz des Existenzrechts Israels oder der Verwendung der hebräischen Sprache festmacht.[6] Die Studie zeigt ein breites Meinungsspektrum der arabischsprachigen Bevölkerung in Israel über ihr nationales Selbstverständnis auf. Wie genau die Befragten ihr nationales Verständnis jedoch fassen, und was die Befragten unter „palästinensisch", „israelisch" oder „arabisch" verstehen, kann die Studie nicht klären. Schließlich werden auch die von ihr selbst genannten Kategorien nicht näher beschrieben. Vielmehr werden sie durch Fragestellungen erweitert, die eine äußerst stereotypisierte Sichtweise offenbaren: Die Untersuchungsgruppe wurde beispielsweise gefragt, ob sie lieber in einem jüdischen, demokratischen Staat als in einem arabischen, nicht-demokratischen Staat lebe, oder ob sie der Meinung ist, dass eine „arabische" Familie ein bis vier Kinder haben sollte.[7]

---

5 Vgl. Sammy Smooha, „The Advances and Limits of the Israelization of Israel's Palestinian Citizens," in *Israeli and Palestinian Identities in History and Literature*, hg.v. Kamal Abdel-Malek und David C. Jacobson (Basingstoke u. a.: Macmillan, 1999), 9–33, 19.
6 Vgl. Smooha, „Advances", 13.
7 Vgl. Smooha, „Advances", 15; 18. Vgl. zu Geburtenraten und Minderheiten kritisch Roda Ann Kanaaneh, *Birthing the Nation. Strategies of Palestinian Women in Israel* (Berkeley: University of California Press, 2002).

Die Konzeption der arabischsprachigen Bevölkerung als Minderheit sowie die Befragung nach ihrer nationalen Identität und dem Grad der Israelisierung mittels quantitativer Studien ist weit verbreitet, auch in solchen Studien, die den „ethnisch-jüdischen Staat" Israel oder eine „neue zionistische Hegemonie"[8] kritisch beurteilen und ein palästinensisches Anliegen sichtbar machen wollen.[9] Hinterfragt wird diese Perspektive durch Ahmad H. Sa'di. Er kritisiert, dass diese Forschung sich als „wissenschaftlich, objektiv und neutral"[10] präsentiere. Tatsächlich sei sie aber von einem eigenen Erkenntnisinteresse geprägt, dem die jüdisch-zionistische Idee zugrunde liege. Es gehe bei der Frage nach der „Israelisierung" und der Konzeption der arabischsprachigen Bevölkerung als Minderheit darum, dass sich diese an einen hegemonialen jüdisch-zionistischen Diskurs anzupassen habe. Seine Kritik begründet er mit Anfragen an den theoretisch-methodischen Zugang solcher Studien. Er stellt fest, dass dieser von Dehistorisierung geprägt ist und „Identität" unabhängig ihrer kulturellen Gebundenheit als subjektives Phänomen untersucht wird, als ob ein Individuum von einer Liste mit Möglichkeiten seine Identität wählen könne. Dabei herrsche eine Entweder-oder-Logik vor, hybride Identitäten seien in dieser Herangehensweise keine Option.[11]

Der aufgezeigte Forschungsstand zur nationalen Identität der arabischsprachigen Bevölkerung macht deutlich, dass es eine große Auseinandersetzung über die nationale Identität gibt, die auch durch eine interessengeleitete und einseitige Forschung befördert wird. Aufgrund dessen wird in dieser Studie auf „arabisch" und „palästinensisch" als vorgängige, nicht hinterfragte Kategorien verzichtet, da beide Kategorien ideologisch aufgeladen sind und nicht das Selbstverständnis aller Menschen in Israel, deren Muttersprache arabisch ist, bestimmen. Stattdessen wird auf die Terminologie „arabischsprachig" zurückgegriffen, um eine möglichst inklusive Bezeichnung zu bieten. Es gilt aufzuzeigen, wie sich die arabischsprachigen Evangelikalen in dieser Auseinandersetzung positionieren. Ihre nationale Identität ist durch den weltweit vorherrschenden christlich-evangelikalen Zionismus, der eine arabisch-palästinensische Präsenz in Israel ver-

---

8 Nadim N. Rouhana und Nimer Sultany, „Redrawing the Boundaries of Citizenship. Israel's New Hegemony," *Journal of Palestine Studies* 33:1 (2003): 5–22; u.a. 5.
9 Vgl. u.a. Nadim Rouhana und Asad Ghanem, „The Crisis of Minorities in Ethnic States. The Case of Palestinian Citizens in Israel," *International Journal of Middle East Studies* 30:3 (1998): 321–46; Rouhana und Sultany, „Boundaries"; As'ad Ghanem, „The Palestinian Minority in Israel. The ‚Challenge' of the Jewish State and its Implications," *Third World Quarterly* 21:1 (2000): 87–104; As'ad Ghanem, „The Palestinians in Israel. Political Orientation and Aspirations," *International Journal of Intercultural Relations* 26:2 (2002): 135–52.
10 Ahmad H. Sa'di, „Trends in Israeli Social Science Research on the National Identity of the Palestinian Citizens of Israel," *Asian Journal of Social Science* 32:1 (2004): 140–60, 142.
11 Vgl. Sa'di, „Trends", v.a. 145.

leugnet und in Israel die Heimstätte des jüdischen Volkes sieht, in besonderer Weise umkämpft.

Innerhalb der „arabischen Minderheit" in Israel werden die Christen gegenüber den Muslimen als „christliche Minderheit" verstanden. Als solche werden sie in ihrer Existenz als bedroht angesehen. Schon aus den Buchtiteln springen die Brisanz und Dramatik dieser Bedrohung entgegen. Da ist von „verschwindenden Christen des Mittleren Ostens"[12] und „Sterben im Land der Verheißung"[13] die Rede. Wiederholt wird versucht, die geringe Anzahl der Christen durch quantitative statistische Erhebungen zu erfassen.[14] Die letzte breite Studie zu Christen in Israel, Jerusalem und dem Westjordanland ist vom Diyar-Zentrum in Bethlehem herausgegeben worden, das von dem Theologen Mitri Raheb gegründet wurde.[15] Schätzungen zufolge lebten laut dieser Studie in den Palästinensischen Gebieten 51.710 Christen, was einem Anteil von 1,37% an der Gesamtbevölkerung entspricht.[16] In Israel verzeichnet die Studie, beruhend auf Zahlen des Central Bureau of Statistics in Israel, 153.000 Christen, darunter 21.000 nicht-arabische Christen. Die Christenheit hat damit einen Anteil von 1,95% an der Gesamtbevölkerung.[17] Bemerkenswert ist, dass die absolute Zahl der Christenheit seit Jahrzehnten gleich geblieben oder sogar gestiegen ist. Entsprechende Zahlen

---

12 Charles M. Sennott, *The Body and the Blood. The Middle East's Vanishing Christians and the Possibility for Peace* (New York: Public Affairs, 2003).

13 Donald E. Wagner, *Dying in the Land of Promise. Palestine and Palestinian Christianity from Pentecost to 2000* (London: Melisende, 2003).

14 Vgl. u. a. Rania Al Qass Collings, Rifat Odeh Kassis und Mitri Raheb, Hg., *Palestinian Christians in the West Bank. Facts, Figures and Trends* (Bethlehem: Diyar Publisher, 2012); Johnny Mansour, Hg., *Arab Christians in Israel. Facts, Figures and Trends* (Bethlehem: Diyar Publisher, 2012); Bernard Sabella, „Socio-Economic Characteristics and Challenges to Palestinian Christians in the Holy Land," in *Christians in the Holy Land*, hg.v. Michael Prior und William Taylor (London: The World of Islam Festival Trust, 1995), 31–44; Bernard Sabella, „Socio-Economic Characteristics and Challenges to Palestinian Christians in the Holy Land," in *Palestinian Christians. Religion, Politics and Society in the Holy Land*, hg.v. Anthony O'Mahony (London: Melisende, 1999), 82–95; Mitri Raheb, „Zur Demographie der Christen in Palästina/Israel. Zahlen und Fakten," in *Verwurzelt im Heiligen Land. Einführung in das palästinensische Christentum*, hg.v. Ulrike Bechmann und Mitri Raheb (Frankfurt a. M.: Josef Knecht, 1995), 28–35; Daphne Tsimhoni, „Israel and the Territories – Disappearance," *Middle East Quarterly* 8:1 (2001): 31–42; Saul P. Colbi, *A History of the Christian Presence in the Holy Land* (Lanham [MD]/London: University Press of America, 1988), 305–311; Lars Hänsel, „Christen in Israel. Komplexe Identität zwischen Religion und Nation," *KAS Auslandsinformation* 12 (2010): 36–55, 38–40.

15 Vgl. Mansour, Hg., *Christians*; Al Qass Collings et al., Hg., *Christians*.

16 Vgl. Al Qass Collings et al., Hg., *Christians*, 10.

17 Vgl. Mansour, Hg., *Christians*, 11. Die Gesamtzahl der Christen enthält in beiden Studien auch die Anzahl der Christen in Jerusalem. Die Zahl der arabischsprachigen Christen in Jerusalem wird auf ca. 15.000 geschätzt, vgl. Mansour, Hg., *Christians*, 19.

nennt die Diyar-Studie selbst.[18] Allein der prozentuale Anteil der Christen an der Gesamtbevölkerung nimmt ab, dieser Abnahme wird große Aufmerksamkeit geschenkt.

Der geringe prozentuale Anteil von Christen und ihre geringe absolute Zahl werden vor allem deshalb als problematisch gesehen, weil sie ins Verhältnis zu Muslimen gesetzt werden und dies häufig mit der Wahrnehmung von christlich-muslimischen Konflikten einhergeht.[19] Vor allem dem Islam wird dabei eine besondere Konflikt- und Gewaltbereitschaft zugeordnet. Eine solche Sichtweise wird deshalb plausibel, weil die konkreten Konflikte selten in ihren spezifischen Kontexten betrachtet werden. Diese Wahrnehmung geht häufig einher mit einer Unterscheidung zwischen „christlich" und „muslimisch" entlang sozio-ökonomischer Faktoren. Immer wieder wird die hohe Bildungs- und Urbanisierungsrate von Christen gegenüber Muslimen betont. Dies führt dann wiederum dazu, Christen gegenüber Muslimen als „modern", „verwestlicht" und „säkular"[20] zu verstehen.[21] Insgesamt dient eine solche Betrachtungsweise einem Minderheits-

---

18 Vgl. Mansour, Hg., *Christians*, 11–13; vgl. Al Qass Collings et al., Hg., *Christians*, 14.
19 Vgl. in Bezug auf die Deutung der statistischen Erfassung Justus Reid Weiner, *Human Rights of Christians in Palestinian Society* (Jerusalem: Jerusalem Center for Public Affairs, 2005), vgl. in ähnlicher Weise Justus Reid Weiner, „Palestinian Christians: Equal Citizens or Oppressed Minority in a Future Palestinian State?," *ORIL* 7:26 (2005): 26–222; dagegen Mansour, Hg., *Christians*, 49–53; Bernard Sabella und Romell Soudah, *The Sabeel Survey on Palestinian Christians in the West Bank and Israel. Historical Demographic Developments, Current Politics and Attitudes Towards Church, Society and Human Rights* (Jerusalem: Sabeel, 2006), 29–35. Vgl. darüber hinaus u.a. Dan Rabinowitz, „Strife in Nazareth. Struggles over the Religious Meaning of Place," *Ethnography* 2:1 (2001): 93–113; Daphne Tsimhoni, „The Shihab Al-Din Mosque Affair in Nazareth. A Case Study of Muslim-Christian-Jewish Relations in the State of Israel," in *Holy Places in the Israeli-Palestinian Conflict. Confrontation and Co-Existence*, hg.v. Marshall J. Breger, Yitzhak Reiter und Leonard Hammer (London/New York: 2010), 192–230; Daphne Tsimhoni, „The Christians in Israel: Aspects of Integration and the Search for Identity in a Minority within a Minority," in *Middle Eastern Minorities and Diasporas*, hg.v. Moshe Ma'oz und Gabriel Sheffer (Brighton/Portland [OR]: Sussex Academic Press, 2002), 124–52; Uta McGahern, *Palestinian Christians in Israel. State Attitudes towards non-Muslims in a Jewish State*. Durham Modern Middle East and Islamic World Series 22 (London/New York: Routledge, 2011), 125–49; Raphael Israeli, *Green Crescent over Nazareth. The Displacement of Christians by Muslims in the Holy Land* (London/Portland [OR]: Frank Cass, 2002); Raphael Israeli, *Christianophobia. The Persecution of Christians under Islam* (Eugene, Oregon: Wipf & Stock, 2016).
20 McGahern, *Christians*, 58. McGahern übt an dieser Vorstellung Kritik, vgl. ebd., 58–60.
21 Vgl. hierzu u.a. Tsimhoni, „Christians", v.a. 124 und 149; Gabriel Horenczyk und Salim Munayer, „Acculturation Orientations Toward Two Majority Groups: The Case of Palestinian Arab Christian Adolescents in Israel," *Journal of Cross-Cultural Psychology* 38:1 (2007): 76–86, 77 f.; Sabella, „Characteristics".

diskurs mit tendenziell islamfeindlichem Impetus, der Wahrnehmung als einer vom Islam verfolgten christlichen Minderheit.

Dabei zeigt die kritische und historische Betrachtung des Religions- und Christentumsverständnisses in Israel, dass die Aufteilung der arabischsprachigen Bevölkerung gemäß ihrer religiösen Zugehörigkeit ihren historischen Ort in der britischen Mandatsherrschaft hat. Die Briten setzten die Religion als die grundlegende Identität der arabischsprachigen Bevölkerung – ähnlich wie „Kaste" in Indien oder „Ethnie" in Afrika –, um diese aufzuteilen und zu regieren. Hierfür griffen die Briten auf das osmanische Verwaltungsprinzip zurück, in dem nichtmuslimische Religionsgemeinschaften – in der Literatur häufig als *millet* bezeichnet – für das Personenstandsrecht sowie die familien- und erbrechtlichen Angelegenheiten ihrer Mitglieder zuständig waren. Diese Struktur wurde in britischer Zeit systematisiert und vor allem dadurch transformiert, dass die muslimische Religionsgemeinschaft den nicht-muslimischen Religionsgemeinschaften gleichgestellt wurde.[22] Für die Aufteilung nach religiöser Zugehörigkeit bot die statistische Erfassung die notwendige Grundlage.[23] Konflikte zwischen den Religionen waren damit angelegt. Eine ähnliche Praxis findet sich heute im israelischen Staat. Zwar wurde bereits bei den Briten eine Unterscheidung zwischen christlich, muslimisch und jüdisch greifbar, jedoch stand damals wie heute die Zugehörigkeit zu einer anerkannten Religionsgemeinschaft im Fokus. Diese besteht für die Christen, anders als für die Muslime und Juden, nicht in einer allgemeinen christlichen Religionsgemeinschaft, sondern in den jeweiligen Kirchen. Insbesondere darum ist der Gedanke einer allgemeinen christlichen Identität erklärungsbedürftig.

Die Gegenüberstellung von „christlich" und „muslimisch" suggeriert ein Bild einer christlichen – wie auch muslimischen – monolithischen Einheit. Dabei geht die Literatur zugleich auf die unterschiedlichen Konfessionen und Kirchen ein und beschreibt damit eine konfessionelle Vielfalt. In seinem grundlegenden Werk „Eine Geschichte der christlichen Präsenz im Heiligen Land"[24] unterscheidet etwa Samuel Colbi, der lange Zeit Direktor der Abteilung für christliche Gemeinschaften im israelischen Ministerium für religiöse Angelegenheiten war, zwischen den

---

22 Vgl. Laura Robson, *Colonialism and Christianity in Mandate Palestine* (Austin: University of Texas Press, 2011).
23 Vgl. J. B. Barron, *Report and General Abstracts of the Census of 1922* (Jerusalem: Greek Covenant Press, 1922); E. Mills, *Census of Palestine 1931. Volume II* (Alexandria: Messrs. Whitehead Morris Limited, 1933).
24 Colbi, *History*. Vgl. in ähnlicher Weise für die Christen im Westjordanland und Jerusalem Daphne Tsimhoni, *Christian Communities in Jerusalem and the West Bank since 1948. An Historical, Social, and Political Study* (Westport [CT]/London: Praeger, 1993).

katholischen Kirchen (lateinisch, also römisch-katholisch; griechisch-katholisch; maronitisch), den orthodoxen Kirchen (griechisch-orthodox; russisch-orthodox; rumänisch-orthodox), den monophysitischen Kirchen (armenisch-orthodox; äthiopisch-orthodox; syrisch-orthodox) sowie den anglikanischen und protestantischen Kirchen (anglikanisch; Church of Scotland; lutherisch; Southern Baptist Convention; Church of the Nazarene; Pentecostal Movement und mehr). Wie diese konfessionskundliche Aufteilung bereits andeutet, liegt der Fokus dieser Darstellung in der Geschichte, Theologie, Leitung und Struktur der einzelnen Konfessionen bzw. Kirchen. Besonderen Fokus erhalten Streitigkeiten zwischen den Konfessionen, insbesondere um die Hoheit der Heiligen Stätten.[25] Diese Streitigkeiten finden in der weiteren Literatur große Beachtung.[26] Der Fokus auf den Streit um Heilige Stätten resultiert in einem Bild der Zerrissenheit und Rivalität der christlichen Konfessionen. Es entsteht damit das Bild eines „orientalischen" Christentums, dem Streit und Konkurrenz innewohnt. Gegen das Bild der Zerrissenheit wird die Ökumene als erstrebenswertes, aber noch nicht erreichtes Ideal beschrieben.[27] Die konfessionelle Vielfalt wird damit als tendenziell defizitär gewertet, die es zu überwinden gilt. Was genau aber diese scheinbare konfessionelle Identität ausmacht und in welchem Verhältnis sie zur allgemeinchristlichen steht, bleibt unklar.

Wie bereits angedeutet, liegt die Besonderheit dieser Konfessionen jedoch nicht unbedingt in ihrer jeweiligen Dogmatik und Theologie – eine solche Vorstellung wird unter anderem durch eine konfessionskundliche Darstellung wie der von Colbi geweckt. Vielmehr besteht die Besonderheit vor allem darin, dass es sich bei diesen Konfessionen um spezifische Religionsgemeinschaften im Sinne von Rechtsgemeinschaften handelt. Anders als für Muslime gibt es für die Christen keine einheitliche Religionsgemeinschaft, sondern es gibt in Israel heute zehn anerkannte kirchliche Religionsgemeinschaften: die griechisch-orthodoxe, lateinische bzw. römisch-katholische, armenisch-orthodoxe, armenisch-katholische, syrisch-katholische, chaldäisch-katholische, griechisch-katholische

---

25 Vgl. Colbi, History, 81–95; 255–72.
26 Vgl. u. a. Michael Dumper, „Church-State Relations in Jerusalem since 1948," in The Christian Heritage in the Holy Land, hg. v. Anthony O'Mahony, Göran Gunner und Kevork Hintlian (London: Scorpion Cavendish, 1995), 266–87; Michael Dumper, „Faith and Statecraft. Church-State Relations in Jerusalem after 1948," in Palestinian Christians. Religion, Politics and Society in the Holy Land, hg. v. Anthony O'Mahony (London: Melisende, 1999), 56–81; Anthony O'Mahony, „Christian Presence in Modern Jerusalem. Religion and Politics in the Holy Land," Evangelical Quarterly 78:3 (2006): 257–72; Raymond Cohen, Saving the Holy Sepulchre. How Rival Christians Came Together to Rescue Their Holiest Shrine (Oxford: Oxford Univer. Press, 2008); Weiner, „Christians", 46–50.
27 Vgl. bspw. Colbi, History, 313–23.

(melkitische), maronitische, syrisch-orthodoxe und anglikanische Religionsgemeinschaft. Diese Religionsgemeinschaften sind für das Personenstandsrecht und die familien- und erbrechtlichen Angelegenheiten ihrer Mitglieder zuständig. Zwar beschreibt Colbi in seinem Buch die kirchlichen Gerichte und ihre Funktion,[28] zeigt jedoch nicht deren Relevanz auf. Dies liegt daran, dass er die wesentlichen historischen Entwicklungen ignoriert, indem er behauptet, dass sich der israelische Staat „in bemerkenswertem Umfang" „an den *Status quo* gehalten" habe, „insbesondere an die *millet* aus osmanischer und [britischer] Mandatszeit"[29]. Diese Behauptung, dass es sich in britischer und israelischer Zeit lediglich um eine Fortführung osmanischer Praxis gehandelt habe, ist in der Literatur häufig anzutreffen.[30] Sie verstellt jedoch den Blick auf die politische Dimension der Religionen in Israel heute.

Viele Kirchen bzw. Denominationen sind in Israel nicht als eigenständige Religionsgemeinschaft anerkannt. Dies stellt deren Mitglieder vor erhebliche Herausforderungen, denn für eine Eheschließung und -scheidung sind sie auf die anerkannten Religionsgemeinschaften angewiesen. Zu diesen nicht anerkannten Denominationen zählen unter anderem die Baptisten, die Assemblies of God, die Offene Brüdergemeinde und die Kirche des Nazareners. Die vier genannten Denominationen schlossen sich 2005 zur Convention of Evangelical Churches in Israel (CECI) [ar. *maǧmaʿ al-kanāʾis al-inǧīlīya*][31] zusammen, um eine Anerkennung als „Evangelikale" zu erreichen.[32] Damit begründeten sie den Evangelikalismus in Israel. Interessanterweise ist diese Namensgebung mit einem Zweck verbunden, die mit dem eigentlichen evangelikalen Selbstverständnis in Spannung steht: Als Evangelikale betonen sie den Glauben und die Erlösung allein durch Jesus Christus, den sie mit anderen teilen und in einer freien Gottes-

---

28 Vgl. Colbi, *History*, 144.
29 Colbi, *History*, 164 (Hervorhebung im Original).
30 Vgl. u.a. Daphne Tsimhoni, „The Status of the Arab Christians Under the British Mandate in Palestine," *Middle Eastern Studies* 20:4 (1984): 166–92; Anthony O'Mahony, „Palestinian Christians. Religion, Politics and Society, c. 1800–1948," in *Palestinian Christians. Religion, Politics and Society in the Holy Land*, hg.v. Anthony O'Mahony (London: Melisende, 1999), 9–55; für eine evangelikale Sichtweise vgl. Philip Sumpter, „Christian Agency in Israel-Palestine. Historical Background and Contemporary Observations," in *Arab Evangelicals in Israel*, hg.v. Azar Ajaj, Duane Alexander Miller und Philip Sumpter (Eugene [OR]: Pickwick, 2016), 1–34.
31 In der Übersetzung und Verwendung des Begriffes „Convention" folgt die Verfasserin Ajaj und Sumpter, „Introduction to the Convention". Jüngst wurde der Begriff „Synod" vorgeschlagen, der aber laut Nachfrage bei dem aktuellen Leiter der CECI Botrus Mansour keine allgemeine Akzeptanz findet. Er plädiert ebenfalls für die Übersetzung „Convention".
32 Vgl. Ajaj und Sumpter, „Introduction to the Convention", 35; 41–43.

dienstform ausüben wollen;³³ bei einer anerkannten Religionsgemeinschaft handelt es sich jedoch vor allem um eine Rechtsgemeinschaft. Dieses Spannungsverhältnis und vor allem auch die bis heute nicht erfolgte Anerkennung, und die damit bleibende evangelikale Angewiesenheit auf andere kirchliche Gemeinschaften, bewirken eine kritische und differenzierte Sichtweise auf das bestehende Religionssystem in Israel, das ansonsten kaum hinterfragt wird.

Die geschilderte Betrachtung der arabischsprachigen Evangelikalen als Minderheit bewirkt einerseits, dass die unterschiedlichen Ebenen der Identität nicht kritisch betrachtet oder gar unhinterfragt angenommen werden; wer nach der arabischen Minderheit forscht, geht davon aus, dass „arabisch" – oder Alternativen wie „israelisch", „palästinensisch" – für das Verständnis der eigenen Identität prägend sind; dieser Gedanke liegt auch der Frage nach der christlichen Minderheit gegenüber der muslimischen Religionsgemeinschaft zugrunde, die zugleich davon ausgeht, dass es eine allgemein christliche Identität gibt. Jedoch ist der einzig unhintergehbare Identifikationsrahmen in Israel der einer anerkannten Religionsgemeinschaft. Im Gegensatz zu den Muslimen, die eine einzige Religionsgemeinschaft sind und dadurch bedingt als eine einheitliche Gruppe wahrgenommen werden können,³⁴ gibt es jedoch keine einheitliche christliche Religionsgemeinschaft, sondern zehn verschiedene. Wie die vorliegende Untersuchung zeigen wird, sind „christlich" und „arabisch", „palästinensisch" oder „israelisch" als Alternativen zur Identifikation innerhalb einer Religionsgemeinschaft zu sehen, die seit dem 20. Jahrhundert entstanden sind. Eine derartige Wahrnehmung fehlt in der jetzigen Forschung zur religiösen und nationalen Identität in Israel. Dies ist darauf zurückzuführen, dass die Entstehung des Verwaltungsprinzips des Personenstandsrechts innerhalb der Religionsgemeinschaft meist nicht kritisch hinterfragt wird – die Evangelikalen jedoch lassen durch ihre nicht erfolgte Anerkennung diese Problematik in den Vordergrund treten.

Andererseits bewirkt der Minderheitendiskurs, dass die einzelnen Ebenen für sich betrachtet und nicht miteinander ins Verhältnis gesetzt werden. Damit wird nicht deutlich, wie die Menschen die jeweiligen Identifikationen verstehen, was diese für sie bedeuten und welche Anliegen sie mit ihnen verbinden. Eine Ausnahme bildet hier die Feldstudie von Loren Lybarger, der über das Selbstverständnis von „palästinensischen Christen" in Bethlehem Anfang der 2000er feststellt:

---

33 Vgl. Ajaj und Sumpter, „Introduction to the Convention", 37.
34 Auch hier gibt es innere Differenzen, wie das Beispiel der Drusen und Beduinen zeigt, vgl. hierzu ausführlich Kapitel I.

Palästinensische Christen wissen nicht mehr genau, wo ihr kollektives Schicksal liegt. Einige halten immer noch am Säkularismus und der säkular-nationalistischen Linie fest und sehen keine realistische Alternative. Für andere scheint die säkular-nationalistische Zukunft keine sichere Wette mehr zu sein. Obwohl sie möglicherweise immer noch Unterstützung für die PLO und ihre Ideale zum Ausdruck bringen, blicken diese Personen vermehrt nach innen auf die Religionsgemeinschaft und bemühen sich um deren Erweckung durch eine strengere religiöse Erziehung, um der Islamisierung in der Gesellschaft insgesamt besser entgegenzuwirken. Wieder andere suchen Trost vor den Verwüstungen der Besatzung und der Verwüstung der politischen Auseinandersetzung in den alternativen Bereichen der Kirchenliturgie und der persönlichen Frömmigkeit. Für diese Individuen ist das Königreich nicht von dieser Welt.[35]

Daran anschließend lässt sich für die arabischsprachigen Evangelikalen in Israel fragen: Wenn die nationalistisch-palästinensische Identität für Christen in den Palästinensischen Gebieten ungewiss ist, wie viel mehr dann für die arabischsprachigen Evangelikalen in Israel, deren nationale Identität als Teil der arabischsprachigen Bevölkerung in Israel besonders komplex ist und durch den christlich-evangelikalen Zionismus weiter herausgefordert wird? Wenn Christen sich zur Vermeidung einer politischen Auseinandersetzung in eine persönliche Frömmigkeit und ein jenseitiges Königreich flüchten, wie stellt sich dies dann erst für die arabischsprachigen Evangelikalen in Israel dar, deren äußerst komplexe nationale Identität einen noch größeren Anlass zur Vermeidung einer politischen Auseinandersetzung bieten würde, und denen als Evangelikale eine besonders intensive Frömmigkeit zugeschrieben wird? Ist die persönliche Frömmigkeit als eine Vermeidung der politischen Auseinandersetzung zu sehen, und wenn ja, wie?

2 Die arabischsprachigen Evangelikalen in Israel und ihr kritisches Potential: Theoretische Überlegungen

Die spannungsreiche Identität der arabischsprachigen Evangelikalen fordert einen theoretischen Ansatz, der diese Komplexität einfangen und die evangelikalen Anliegen sichtbar machen kann. Die vorliegende Studie ist durch den Zugang der Religionswissenschaft im Sinne einer Kulturwissenschaft geprägt.[36] Sie schließt an poststrukturalistische Theorien zur Identitätsbildung an. Identität wird dabei

---

[35] Loren D. Lybarger, „For Church of Nation? Islamism, Secular-Nationalism, and the Transformation of Christian Identities in Palestine," *Journal of the American Academy of Religion* 75:4 (2007): 777–813, 804.
[36] Vgl. Michael Bergunder, „Was ist Religion? Kulturwissenschaftliche Überlegungen zum Gegenstand der Religionswissenschaft," *Zeitschrift für Religionswissenschaft* 19:1/2 (2012): 3–55.

im Anschluss an Stuart Hall als eine kulturelle Identität verstanden. Mit Identität ist nicht „ein fixiertes Wesen, das unveränderlich außerhalb von Geschichte und Kultur läge"[37], gemeint, etwas, was schon immer existiert hat oder an sich besteht. Vielmehr ist Identität eine solche des Werdens und des Seins. Sie hat einen historischen Ort und drückt sich nur in der Positionierung, in der konkreten Artikulation, aus.[38] „Evangelikal" – wie „arabisch", „palästinensisch", „israelisch" oder „christlich" – ist also keine vorgängige, übergeschichtliche Kategorie, sondern hat eine Geschichte und ist stets Veränderungen unterworfen. Die sich daraus ergebende historische Herangehensweise ist durch einen genealogischen Ansatz bestimmt. Dieser nimmt in der Gegenwart seinen Ausgangspunkt und betont die Kontingenz aller geschichtlichen Ereignisse.[39] Es geht also darum, zu fragen, wer oder was heute als „evangelikal" – im Arabischen *inğīlī* – verstanden wird, und wie sich dieses heutige Verständnis zu früheren Verständnissen von *inğīlī* verhält. Bei diesem Prozess der Namensgebung wirken globale Bedeutung und lokale Relevanz zusammen, unterschiedliche und teils sich widerstreitende Ansprüche kommen zum Tragen und verknüpfen sich mit unterschiedlichen politischen Zielen.[40]

Im Kontext des arabischsprachigen Christentums in Israel und Palästina lässt sich mit diesem Ansatz herausarbeiten, dass *inğīlī* zunächst ein Name war, den im 19. Jahrhundert Anglikaner und Lutheraner für sich beanspruchten. Ihnen lag ein allgemein evangelisch-protestantisches Verständnis zugrunde;[41] *inğīlī* ist zu die-

---

37 Stuart Hall, „Kulturelle Identität und Diaspora," in *Rassismus und kulturelle Identität. Ausgewählte Schriften 2*, hg. v. Ulrich Mehlem, Dorothee Bohle, Joachim Gutsche, Matthias Oberg und Dominik Schrage (Hamburg: Argument Verlag, 1994), 26–43, 26.
38 Vgl. Hall, „Identität".
39 Vgl. Michel Foucault, „Nietzsche, die Genealogie, die Historie," in *Von der Subversion des Wissens*, hg. v. Walter Seitter (Frankfurt a.M.: Fischer Taschenbuch Verlag, 1987), 69–90; am Beispiel von „Religion" vgl. Bergunder, „Religion"; Michael Bergunder, „Umkämpfte Historisierung. Die Zwillingsgeburt von ‚Religion' und ‚Esoterik' in der zweiten Hälfte des 19. Jahrhunderts und das Programm einer globalen Religionsgeschichte," in *Wissen um Religion: Erkenntis – Interesse. Epistemologie und Epistemie in Religionswissenschaft und Interkultureller Theologie*, hg. v. Klaus Hock (Leipzig: Evangelische Verlagsanstalt, 2020), 47–131.
40 Vgl. zum Folgenden auch ausführlich das zweite Kapitel. Zur Verwendung und Relevanz der Namen „evangelikal", „charismatisch" und „pfingstlich" im Kontext des arabischsprachigen Christentums vgl. Anna Kirchner, „Evangelical, Charismatic and Pentecostal in Israel. Local Politics and Global Relevance," *PentecoStudies* 18:1 (2018): 20–39 und die allgemeinen Überlegungen in Giovanni Maltese, Judith Bachmann und Katja Rakow, „Negotiating Evangelicalism and Pentecostalism. Global Entanglements, Identity Politics and the Future of Pentecostal Studies," *PentecoStudies* 18:1 (2019): 7–19.
41 Vgl. zur Bedeutung des Wortes „evangelical" seit 1500 Linford D. Fisher, „Evangelicals and Unevangelicals. The Contested History of a Word, 1500–1950," *Religion and American Culture. A*

sem Zeitpunkt für diese Gruppierungen mit „evangelisch" zu übersetzen. 1970 wurden die Anglikaner als „Evangelical Episcopal Church" offiziell als Religionsgemeinschaft anerkannt. In Abgrenzung dazu formierte sich 2005 die Convention of Evangelical Churches in Israel (CECI) durch den Zusammenschluss der Baptisten, Assemblies of God, Kirche des Nazareners, Offenen Brüdergemeinden und zahlreichen para-kirchlichen Einrichtungen. Diese Gemeinden vertraten mit diesem Zusammenschluss erstmals ein gemeinsames Verständnis von „evangelical" bzw. *inğīlī*, das an die Stelle früherer denominationaler Selbstverständnisse (baptistisch usw.) trat. Ziel des Zusammenschlusses war die Anerkennung als eigene Religionsgemeinschaft in Israel. Damit zementiert sich eine Abgrenzung zu den Anglikanern – die Lutheraner sind heute nur noch in den Palästinensischen Gebieten inklusive (Ost-)Jerusalem vertreten und haben in Israel wenig Relevanz –, die sich bereits in den Jahrzehnten zuvor anbahnte. Die Mitglieder der CECI lehnten es ab, als Untergruppe der Anglikaner anerkannt zu werden, sondern strebten als eigenständige Größe in Abgrenzung zu den Anglikanern eine Anerkennung an. In der Folge lehnt die anglikanische Kirche heute ein Selbstverständnis als „evangelical" bzw. *inğīlī* nach außen hin mehrheitlich ab.

Mit der Gründung der CECI, so die These dieser Untersuchung, entstand der Evangelikalismus in Israel. Denn die Wahl des Namens „evangelical" bzw. *inğīlī* diente der CECI dazu, sich in globale evangelikale Netzwerke einzuschreiben, um sich dadurch Unterstützung für das eigene Anliegen zu sichern.[42] Institutionell verankert sich dies vor allem in der „World Evangelical Alliance" (WEA), die im Deutschen zwar „Weltweite Evangelische Allianz" genannt wird, im Allgemeinen aber der evangelikalen Bewegung zugeordnet wird. Diese Einordnung ist ein wesentlicher Punkt, die CECI als „evangelikal" zu verstehen. Zudem setzen sich die Mitglieder der CECI aktiv mit dem ebenfalls als „evangelikal" verstandenen christlich-evangelikalen Zionismus in den USA auseinander und bringen sich dazu beispielsweise in der ebenfalls dem evangelikalen Feld zugeordneten „Lausanner Bewegung" ein. Das arabische *inğīlī* kann also, ähnlich wie das englische „evangelical", sowohl die Bedeutung von „evangelisch" wie auch „evangelikal" annehmen. Dabei bleiben auch im Kontext des arabischsprachigen

---

Journal of Interpretation 26:2 (2016): 184–226. Zu den „Evangelikalen" in der Church of England vgl. auch George Reginald Balleine, *A History of the Evangelical Party in the Church of England* (London: William Clowes and Sons, 1951).

42 Zur Entstehung des globalen Evangelikalismus vgl. Yan Suarsana, „Die globale Ausbreitung des Evangelikalismus ab 1950," in *Handbuch Evangelikalismus*, hg.v. Frederik Elwert, Martin Radermacher und Jens Schlamelcher (Bielefeld: transcript, 2017), 95–107; ausführlich dazu Brian Stanley, *The Global Diffusion of Evangelicalism. The Age of Billy Graham and John Stott* (Downers Grove: IVP Academic, 2013).

Christentums die Übergänge zwischen „evangelikal" und „evangelisch" fließend, wie bei einigen anglikanischen Pastoren und Gemeinden deutlich wird. So schlug beispielsweise Hatem Jiryis, vormals baptistischer Pastor, eine Priesterlaufbahn in der anglikanischen Kirche ein und bezeichnet seine neu gegründete anglikanische Kirche in Tarshiha als „evangelical", „*ingīlī*" und „evangelikal".[43]

Grundsätzlich stellt sich jedoch die Frage, wieso sich die CECI überhaupt der evangelikalen Bewegung anschließt, schließlich verbinden sich damit zwei große Herausforderungen: Erstens steht der Wunsch nach Anerkennung als Religionsgemeinschaft in Spannung zu dem evangelikalen Verständnis, Religion sei primär der persönliche, individuelle Glaube. Zweitens steht die Existenz der arabischsprachigen Evangelikalen in Spannung zum christlich-evangelikalen Zionismus, der ihre Existenz und Rechte als Teil der arabischsprachigen, palästinensischstämmigen Bevölkerung in Israel verleugnet. Handeln, so ließe sich fragen, die arabischsprachigen Evangelikalen mit ihrem Anschluss an die evangelikale Bewegung damit nicht gegen ihre eigene Agenda und Interessen? Wieso verstehen sie sich als evangelikal, was verbinden sie mit „evangelikal"?

Zur Beantwortung dieser Fragen erweist sich Saba Mahmood mit ihrer Untersuchung über eine Frauenmoscheebewegung in Kairo als anschlussfähig. Um das Anliegen dieser Frauen zu plausibilisieren, geht Mahmood über die häufig vorgenommene Dichotomie von Widerstand und Unterwerfung hinaus, indem sie feststellt, dass die Handlungsfähigkeit [engl. *agency*] nicht gegen, sondern innerhalb kultureller und historischer Strukturen gegeben ist.[44] Damit gilt es zunächst, die konkreten Strukturen, die die Handlungsmöglichkeit der arabischsprachigen Evangelikalen bedingen, herauszuarbeiten. Für die arabischsprachigen Evangelikalen in Israel bestehen diese konkreten Strukturen erstens in dem spezifischen Religions- und Christentumsverständnis, das sich durch die Verwaltung des Personenstandsrechts innerhalb der Religionsgemeinschaften ergibt, und zweitens in dem christlich-evangelikalen Zionismus. Zu fragen ist darum: Wo werden durch die evangelikale Identität innerhalb dieser Strukturen Handlungsfähigkeiten eröffnet? Wo liegt das „evangelikale" Potential? Welche Fähigkeiten und Ressourcen erhalten arabischsprachige Christen durch evangelikale Überzeugungen und Praktiken? Worin liegen die Bedeutung, Macht und

---

43 Vgl. https://www.tevchurch.com/; https://www.tevchurch.com/deutsch.
44 Saba Mahmood, *Politics of Piety. The Islamic Revival and the Feminist Subject* (Princeton: Princeton University Press, 2012), bes. 1–39.

Plausibilität des evangelikalen Diskurses für die arabischsprachigen Evangelikalen?[45]

Die vorliegende Untersuchung möchte zeigen, dass innerhalb dieser Strukturen die vorgefundenen Ausdrucksweisen der arabischsprachigen Evangelikalen, wie etwa eine spezifische, auf das Jenseits ausgerichtete Frömmigkeit, als Weltgewandtheit verstanden werden können. Diese sind nicht als eine passive Weltflucht, sondern als eine Kritik an der diesseitigen Welt, dem Religionsverständnis und an dem Konflikt in und um Israel zu sehen. Damit nehmen die arabischsprachigen Evangelikalen in Israel auch eine kritische, subversive Position innerhalb des globalen Evangelikalismus ein.

3 Nazareth als Zentrum des Evangelikalismus in Israel: Eingrenzung des Forschungsfelds

Die für diese Studie durchgeführte Feldforschung konzentriert sich auf Nazareth. Die Stadt liegt in Nordisrael und hat knapp 80.000 Einwohnern, die arabischsprachig sind.[46] Nazareth ist damit die größte arabischsprachige Stadt in Israel. Gegenüber jüdischen Kommunen wurde Nazareth als „arabische" Kommune in Israel in der Zuteilung von Steuergeldern und Strukturprogrammen benachteiligt. Eine besondere Form der Benachteiligung zeigt sich in der Errichtung der Stadt Natzerat Illit 1957, die sich 2019 in Nof HaGalil umbenannte: Das ihr zugewiesene Land wurde sowohl der Stadt Nazareth als auch dem Privatbesitz von Nazarenern enteignet. Als inoffizielle „arabische" Hauptstadt in Israel bildete Nazareth das Zentrum wichtiger politischer Bewegungen. Ab den 1970er Jahren waren dort die Kommunisten, Ende der 1980er Jahren die „Islamische Bewegung" einflussreich, die jeweils das religiöse Selbstverständnis der Nazarener nachhaltig prägten.

Im Süden grenzt Nazareth an Yaffa, im Nordosten an Reineh und im Osten an Nof HaGalil (vormals Natzerat Illit). Mit diesen Ortschaften bildet Nazareth ein Ballungsgebiet. Die Orte sind so aneinandergewachsen, dass die Ortsgrenzen teilweise kaum noch auszumachen sind. Einzig Nof HaGalil ist zu unterscheiden, die ihren jüdischen Charakter mit großen israelischen Flaggen wirksam zur Schau stellt. Israelische Flaggen fehlen in den arabischsprachigen Ortschaften. Einige Nazarener leben in Nof HaGalil vor allem deshalb, weil der Wohnraum in Nazareth knapp und die Lebensverhältnisse deshalb dort sehr beengt sind. 2015 waren

---

45 Vgl. hierzu auch die Adaption von Nora Kim Kurzewitz in ihrer Studie zu Frauen in der Pfingstbewegung in Costa Rica, Nora Kim Kurzewitz, *Gender und Heilung. Die Bedeutung des Pentekostalismus für Frauen in Costa Rica* (Bielefeld: transcript, 2020).
46 Vgl. zum Folgenden ausführlich das erste Kapitel.

23 % der Bewohner Nof HaGalils arabischsprachig. Ihren Lebensmittelpunkt haben die arabischsprachigen Bewohner von Nof HaGalil dennoch in Nazareth, was sich beispielsweise daran zeigt, dass ihre Kinder dort die Schule besuchen. Aufgrund der engen Verbindung wurden für die vorliegende Arbeit die oben genannten an Nazareth angrenzenden Ortschaften in die Untersuchung mit einbezogen. Teilweise besuchen die Evangelikalen aus Nazareth eine Gemeinde in den angrenzenden Ortschaften oder der Pastor einer dortigen Gemeinde lebt selbst in Nazareth. Mitunter bestehen die Gemeinden auch nur deshalb außerhalb von Nazareth, weil in der Stadt selbst keine geeigneten Räumlichkeiten gefunden wurden.

Nazareths Lage im hügeligen Bergland ermöglichte weder eine extensive Landwirtschaft, noch den Aufbau eines ausgeprägten Handels- oder Industriesektors. Bis in das 19. Jahrhundert hinein war Nazareth ein unbedeutender, kleiner Ort. Dies änderte sich durch die von europäischer und nordamerikanischer Mission errichteten kirchlichen Schulen und anderen sozial-karitativen Einrichtungen wie Krankenhäusern. Durch diese wuchs Nazareth im Verlauf des 20. Jahrhunderts zu einer „christlichen" Stadt heran. Aufgrund ihres „christlichen" Charakters wurde die Stadt Nazareth im Krieg 1948 von den jüdisch-israelischen Truppen verschont, ihre Bevölkerung wurde nicht vertrieben. Tausende aus den umliegenden Orten Vertriebene, mehrheitlich zugehörig zur muslimischen Religionsgemeinschaft, fanden Zuflucht in Nazareth. Dies ist einer der Gründe, weshalb die Mehrheit der Bevölkerung Nazareths seit den 1960er Jahren mehrheitlich muslimisch ist. Heute gehören 66 % der Bevölkerung Nazareths der muslimischen und 33 % einer der christlichen Religionsgemeinschaften an. Die Kirchen und ihre Institutionen sind einflussreiche Größen in Nazareth, die dazu beitragen, den „christlichen" Anspruch der Stadt aufrecht zu erhalten. Insgesamt leben in Nazareth rund 26.000 Christen. Damit ist Nazareth auch die Stadt mit der größten christlichen Bevölkerung in Israel. Die meisten Christen gehören der griechisch-orthodoxen, griechisch-katholischen und römisch-katholischen Kirche an. Darüber hinaus gibt es in Nazareth die maronitische, die koptische und die anglikanische Kirche.

Nazareth ist nicht nur die Stadt mit der größten arabischsprachigen und größten christlichen Bevölkerung, sondern auch ein Zentrum der Evangelikalen in Israel. In Nazareth sind Gemeinden aller vier Denominationen vorhanden, die sich 2005 zur Convention of Evangelical Churches in Israel (CECI) zusammenschlossen und damit ein gemeinsames Verständnis von „evangelikal" etablierten: Gemeinden der Baptisten, Offenen Brüder, Nazarener und Assemblies of God. Die älteste und größte Präsenz weisen die Baptisten auf. 1912 wurde die erste Gemeinde durch den Einfluss der Southern Baptist Convention in den USA gegründet. Diese Kirchengemeinde trägt heute den Namen Evangelikal-Baptistische

Kirche und wird seit 1960 von dem Pastor Fouad Sachnini geleitet. Daneben bestehen in Nazareth selbst vier weitere baptistische Gemeinden: die 1991 gegründete Gemeinde „Neues Leben" unter der Leitung des Pastors Suhail Saad, die 1994 gegründete Gemeinde „Lokale Baptistenkirche" unter der Leitung von Andraos Abu Ghazaleh, die 2011 gegründete Gemeinde „Der gute Hirte" unter der Leitung von Afeef Saba und die 2013 gegründete Gemeinde „Haus Jesus der König" unter der Leitung von Salim Salash. Zudem existiert in Nof HaGalil eine ca. 2007 gegründete baptistische Gemeinde unter der Leitung von Rajai Samawi und in Yaffa eine baptistische Gemeinde, die 2012 von ihrem heutigen Pastor Bishara Deep wiederbelebt wurde. Neben diesen sieben baptistischen Gemeinden gibt es eine Gemeinde der Offenen Brüder, die in den 1930er Jahren gegründet wurde und seit 1985 unter der Leitung von George Khalil steht; eine Gemeinde der Kirche des Nazareners, die in den 1960er Jahren errichtet und seit 2000 von Nizar Toumeh geleitet wird, und eine Gemeinde der Assemblies of God, die seit ihrer Gründung um das Jahr 1990 herum von Anan Najjar geleitet wird. Damit bestehen in Nazareth und seinen umliegenden Ortschaften zehn Gemeinden, die dem evangelikalen Zusammenschluss angehören. Hinzu kommt eine mit der CECI „befreundete" Kirche, die Geschlossene Brüdergemeinde in Reineh, die 1988/1989 gegründet wurde und unter der Leitung von Youssef Ajaj und Ehab Ilaimi steht. Darüber hinaus existieren in Nazareth und Umfeld zwei weitere Gemeinden, die ein evangelikales Selbstverständnis vertreten, selbst aber nicht Teil der CECI sind: die in den 1960er entstandene Church of Christ, die Maurice Jadon seit 1990 als Pastor leitet, und die Kirche des Heiligen Geistes, die 2001 von Judi Haddad gegründet wurde. Somit finden sich in Nazareth und den angrenzenden Ortschaften 13 evangelikale Gemeinden (s. folgende Übersicht sowie ausführliche Beschreibung im Anhang).

Nach eigenen Beobachtungen, vor allem während der Monate März bis Juni 2017, wurden die wöchentlichen Hauptgottesdienste der genannten Gemeinden von insgesamt ungefähr 500 Personen besucht; die am meisten besuchten Gottesdienste sind die der Lokalen Baptistengemeinde und der Kirche des Nazareners mit jeweils circa 100 Personen, die am wenigsten besuchten Gottesdienste sind die der Assemblies of God, der Offenen Brüder und der Church of Christ mit 10–20 Personen. Die von den Pastoren oder der Gemeindeleitung gemachten Angaben zur Mitgliedschaft sind häufig doppelt so hoch wie die beobachtete Anzahl der Gottesdienstbesucher, was einer ungefähren Mitgliedschaft innerhalb der evangelikalen Kirchen in Nazareth von rund 1.000 Personen entspräche. Bei einer angenommenen Anzahl der arabischsprachigen Evangelikalen in Israel von 5.000 lebten damit 20 % der arabischsprachigen Evangelikalen in Israel in Nazareth und Umland.

	Denomination	Ort	Gemeinde	Pastor/Leitung
Mitglieder der CECI	Kirchen der ABC	Nazareth	Evangelikal-Baptistische Kirche [al-inğīlīya al-maʿmadānīya] auch „Mutterkirche" genannt	Fouad Sachnini [Fuʾad Saḥnīnī]
			Lokale Baptistengemeinde [al-maʿmadānīya al-maḥalīya]	Andraos Abu Ghazaleh [Andrāus Abū Ġazāla]
			Neues Leben [al-ḥayā al-ğadīda]	Suhail Saad [Suhail Saʿad]
			Der gute Hirte [kanīsa ar-rāʿī aṣ-ṣāliḥ]	Afeef Saba [ʿAfīf Sābā]
			Haus Jesus der König [kanīsa bait Yasūʿ al-malik]	Salim Shalash [Salīm Šalaš]
		Umland Nazareth	Baptistenkirche Nof HaGalil [al-maʿmadānīya]	Rajai Samawi [Rağāʾī Samāwī]
			Baptistenkirche Yaffa [al-maʿmadānīya]	Bishara Deep [Bišāra Dīb]
	Assemblies of God	Nazareth	Kirche Assemblies of God [kanīsa ğamāʿāt Allah]	Anan Najjar [ʿAnān Nağğār]
	Kirche des Nazareners	Nazareth	Evangelikale Nazarenerkirche [an-nāṣrī al-inğīlīya]	Nizar Toumeh [Nizār Tūmā]
	Offene Brüdergemeinde	Nazareth	Kirche der christlichen Brüder [kanīsa al-iḫwa al-masīḥīya] auch: Offene Brüdergemeinde	George Khalil [Ğūrğ Ḫalīl]
Freunde der CECI	Geschl. Brüdergem.	Reineh	Kirche der Brüder [kanīsa al-iḫwa] auch: Geschlossene Brüdergemeinde	Youssef Ajaj [Yūsif ʿAğāğ] Ehab Ilaimi [Īhāb ʿIlaimī]
Ohne Kontakt zur CECI	Church of Christ	Nazareth	Gemeinde Christi [kanīsa al-masīḥ]	Maurice Jadon [Mauris Ğadʿūn]
	–	Nof HaGalil	Kirche des Heiligen Geistes [al-kanīsa al-rūḥ al-muqaddis] auch: Christian Royal Ministries International	Judi Haddad [Ğūdī Ḥaddād]

Tabelle 1: Übersicht evangelikale Kirchengemeinden in Nazareth und Umland (Stand Juni 2018).

	Name der Organisation	Leitung
Mitglieder der CECI	Nazareth Evangelical College (NEC) [kullīya an-nāṣra al-inğīlīya]	Azar Ajaj [ʿAzār ʿAğāğ]
	Baptistenschule Nazareth [al-madrasa al-maʿmadānīya fī an-nāṣra]	Botrus Mansour [Buṭrus Manṣūr]
	Child Evangelism Fellowship (CEF) [ğāmʿīya tabšīr al-aulād]	Fadi Ramadan [Fādī Ḥannā/Ramaḍān]
	Musalaha [Muṣālaḥa]⁴⁷	Salim Munayer [Salīm Munair]
	Emmaus Bible Ministry [maʿhad ʿimwās]	George Khalil [Ğūrğ Ḥalīl]
	Rückkehr nach Jerusalem [al-ʿauda ilā urūšalīm]	Rajai Samawi [Rağāʾī Samāwī]
	Fellowship of Christian Students Israel (FCSI) [rābiṭa aṭ-ṭulāb al-ğāmiʿīn]	Rasha Saba [Rašā Sābā]
	Grace Ministry/Christian Holy Land Foundation [ḫidma an-niʿma]	Saleem Hanna [Salīm Ḥanna]
	Arab Israeli Bible Society [dār al-kitāb al-muqaddas]	Dina Katanacho [Dīnā Katanāšū]
	Life Agape [ḥayā al-maḥabba]	Sammer Boutros [Sāmir Buṭrus]
Freunde der CECI	House Of Prayer and Exploits (HOPE) [bait aṣ-ṣalā wa ʿaẓāʾim Allah]	Rania Sayegh [Rānīya Ṣāyiġ]
	Nazareth Hospital [mustašfā an-nāṣra]	Suhail Bathish [Suhail Baṯhīš]
Weitere Organisationen	Nazareth Village [qarya an-nāṣra]	Maha Sayegh [Mahā Ṣāyiġ]
	Freie Methodisten	Nabeel Samara [Nabīl Samāra]

Tabelle 2: Übersicht evangelikale para-kirchliche Einrichtungen in Nazareth (Stand Juni 2018).

Neben den genannten vier Denominationen sind auch 14 para-kirchliche Einrichtungen Mitglieder der CECI. Die Mehrheit davon hat ihren Sitz, ein Büro oder eine Niederlassung bzw. Gruppe in Nazareth. Besonders einflussreiche para-kirchliche Einrichtungen der CECI sind die Baptistenschule, die als eine der besten Schulen ganz Israels gilt und über die Religionsgrenzen hinweg bei Fa-

---

47 Die Organisation Musalaha, deren Aktivitäten auch von Evangelikalen aus Nazareth besucht werden, u. a. auch in Form einer lokalen Frauengruppe in Nazareth unter der Leitung von Iman Hanna [Imān Ḥanna], hat ihren Sitz in Jerusalem.

milien in Nazareth und darüber hinaus gefragt ist, was sich auch in einer Schülerschaft von über 2.000 Kindern und Jugendlichen zeigt. Wichtig für die Evangelikalen in Israel ist zudem das Nazareth Evangelical College (NEC), das die einzige arabischsprachige biblisch-theologische Ausbildungsstätte in Israel ist. Zudem gibt es in Nazareth weitere mit der CECI befreundete para-kirchliche Einrichtungen sowie solche, die keine Verbindung zur CECI haben (s. hierzu die folgende Übersicht sowie die ausführliche Beschreibung im Anhang). Insgesamt kann Nazareth damit als ein Zentrum der arabischsprachigen Evangelikalen in Israel betrachtet werden.

4 Zugang zum Feld: Methode und Quellen

Die dieser Arbeit zugrundeliegenden Quellen wurden mittels ethnographischer, qualitativer Forschungsarbeit erhoben. Insgesamt wurden für diese Arbeit drei Forschungsaufenthalte durchgeführt: Im Mai und Juni 2016 fand ein eher explorativer Forschungsaufenthalt in Nazareth (Israel) und Bethlehem (Palästinensische Gebiete) statt, der der Frage nach christlicher Identität unabhängig der konfessionellen Zugehörigkeit nachging. Die sich daraufhin zuspitzende Fragestellung der evangelikalen Identität wurde während des zweiten Forschungsaufenthalts von März bis Juni 2017 in Nazareth weiterverfolgt, der um einen dritten Forschungsaufenthalt mit Nacherhebungen im Mai 2018 erweitert wurde. Die Beschreibung der Gemeinden, Leitungspersonen und Praktiken beziehen sich, sofern nicht anders angemerkt, auf diesen Zeitraum. Im Folgenden werden der Zugang zum Feld und die erhobenen Quellen beschrieben.

Die Verfasserin beherrscht durch das Studium des modernen Hocharabisch im Rahmen eines Islamwissenschaftsstudiums (BA) die arabische Schriftsprache. Diese wurde während eines Auslandssemesters 2013 an der Birzeit Universität in der Nähe von Ramallah (Palästinensische Gebiete) vertieft. Zudem hat sich die Verfasserin ebenda durch Kurse und Praxis den gesprochenen palästinensisch-arabischen Dialekt sowie kulturelle, geschichtliche und politische Kenntnisse angeeignet. Durch die Möglichkeit, die arabischen Gottesdienste und Predigten zu verfolgen und die arabischen Lieder mitzusingen, wurde ein unmittelbarer Zugang zum Feld ermöglicht. Auf eine Forschungsassistenz wurde verzichtet; bei möglichen sprachlichen Unklarheiten oder Verständnisproblemen wurden Anwesende – bspw. andere Gottesdienstbesucher oder Pastoren – um Übersetzung gebeten.

Der Erstkontakt zu den Evangelikalen in Nazareth entstand durch eine Lehrerin der baptistischen Schule. Durch sie ergaben sich weitere Kontakte. Zu Beginn des zweiten Forschungsaufenthalts erhielt die Verfasserin von einer Leitungsperson des Nazareth Evangelical College eine informelle Liste mit sämtlichen evangelikalen Gemeinden, Pastoren und ihren Kontaktdaten, durch die sie sich selbstständig an die entsprechenden Pastoren wenden und einen Termin zu einem Gottesdienstbesuch oder zu einem Interview vereinbaren konnte. Bei Gottesdiensten und anderen Gemeindeveranstaltungen wurde ein Austausch mit ganz unterschiedlichen Evangelikalen ermöglicht; weitere Interviewpartnerinnen und -partner konnten gewonnen werden. Die meisten Evangelikalen sind untereinander bekannt und konnten so auch bei Bedarf weitere Kontakte herstellen. Mit wenigen Ausnahmen begegneten die Evangelikalen der Verfasserin äußerst gesprächs- und mitteilungsfreudig.

Die erhobenen Quellen lassen sich in drei Bereiche aufteilen: Teilnehmende Beobachtung, Durchführung von Interviews und Sammlung von Schriftstücken unterschiedlicher Art.

Im Rahmen der Teilnehmenden Beobachtung[48] hat die Verfasserin aktiv am Leben der Evangelikalen in Nazareth partizipiert. Der Besuch des Gottesdienstes war ein zentraler Anknüpfungspunkt. Jede der dreizehn evangelikalen Kirchengemeinden in Nazareth und Umland wurde mindestens einmal, häufig auch mehrmals, zum wöchentlichen Gottesdienst besucht. Zudem nahm die Verfasserin in fast jeder Gemeinde an weiteren Veranstaltungen teil, etwa Bibel- oder Frauenkreis, Gemeindeausflug oder Gebetstreffen. Hierdurch konnte sich die Verfasserin nicht nur ein Bild über das Gemeindeleben, die Frömmigkeitspraxis und Theologie verschaffen, sondern auch vor und nach den jeweiligen Gottesdiensten bzw. Veranstaltungen ins Gespräch mit vielen verschiedenen Evangelikalen kommen.

Weiterhin besuchte die Verfasserin zahlreiche Veranstaltungen der evangelikalen Organisationen und Institutionen. Beispielsweise partizipierte sie an einem öffentlichen Studientag zum Thema „Der Gläubige und die Gesellschaft" der Organisation Fellowship of Christian Students Israel (FCSI) und dem Nazareth Evangelical College (NEC), an einem mehrtätigen Campingausflug mit arabischevangelikalen und messianischen Studierenden von FCSI und einem Gebetsspaziergang der Frauengruppe von Musalaha. Zudem engagierte sie sich als Freiwillige im Nazareth Village.

Schließlich beschränken sich die Beobachtungen nicht nur auf das evangelikale Feld, sondern es wurden auch Einblicke in andere Lebensbereiche in Nazareth gewonnen: Hierzu zählen der Besuch von Gottesdiensten der katholischen

---

48 Zu Grundlagen der Teilnehmenden Beobachtung vgl. Hubert Knoblauch, *Qualitative Religionsforschung. Religionsethnographie in der eigenen Gesellschaft* (Paderborn u.a.: Schöningh, 2003), 72–109.

und orthodoxen Kirchen und die Teilnahme an deren kirchlichen Festivitäten, beispielsweise einem Umzug zu Mariä Verkündigung oder Palmsonntag, die Teilnahme an Demonstrationen, beispielsweise zum Tag der Arbeit oder zu politischen Gefangenen im Hungerstreik, oder das Mitfeiern des Fastenbrechens zu Ramadan.[49]

Die vorgenommenen Beobachtungen wurden täglich in einem digitalen „Feldtagebuch" festgehalten. Die Einträge waren ganz unterschiedlicher Natur. Auf inhaltlicher Ebene enthielten sie unter anderem Mitschriften von Predigten und Gebeten der Gottesdienste, Notizen von Abläufen der Gottesdienste und Veranstaltungen sowie deren Teilnehmerstruktur und -anzahl. Aussagen aus kleineren oder umfangreicheren informellen Gesprächen wurden ebenso notiert wie der Kontext der Interviews sowie aktuelle Vorkommnisse aus Weltgeschehen und Politik, die Auswirkungen auf das Untersuchungsfeld hatten, beispielsweise Anschläge auf Kopten in Ägypten oder der Besuch von US-Präsident Trump in Israel. Auch auf der methodisch-reflexiven Ebene wurden Beobachtungen und Gedanken festgehalten, so etwa welche Interviewfragen sich besonders gut eigneten, welche für Irritation sorgten oder welche mit höherer Sensibilität gehandhabt werden sollten. Ebenso wurden offene Fragen, die im Verlauf des Forschungsaufenthaltes zu klären waren, niedergeschrieben.

Eine weitere Sicherung geschah unter der Einwilligung der Beteiligten durch das Abfotografieren, teilweise auch Filmen, von Veranstaltungen, Räumlichkeiten, Liedtexten und Plakaten mit Hinweisen zu Veranstaltungen.

Neben unzähligen informellen Gesprächen führte die Verfasserin 70 Interviews.[50] Diese hatten die Form eines halbstandardisierten Leitfaden-Interviews mit narrativ-biographischen Elementen. Fragen und Themengebiete können bei dieser Interviewform flexibel gehandhabt und in loser Reihenfolge bearbeitet werden. Zudem können die Interviewten eigene, für sie relevante Themen selbst aufbringen. Im Aufgreifen von Stichworten kann die Interviewführung dann auf diese reagieren und mit der eigenen Fragestellung verbinden. Waren die Interviewten Vertreter oder langjährige Mitglieder einer Gemeinde oder Organisation,

---

49 Zu den weiteren Aktivitäten zählen u. a. die Mitarbeit als Freiwillige im Tourismusbüro, Begleitung von Schülerinnen, Schülern und Lehrerinnen der Baptistenschule auf Schulausflügen, Teilnahme an Kirchenausflügen der Lokalen Baptistenkirche und der Kirche Der gute Hirte, Besuch eines Treffens der befreiungstheologischen Gruppe Sabeel in Nazareth und einer Hauptversammlung der Evangelical Alliance in Israel (EAI) in Jerusalem, Teilnahme an der Pessachfeier von messianischen Juden in Nof HaGalil (damals Natzrat Illit) und an dem Pfingstfest der Anglikaner in Jerusalem.
50 Vgl. zu den beschriebenen Interviewformen Knoblauch, *Religionsforschung*, Kapitel V „Interviewen und Auswerten", insbesondere 110–15; 122–34.

wurden diese auch über die jeweilige Gemeinde oder Organisation, deren Struktur, Entstehung und Entwicklung befragt. Das Interview nahm damit Züge eines Experten-Interviews an.

Üblicherweise erfolgte der Einstieg in das Interview mit einer Selbstvorstellung der Befragten, die biographische Elemente ebenso einschloss wie den jeweiligen Weg zum Glauben, zur Kirchengemeinde oder Organisation oder zur Mitarbeit in einer solchen. Häufig wurden in der Selbstvorstellung von den Interviewten auch schon die die Identität bestimmenden Namen genannt (z. B. ich bin evangelikal, ich bin ein arabisch-israelischer Christ). Daran anknüpfend drehte sich das weitere Interview um das nationale und religiöse Selbstverständnis der Interviewten. Fragen zielten sowohl auf das Selbstverständnis (z. B. Wie beschreibst du deine religiöse Identität?) wie auch auf bestimmte Begrifflichkeiten (z. B. Was verstehst du unter evangelikal, palästinensisch usw.?).

Die Interviews hatten eine durchschnittliche Dauer von 60 – 90 Minuten. Die meisten Interviews wurden in englischer Sprache geführt. Für die Interviewten ist Englisch die gängige Sprache, in der sie sich in ihrem internationalen Arbeitskontext – zu diesem wurde die Verfasserin gezählt – artikulieren und in der sie über ihren Glauben und ihren Identitätskonflikt zu sprechen gewohnt sind. Teilweise waren die Evangelikalen schon in früher Kindheit durch amerikanische Missionare mit der englischen Sprache vertraut, viele haben auch im englischsprachigen Ausland studiert oder dort für eine gewisse Zeit gelebt. Drei Interviews wurden auf Deutsch geführt, da die Interviewten selbst lange in Deutschland gelebt hatten und fließend Deutsch sprachen. Zeitweise wurde, insbesondere für die Diskussion über Begrifflichkeiten, in die arabische Sprache gewechselt. Drei der Interviews fanden vollständig auf Arabisch statt.

Die Interviews wurden in der Regel im Umfeld der Befragten, etwa in ihren Häusern oder Büroräumen, geführt. Dort waren oft weitere Familienangehörige, etwa die Ehefrau oder der Ehemann, anwesend, die dann meist gleichermaßen in das Gespräch involviert wurden. Im Vorfeld wurden die Interviewten über das Forschungsvorhaben und den Zweck des Interviews informiert und es wurde ihnen Anonymität zugesichert. Die meisten Interviews wurden mit der Einwilligung der Interviewten als Audio-Datei mittels Diktiergerät oder Mobiltelefon aufgenommen. Waren Interviewte mit einer Aufnahme nicht einverstanden, wurden während des Interviews handschriftliche Notizen angefertigt, die unmittelbar nach der Befragung mit den noch frischen Erinnerungen ergänzt und ausführlich am Computer festgehalten wurden.

Mit Ausnahme der Lokalen Baptistenkirche wurden mit allen Pastoren bzw. Gemeindeleitungen der evangelikalen Kirchen in Nazareth und Umfeld ein oder mehrere Interviews geführt. Auch die meisten Vertreterinnen und Vertreter der evangelikalen para-kirchlichen Organisationen wurden interviewt. Darüber hinaus wurde eine Vielzahl gewöhnlicher Mitglieder der Gemeinden und Organisationen befragt, um so ein breites Feld abbilden zu können. Des Weiteren wurden Interviews mit Vertretern und Angehörigen anderer Kirchen, unter anderem der griechisch-orthodoxen, römisch-katholischen und anglikanischen Kirche, und mit Vertretern aus dem lokalpolitischen und zivilgesellschaftlichen Bereich geführt, um eine Außenperspektive gewinnen zu können.

Die aufgenommenen Interviews wurden transkribiert und in Anlehnung an Mayrings Konzept der Qualitativen Inhaltsanalyse[51] unter der Zuhilfenahme eines Computerprogramms (MAXQDA) ausgewertet. Kodierungen und Kategorien wurden dabei induktiv aus dem Text heraus erzeugt. Diese Vorgehensweise ermöglicht es, die Interviewten in ihrer Denkweise zu Wort kommen zu lassen, ohne direkt die eigenen Thesen und Fragestellungen aufzudrängen.

Eine nummerierte Auflistung der Interviews mit Nennung des Datums und Ortes der Durchführung findet sich im Anhang. Werden Interviews in der Arbeit ausführlicher besprochen, werden die Interviewten jeweils unter Pseudonymen vorgestellt.

Während der Forschungsaufenthalte wurden zudem auch zahlreiche Quellen schriftlicher Art erhoben. Hierzu zählen Handzettel, Druckmaterial zu Gottesdiensten und Veranstaltungen, kleinere Traktate, Zeitungsartikel oder auch Bücher – insbesondere solche, die nur lokal verfügbar sind. Weitere schriftliche Quellen finden sich in Internet und sozialen Medien, darunter vor allem Facebook. Zahlreiche Blogeinträge, Artikel, Stellungnahmen und Äußerungen wurden im Verlauf der gesamten Untersuchung verfolgt und teilweise per Download oder Bildschirmfoto gesichert.

5 Zur Struktur des Bandes

Das erste Kapitel, Religion und Christentum in Israel, widmet sich der kritischen und historischen Betrachtung des Religions- und Christentumsverständnisses in Nazareth im Kontext überregionaler Entwicklungen. Die heutige Bedeutung der Religionsgemeinschaften im israelischen Staat ergibt sich vor allem dadurch, dass diese für das Personenstandsrecht und die familien- und erbrechtlichen Angelegenheiten ihrer Mitglieder zuständig sind. Zwar gibt es hierzu mittlerweile häufig eine alternative säkulare Rechtsprechung, jedoch ist bis heute eine Eheschließung und -scheidung nur innerhalb der jeweiligen Religionsgemeinschaft

---

51 Vgl. Philipp Mayring, *Qualitative Inhaltsanalyse. Grundlagen und Techniken* (Weinheim/Basel: Beltz, 11. Aufl. 2010).

möglich. Eine säkulare, zivile Eheschließung gibt es nicht. Die Zugehörigkeit zu einer anerkannten Religionsgemeinschaft ist darum notwendig. Entgegen der häufig vorgebrachten Annahme, die israelische Praxis bestehe lediglich in einer Übernahme und Fortführung der britischen und osmanischen Regelungen, zeigt eine kritische historische Betrachtung erhebliche Verschiebungen auf: Deutlich wird, dass erst die britische Mandatsherrschaft die Religion als die grundlegende Identität der arabischsprachigen Bevölkerung setzte, um diese aufzuteilen und zu regieren. Fortgeführt und erweitert wurde diese Praxis im israelischen Staat. Durch die Notwendigkeit der Identifizierung mit einer Religion entfaltet diese heute eine enorme politische, aber auch soziale Wirkung. Eine einheitliche nationale Bewegung jenseits religiöser Zugehörigkeiten wird dadurch geschwächt und Konflikte zwischen Religionsgruppen heraufbeschworen. Diese Entwicklung wird in Nazareth am Beispiel der kommunistischen Einflussnahme in der griechisch-orthodoxen Gemeinschaft, der internationalisierten Marienverehrung in der katholischen Kirche und der Auseinandersetzung zwischen „christlich" und „muslimisch" besonders deutlich.

Das zweite Kapitel, die Geschichte des Evangelikalismus in Nazareth, zeichnet die Entstehung des Evangelikalismus in Israel mit dem Schwerpunkt auf Nazareth nach. Der Evangelikalismus entstand 2005 durch den Zusammenschluss von Assemblies of God, Baptisten, Kirche des Nazareners und Offener Brüdergemeinde sowie weiterer para-kirchlicher Institutionen zur Convention of Evangelical Churches in Israel (CECI). Die einzelnen Mitgliedskirchen waren zwar schon seit Anfang beziehungsweise Mitte des 20. Jahrhunderts in Nazareth aktiv, allerdings lag unter ihnen vor allem ein denominationales Selbstverständnis vor. Erst eine Loslösung von Missionsstrukturen, einhergehend mit einer Arabisierung und einer vereinheitlichenden, pfingstlich-charismatisch geprägten Frömmigkeitspraxis, bewirkte ein gemeinsames Verständnis von „evangelikal" und führte zum Zusammenschluss der CECI. Ziel der CECI war es, als eigenständige Religionsgemeinschaft in Israel anerkannt zu werden. Damit manifestiert sich einerseits eine Abgrenzung zur anglikanischen Kirche, die bereits 1970 anerkannt wurde, und andererseits zu Missionsorganisationen, die in der Evangelical Alliance in Israel (EAI) zusammengeschlossen sind. Mit der EAI ringen die arabischsprachigen Evangelikalen um die Repräsentanz des Evangelikalismus in Israel; hierbei kommen die Konflikte um das vorherrschende Verständnis von Religion und Christentum in Israel und den christlich-evangelikalen Zionismus zum Vorschein, die in den folgenden Kapiteln besprochen werden.

Das dritte Kapitel, evangelikale Identität und Religion und Christentum in Nazareth, zeigt die Aushandlung der evangelikalen Identität im Gegenüber zum vorherrschenden Religions- und Christentumsverständnis in Nazareth, wie es im ersten Kapitel historisch aufgezeigt wurde. Von diesem Verständnis grenzen sich die Evangelikalen stark ab: Für sie ist es allein der Glaube an Jesus Christus, an seinen Tod und seine Auferstehung zur Vergebung der Sünden, der einen Menschen zum Christen macht. Vehement wird der Vorstellung widersprochen, dass allein die elterliche Herkunft oder die Zugehörigkeit zu einer bestimmten Religionsgemeinschaft zu einer christlichen Existenz führe. Aus diesem Grundprinzip, dem Christsein allein durch Glauben, ergeben sich weitere evangelikale Prinzipien, die in Abgrenzung zu dem dominanten Religions- und Christentumsverständnis formuliert werden: Die Kirche ist eine Gemeinschaft, ein Ort, an dem der Glaube gelebt und die Bibel gelesen wird, und keine sozial-rechtliche, institutionalisierte Religionsgemeinschaft. Die Bibel, nicht die kirchliche Tradition, ist der Maßstab des Glaubens und es gilt sie darum zu lesen. Die Erlösung ist allein durch Jesus zu erreichen, nicht durch Maria oder andere Heilige. Obwohl die Evangelikalen sich scharf von dem vorherrschenden Verständnis von Religion und Christentum abgrenzen und dieses kritisieren, wird deutlich, dass die Evangelikalen gezwungen sind, sich dieses zumindest in Teilen anzueignen. Sichtbar wird dabei einerseits die Zerrissenheit und Ambivalenz evangelikaler Identität und eine lokalspezifische Ausprägung des Evangelikalismus, andererseits die Dominanz des kritisierten Religions- und Christentumsverständnisses, das häufig unhinterfragt fortbesteht.

Das vierte Kapitel, der christlich-evangelikale Zionismus und die „Stille" der arabischsprachigen Evangelikalen in Nazareth, beschreibt die Auseinandersetzung der Evangelikalen mit dem globalen christlich-evangelikalen Zionismus. Dieser ist weltweit, politisch aber besonders in den USA, sehr einflussreich. Organisationen wie „Christians United for Israel" (CUFI) unter der Führung von John Hagee nehmen Einfluss auf die US-Politik, wie das Beispiel aus der jüngsten Vergangenheit, die Verlegung der US-Botschaft von Tel Aviv nach Jerusalem und die damit einhergehende Anerkennung von Jerusalem als Israels legitimer Hauptstadt, zeigt. Der christlich-evangelikale Zionismus sieht in der Staatsgründung Israels und der Gewinnung jüdisch-israelischer Kontrolle über die Palästinensischen Gebiete Zeichen der beginnenden Endzeit. Eine arabische oder palästinensische Existenz in Israel und den Palästinensischen Gebieten wird dagegen verleugnet. Zwar gibt es unter Evangelikalen weltweit eine kontroverse Auseinandersetzung um den christlich-evangelikalen Zionismus, allerdings ist dieser letztlich auch in Israel selbst einflussreich, vor allem im messianischen Judentum. Kritisiert wird der christlich-evangelikale Zionismus hingegen von der palästinensischen Befreiungstheologie. Angesichts des christlich-evangelikalen Zionismus stehen die arabischsprachigen Evangelikalen in Israel vor einem zweifachen Dilemma: Als „Araber" sind sie „Feinde Gottes" und im „falschen Team", als arabischsprachige Israelis ist ihre nationale Identität zwischen einem arabischen, palästinensischen, israelischen, aramäischen oder alternativen

Selbstverständnis umkämpft. Die Auseinandersetzung wird in den evangelikalen Gemeinden und para-kirchlichen Einrichtungen vermieden, es herrscht eine regelrechte Stille zu dieser Thematik. Gegen die Vereinnahmung durch den christlich-evangelikalen Zionismus betonen sie ihr evangelikales Grundanliegen: Den Glauben an Jesus Christus, der allein Erlösung bewirkt.

Im fünften Kapitel, evangelikale Identität und messianisches Judentum, zeigt sich, dass die Strategie der arabischsprachigen Evangelikalen in Nazareth, sich einer Positionierung zu ihrem zweifachen Dilemma zu entziehen, an ihre Grenzen gerät. Denn durch die Begegnung mit dem zionistisch geprägten messianischen Judentum drängt sich ihnen der christlich-evangelikale Zionismus unausweichlich auf. Einflussreich sind hier vor allem zwei Organisationen: Musalaha und das House of Prayer and Exploits (HOPE). Diese können im Kontext von zwei miteinander konkurrierenden Strömungen im globalen Evangelikalismus verortet werden. Einerseits steht Musalaha zusammen mit der Lausanne Initiative for Reconciliation in Israel-Palestine (LIRIP) für eine soziale und politische Ausrichtung des Evangelikalismus und vertritt das Anliegen, eine Versöhnung durch aktive Thematisierung des Konflikts zu erreichen. Andererseits steht HOPE im Kontext der weltweiten Gebetshausbewegung und der Organisation Watchmen for the Nations für eine pfingstlich-charismatische, durch „Geistliche Kriegsführung" geprägte Praxis und ein Verständnis von Versöhnung durch Gebet. Trotz unterschiedlicher Herangehensweise bestehen Gemeinsamkeiten zwischen den Angehörigen beider Gruppierungen in Nazareth. Letztendlich ist in der Strategie der Angehörigen von HOPE, eine aktive Thematisierung des Konflikts zu vermeiden, eine Umsetzung dessen zu sehen, was die Angehörigen von Musalaha / LIRIP fordern: Jesus Christus steht im Zentrum ihres Glaubens, das Land spielt keine Rolle. Die Betonung der himmlischen Identität ist als Ideologiekritik zu sehen, die sich sowohl gegen palästinensische wie auch israelische Vereinnahmungen verwahrt.

I Religions- und Christentumsgeschichte Nazareths

Die Stellung der Religion in Israel beschreibt ein griechisch-orthodoxer Christ in Nazareth mit folgendem Sprichwort:

> Wenn du in Amerika bist, ist das Erste, was sie dich fragen: Wie viel Geld hast du? Wenn du in England bist, fragen sie dich: Wer sind deine Vorfahren? Wenn du in Israel oder im Mittleren Osten bist, ist das Erste, was sie dich fragen: Was ist deine Religion? (lacht).[52]

Er fährt fort, indem er sagt, dass die Religion „eine Auswirkung auf die Menschen habe", aber „nicht in dem Sinn, dass sie religiöser" oder „hingebungsvoller wären". Sondern Religion sei „Teil deiner Persönlichkeit. [...] Sie hat einen starken, starken Einfluss auf die Menschen". Auf die Nachfrage, ob man ohne Religion nicht leben könne, entgegnet er:

> Wir können ohne Religion nicht sein, nein. So sehr wir es versuchen, wir können es nicht. Es ist ein Lebensstil, wirklich. Wenn ich Christ bin, ist meine Art zu leben verschieden von der muslimischen Art zu leben, obwohl wir beide Palästinenser sind.

Der Griechisch-Orthodoxe beschreibt eine enorm hohe Bedeutung der Religion, die „starken Einfluss auf die Menschen" habe, den „Lebensstil" präge und ohne die man nicht sein könne.

Diese hohe Bedeutung gründet sich vor allem darin, dass im israelischen Staat die Religionsgemeinschaften für das Personenstandsrecht ihrer Mitglieder zuständig sind, insbesondere die Eheschließung und -scheidung kann nur innerhalb der jeweiligen Religionsgemeinschaft vollzogen werden; eine säkulare, zivile Eheschließung gibt es nicht. Diese heutige israelische Praxis wird in der israelischen Politik und Öffentlichkeit durch eine Übernahme britischer Herrschaftspraxis begründet, die wiederum in einer Übernahme des osmanischen „Millet-Systems" bestehe – ein System, in dem nicht-muslimische, also christliche und jüdische, Religionsgemeinschaften eigenständig als sogenannte „Millet" verwaltet wurden. Eine solche Sichtweise hat sich auch unhinterfragt in der Forschung zu Christen in Israel festgesetzt.[53]

---

[52] Interview Nr. 24, 13.04.2017.
[53] Vgl. u. a. Tsimhoni, „Status"; O'Mahony, „Christians"; Colbi, *History*, 164 f.; für eine evangelikale Sichtweise vgl. Sumpter, „Agency".

Neuere Forschungsbeiträge revidieren jedoch diese auf Kontinuität abzielende Darstellung.[54] Sie zeigen auf, dass sowohl der Gebrauch des Begriffs „Millet" anachronistisch ist, auch kann bis in das 19. Jahrhundert hinein nicht von einem „System" gesprochen werden. Benjamin Braude spricht gar von Millet als einem „historiographischen Fetisch mit eigenem Leben und eigener Bedeutung"[55], den die orientalistische Wissenschaft hervorgebracht habe. Zwar wurden Nicht-Muslime, also Juden und Christen, in osmanischer Zeit innerhalb ihrer Religionsgemeinschaft verwaltet und diese war unter anderem für das Personenstandsrecht zuständig, jedoch kam es erst in der britischen und israelischen Zeit zu einer Systematisierung und damit zu verschiedenen Transformationen. Bis heute kann allerdings nicht von einem wirklichen System gesprochen werden, da eine Vielzahl von widersprüchlichen Regelungen und Ansprüchen besteht und teilweise keine Gesetzeskorpora oder Verfahrensregeln vorliegen, wie beispielsweise im griechisch-orthodoxen Patriarchat, in dem eher ein Gewohnheitsrecht vorherrscht.

Die folgende Darstellung versucht, die jeweiligen Brüche und Umdeutungen, die für das Verständnis von Religion und Christentum in Nazareth heute relevant sind, aufzuzeigen. Dabei lässt sich diese Entwicklung häufig nur in großen Linien nachzeichnen oder exemplarisch ausführen. Dies liegt daran, dass zum Religionsverständnis sowohl in osmanischer als auch in britischer und israelischer Zeit erheblicher Forschungsbedarf besteht.[56] Als konkreter Untersuchungsgegenstand wurde die griechisch-orthodoxe Gemeinschaft gewählt. Ihre besondere Bedeutung für die Fragestellung ergibt sich daraus, dass sie einerseits die größte und

---

54 Vgl. u. a. Benjamin Braude, „Foundation Myths of the *Millet* System," in *Christians and Jews in the Ottoman Empire. The Functioning of a Plural Society. Volume I: The Central Lands*, hg.v. Benjamin Braude und Bernard Lewis (New York/London: Holmes & Meier Publishers, 1982), 69–88; Robson, *Colonialism*; Michelle U. Campos, *Ottoman Brothers. Muslims, Christians, and Jews in Early Twentieth-Century Palestine* (Stanford [CA]: Stanford Univ. Press, 2011); Benjamin Thomas White, *The Emergence of Minorities in the Middle East. The Politics of Community in French Mandate Syria* (Edinburgh: Edinburgh Univ. Press, 2011); Saba Mahmood, *Religious Difference in a Secular Age. A Minority Report* (Princeton u. a.: Princeton University Press, 2016); zur Diskussion des Millet-Begriffs vgl. auch Michael Ursinus, „Art. Millet," *EI* (2. Aufl.), Bd. 6: 61–64.
55 Braude, „Foundation Myths", 74.
56 Die Forschung zur israelischen Zeit wird insbesondere dadurch erschwert, dass wichtige Quellen unter staatlichem Verschluss bleiben – eine kritische Wissenschaft, die gängige politische Praxis hinterfragen könnte, wird damit unterbunden; vgl. hierzu die Problemanzeige von Alisa Rubin Peled, *Debating Islam in the Jewish State. The Development of Policy Toward Islamic Institutions in Israel* (Albany [NY]: State University of New York Press, 2001), 147 f.

einflussreichste christliche Gemeinschaft war und ist,⁵⁷ andererseits die zu beschreibende Problemstellung der griechisch-orthodoxen Gemeinschaft dazu führte, dass ihre Mitglieder im Vergleich zu Mitgliedern von anderen kirchlichen Gemeinschaften besonders häufig zum evangelikalen Glauben konvertierten.

1 Von den osmanischen Reformen bis zur israelischen Religionspolitik

1.1 Osmanische Reformen und Widerstand: Bedeutungszuwachs der Religionsgemeinschaften (1800–1917)

Christen wurden im osmanischen Reich als Nicht-Muslime von Muslimen unterschieden. Die osmanische Politik gegenüber Nicht-Muslimen variierte im Verlauf des 600 Jahre bestehenden osmanischen Reiches und in den jeweiligen Regionen in Asien, Europa und Afrika, in denen es jeweils unterschiedlich hohe Anteile an nicht-muslimischer Bevölkerung gab. Grundsätzlich kann das osmanische Reich als ein „Reich der Differenz"⁵⁸ bezeichnet werden. Die Differenz sollte nicht in Gleichheit umgewandelt werden, etwa durch Konversionszwang, wie es in vielen christlichen Reichen üblich war; vielmehr konnten die unterschiedlichen Religionsgemeinschaften weiterhin existieren, ihnen wurde als „Schutzbefohlene" [ar. *ahl al-ḏimma*] staatlicher Schutz und die Möglichkeit der Religionsausübung gewährt. Christen und Juden hatten als „Leute des Buches" [ar. *ahl al-kitāb*] einen speziellen Status. Nicht-Muslime unterstanden dem Oberhaupt ihrer jeweiligen Religionsgemeinschaft, dieses traf Regelungen und Vereinbarungen mit dem osmanischen Sultan – die Auswirkungen fielen regional unterschiedlich aus. Nicht-Muslime hatten besondere Rechte und Pflichten. Hierzu zählten beispielsweise die Entrichtung besonderer Steuern, teilweise Kleidervorschriften und die Befreiung vom Militärdienst. Als nicht-muslimische Religionsgemeinschaften waren

---

57 Zu Beginn des Britischen Mandats machten die Griechisch-Orthodoxen mit rund 33.000 Mitgliedern einen Anteil von knapp 46% der christlichen Bevölkerung in Palästina aus (vgl. Daphne Tsimhoni, „The Greek Orthodox Patriarchate of Jerusalem during the Formative Years of the British Mandate in Palestine," *Asian and African Studies* 12:1 [1978]: 77–121, 77); im Zensus 1931 waren es 39.727 und 44% (vgl. Mills, *Census of Palestine 1931*, 26); nach Colbi 1987 45.000 und 33% (Colbi, *History*, 209; 220). Auch in Nazareth stellen die Griechisch-Orthodoxen die Mehrheit dar (1867: 2.500/68%; 1922: 2054/42%; 1989: 12.950–14.000/ca. 50%), vgl. Chad F. Emmet, *Beyond the Basilica. Christians and Muslims in Nazareth* (Chicago/London: The University of Chicago Press, 1995), 27; 36; 73.
58 Karen Barkey, *Empire of Difference. The Ottomans in Comparative Perspective* (Cambridge u. a.: Cambridge University Press, 2008), vgl. Mahmood, *Difference*, 35.

bis in das 18. Jahrhundert ausschließlich Orthodoxe, Armenier und Juden anerkannt – andere Konfessionen wurden von den anerkannten Religionsgemeinschaften mitverwaltet.[59] Zwar hatten die anerkannten Religionsgemeinschaften eine gewisse kommunale Selbstständigkeit und eigene Gerichte, jedoch wurden auch osmanisch-muslimische Gerichte konsultiert, bei denen Nicht-Muslime die gleiche Position und Rechte wie Muslime hatten.[60] Die Religionsgemeinschaften waren zu diesem Zeitpunkt weniger sich gegenüberstehende, feste Konstrukte, sondern durch eine gewisse Fluidität geprägt. Dies zeigt sich auch in der Religionsausübung. Auf dem Land gab es kaum Moscheen, sondern Schreine [ar. *maqām*], an denen Heilige [ar. *walī*] verehrt wurden. Muslime sahen auch Kirchen als Heilige Schreine an und suchten sie, wie Christen, gleichermaßen auf.[61]

Im 19. Jahrhundert war das osmanische Reich von vielen inneren und äußeren Auseinandersetzungen geprägt: Einige Provinzen, vor allem Griechenland und die Balkanregion, aber auch Ägypten, strebten eine Unabhängigkeit an und gefährdeten den inneren Zusammenhalt des Reiches. Diese Auseinandersetzungen wurden in zahlreichen Kriegen ausgetragen, an denen sich auch die europäischen Staaten und Russland beteiligten. Die Unabhängigkeitsbestrebungen waren großteils erfolgreich, das osmanische Reich musste einen enormen Gebietsverlust hinnehmen. Erstreckte sich das osmanische Reich zu Beginn des 19. Jahrhunderts noch vom Balkan über Kleinasien und die Levante bis hin nach Nordafrika, bestand es zu Beginn des ersten Weltkriegs nur noch aus Kleinasien und den arabischen Provinzen in der Levante. Zudem geriet es durch die Kriege und europäischen Interventionen in zunehmende Abhängigkeit und stand unter finanziellem Druck. Diese Problematik wurde durch die Zunahme von ausländischen, meist europäischen Bürgern innerhalb des osmanischen Reiches verstärkt, die als sogenannte „protégés" weder Steuern zahlten noch der osmanischen Jurisdiktion unterstanden. Diesen inneren und äußeren Herausforderungen versuchte das osmanische Reich im ersten und zweiten Drittel des 19. Jahrhunderts durch ein umfangreiches Reformprojekt – *Tanzīmāt* genannt – zu begegnen. Das

---

59 Vgl. Mahmood, *Difference*, 35–39; Roderic H. Davison, *Reform in the Ottoman Empire 1856–1876* (Princeton [NJ]: Princeton Univ. Press, 1963), 12–14; O'Mahony, „Christians", 19f.

60 Vgl. Mahmood, *Difference*, 35f.; Robson, *Colonialism*, 58; Anthony O'Mahony, „The Religious, Political and Social Status of the Christian Communities in Palestine c. 1800–1930," in *The Christian Heritage in the Holy Land*, hg.v. Anthony O'Mahony, Göran Gunner und Kevork Hintlian (London: Scorpion Cavendish, 1995), 237–65, 257f. Dieser Ansicht widerspricht Günzel, vgl. Angelika Günzel, *Religionsgemeinschaften in Israel. Rechtliche Grundstrukturen des Verhältnisses von Staat und Religion* (Tübingen: Mohr Siebeck, 2006), 11 mit Anm. 46.

61 Vgl. Ted Swedenburg, „The Role of the Palestinian Peasantry in the Great Revolt (1936–1939)," in *Islam, Politics, and Social Movements*, hg.v. Edmund III Burke und Ira M. Lapidus (Berkeley u.a.: University of California Press, 1988), 169–203, 170–73.

Reformprojekt wurde durch die Herrschaft von Abdülhamid II., der 1878 durch einen Staatsstreich an die Macht kam und autokratisch regierte, unterbrochen, bis es 1908 durch die jungosmanische bzw. -türkische Revolution wiederbelebt wurde. Ein zentrales Ziel der Reformen war die Entwicklung des Verständnisses einer osmanischen Bürgerschaft, d. h. einer Zugehörigkeit der Bevölkerung zum Staat jenseits der religiösen Anbindung.[62] Diese Bestrebungen wurden jedoch durch den Widerstand der Bevölkerung und der religiösen Eliten sowie europäische Interventionen konterkariert: Sie stärkten das Verständnis der Zugehörigkeit zu einer Religionsgruppe. Diese miteinander konkurrierenden Vorstellungen sollen im Folgenden dargestellt werden. Das Ringen um die Umsetzung der Reformen sowie die Rolle und Bedeutung der Religionsgemeinschaften werden anschließend am Beispiel des griechisch-orthodoxen Patriarchats in Jerusalem kontextualisiert.

Stärkung der Religionsgemeinschaften

Die Bedeutung der Religionsgemeinschaften wurde im 19. Jahrhundert gestärkt, entgegen dem eigentlichen Anliegen zahlreicher Reformen, die ein Verständnis der Zugehörigkeit als „osmanische Bürger" zum Reich jenseits der religiösen Zugehörigkeit bewirken sollten. Das Reformdekret *Hatt-ı Hümayûn* 1856 weitete beispielsweise die Militärpflicht für Nicht-Muslime aus; eingezogen werden sollten damit alle jungen Männer, egal welcher Religionszugehörigkeit. Diese Regelung wurde jedoch für Christen und Juden bereits ein Jahr nach Einführung wieder gelockert und durch die Möglichkeit ersetzt, sich freizukaufen – eine Zahlung, die die Nicht-Muslime zwar ungern tätigten, aber dennoch gegenüber dem Militärdienst bevorzugten. Diese Regelung wurde von Muslimen kritisiert, da sie sich hierdurch benachteiligt fühlten. Erst nach der jungtürkischen Revolution wurde diese Option 1909 abgeschafft; Nicht-Muslime wurden eingezogen.[63]

Die angestrebten Reformen und der Widerstand gegen diese waren ein Grund für das Entstehen von Konflikten in unterschiedlichen Regionen des osmanischen Reiches, unter anderem in Damaskus 1850, im Libanongebirge 1860, auf Kreta

---

[62] Die drei wichtigsten Reformdekrete sind das *Hatt-ı Şerif* von Gülhane (1839), das *Hatt-ı Hümayûn* (1856) und die Verfassung (1876). Zu den Reformen vgl. Davison, *Reform*, bes. 5–9; Bruce Alan Masters, *Christians and Jews in the Ottoman Arab World. The Roots of Sectarianism* (New York: Cambridge University Press, 2001), 134–41; Campos, *Brothers*, 60–64; Mahmood, *Difference*, 39f.
[63] Vgl. Masters, *Christians and Jews*, 138.

1866 und 1896 und in Armenien 1894–96.[64] Diese Konflikte wurden entlang der Linien der jeweiligen Religionszugehörigkeit interpretiert, wodurch die Relevanz der Zugehörigkeit zu einer Religionsgemeinschaft zunahm. Zu diesem Verständnis trugen die europäischen Mächte bei: Durch die „Massaker" an Christen nahmen sie das osmanische Reich als barbarisch und unzivilisiert wahr und rechtfertigten ein „humanitäres Eingreifen"[65] zum Schutze der Christen.

Die Bedeutung der Religionsgemeinschaften blieb vor allem deshalb hoch, weil die Reformen nicht darauf zielten, das Prinzip der Verwaltung der Nicht-Muslime durch die Religionsgemeinschaften aufzuheben. Die nicht-muslimischen Religionsgemeinschaften blieben für das Personenstandsrecht ihrer Mitglieder verantwortlich. Lediglich die internen Verwaltungsstrukturen der Religionsgemeinschaften sollten reformiert und demokratisiert werden. Das *Hatt-ı Hümayûn* von 1856 forderte die Berichterstattung über interne Regulierungen der Religionsgemeinschaften gegenüber der zentralen Regierung in regelmäßigen Abständen und das Einrichten eines Rates, der aus Laien und Klerikern bestehen sollte. Der Wunsch nach Demokratisierung der Religionsgemeinschaften wurde von den Kirchenoberhäuptern nicht geteilt, lange verhinderten sie erfolgreich die Umsetzung, beschnitt dies doch ihre bisherigen Privilegien.[66] Zudem wurden kleinere Religionsgemeinschaften neu anerkannt.[67] Durch diese Ausdifferenzierung erhielten die anerkannten Religionsgemeinschaften stärkeres Gewicht, nicht-anerkannte Religionsgruppen wie etwa Sufi-Orden wurden dadurch verdrängt.[68] Die Ausdifferenzierung und Anerkennung weiterer Religionsgemeinschaften wurde von europäischen Mächten und Russland gefordert und gefördert. Als „Schutzmächte" christlicher Konfessionen konnten diese Länder ihren Einfluss im osmanischen Reich verfestigen. Frankreich trat für die Katholiken,

---

64 Vgl. Masters, *Christians and Jews*, 130; 156–65; Mahmood, *Difference*, 40 f.; Davide Rodogno, *Against Massacre. Humanitarian Interventions in the Ottoman Empire, 1815–1914. The Emergence of a European Concept and International Practice* (Princeton: Princeton University Press, 2012).
65 Zur Argumentation eines „humanitären Eingreifens", durch die Kriegsverbrechen verschleiert wurden, und die in Inkohärenz zur gleichzeitigen europäischen Herrschaftspraxis in Kolonien stand, vgl. Rodogno, *Against Massacre*; Mahmood, *Difference*, 40–44.
66 Vgl. Masters, *Christians and Jews*, 138 f. Zur Umsetzung der Reformen in den jeweiligem Religionsgemeinschaften vgl. Davison, *Reform*, 114–35.
67 Bereits 1743 war die syrisch-katholische Gemeinschaft anerkannt worden, 1831 die armenisch-katholische, 1843 die chaldäisch-katholische und 1850/1853 die protestantische Gemeinschaft (letzterer wurde jedoch keine vollumfängliche Anerkennung zugesprochen), vgl. O'Mahony, „Christians", 20 f.
68 Vgl. Campos, *Brothers*, 247.

Preußen für die Lutheraner und England für die Anglikaner ein;[69] Griechenland rang mit Russland um die Vormacht bei den Orthodoxen. Konsulate wurden eingerichtet, die der christlichen Aktivität und den Missionen die rechtlichen Rahmenbedingungen schafften.[70] Diese Entwicklung ist insbesondere im nachmaligen Palästina zu spüren, das im 19. Jahrhundert als „Heiliges Land" wiederentdeckt wurde und Anziehungsort für Pilger, Archäologen und Missionare bildete.[71] Die europäische Mission und christliche Aktivitäten waren gepaart mit dem Anliegen, die Region zu „modernisieren". Schulen, Krankenhäuser und andere sozial-karitative Einrichtungen wurden errichtet.[72] Letztendlich trugen diese Bemühungen aber zur Aufwertung von Religion und der Ausdifferenzierung der Religionsgemeinschaften untereinander bei, denn Bildung wurde dadurch zur Sache der Religionsgemeinschaften, eine Struktur öffentlicher, allgemeiner Schulen wurde nicht aufgebaut. Insgesamt wurden auf diese Weise die Reformen und die damit verbundenen Modernisierungsbemühungen des osmanischen Reiches hin zu einem säkularen Staat mit einer Bürgerschaft unabhängig ihrer Religionszugehörigkeit konterkariert.

Die Gründung von Schulen bewirkte einen hohen Bildungsgrad unter den Christen und führte in der Folge zur Ausbildung einer neuen Mittelschicht und Intellektueller. Christsein wurde damit durch ein bestimmtes Bildungsniveau und sozialen Status ausgedrückt. Dies legte einen wichtigen Grundstein für das Engagement der Christen in der Anfang des 20. Jahrhunderts entstehenden arabischen Bewegung und im antikolonialen Widerstand, insbesondere gegen die zionistische Ansiedlung. Die Kritik an der zionistischen Ansiedlung wurde deutlich in den neu entstehenden arabischen Zeitungen vorgebracht; allein sechs

---

[69] Zu Preußen und Lutheranern sowie Engländern und Anglikanern vgl. Martin Lückhoff, *Anglikaner und Protestanten im Heiligen Land. Das gemeinsame Bistum Jerusalem (1841–1886)* (Wiesbaden: Harrassowitz, 1998).
[70] In Jerusalem wurde 1838 ein britisches, 1843 ein französisches, preußisches und sardisches, 1844 ein amerikanisches und 1849 ein österreichisches (welches das sardische ersetzte) Konsulat eingerichtet, vgl. O'Mahony, „Christians", 25.
[71] Vgl. Eleanor H. Tejirian und Reeva Spector Simon, *Conflict, Conquest, and Conversion. Two Thousand Years of Christian Missions in the Middle East* (New York: Columbia University Press, 2012), 69–114; für die deutsche Mission vgl. Lückhoff, *Anglikaner*; für die Wissenschaft und Archäologie am Beispiel des Deutschen Palästinavereins vgl. Markus Kirchhoff, „Deutsche Palästinawissenschaft im letzten Viertel des 19. Jahrhunderts. Die Anfänge und Programmatik des Deutschen Vereins zur Erforschung Palästinas (avec résumé français)," in *Europäer in der Levante. Zwischen Politik, Wissenschaft und Religion (19.–20. Jahrhundert)*. Pariser historische Studien 53, hg.v. Dominique Trimbur (München: Oldenbourg, 2004), 31–55.
[72] Vgl. O'Mahony, „Christians", 23–25; Jakob Eisler, Hg., *Deutsche in Palästina und ihr Anteil an der Modernisierung des Landes*. Abhandlungen des Deutschen Palästina-Vereins 36 (Wiesbaden: Harrassowitz, 2008).

Monate nach der Revolution 1908 und der Wiederherstellung der Verfassung wurden in Palästina sechzehn und bis zum bis zum Ersten Weltkrieg achtzehn weitere arabische Zeitungen gegründet. Christen nahmen hier eine führende Rolle ein; wichtige Zeitungen waren die Zeitung *Al-Filastin* von den orthodoxen Cousins al-'Issa und die Zeitung *Al-Karmil* von Najib Nasser.[73] Gegen die zionistische Besiedlung riefen sie zum gemeinsamen muslimisch-christlichen Widerstand auf und bemühten unter anderem Salah al-Din, der die Kreuzfahrer aus „Palästina" vertrieb, als gemeinsamen Helden.[74] Mit der Entstehung der arabischen Bewegung ist eine Spannung zwischen einer nationalen und einer religiösen Identifikation angelegt, die jedoch zu diesem Zeitpunkt noch nicht zu Tage trat. Vielmehr ist die arabische Bewegung zu Beginn des 20. Jahrhunderts als Teil des osmanischen Reformprojekts zu verstehen.[75] Die Identifikation innerhalb der Religionsgemeinschaft blieb jedoch zentral, wie im Folgenden am Beispiel der Auseinandersetzungen im griechisch-orthodoxen Patriarchat gezeigt wird.

Griechische, russische und arabische Orthodoxe

Die beschriebene Reformierung der nicht-muslimischen Religionsgemeinschaften wurde von den Klerikern erfolgreich verhindert. Hiergegen regte sich Widerstand seitens der Laien, die die Umsetzung der Reformen und ihre eigene Mitbestimmung forderten. Die weitreichendste dieser Bewegungen war die „orthodoxe Renaissance" innerhalb des griechisch-orthodoxen Patriarchats. Der Konflikt wurde jedoch zunehmend nicht als ein Konflikt zwischen Laien und Klerikern gewertet, sondern zwischen „Arabern" und „Griechen". Damit wird eine zunehmende national-ethnische Identifikation deutlich, die innerhalb der Religionsgemeinschaft, dem griechisch-orthodoxen Patriarchat, geäußert wurde. Eine Identifikation als „arabische" Laien und „griechische" Kleriker ist indes nicht selbstverständlich, sondern begründet sich in verschiedenen Entwicklungen im osmanischen Reich während des 19. Jahrhunderts.

Im osmanischen Reich waren „rum-orthodoxe" oder „griechisch-orthodoxe" Christen – orthodoxe Christen nach byzantinischem Ritus – in verschiedenen Regionen vertreten, üblicherweise war die Verkehrssprache türkisch-osmanisch. Der Patriarch von Konstantinopel, der sogar vom 17. Jahrhundert bis 1843 in Konstantinopel residierte und von der Synode von Konstantinopel gewählt wurde,

---

73 Vgl. O'Mahony, „Christians", 45f.; Campos, *Brothers*, 133–65.
74 Vgl. Campos, *Brothers*, 224f.
75 Vgl. Campos, *Brothers*, 237–40.

hatte Einfluss auf andere orthodoxe Patriarchate im osmanischen Reich, vor allem auf den Patriarchen von Jerusalem. Mit der wachsenden Zunahme der Bedeutung der Heiligen Stätten und ihrer Bewahrung wurde im 19. Jahrhundert die Bruderschaft des Heiligen Grabes wichtiger, die über die Heiligen Stätten wachte. Diese wählte nun die Synode, die den Patriarchen bestimmte. Die Mönche der Bruderschaft kamen üblicherweise aus der griechisch-osmanischen Provinz. Lokale arabische Gemeindepriester waren in ihr nicht vertreten, da sie in der Regel verheiratet und deshalb ausgeschlossen waren. Im 19. Jahrhundert entwickelten die Mönche der Grabeskirche zunehmend ein griechisches Selbstverständnis. Dies lag an der Abspaltung Griechenlands vom osmanischen Reich als griechische Nation in den 1820er Jahren. Hierdurch verstand sich das Patriarchat von Konstantinopel als „griechisch" und versuchte Einfluss auf die Orthodoxen mit byzantinischem Ritus im verbleibenden osmanischen Reich zu nehmen.[76] Dagegen wehrten sich die Orthodoxen in verschiedenen Regionen, die darin von russischen Orthodoxen unterstützt wurden.[77] Gegen die griechische Dominanz stärkten die russischen Orthodoxen unter den arabischen Orthodoxen das „arabische" Selbstverständnis. Einfluss nahmen sie in den arabischen Provinzen des osmanischen Reiches vor allem durch die Gründung von „russischen" Schulen. Durch die 1882 gegründete Orthodox Palestine Society – 1889 in Imperial Orthodox Palestine Society umbenannt – wurden vor dem ersten Weltkrieg in der Region des späteren Palästinas, Syriens und Libanons 114 „russische" Schulen errichtet, in denen über 15.000 Schülerinnen und Schüler unterrichtet wurden. Besonders großen Einfluss hatte die Gesellschaft in Galiläa mit Zentrum in Nazareth, wo es neben einer Schule auch eine Ausbildungsstätte für Lehrer gab. Unterrichtssprache war in diesen Schulen arabisch, als Fremdsprache wurde ausschließlich russisch unterrichtet. Die Lehrer waren – anders als in den meisten anderen christlichen Schulen – nicht ausländische Missionare oder Ordensangehörige, sondern osmanische Bürger. Eingesetzt und ausgebildet wurden sie nicht nur in verschiedenen Regionen der arabisch-osmanischen Provinzen, sondern teilweise auch in Russland, und sorgten so für eine Vernetzung untereinander und eine

---

[76] Vgl. Tsimhoni, „Greek Orthodox Patriarchate", 78 f.; Mahmood, *Difference*, 61 f.
[77] Auf dem Balkan gründeten sich mit der Unabhängigkeit Bulgariens 1870 und Serbiens 1879 autokephale Kirchen, im Patriarchat von Antiochien wurden in den 1890er Jahren griechische durch arabische Geistliche ersetzt und ein arabischer Patriarch gewählt; vgl. Merav Mack, „Orthodox and Communist: A History of a Christian Community in Mandate Palestine and Israel," *British Journal of Middle Eastern Studies* 42:4 (2015): 384–400, 386; Robson, *Colonialism*, 77; Tsimhoni, „Greek Orthodox Patriarchate", 79 f.; Noah Haiduc-Dale, *Arab Christians in British Mandate Palestine. Communalism and Nationalism, 1917–1948* (Edinburgh: Edinburgh University Press, 2015), 11.

Verbreitung patriotischer, osmanisch-arabischer Gedanken.[78] Die Entwicklung eines arabischen Verständnisses der lokalen Orthodoxen im Patriarchat von Jerusalem ist also im Kontext miteinander konkurrierender imperialistischer Ansprüche zu verstehen. Sowohl Griechenland als auch Russland rangen um den Einfluss in diesem Patriarchat, die russische Orthodoxie versuchte durch die Stärkung eines arabischen Selbstverständnisses der lokalen Orthodoxen die griechischen Ansprüche zurückzudrängen. Zugleich legte sie durch die Bildungseinrichtungen den Grundstein für eine gebildete und politisch aktive Elite.

Die „Orthodoxe Renaissance" von 1908 nun forderte nicht nur die Einsetzung eines Rates mit der Beteiligung von Laien, sondern auch eine bessere Priesterausbildung „nationaler osmanischer Orthodoxer"[79]. Zahlreiche große Demonstrationen in Jerusalem und Jaffa fanden statt, Gottesdienste wurden boykottiert und Beschwerden vor der Zentralregierung in Istanbul vorgebracht. In ihrem Anliegen wurden die arabischsprachigen Orthodoxen von Muslimen unterstützt. In Reaktion auf die Proteste bestrafte die Heilige Synode die lokalen Orthodoxen, indem sie die Unterstützung für Essen und für die kommunale Kopfsteuer für Arme kürzte und eine Mietzahlung für Wohnungen, die dem Patriarchat gehörten, einforderte. Zwischenzeitlich wurde Patriarch Damianos, der sich dem Anliegen der lokalen Orthodoxen gegenüber entgegenkommend zeigte, von der Bruderschaft der Grabeskirche abgesetzt. Hiergegen versuchte die Zentralregierung vorzugehen, jedoch mit mäßigem Erfolg. Im Februar 1909 eskalierte der Konflikt, zahlreiche arabische und griechische Orthodoxe wurden ermordet; die Armee musste patrouillieren, viele Läden wurden geschlossen. 1910 schließlich wurden Wahlen zum Rat abgehalten, die Forderung nach Zulassung arabischer Geistlicher zur Bruderschaft aber zurückgewiesen.[80] Der Rat wurde allerdings 1913 bereits wieder aufgelöst.[81]

---

78 Vgl. Tsimhoni, „Greek Orthodox Patriarchate", 81f., Mack, „Orthodox and Communist", 385–89; Denis Vovchenko, „Creating Arab Nationalism? Russia and Greece in Ottoman Syria and Palestine (1840–1909)," *Middle Eastern Studies* 49:6 (2013): 901–18, 907–10; Elie Kedourie, „Religion and Politics," in *The Chatham House Version and Other Middle-Eastern Studies*, hg.v. Elie Kedourie (London: Weidenfeld and Nicolson, 1970), 317–50, 328–30.
79 Zit. nach Campos, *Brothers*, 53. Bereits 1872 forderten die arabischen Laien das Einsetzen einer Verfassung und die Beteiligung von Laien. Die Proteste bewirkten eine Verfassung 1875, die unter anderem mit Laien und Klerikern gemischte Räte, lokale Räte in den jeweiligen Orten, den Zugang von lokalen Mitgliedern zur Bruderschaft und die Beteiligung von lokalen Priestern an der Patriarchenwahl festhielt. Diese Verfassung wurde jedoch nicht umgesetzt, gelegentliche Proteste blühten nach der Revolution 1908 wieder auf, vgl. Tsimhoni, „Greek Orthodox Patriarchate", 79–81; Günzel, *Religionsgemeinschaften in Israel*, 169.
80 Vgl. Campos, *Brothers*, 52–55; Tsimhoni, „Greek Orthodox Patriarchate", 82–84, Kedourie, „Religion and Politics", 332.

Die arabischsprachigen Orthodoxen hatten mit ihrem Anliegen keinen nachhaltigen Erfolg. Bis heute, wie in den folgenden Abschnitten zu zeigen sein wird, fordern die arabischsprachigen Orthodoxen die Arabisierung des orthodoxen Patriarchats von Jerusalem. Diese Forderung wurde jedoch mit verschiedenen Anliegen verknüpft. Zu Beginn des 20. Jahrhunderts kann die Forderung nach Arabisierung als eine Forderung nach der Umsetzung des inner-osmanischen Reformprojekts verstanden werden, das sich gegen die – nicht mehr osmanischen – Griechen wandte. In jedem Fall zeigt die Auseinandersetzung, dass die Identifikation innerhalb der Religionsgemeinschaft als „orthodox" an Bedeutung zunahm. Denn die „Orthodoxen" forderten nicht etwa eine Auflösung der Religionsgemeinschaft oder gingen auf Distanz zu ihr, sondern formulierten ihren Wunsch nach Reformen und Demokratie innerhalb der Religionsgemeinschaft.

Dies wurde von Khalil al-Sakakini kritisiert. Mit seiner kritischen Position stellte er jedoch eine Ausnahme dar. Al-Sakakini war selbst einer der Begründer und frühen Anführer der orthodoxen Renaissance 1908, weitete aber deren Bestrebungen nach Reform, Demokratie und Teilhabe aus und wurde zu einem der führenden Pan-Arabisten. Diese Anliegen sah er durch eine Politik auf Grundlage der Zugehörigkeit zu einer Religionsgemeinschaft nicht umgesetzt. Damit ging er zunehmend auf Distanz zur Orthodoxie. Auch das Patriarchat ging in Distanz zu ihm: Als er 1912 heiraten wollte, fand sich lange kein Priester, der die Eheschließung vornehmen wollte. 1913 schließlich kam es nach seiner Veröffentlichung des Pamphlets „Die orthodoxe Renaissance in Palästina" [ar. *al-nahḍa al-urṭūduksīya fī filasṭīn*], in dem er den griechischen Patriarchen kritisierte, zum Bruch. In der Folge wurde er exkommuniziert.[82] Von seinem anfänglichen arabischen Engagement innerhalb der Orthodoxie und seiner Identifikation als Orthodoxer distanzierte er sich 1914:

> [...] und ich merkte, dass ich nicht länger in der orthodoxen Gemeinschaft bleiben konnte. Ich kann nicht länger unter der Autorität dieser korrupten und verkommenen Priester bleiben; ich kann nicht mehr ein Mitglied dieser verkommenen Gemeinschaft sein. Ich kann es nicht [...] Ich bin nicht orthodox! Ich bin nicht orthodox![83]

In der Folge wandte er sich der pan-arabischen Nationalbewegung zu und wurde zu einem ihrer führenden Vertreter. Er forderte einen Nationalismus unabhängig der religiösen Anbindung. 1914 lehnte er die Anfrage von orthodoxen Christen aus

---

81 Vgl. Robson, *Colonialism*, 78.
82 Vgl. Robson, *Colonialism*, 95; Kedourie, „Religion and Politics", 332f.
83 Zit. nach Kedourie, „Religion and Politics", 333.

Jaffa zur Gründung einer Partei, die christliche Interessen vertrat, mit folgender Begründung ab:

> Wenn euer Ziel ein politisches ist, dann stimme ich nicht zu, denn ich bin zu allererst Araber, und ich denke es ist zu bevorzugen, dass wir eine nationale Partei gründen, die alle Söhne des Vaterlandes ungeachtet von Religion und Sekten [engl. *sects*] vereint, um das nationale Gefühl zu erwecken und einen neuen Geist fließen zu lassen.[84]

Dieser Nationalismus diente seinen humanistischen Idealen,[85] die er auch in die von ihm gegründete Reformschule „Patriotische Schule der Verfassung" [ar. *al-madrasa al-dustūrīya al-waṭanīya*] in der Linie der osmanischen Verfassungsideale einfließen ließ. Diese Schule bot eine Alternative zu den sonst kirchlichen Schulen. In ihr wurde großen Wert auf die arabische Bildung, ohne das Vollziehen von Bewertungen oder Strafen, gelegt.[86]

1.2 Die britische Neuerfindung des Millet-Systems (1917–1948)

Mit Ende des ersten Weltkriegs und der Zerschlagung des osmanischen Reiches entstanden 22 arabische Nationalstaaten, die meisten von ihnen unter direkter oder indirekter kolonialer Herrschaft Frankreichs und Englands. Die beiden Länder hatten das Gebiet bereits 1916 durch das Sykes-Picot-Abkommen unter sich aufgeteilt. Jerusalem wurde 1917 durch die Briten besetzt, 1920 wurde der erste Hochkommissar für Palästina benannt. Das Mandat der Briten für Palästina wurde schließlich vom Völkerbund 1922 offiziell bestätigt. Die britische Herrschaft fiel in eine Zeit, in der Kolonialismus und Imperialismus bereits in der Kritik standen. Die Herrschaft wurde daher als ein „Mandat" unter dem Deckmantel der Vorbereitung zur Selbstbestimmung gerechtfertigt.[87] Die Briten gaben an, den bisherigen Zustand erhalten und fortführen zu wollen. Das bestehende Rechtssystem sollte durch Artikel 46 des Palestine Order in Council 1922 übernommen werden. Insbesondere die Religionen sollten von den britischen Regulierungen unberührt bleiben.[88] Entgegen diesem Anspruch bewirkte die britische Herrschaft jedoch eine erhebliche Transformation der Religionsgemeinschaften. Religion wurde nun als primärer Identifikationsrahmen der Bevölkerung wahrgenommen

---

84 Zit. nach Kedourie, „Religion and Politics", 340, vgl. Haiduc-Dale, *Christians*, 33.
85 Vgl. Robson, *Colonialism*, 95 f.; Kedourie, „Religion and Politics", 333.
86 Vgl. Campos, *Brothers*, 84–86.
87 Vgl. Mahmood, *Difference*, 62; Robson, *Colonialism*, 6 f.
88 Vgl. Günzel, *Religionsgemeinschaften in Israel*, 5; 13–15.

und diente der britischen Herrschaft in Palästina, wie „Ethnie" in Afrika oder „Kaste" in Indien, als eine Größe, um die Bevölkerung aufzuteilen und zu regieren.[89] Dies zeigt sich auch in dem Zensus von 1922, der die Bevölkerung gemäß ihrer Zugehörigkeit zu den jeweiligen Religionen erfasste. Er unterschied zwischen Mohammedanern, Juden, Christen, Drusen, Samaritanern, Bahais, Metawilehs, Hindus und Sikhs.[90]

Die britischen Transformationen der Regelungen zu den Religionsgemeinschaften waren so erheblich, dass von einer „Neuerfindung"[91] des Milletsystems gesprochen werden kann. Norman Bentwich, der britische Generalstaatsanwalt Palästinas (1920–1925), beschreibt in einem 1926 veröffentlichten Aufsatz mit dem Titel „The Legislation of Palestine", wie die britischen Verantwortlichen das osmanische Recht auffassten und welche Konsequenzen sie daraus für die Rechtsprechung ableiteten.[92] Zur grundsätzlichen Beschreibung der britisch-osmanischen Diskrepanz zitiert Bentwich eingangs aus dem Bericht des Hochkommissars Herbert Samuel über die Verwaltung von Palästina für die Jahre 1920 bis 1925. Demnach seien „die Gesetze der Türkei [...] für die Bedürfnisse eines fortschrittlichen Staates nicht angemessen"[93] gewesen. Für die nach Meinung Bentwichs unzureichende osmanische Gesetzgebung nennt er in seinem Aufsatz zwei Gründe: Einerseits sei das bestehende System zu komplex und eine „Vereinfachung"[94] daher nötig, da „der Gesetzgeber die primitiven Bedingungen, die in bestimmten Teilen der Bevölkerung bestehen, zur Kenntnis nehmen musste"[95]. Andererseits sei das osmanische Gesetz durch eine „gallische Infusion"[96] korrumpiert worden. Diese sei verantwortlich für die Komplexität, eine solche sei aber „für die Bedingungen eines orientalischen Landes untauglich"[97].

Auch die osmanischen Reformen des 19. Jahrhunderts führt Bentwich allein auf eine Nachahmung Kontinentaleuropas und Frankreichs zurück.[98] Der Gedanke,

---

89 Vgl. Robson, *Colonialism*, 44–50; vgl. Mahmood, *Difference*, 116 mit Anm. 3. Dies war auch im Libanon und in Syrien unter Frankreichs Herrschaft gängige Praxis, vgl. Mahmood, *Difference*, 63; und ausführlich zu Syrien White, *Emergence of Minorities*.
90 Vgl. Barron, *Report 1922*.
91 Robson, *Colonialism*, 44.
92 Vgl. zum Folgenden auch Robson, *Colonialism*, 51–54.
93 Norman Bentwich, „The Legislation of Palestine," *Journal of Comparative Legislation and International Law* 8:1 (1926): 9–20, 10.
94 Bentwich, „Legislation", 13.
95 Bentwich, „Legislation", 14.
96 Bentwich, „Legislation", 12.
97 Bentwich, „Legislation", 13.
98 Vgl. Bentwich, „Legislation", 11.

dass es sich bei dem osmanischen Recht um ein funktionierendes Recht gehandelt haben könnte, oder dass die Reformen des 19. Jahrhunderts die Bildung eines modernen, säkularen osmanischen Rechtsstaats beabsichtigten, wurde nicht vorgetragen. Die zitierten Aussagen zeigen eine orientalistische und imperialistische Denkweise auf. Tatsächlich spricht aus der wahrgenommenen Komplexität vor allem die britische Unkenntnis vom osmanischen Gesetz. Wie Untersuchungen zum Landrecht zeigen, lagen den Briten keine Übersetzungen der osmanischen Rechtstexte in einer der drei Sprachen des Mandats – Englisch, Arabisch, Hebräisch – vor, sondern nur eine französische Übersetzung, der nur bedingt vertraut wurde. Osmanische Originaltexte waren zwar verfügbar, wurden aber nur bei Bedarf auszugsweise übersetzt.[99] Als das eigentliche Gegenüber britischen Handelns tritt Frankreich hervor – eine Auseinandersetzung, die nun auf den Schultern der Bevölkerung in Palästina ausgetragen wurde.

Weite Bereiche des osmanischen Gesetzes wurden dem britischen Anspruch eines „fortschrittlichen Staates" angepasst. Davon ausgenommen waren, so Bentwich,

> [...] jegliche Regeln des Personenstands- und Familienrechts, da diese Angelegenheiten nicht von den Gerichten des Staates, sondern von den verschiedenen religiösen Gerichten der unterschiedlichen Gemeinschaften gemäß ihren eigentümlichen religiösen Büchern zu regeln waren.[100]

Dabei hätte eine konsequente Einführung des Zivilrechts und ein vom Staat reguliertes Personenstandsrecht zur Etablierung eines „fortschrittlichen Staates" beigetragen. Jedoch wurde die Verwaltung der Bevölkerung gemäß ihrer religiösen Zugehörigkeit beibehalten. Gemäß dem Anspruch, die Religionen unberührt zu lassen, wurde argumentiert, das bestehende „System" der „Millets" „fortzuführen". Diese Argumentation, die bis heute wirksam ist, kaschiert jedoch das eigene Handeln und entscheidende Transformationen. Beispielhaft für diese Argumentation sei Herbert Samuel aus einer Rede vor dem House of Lords 1938 zitiert:

> Die Türken [...] gehen mit Gemeinschaften wie mit solchen unter dem System der Millet um [...]. Folglich habe ich es fortgeführt und weiterentwickelt und es mir zur Pflicht gemacht, diese gemeinschaftliche Einheiten zu organisieren und zu legalisieren [...]. Für Bildung, religiöse Stiftungen, Ehegesetze und andere Angelegenheiten waren nicht die geografischen Gebiete,

---

99 Vgl. Martin Bunton, „Inventing the Status Quo: Ottoman Land-Law during the Palestine Mandate, 1917–1936," *The International History Review* 21:1 (1999): 28–56, 48f.; Robson, *Colonialism*, 52.
100 Bentwich, „Legislation", 11.

sondern die Gemeinschaften zuständig. Meines Erachtens sollte sich das politische System dieses Landes hauptsächlich auf diese Leitlinien stützen.[101]

Die Verwaltung der Bevölkerung in den „Millets" schien, so Samuel, „diesem Land" am geeignetsten. Dies begründet sich in der Annahme eines „Systems" der „Millets", das durch jahrhundertlange, kontinuierliche Tradition geprägt ist. Tatsächlich bestand aber, wie gezeigt, kein solches „System" – vielmehr gab es eine Vielzahl an regional und zeitlich verschiedenen Regelungen, die zwischen den osmanischen Verantwortlichen und den Religionsoberhäuptern getroffen wurden. De facto bewirkten die Briten selbst durch die selektive Aufnahme einzelner Regelungen eine Systematisierung. Durch die Ablehnung der Reformen des 19. Jahrhunderts – sie widersprachen dem britischen Fortführungsgedanken – wurde das wahrgenommene System re-traditionalisiert. Dies führte beispielsweise dazu, dass kleineren oder neueren Kirchen, wie den Kopten oder den Protestanten, der Millet-Status aberkannt wurde. Denn diese waren nach britischer Meinung keine traditionellen Kirchen, sondern lediglich auf den europäischen Reformeinfluss des 19. Jahrhunderts zurückzuführen. Als christliche Gemeinschaften anerkannt wurden 1923 die griechisch-orthodoxe, römisch-katholische, armenisch-orthodoxe, armenisch-katholische und syrisch-katholische Kirche, bis 1925 wurden die griechisch-katholische, maronitische und syrisch-orthodoxe Kirche anerkannt.[102] Eine Systematisierung zeigt sich auch im Zensus von 1931 im Vergleich zu 1922: Als Religionen werden 1931 nur noch Juden, Christen, Muslime, Drusen, Samaritaner und Bahais genannt; Metawilehs, Hindus und Sikhs fallen weg. Hinzu kommt die Kategorie „Andere" oder „Keine Religion", in der diejenigen, die zu keiner der offiziell geführten Religionsgruppen gehörten, zusammengefasst wurden. Die christlichen Gemeinschaften wurden in einer mehrteiligen Gliederung aufgelistet.[103]

Die Vorstellung eines festen Systems lief konträr zur vormals gängigen Praxis, dass Nicht-Muslime Rechtsprechung in Gerichten fanden, die außerhalb ihrer Religionsgemeinschaft lagen. Entsprechend sollten, so Bentwich, „bestimmte Anomalien im türkischen System", „durch die die muslimisch-religiösen Gerichte eine übergeordnete Zuständigkeit für die Mitglieder der anderen Gemeinschaften [...] ausübten", beseitigt werden.[104] Diese Aussage zeigt, dass die außerhalb der nicht-muslimischen Gemeinschaften liegenden Gerichte zu „muslimisch-religiösen Gerichten" erklärt wurden. Ein solches Verständnis ergab sich auch daraus,

---

101 Zit. nach Robson, *Colonialism*, 53.
102 Vgl. Robson, *Colonialism*, 72 f.
103 Vgl. Mills, *Census of Palestine 1931*, Table VI 18 f.; Table VII 21–25.
104 Bentwich, „Legislation", 18.

dass die Muslime ebenfalls zu einer Millet erklärt und den anderen, nicht-muslimischen Religionsgemeinschaften gleichgestellt wurden.

Die Gleichstellung der Muslime als Millet war die wohl bedeutendste britische Neuerung, schließlich betraf die Verwaltungsform der Religionsgemeinschaften im osmanischen Reich nur die nicht-muslimischen Religionen. Damit wurden vormalige osmanische Gerichte, die von Muslimen, Juden und Christen gleichermaßen konsultiert wurden, zu muslimischen Gerichten erklärt. Das vormalige allgemeine Recht wurde neu unter dem Namen „Mohammedan Law of Procedure" zusammengefasst. Damit wurde ein zentralisiertes, kodifiziertes Scharia-Gesetz geschaffen, das die frühere lokal verschiedene Rechtsprechung ablöste.[105] Der Mufti von Jerusalem, Kamil al-Husseini, wurde von den Briten zum Groß-Mufti, zum Repräsentanten des Islams in Palästina, erklärt und mit erheblichem Einfluss ausgestattet. Zudem fungierte er als Vorstand des 1921 eingerichteten Supreme Muslim Council (SMC), der die Muslime gegenüber der Mandatsregierung vertrat. Mehrere Kompetenzen vormaliger osmanischer Institutionen, darunter die des höchsten muslimisch-religiösen Amtes Şeyhülislam und die des Justizministeriums in Istanbul, kamen im SMC zusammen. Vormalige Supervision durch höhere osmanische Autoritäten ging verloren, der SMC hatte relative Autonomie.

Das Personenstandsrecht – Geburten- und Sterberegister, Eheschließung und -scheidung – sowie familien- und erbrechtliche Angelegenheiten wurden nun ausschließlich innerhalb der jeweiligen Religionsgruppen verhandelt. Bereits im osmanischen Reich waren zwar, wie oben erwähnt, die nicht-muslimischen Religionsgemeinschaften für das Personenstandsrecht ihrer Mitglieder zuständig; neu war aber nun, dass die osmanischen Gerichte wegfielen und zu ausschließlich muslimischen Gerichten wurden.[106] Damit wurde die Zugehörigkeit zu einer anerkannten Religionsgemeinschaft unumgänglich. Die Überantwortung der rechtlichen Aufgaben an die Religionsgemeinschaften bewirkte, insbesondere bei Christen, eine Rechtsunsicherheit. Denn viele Religionsgemeinschaften hatten bis dahin keine Gesetzestexte, da die Rechtsprechung in der Praxis meist in lokalen Scharia-Gerichten vollzogen wurde. Daher wurden nun häufig neue Gesetze erfunden oder es fand Rechtsprechung ohne Rechtsgrundlage statt, die eingerichteten Räte arbeiteten relativ autonom und ohne Supervision.[107] Diese Problematik wurde insbesondere für diejenigen Christen verschärft, deren Kirchen keinen offiziellen Status genossen. Forderungen nach der Einführung einer Zivilehe, die vor allem von eingewanderten, säkularen Juden vorgetragen wurde, wurden ignoriert. Trotz

---

105 Vgl. Mahmood, *Difference*, 117.
106 Vgl. Robson, *Colonialism*, 57–62.
107 Vgl. Robson, *Colonialism*, 72–74; vgl. zum Beispiel Syrien White, *Emergence of Minorities*; s. auch im Folgenden das Beispiel der Griechisch-Orthoxen.

zahlreicher Beschwerden griffen die Briten nicht ein. Dies lag auch daran, dass die Briten Angst vor den anderen europäischen Mächten hatten, die in der Vergangenheit für unterschiedliche Kirchen ihren Einfluss geltend gemacht hatten. Andererseits gaben sie an, nicht in die religiösen Angelegenheiten eingreifen zu wollen – was sie aber de facto taten, wodurch die Missstände verstärkt wurden bzw. erst entstanden.[108]

Politische Handlungsmöglichkeiten wurden auf die Religionsgemeinschaften beschränkt, womit „Minderheiten" geschaffen wurden.[109] Beispielsweise wurde bei Gremien eine Wahl nach Repräsentationsverhältnissen festgesetzt. Damit wurden sowohl die national-säkulare Bewegung wie auch globale muslimische Bewegungen geschwächt. Die größte politische Organisation, der SMC, schloss nicht nur Christen aus, sondern ebnete auch den Weg zu einem politischen Islam, wodurch sich die Nationalbewegung mit dem islamischen Diskurs verband.[110] In diesem Kontext ist die desillusionierte Äußerung von Khalil al-Sakakini, der wie beschrieben die politische Partizipation entsprechend religiöser Zugehörigkeit schon früh kritisierte, 1932 zu verstehen:

> Egal wie hoch meine Stellung in Wissenschaft und Literatur auch sein mag, egal wie ernst mein Patriotismus ist, egal wie viel ich leiste, um die Nation wiederzubeleben, selbst wenn ich meine Finger vor ihren Augen verbrenne, solange ich kein Muslim bin, bin ich nichts. Wenn du irgendetwas werden willst, dann sei ein Muslim und dies wird [dein] Frieden sein.[111]

Die Beschränkung der politischen Handlungsmöglichkeiten auf die Religionsgemeinschaften, die Khalil al-Sakikini schon früh kritisierte, wurde im Verlauf der britischen Herrschaft verstärkt herausgefordert.[112] Eine solche Beschränkung auf die Religionsgemeinschaft zeigt sich jedoch auch bei der arabisch-orthodoxen Bewegung, die Khalil al-Sakakini deswegen weiterhin problematisierte. Diese kritisierte zwar auch die britische Herrschaft und zionistische Besiedlung, wandte sich vorwiegend aber gegen die griechische Kirchenleitung und entfaltete damit nur eingeschränktes politisches Potential.[113]

---

108 Vgl. Robson, *Colonialism*, 72–74.
109 Vgl. Robson, *Colonialism*, 8 f., 44; Haiduc-Dale, *Christians*, 25 f. White zeigt am Beispiel der französischen Mandatsherrschaft in Syrien detailliert die Entwicklung der Konzeptualisierung einer „Minderheit" und die daraus resultierenden politischen Konsequenzen auf. Seinen Untersuchungen zufolge entstand das Minderheiten-Konzept erst im Verlauf der Mandatszeit, vgl. White, *Emergence of Minorities*.
110 Vgl. Robson, *Colonialism*, 58–65.
111 Zit. nach Kedourie, „Religion and Politics", 339 f.
112 Vgl. hierzu ausführlich Haiduc-Dale, *Christians*.
113 Vgl. Robson, *Colonialism*, 96.

Arabisch-orthodoxer Widerstand gegen Briten, Griechen und Zionisten

Die britische Herrschaft und die beschriebenen Transformationen der Religionsgemeinschaften wirkten sich auch auf den andauernden Konflikt zwischen „griechischen" und „arabischen" Orthodoxen aus. Während die arabischsprachigen Orthodoxen in ihrem Anliegen bislang umfangreich von Russland unterstützt wurden, fiel die russische Anbindung nach dem ersten Weltkrieg weg. Dies hatte weitreichende Konsequenzen: Die prestigeträchtigen, überregional bekannten russischen Schulen wurden geschlossen, die Schulgebäude wurden oftmals für britische Verwaltungszwecke verwendet, so auch in Nazareth. Dies stellte einen gravierenden Einschnitt für die arabischsprachigen Orthodoxen dar, denn auch in britischer Zeit fand Bildung primär innerhalb der jeweiligen Religionsgemeinschaften statt, da kein umfangreiches öffentliches Schulsystem aufgebaut wurde. Darüber hinaus entfiel durch die Zurückdrängung Russlands die entsprechende finanzielle Unterstützung, das Patriarchat stand zu Beginn der Mandatszeit kurz vor dem Bankrott. In der Folge versuchte Griechenland seinen Anspruch auf das Patriarchat in Jerusalem auszudehnen. Gegen die griechische Einflussnahme protestierten die arabischsprachigen Orthodoxen;[114] ihr Protest führte schließlich 1921 zur Einberufung der nach ihren Leitern benannten Bertram-Young-Kommission, die den Konflikt beilegen sollte. Diese schlug unter anderem eine Revision der orthodoxen Verfassung von 1875 vor. Hierzu wurden in den folgenden Jahren weitere Anläufe unternommen, eine Revision fand jedoch bis zum Ende der britischen Herrschaft keinen Abschluss. Dies lag vor allem daran, dass die Briten kaum, und wenn dann nur zögerlich, eingriffen und damit die Position des Patriarchen stärkten. Zur Lösung der finanziellen Probleme richtete die Kommission eine britisch-griechische Finanzkommission ein, die sich mit zionistischen Interessen verband und Land an die zionistische Palestine Land Development Company verkaufte. Auch hiergegen protestierten die arabischsprachigen Orthodoxen.[115]

---

114 Da Patriarch Damianos im Krieg von den osmanischen Truppen 1917 nach Damaskus gebracht wurde, verwalteten die griechischen Geistlichen der Grabeskirche das Patriarchat in der Zwischenzeit. Griechenland wollte Erzbischof Porphyrios als Patriarchen einsetzen und durch die griechische Nationalbank einen Kredit geben, um damit seinen Einfluss auszuweiten. Hiergegen regte sich Widerstand seitens der arabischsprachigen Orthodoxen. Die Briten gaben dem arabischen Widerstand nach: 1919 durfte Patriarch Damianos nach Jerusalem zurückkehren; vgl. Robson, *Colonialism*, 78 f; Tsimhoni, „Greek Orthodox Patriarchate", 84–92.
115 Vgl. Robson, *Colonialism*, 79 f.; 84–86; 88–94; Tsimhoni, „Greek Orthodox Patriarchate", 92–101; 114–20.

Die Wahl eines griechischen Bischofs in Nazareth war schließlich der Auslöser für den ersten arabischen orthodoxen Kongress in Haifa 1923. Umfangreiche Forderungen wurden vorgebracht: Eine Namensänderung des Jerusalemer Orthodoxen Patriarchats, Zulassung arabischer Mitglieder in der Bruderschaft und Kirchenhierarchie, arabische Beteiligung an der Verwaltung von Finanzen und Einrichtungen wie Schulen, Bildung von gemischten Räten in den Gemeinden mit arabischer Mehrheit, Vorherrschaft der arabischen Sprache in Liturgie und religiösen Gerichten. Darüber hinaus forderten die arabischsprachigen Orthodoxen die Neuorganisation der Religionsgerichte mit arabischer Beteiligung und ein kodifiziertes Gemeinschaftsrecht [engl. *communal law*]. Insbesondere diese Forderung lässt auf erhebliche Missstände schließen, die durch die britische Entscheidung, familien- und personenstandsrechtliche Angelegenheiten nur innerhalb der jeweiligen Religionsgemeinschaft zu verhandeln, herbeigeführt oder zumindest verstärkt wurden. Die arabischsprachigen Orthodoxen schlugen während dieser Phase der Neuorganisation die Einrichtung lokaler Räte vor, die nach lokalem Scharia-Gesetz die Rechtsprechung vornehmen sollten.[116] Diese „Anomalie" wollten die Briten aber, wie gezeigt, unterbinden.

Die Forderungen wurden vom Patriarchat abgelehnt. Die Antwort der britischen Verantwortlichen blieb beim bloßen Bekunden von Sympathie für das arabische Anliegen und dem Versuch einer Vermittlung stehen; die Umsetzung der wesentlichen Forderung eines arabischen Patriarchen wurde nicht unterstützt.[117] Nach dem Tod des Patriarchen Damianos 1931 lebte der arabische Protest wieder auf. Ein zweiter arabisch-orthodoxer Kongress fand 1931 statt, der proklamierte:

> Das Patriarchat ist eine orthodoxe Institution in Palästina. Der Patriarch und die Bruderschaft sind Palästinenser. Die Gemeinschaft ist palästinensisch und die Heiligen Stätten sind in Palästina.[118]

Doch auch mit diesen Forderungen hatten die arabischsprachigen Orthodoxen keinen Erfolg, obwohl das Supreme Court of Palestine 1932 ihre Position stärkte.[119]

---

116 Vgl. Robson, *Colonialism*, 81f.; Tsimhoni, „Greek Orthodox Patriarchate", 101–06.
117 Vgl. hierzu und zum weiteren Konfliktverlauf bis 1931 Robson, *Colonialism*, 82–86; Tsimhoni, „Greek Orthodox Patriarchate", 106–20.
118 Zit. nach Robson, *Colonialism*, 89.
119 Die arabischen Orthodoxen brachten gegen die anvisierte Wahl eines griechischen Patriarchen eine gerichtliche Klage ein, die 1932 vor dem Höchsten Gericht verhandelt wurde. Die arabisch-orthodoxe Seite berief sich auf die Verfassung von 1875, die ihnen Wahlen als grundlegendes Recht ermöglichte. Das Gericht bekräftigte die arabische Position und kritisierte die Mandatsregierung für das Nicht-Umsetzen der Kommissionsvorschläge von 1921. Die darauffol-

1935 wählte die griechische Bruderschaft den Griechen Timotheos zum Patriarchen, nach einigem Zögern wurde dieser von den Briten 1939 anerkannt.[120] Der arabisch-orthodoxe Protest dauerte bis zum Ende der Mandatszeit an, trat aber durch die zunehmende jüdische Besiedlung, die arabische Revolte und arabisch-jüdische Auseinandersetzungen zugunsten des gesamtnationalen Anliegens zurück.[121]

An den oben zitierten „palästinensischen" Forderungen von 1931 zeigt sich eine Verbindung der arabisch-orthodoxen mit den national-palästinensischen Anliegen. Viele der arabischen Orthodoxen, darunter die bereits angesprochenen Cousins al-ʿIssa, Herausgeber der Zeitung al-Filastin, waren sowohl in der arabisch-orthodoxen als auch in der säkular-nationalen Bewegung aktiv. Für sie war der Protest gegen die Griechen und gegen den Zionismus Teil des palästinensisch-arabischen Projekts, der Kampf der Orthodoxie für das Arabertum Teil des arabisch-palästinensischen nationalen Kampfes. Als solchen präsentierten sie ihn beispielsweise auch bei einem Kongress der Arabischen Liga 1946 oder in der Zeitung al-Filastin. Indem sie ihre nationalen Interessen – zumindest auch – innerhalb ihrer Religionsgemeinschaft formulierten und sich auf spezifische, die Religionsgemeinschaft betreffende Ziele fokussierten, machten sie deutlich, dass die Zugehörigkeit zur Religionsgemeinschaft wichtig war und trugen damit zu einer Schwächung der nationalen gegenüber der religionsgemeinschaftlichen Identifikation bei. Dadurch beförderten sie, gegen ihre eigenen Ziele, den Aufbau einer politisch geteilten Landschaft in Palästina.[122]

1.3 Israelische Religionspolitik (1948–2019)

Im November 1947 stimmten die Vereinten Nationen für den Plan, Palästina in einen jüdischen und einen palästinensischen Staat zu teilen. Ein jüdischer Staat sollte den jüdischen Einwanderern – 1947 machten sie etwa ein Drittel der Bevölkerung in Palästina aus[123] – eine „Heimstätte für das jüdische Volk", wie es bereits die Balfour-Erklärung 1917 versprach, bieten. Zwei Konsequenzen des

---

gende Ausarbeitung einer Verfassung für das Patriarchat verlief schleppend und ohne Erfolg, vgl. Robson, *Colonialism*, 88–94.
120 Robson, *Colonialism*, 90–94; 97. Die Anerkennung staatlicherseits war im osmanischen Reich nötig und erfolgte durch den Großwesir, im britischen Mandat übernahm der Staatssekretär für Kolonien diese Aufgabe.
121 Vgl. Robson, *Colonialism*, 97–100.
122 Vgl. Robson, *Colonialism*, 87 f.; 98–100.
123 Vgl. Ilan Pappe, *Die ethnische Säuberung Palästinas* (Frankfurt a. M.: Westend, 2009), 54.

Verständnisses einer „Errichtung eines jüdischen Staates im Lande Israel"[124], wie es die israelische Unabhängigkeitserklärung vom 14. Mai 1948 ausdrückte, sollen hervorgehoben werden. Erstens kommt darin die Vorstellung einer jüdischen Identität mit einer Einheit von Sprache, Religion, Nation und Ethnie zum Ausdruck. Dies erforderte insbesondere von den arabischsprachigen Juden, die im bisherigen Palästina, aber auch in anderen arabischen Staaten lebten, eine Hebraisierung und Israelisierung.[125] Zweitens bewirkte diese Vorstellung, entgegen dem in der Unabhängigkeitserklärung zugesagten Versprechen, „all seinen Bürgern ohne Unterschied von Religion, Rasse und Geschlecht, soziale und politische Gleichberechtigung"[126] zu gewähren, eine Benachteiligung der Nicht-Juden. Sie resultierte in dem Ziel, möglichst viele Palästinenser aus dem zukünftigen jüdischen Staat zu vertreiben.[127] Dies wurde ab März 1948 durch die Hagana systematisch umgesetzt – bis zum Eintritt der arabischen Armeen in den Krieg am 15. Mai 1948 ist bereits ein Drittel der arabischsprachigen Bevölkerung, die in dem dem jüdischen Staat zugeteilten Gebiet lebte, vertrieben worden. Der darauffolgende Krieg resultierte in der Zerstörung von 531 palästinensischen Dörfern und führte zur Flucht von mehr als 750.000 Palästinensern.[128] Mit Ende des Krieges im Januar 1949 wurden das Westjordanland und Ostjerusalem durch Jordanien und der Gazastreifen durch Ägypten kontrolliert. Nur 160.000 arabischsprachige Menschen – ausgenommen von dieser Zählung sind arabischsprachige Juden, die fortan als jüdische Israelis gezählt wurden – blieben in dem neu gegründeten Staat Israel zurück,[129] darunter 32.000 Christen.[130] Die arabischsprachige Bevöl-

---

124 https://embassies.gov.il/berlin/AboutIsrael/Dokumente%20Land%20und%20Leute/Die_Unabhaengigkeitserklaerung_des_Staates_Israel.pdf.
125 Vgl. Ilan Pappe, *A History of Modern Palestine. One Land, Two People* (Cambridge/New York/Port Melbourne: Cambridge University Press, 2. Aufl. 2004), 174–79.
126 Vgl. Günzel, *Religionsgemeinschaften in Israel*, 23.
127 Vgl. Pappe, *History*, 129. Pappe zählt zu den sogenannten „neuen israelischen Historikern", deren Hauptanliegen die Hinterfragung des zionistischen Narrativs und der traditionellen Historiographie Israels ist. Ihre kritische Forschung wurde durch die ab den 1980er Jahren frei zugänglich gewordenen Quellen über den Krieg ermöglicht, vgl. zu den „Neuen Historikern" Avi Shlaim, *The Iron Wall. Israel and the Arab World* (London: Penguin, 2001), XV; Avi Shlaim, *Israel and Palestine. Reappraisals, Revisions, Refutations* (London/New York [NY]: Verso, 2009), X; Ilan Pappe, *Die Idee Israel. Mythen des Zionismus* (Hamburg: LAIKA, 2015), 7–16.
128 Vgl. zu den Zahlen Pappe, *Ethnische Säuberung*, 11; in der Zahl der zerstörten Dörfer sind wohl auch kleinere Ansiedlungen inbegriffen; in Pappe, *History*, 135, nennt Pappe 370 Dörfer, Benny Morris nennt 369, vgl. Benny Morris, *The Birth of the Palestinian Refugee Problem, 1947–1949* (Cambridge u.a.: Cambridge Univ. Press, 1987), „Map 2", X und XI. Zur Diskussion der Flüchtlingszahlen vgl. bspw. Morris, *Birth*, 297 f. Vgl. zum Krieg und der Vertreibung der Palästinenser ausführlich Pappe, *Ethnische Säuberung*, 30–261.
129 Vgl. Pappe, *History*, 122–41.

kerung stand bis 1966 unter einer Militärregierung, die unter anderem die Bewegungsfreiheit einschränkte, die Gründung eigener Parteien und Zeitungen verhinderte und ein Gefühl der Angst und Unsicherheit hinterließ.[131]

Der israelische Staat hat 1948, wie bereits in der „Status-Quo-Vereinbarung" 1947 angekündigt, das britische Recht zum Verhältnis von Staat und Religion in das israelische Recht inkorporiert. Das „Millet-System" sollte beibehalten werden, um Spannungen zwischen den Religionsgemeinschaften zu vermeiden.[132] Tatsächlich diente dieses System aber, wie unter britischer Herrschaft auch, der Praxis einer „Teile-und-herrsche-Politik", die die arabischsprachige Bevölkerung entsprechend ihrer Zugehörigkeit zu den Religionsgemeinschaften unterteilte und damit die innere Einheit schwächte.[133] Eine Politik, die verschiedene Religionsgruppen der arabischsprachigen Bevölkerung identifizierte und diese verschieden behandelte, zeigte sich bereits im Krieg 1948. Christen mussten weniger oft ihre Dörfer verlassen, durften häufiger in ihre Dörfer zurückkehren und getrennte christliche Familien wurden häufiger wieder zusammengeführt, als dies bei Muslimen der Fall war. Ein prominentes Beispiel sind die griechisch-katholischen Bewohner des Dorfes Eilaboun in Nordisrael, die 1948 in den Libanon geflüchtet waren und auf Druck des Vatikans und des griechisch-katholischen Erzbischofs Hakim wieder in ihre Häuser zurückkehren durften.[134]

Gab es zu Beginn des israelischen Staates noch ein „Ministerium für die Angelegenheiten der Minderheiten", das die Angelegenheiten für die arabischsprachige Bevölkerung koordinierte, entstand binnen kürzester Zeit ein Konkurrenzverhältnis und Streit über die Zuständigkeiten mit dem „Ministerium für Religiöse Angelegenheiten". Die Meinung setzte sich durch, das Ministerium für die Angelegenheiten der Minderheiten zu schließen, was schließlich im Juni 1949 offiziell geschah.[135] Der damalige Premierminister David Ben Gurion begründete dies folgendermaßen:

> Das Ministerium für die Angelegenheiten der Minderheiten wird aufgelöst, weil es nicht erforderlich ist. Die Araber werden keine Minderheit sein; vielmehr werden sie Bürger sein.

---

130 Vgl. Merav Mack, „Christian Palestinian Communities in Israel. Tensions between Laity, Clergy and State," in *Sacred Space in Israel and Palestine*, hg.v. Marshall J. Breger, Yitzhak Reiter und Leonard Hammer (London: Routledge, 2012), 284–310, 286.
131 Vgl. Mack, „Communities", 286f.; Mack, „Orthodox and Communist", 398; Emmet, *Basilica*, 50f.
132 Vgl. Günzel, *Religionsgemeinschaften in Israel*, 19–27.
133 Vgl. Mack, „Orthodox and Communist", 398; Sa'di, „Trends", 146.
134 Vgl. Morris, *Birth*, 229f. Davon ausgenommen waren auch Orte mit strategischer Bedeutung wie Bir'am, Iqrit oder Beisan, vgl. Tsimhoni, „Christians", 125f.
135 Vgl. Peled, *Debating Islam*, 17–40.

> Es gibt nur die Angelegenheit der muslimischen und christlichen Gemeinschaften. Wir werden das System etablieren, das zu Zeiten der Türken existierte: Umfangreiche Autonomie für die drusische Gemeinschaft und andere. Sie müssen sich nicht an uns anpassen.[136]

Diese Politik und ihre Auswirkungen auf die drusische, christliche und aramäische Identität sollen im Folgenden dargestellt werden. Anschließend wird auf die rechtliche Situation der Religionsgemeinschaften und die spezifische Rechtsproblematik der christlichen Religionsgemeinschaften in Israel eingegangen. Daran gibt es, wie an der Auseinandersetzung im griechisch-orthodoxen Patriarchat deutlich wird, keine grundlegende Kritik.

Drusen und Christen

Deutlich sichtbar wird das Ergebnis dieser Politik in der Schaffung einer „drusischen" Identität. Wie die Beduinen auch versuchte die israelisch-jüdische Politik im Krieg 1948 die Drusen mit dem Versprechen zu kooptieren, sie bei Kooperation den jüdischen Bewohnern gleichzustellen und in der Armee dienen zu lassen. Im Gegensatz zur Zusammenarbeit mit den Beduinen erwies sich die Zusammenarbeit mit den Drusen als erfolgreicher.[137] Nicht nur dienen Drusen seit 1954 freiwillig, seit 1956 verpflichtend in der Armee,[138] sondern sie erhielten 1957 auch den Status einer Religionsgemeinschaft, ab 1962/1963 auch mit eigener religiöser Gerichtsbarkeit.[139] Tradition und Geschichte wurden hierfür neu erfunden, fünf „religiöse" Prinzipien instrumentalisiert und als Zeichen der Identifikation in Form der fünfstreifigen Flagge der Armeeeinheit wiedergegeben.[140] Die frühere „arabische" und „muslimische" Identität ging damit in der „drusischen" auf. Die Wahrnehmung der Bevölkerung entsprechend ihrer „religiösen" Zugehörigkeit zeigt sich auch in den Bevölkerungsstatistiken, die ähnlich wie in der britischen Zeit die Religionszugehörigkeit erfasst: Nach dem ersten Zensus gab es 1949 1.013.900 Juden, 111.500 Muslime, 34.000 Christen und 14.500 Drusen. Das Sta-

---

136 Peled, *Debating Islam*, 38.
137 Vgl. Pappe, *History*, 181 f.
138 Vgl. McGahern, *Christians*, 151; 157 f.
139 Vgl. Günzel, *Religionsgemeinschaften in Israel*, 68–72.
140 Vgl. Sa'di, „Trends", 146 f.; vgl. zu den Drusen in Israel ausführlich Kais M. Firro, *The Druzes in the Jewish State. A Brief History* (Leiden u. a.: Brill, 1999); Alon Peled, *A Question of Loyalty. Military Manpower Policy in Multiethnic States* (Itahaca [NY]/London: Cornell University Press, 1998), 126–68.

tistical Abstract von 2020 gab 6.773.200 Juden, 1.635.800 Muslime, 177.200 Christen und 145.100 Drusen an.[141]

Das drusische Streben nach Gleichberechtigung wurde, wie verschiedene Studien zeigen, nicht realisiert. Innerhalb der Armee dienen die Drusen bis heute in einer eigenen Einheit, in der sie häufig weniger attraktive Aufgaben wie Grenzkontrollen oder Patrouillen wahrnehmen. Von Landenteignungen sind sie, wie andere Teile der arabischsprachigen Bevölkerung, ebenfalls betroffen. Die Enttäuschung über das nicht eingelöste Versprechen einer Gleichbehandlung mit den jüdischen Israelis sorgt für Unmut, der sich häufig an der christlichen Bevölkerung entlädt. Denn obwohl die Drusen durch ihren Militärdienst erweiterte Ausbildungs- und Berufsperspektiven, vor allem im polizeilichen oder militärischen Bereich, erhalten, sind sie weiterhin in einer schlechteren sozio-ökonomischen Situation als Christen. Während des dreijährigen Militärdiensts der Drusen können Christen, die keinen Militärdienst leisten müssen, beispielsweise einen Bachelorabschluss absolvieren, ohne dabei ihr Leben in Gefahr bringen zu müssen.[142]

Diese Konstellation wird als Hintergrund für die christlich-drusischen Auseinandersetzungen in Nordisrael gesehen, die in Kfar Yasif (1981), Rameh (2003), Mughar (2005), Abu Snan (2005 und öfter) und Shfa-ʿAmr (2009) stattfanden. Diese hatten unterschiedliche konkrete Auslöser und führten zu Zerstörungen von Läden, Autos, Privathäusern und Kirchen sowie zu Verletzten und Toten. Dass vor allem Christen als Opfer aus diesen Auseinandersetzungen hervorgingen, erklärt sich dadurch, dass Drusen durch ihren Dienst in der Armee in kriegerischen Auseinandersetzungen nicht nur besser ausgebildet sind, sondern auch außerhalb ihrer Dienstzeit über Schuss- und andere Waffen verfügen – beispielsweise wurde eine Panzerabwehrrakete gegen die griechisch-katholische Kirche in Rameh gefeuert.[143] Die Polizei griff in den Konflikten, mit Ausnahme von Shfa-ʿAmr, nicht oder nur zögerlich ein und verhinderte dadurch die „Pogrome" oder „Massaker"[144] nicht, auch fanden keine ordentliche Untersuchungen der Vorkommnisse statt.[145] Diese Konflikte werden entlang einer „drusischen" und „christlichen" Identität verstanden; das Nicht-Eingreifen von Polizei und Behörden wird in der Literatur damit erklärt, dass die israelische Regierung die ara-

---

141 CBS, Statistical Abstract of Israel 2020, Population, By Religion.
142 Vgl. Pappe, *History*, 182; McGahern, *Christians*, 157–61; 167 f. Rhoda Ann Kanaaneh, *Surrounded. Palestinian Soldiers in the Israeli Military* (Stanford [CA]: Stanford University Press, 2009), 52–59.
143 Vgl. McGahern, *Christians*, 165.
144 Zit. nach McGahern, *Christians*, 162.
145 Vgl. McGahern, Christians, 161–76.

bischsprachige Bevölkerung gegeneinander aufbringen und unter Christen ein Bedürfnis generieren wolle, selbst in der Armee dienen zu können und im Besitz von Waffen zu sein.[146]

Christen und Aramäer

Bereits in den 1950er Jahren gab es, genau wie im Fall der „Drusen", den Versuch der israelischen Regierung, den Militärdienst für „Christen" einzuführen. Der griechisch-katholische Erzbischof Hakim, an den die Regierung mit der Anfrage herangetreten war, lehnte aber nach Rücksprache mit dem Vatikan dieses Unterfangen ab. Christen und Muslime können jedoch freiwillig in der Armee dienen, was bisher allerdings kaum geschah.[147] Trotz der Konfliktlage mit den Drusen ist der Armeedienst für arabischsprachige Christen wenig attraktiv. In diesem Kontext sind die 2014 eingeführte „aramäische" Identität und die Gründung des Christian Empowerment Councils unter der Leitung des griechisch-orthodoxen Priesters Gabriel Naddaf zu verstehen.

Die „aramäische Bewegung" entstand in den 2010er Jahren unter Bewohnern bzw. Nachkommen der Bewohner des Dorfes Kfar Bir'im, welches sie im Krieg 1948 aufgrund von Sicherheitsbedenken verlassen mussten und welches 1953 von der israelischen Armee zerstört wurde, obwohl ein israelisches Gericht zuvor die Rückkehr der Bewohner genehmigt hatte. Diese hatten sich nach 1948 größtenteils im benachbarten Dorf Jish angesiedelt.[148] Als „Aramäer" grenzen sie sich nun von der „palästinensischen" Nationalbewegung und der „palästinensischen" Flüchtlingsfrage ab und hoffen dadurch, ihre Interessen, die Rückkehr und den Aufbau ihres Dorfes Kfar Bir'im, durchsetzen zu können.[149]

---

146 Vgl. Kanaaneh, *Surrounded*, 57 f.; McGahern, *Christians*, 160 f.; 172.
147 Offizielle Zahlen zu „arabischen" Rekruten gibt es nicht. Unterschiedliche Quellen geben für die 1970er und 1980er Jahre an, dass jährlich 4–5 Araber in den Militärdienst traten, Anfang der 2000er maximal 150, vgl. McGahern, *Christians*, 152–54. Kanaaneh spricht inklusive der Drusen und Beduinen von insgesamt 5.000 „palästinensischen Soldaten", Rhoda Kanaaneh, „Embattled Identities. Palestinian Soldiers in the Israeli Military," *Journal of Palestine Studies* 32:3 (2003): 5–20, 6.
148 Vgl. https://zochrot.org/en/village/49225.
149 Shadi Khalloul, Leiter der Aramaic Society in Israel, sagte dazu: „Das Recht auf Rückkehr [engl. *right of return*, gemeint ist die palästinensische Forderung der Rückkehr aller palästinensischen Flüchtlinge und ihrer Nachkommen] ist mir egal, der palästinensische Kampf. Ich möchte ein aramäisches Dorf wiedererrichten", zit. nach Reuters, „Aramaic Israelis Seek to Revive Endangered Language of Jesus," *The Jerusalem Post* (09.11.2014).

Die israelische Regierung unterstützt diese Bewegung, seit September 2014 können sich Christen, „die gegenwärtig in Israel leben, die sich selbst als Aramäer identifizieren, aramäisch sprechen können, und entweder aus der maronitischen, orthodox-aramäischen, griechisch-orthodoxen, griechisch-katholischen und syrisch-katholischen Denomination stammen"[150], als „Aramäer" registrieren lassen. Die Positionierung der arabischsprachigen Christen – sie alle sprechen Arabisch bzw. Hebräisch im Alltag, keiner beherrscht einen modernen aramäischen Dialekt – als Aramäer erfolgt im Rückgriff auf die „Antike"[151], mit Bezug auf Jesu Zeiten.[152] Dieser Zeitsprung zur historischen Begründung einer aramäischen Identität ist notwendig, denn die meisten der im Zitat genannten Kirchen haben keinen unmittelbaren aramäischen Bezug, etwa in der Verwendung aramäischsprachiger Liturgie. Davon ausgenommen sind die syrisch-katholische und die syrisch-orthodoxe Kirche.[153] Letztere wird im obigen Zitat als „orthodox-aramäisch" bezeichnet – eine Bezeichnung, die bisher unüblich war. Denn unter Syrisch-Orthodoxen liegt, wie Untersuchungen zur syrisch-orthodoxen Kirche in Bethlehem und ihr prominentester Vertreter, der Arab-Idol-Gewinner 2017 Yacoub Shaheen, zeigen, eher ein palästinensisches und „syrisches"[154], jedoch kein „aramäisches" Selbstverständnis vor.[155] Gerade aber bei der griechisch-orthodoxen Kirche, die ja wie beschrieben einen Konflikt zwischen „griechisch" und „arabisch" führt, ist eine aramäische Identität besonders erklärungsbedürftig. Dass ausgerechnet einer der Hauptakteure der aramäischen Bewegung, Gabriel Naddaf, ein griechisch-orthodoxer Priester ist, lässt sich einerseits damit begründen, dass durch ihn und die aramäische Bewegung „arabische" Ansprüche auf das Patriarchat geschwächt werden können – dies könnte dem griechischen Patriarchen gelegen kommen. Andererseits kann die israelische Regierung, wie im nächsten Abschnitt zu zeigen

---

150 Ido Ben Porat, „New Nationality for Christians: Aramaean," *Israel National News* (17.09. 2014); vgl. auch Ariel Cohen, „Israeli Greek Orthodox Church Denounces Aramaic Christian Nationality," *The Jerusalem Post* (28.11.2014).
151 Vgl. Botschaft des Staates Israel in Berlin, „Israel erkennt aramäische Minderheit als eigenständige Nationalität an," (18.09.2014).
152 Vgl. Ben Cohen, „Israeli Priest Gabriel Nadaf Confident of Greater Christian Recruitment Into IDF (Interview)," (21.11.2014).
153 Diese Bezeichnungen sind allgemein gebräuchlich, vgl. bspw. Colbi, *History*, 219 und 242.
154 Die Bethlehemer bezeichnen sich als syrisch [ar. *siryānī*], alternativ zu einer unter der weltweiten syrisch-orthodoxen Gemeinschaft stattfindenden Debatte um ein „aramäisches" oder „assyrisches" Selbstverständnis, vgl. Mark Daniel Calder, „Palestinian Christians. Situating Selves in a Dislocated Present," in *Routledge Handbook of Minorities in the Middle East*, hg.v. Paul S. Rowe (Abingdon: Routledge, 2018), 100–14, 35f.
155 Vgl. Mark D. Calder, *Bethlehem's Syriac Christians. Self, Nation and Church in Dialogue and Practice* (Piscataway [NJ]: Gorgias Press, 2017).

sein wird, besonderen Druck auf den griechisch-orthodoxen Patriarchen ausüben und dadurch sein Handeln lenken.

Die Einführung einer aramäischen Identität ist verbunden mit der Gründung des Christian Empowerment Council unter der Leitung von Gabriel Naddaf, durch den Christen für das Militär rekrutiert werden sollen. Den Dienst in der Armee begründet Naddaf mit dem Dank und der Verpflichtung für die „Möglichkeit eines sicheren und wohlhabenden Lebens im Staat Israel"[156]. Mehrfach spricht Naddaf von Israel als einzigem Land im Mittleren Osten, in dem Christen frei von Verfolgung sind.[157] Medienberichten zufolge konnten schon einige Hunderte Christen durch den Council rekrutiert werden. Als Dank für sein Engagement, Christen in den israelischen Staat zu integrieren und für die Armee zu rekrutieren, wurde Naddaf 2016 die Ehre zuteil, eine Kerze bei der offiziellen Zeremonie des Unabhängigkeitstags anzuzünden.[158] Die Bewegung erhielt in den Medien viel Aufmerksamkeit und veranlasste Konferenzen zur Frage nach „christlicher Identität".[159] Von arabischsprachigen Politikern und Christen wurde die aramäische Bewegung scharf zurückgewiesen.[160] Auch die arabische Bewegung innerhalb der griechisch-orthodoxen Kirche wehrt sich gegen Naddaf und wirft dem Patriarchat vor, es würde Naddaf unterstützen.[161] Kritiker warfen der israelischen Regierung vor, durch Naddaf und seine Aktivität die arabischsprachige Minderheit in Israel weiter spalten zu wollen. Diese Stimmen scheinen gesiegt zu haben. Zwar wies die israelische Regierung die Vorwürfe zurück und hielt zu Naddaf, auch, als kurz vor dem Unabhängigkeitstag 2016 sexualstrafrechtlich relevante Vorwürfe gegenüber Naddaf laut werden.[162] 2019, drei Jahre nach seinem großen Auftritt bei der Er-

---

156 Gabriel Naddaf, Test the Spirits. A Christian Guide to the Anti-Israel Boycott Movement (BDS), 2015.
157 Diese Botschaft trug er sogar 2014 in Zusammenarbeit mit dem israelischen Außenministerium vor dem UN-Menschenrechtsrat in Genf vor, vgl. Lauretta Brown, „Priest to UN: Israel is ‚Only Safe Place' for Christians in Middle East," *CNS News* (03.11.2014); ähnlich auch in dem Heft Test the Spirits, 6.
158 Vgl. Tia Goldenberg und Arrej Hazboun, „Israel Honors Priest Who Promotes Arab Army Enlistment," (11.05.2016).
159 Vgl. unter anderem die Konferenz „Palestinian Christian Identity in Israel. New Trends of Research", ausgerichtet von der Hebrew University of Jerusalem, dem Truman Institute und anderen (https://new.huji.ac.il/en/event/24954).
160 Vgl. Reuters, Aramaic Israelis Seek to Revive Endangered Language of Jesus.
161 Vgl. „Statement of the Arab Orthodox Clergy of Jerusalem on Reforming the Patriarchate," (27.07.2014).
162 Erst nach den Feierlichkeiten wurden offizielle Ermittlungen aufgenommen; 2018 wurden die Ermittlungen aufgrund von Mangel an Beweisen und strafrechtlicher Verantwortlichkeit eingestellt, vgl. Revital Hovel, „Prosecution Closes Case of Sexual Allegations Against Prominent Israeli Arab Priest," *Haaretz* (05.10.2018).

öffnungszeremonie des Unabhängigkeitstages, ist es jedoch still um Gabriel Naddaf geworden. Während er in seiner Hochphase Facebook-Seiten in mehreren Sprachen mit Tausenden von Unterstützern führte, lässt sich 2019 kein Eintrag mehr zu ihm finden; der Christian Empowerment Council scheint ebenfalls nicht mehr zu existieren.

Der Versuch der israelischen Regierung, so kann gefolgert werden, „Aramäer" als Pendant zu „Drusen" als eine für Christen zugängige Kategorie zu etablieren, in der die religiöse, nationale, ethnische und sprachliche Identität zusammenkommt, und durch die die „Muslime" als einzige „Araber" oder „Palästinenser" in Israel übriggeblieben wären, ist gescheitert. Die Einführung der aramäischen Identität und die drusisch-christlichen Konflikte zeigen aber auf, wie fragil die Situation der „Christen" ist, und führen letztlich zu einer stärkeren Identifikation als „Christ".

Rechtliche Situation der Religionsgemeinschaften

Neben Juden, Muslimen, Drusen und Bahais[163] sind in Israel heute zehn Kirchen anerkannt: die griechisch-orthodoxe, lateinische bzw. römisch-katholische, armenisch-orthodoxe, armenisch-katholische, syrisch-katholische, chaldäisch-katholische, griechisch-katholische (melkitische), maronitische, syrisch-orthodoxe und die anglikanische Kirche.[164] Die Religionsgemeinschaften sind grundsätzlich verantwortlich für Angelegenheiten des Personenstands sowie des Familien- und Erbrechts, hierzu zählen Eheschließung und -scheidung, Unterhaltspflicht, Vormundschaft, Adoption von Minderjährigen, Untersagung der Verfügung über das Vermögen Handlungsunfähiger, Erbfolge einschließlich Testament und Verwaltung des Vermögens abwesender Personen. Jedoch gibt es eine zunehmende alternative säkulare Rechtsprechung, u. a. durch das Erbschaftsgesetz und das Gesetz über die Adoption von Kindern. Die Streitparteien können dann zwischen religiösem und säkularem Recht wählen. Eheschließung und -scheidung können allerdings bis heute allein innerhalb der Religionsgemeinschaften vollzogen werden, weshalb die Zugehörigkeit zu einer anerkannten Religionsgemeinschaft weiterhin notwendig bleibt.[165] Religiöse Gerichte werden von der jüdischen, muslimischen und drusischen Gemeinschaft unterhalten, christlicherseits jedoch

---

163 Die Religionsgemeinschaft der Bahais hat in Israel circa 300 Mitglieder, die meisten von ihnen haben eine ausländische Staatsbürgerschaft. Die Bahais wurden wie die Anglikaner auch 1970 anerkannt, vgl. Günzel, *Religionsgemeinschaften in Israel*, 55; 64.
164 Vgl. Günzel, *Religionsgemeinschaften in Israel*, 64.
165 Vgl. Günzel, *Religionsgemeinschaften in Israel*, 102–08.

gibt es religiöse Gerichte, so jedenfalls der Erkenntnisstand von Angelika Günzel, nur in der griechisch-orthodoxen, römisch-katholischen und maronitischen Kirche. Für die armenisch-katholische, syrisch-katholische und griechisch-katholische Kirche ist das römisch-katholische Gericht zuständig, für die koptisch-orthodoxe, russisch-orthodoxe und rumänisch-orthodoxe Kirche das griechisch-orthodoxe Gericht.[166] Die anglikanische Kirche hat ein eigenes Gericht, das aber strenggenommen keine staatliche Rechtsgrundlage hat, sondern eher auf eine Ausnahmeregelung oder auf die Übernahme der zuvor in Jordanien erworbenen Rechte zurückgeführt werden kann.[167]

Diese Rechtssituation birgt für Christinnen und Christen verschiedene Problematiken. In der römisch-katholischen Kirche werden beispielsweise keine Scheidungen vollzogen. In der Praxis konvertieren scheidungswillige Paare, in der Regel gegen die Zahlung einer größeren Geldsumme, in die orthodoxe Kirche, die dann die Scheidung vornimmt.[168] Grundsätzlicher ist jedoch das Problem, dass die kirchlichen Gerichte, anders als die jüdischen, muslimischen und drusischen Gerichte, nicht unter staatlicher Aufsicht stehen. Anders als bei ihnen gibt es an kirchlichen Gerichten keine gesetzlichen Regelungen zur Ernennung von Richtern. Diese werden durch den Patriarchen bzw. Erzbischof ernannt, die folgende Anerkennung durch den Staat ist nur Formsache. Weiterhin gibt es an den kirchlichen Gerichten keine Verfahrensregelungen und häufig keine festen Gesetzeskorpora, ihre Rechtsprechung folgt, wie beispielsweise bei der griechisch-orthodoxen Gemeinschaft, eher einer Art Gewohnheitsrecht[169] – von einem System kann also nicht gesprochen werden. Stellen diese Zustände bereits ein Einfallstor für Korruption und Beliebigkeit dar, wird die Problematik noch dadurch verschärft, dass sich die kirchlichen Gebiete nicht mit denen des israelischen Staatsgebiets decken. Das griechisch-orthodoxe Patriarchat beispielsweise schließt Israel, die Palästinensischen Gebiete und Jordanien ein, der höchste maronitische Geistliche und das höchste maronitische Gericht für die in Israel lebenden Maroniten sitzen im Libanon. Die Kirchen sind, anders als die anderen Religionsgemeinschaften in Israel, „trans-staatliche oder supra-nationale Mächte"[170].

---

166 Vgl. Günzel, *Religionsgemeinschaften in Israel*, 230; 233f.
167 Vgl. Günzel, *Religionsgemeinschaften in Israel*, 248–51. Vgl. zur Diskussion um theoretische und praktische Anerkennung sowie Rechtspraxis der Religionsgemeinschaften auch Uwe Gräbe, *Jerusalem, Muristan – und andere Wege in Nahost. Grenzgänge und Begegnungen im politischen und religiösen Spannungsfeld* (Berlin: LIT 2018), 172–74.
168 Vgl. Mack, „Communities", 301.
169 Vgl. Günzel, *Religionsgemeinschaften in Israel*, 112–15; 171–75.
170 Mack, „Communities", 303.

Dies birgt im Falle von Rechtsstreitigkeiten eine weitere Problematik, wie der Fall von Yussef und Samira Suleiman zeigt. Das Oberste Gericht der Maroniten im Libanon hatte Yussef zu einer monatlichen Unterhaltszahlung von 2.000 Israelischen Schekel (ca. 500 Euro) verpflichtet – wohl deshalb in einer solchen Höhe, um die von ihm gewünschte Scheidung unattraktiv werden zu lassen. Hiergegen legte er beim israelischen (staatlichen) Obersten Gericht Widerspruch ein mit der Begründung, dieses Gericht liege im „Feindesland"[171], er könne darum nicht persönlich vor Gericht erscheinen, die israelischen Gesetze, denen er als israelischer Bürger unterstehe, hätten dort keine Gültigkeit, zudem gäbe es unterschiedliche kulturelle Vorstellungen in beiden Ländern. Das israelische Gericht stellte daraufhin fest, dass in diesem Fall die Frage der gerichtlichen Zuständigkeit im israelischen Gesetz ungeregelt sei und urteilte, dass das kirchliche Gericht im Libanon die für dieses Paar höchste Instanz sei.[172]

Die Rechtsunsicherheit wird dadurch verstärkt, dass die Kirchen in einem gewissen Abhängigkeitsverhältnis zum Staat stehen. Die Kirchenoberhäupter sind nach ihrer Wahl durch die Religionsgemeinschaft auf die staatliche Anerkennung angewiesen, wie es auch in britischer und osmanischer Zeit üblich war. Diese Anerkennung ist in jedem Fall für den griechisch-orthodoxen Patriarchen nötig, unklar ist, inwieweit für ihn die Anerkennung auch von der palästinensischen Autonomiebehörde oder von Jordanien nötig ist – Gebiete, auf die sich das Patriarchat erstreckt – oder inwieweit auch Kirchenoberhäupter anderer Kirchen einer solchen staatlichen Anerkennung bedürfen.[173] Auch einfache Geistliche, die beispielsweise aus Jordanien oder den Palästinensischen Gebieten kommen und in einer im israelischen Gebiet liegenden Gemeinde eingesetzt werden, oder auch die internationalen Geistlichen sind auf spezielle Klerikervisa angewiesen, die durch die israelischen Behörden ausgestellt werden.[174] Dieses Abhängigkeitsverhältnis wurde von der israelischen Regierung schon mehrfach genutzt, um Druck auf die Religionsgemeinschaften auszuüben und eigene Ziele zu verfolgen. In die Schlagzeilen geriet dabei häufig das griechisch-orthodoxe Patriarchat. Es verfügt(e) über einen immensen Landbesitz, darunter über 50 % des Landes der

---

171 Mack, „Communities", 300.
172 Vgl. Mack, „Communities", 299–303.
173 Vgl. Günzel, 170 f.; für die römisch-katholische Kirche und die mit ihr unierten Kirchen beschreibt Günzel eine erhöhte Selbstbestimmung, die durch die Vatikan-Israel-Abkommen (1993 und 1997) erzielt wurde; die Notwendigkeit der staatlichen Anerkennung des lateinischen Patriarchen erwähnt Günzel nicht, vgl. Günzel, *Religionsgemeinschaften in Israel*, 175–84.
174 Vgl. Mack, „Communities", 294 f.

1 Von den osmanischen Reformen bis zur israelischen Religionspolitik — 59

Jerusalemer Altstadt,[175] von dem in den vergangenen Jahren die verschiedenen Patriarchen wiederholt große Ländereien verkauft oder dauerhaft verpachtet haben, die dann unter anderem jüdischen Siedlergruppen zufielen. Dem 2001 neu gewählten Patriarchen Irenaios I verweigerte der israelische Staat bis 2004 die Anerkennung, um Druck auf ihn auszuüben, Land in Jerusalem an den israelischen Staat zu verkaufen, das bislang von israelischen Behörden benutzt wurde. Das entsprechende Land wurde verkauft; die Rechtmäßigkeit des Verkaufs bestritt Irenaios I jedoch und erklärte einen von ihm (scheinbar) unterschriebenen Brief als Fälschung.[176] 2005 wurde er von der orthodoxen Kirche abgesetzt und auf den Rang eines einfachen Mönchs degradiert. Aus Protest dagegen erkannte der israelische Staat den neu gewählten Patriarchen Theophilos III zunächst nicht an, mit der Begründung, Irenaios I sei weiterhin rechtmäßiger Patriarch.[177]

Der wiederholte Verkauf von Land durch die verschiedenen Patriarchen ist ein Grund für den anhaltenden Protest arabischsprachiger Orthodoxer im griechisch-orthodoxen Patriarchat von Jerusalem. 2014 verfassten die arabischsprachigen orthodoxen Kleriker eine Stellungnahme,[178] in der sie neben dem bereits beschriebenen wiederholt vorkommenden Landverkauf die mangelhafte pastorale Fürsorge und eine Ungleichbehandlung der arabischen Geistlichen kritisieren. Die „rassistische Dominanz"[179] über die orthodoxe Kirche wird als Grund gesehen für den starken Mitgliederschwund – viele Mitglieder seien in andere Kirchen abgewandert. Hiergegen fordern die Kleriker eine kirchlich-orthodoxe Erneuerung, eine bessere Ausbildung von arabischsprachigen Geistlichen, die Beteiligung von Laien in Gremien und die Offenlegung der Finanzen.[180] Damit fordert die Bewegung Reformen und eine Arabisierung, die in den meisten anderen Kirchen bereits weitgehend vollzogen wurden; ihre Kirchenoberhäupter

---

175 In Ostjerusalem sind unter anderem die Große Synagoge, das Israel Museum und die Knesset seit 1952 an Israel verpachtet, vgl. Günzel, *Religionsgemeinschaften in Israel*, 168.
176 Vgl. hierzu, zum Landbesitz des griechisch-orthodoxen Patriarchats und der politischen Bedeutung Itamar Katz und Ruth Kark, „The Greek Orthodox Patriarchate of Jerusalem and its Congregation. Dissent over Real Estate," *Int. J. Middle East Stud.* 37 (2005): 509–34; zur aktuellen Situation Dalia Hatuqa, „Holy Land for Sale," *Foreign Policy* (07.01.2019).
177 Arieh Cohen, „Ireneos I is Still the Greek Orthodox Patriarch, Says Israeli Government," *AsiaNews* (24.04.2006); Associated Press, „Ousted Patriarch Behind Locked Doors in Jerusalem," (07.01.2011).
178 Statement of the Arab Orthodox Clergy of Jerusalem.
179 Statement of the Arab Orthodox Clergy of Jerusalem.
180 Vgl. Statement of the Arab Orthodox Clergy of Jerusalem; Ahmad Melhem, „Palestinians Push to End Greek ‚Occupation' of Patriarchate," *Al-Monitor* (20.01.2015).

sind seit den 1970er und 1980er Jahren arabischsprachige Christen.[181] Die von den arabischsprachigen orthodoxen Geistlichen vorgebrachte Kritik, die breite Unterstützung von Laien erfährt, zielt auf eine innere Reform der Religionsgemeinschaft ab.

Damit wird deutlich, dass unter ihnen, trotz der beschriebenen Missstände, eine enge Identifikation mit der Religionsgemeinschaft vorliegt. Eine Forderung nach Alternativen wie die Einführung einer säkularen, zivilen Eheschließung wird weder von den griechisch-orthodoxen Christen noch von Christen anderer Kirchen in Israel vorgebracht. Dies ist nicht nur angesichts der gezeigten Rechtsproblematik der kirchlichen Gemeinschaften bemerkenswert, sondern auch deshalb, weil innerhalb der jüdisch-israelischen Gesellschaft Stimmen laut werden, die die Möglichkeit einer säkularen, zivilen Ehe verlangen. Diese Forderung wird von verschiedenen Organisationen säkularer, nicht-religiöser Juden vorgebracht, bisher allerdings erfolglos.[182] An der breiten Akzeptanz der Verwaltung des Personenstandsrechts durch die Religionsgemeinschaften zeigt sich, dass dieses Prinzip Teil des eigenen Religions- und Christentumsverständnisses geworden ist.

2 Nazareth: „Christliches" Zentrum und „arabische" Hauptstadt Israels

Im folgenden Abschnitt wird die bisherige überregionale Betrachtung im Kontext Nazareths konkretisiert. Nazareth war bis in das 20. Jahrhundert hinein eine eher unbedeutende Stadt. Dies änderte sich mit der Gründung des Staates Israel, als Nazareth zur „arabischen" Hauptstadt Israels wurde. Anhand dreier Beispiele – der kommunistischen Bewegung in der orthodoxen Kirche, der Marienfrömmigkeit in der katholischen Kirche und der „Islamischen Bewegung" [engl. *Islamic Movement*; ar. *al-ḥaraka al-islāmīya*] – können zentrale Verschiebungen für das Verständnis von Religion und Christentum in Nazareth aufgezeigt werden.

---

181 In der anglikanischen Kirche war der erste arabischsprachige Bischof Faik Haddad 1976, in der griechisch-katholischen Kirche war der erste Patriachalvikar Lutfi Laham 1974, in der römisch-katholischen Kirche der erste arabischsprachige Patriarch Michel Sabbah 1987, vgl. Colbi, *History*, 211; 217f.; 228f.; Mack, „Communities", 297, Michael Dumper, „The Christian Churches of Jerusalem in the Post-Oslo Period," *Journal of Palestine Studies* 31:2 (2002): 51–65, 54f. (Mack nennt jedoch mit Verweis auf Dumper erst Haddads Nachfolger Samir Kafity, ab 1984 im Amt, als ersten arabischsprachigen anglikanischen Bischof).
182 Vgl. bspw. https://www.freemarriage.org.il/; http://bfree.org.il/english; https://www.newfamily.org.il/languages/deutsch/.

2.1 Die Entstehung einer „christlichen" Stadt (1800–1948)

Nazareth war Ende des 18. Jahrhunderts ein kleines Dorf mit geschätzten 1.000 überwiegend muslimischen Einwohnern. Es war Teil des osmanischen Reiches, jedoch, wie die gesamte Region des späteren Palästinas und Israels, nur lose in dieses integriert. Der osmanische Sultan übte im Alltag indirekt Herrschaft über die Bewohner aus; als Mittler zwischen Landbevölkerung und der osmanischen Reichsverwaltung fungierten angesehene Persönlichkeiten der jeweiligen Dörfer und Städte. Wirtschaftlich hatte Nazareth keine Bedeutung, anders als Hafenstädte oder Städte im inneren Bergland wie Nablus, wo Olivenöl produziert, verarbeitet und gehandelt wurde.[183] In Nazareth gab es zwei Kirchen, die römisch-katholische Verkündigungskirche und die griechisch-orthodoxe Verkündigungskirche St.-Gabriel,[184] und eine Moschee namens „Weiße Moschee".[185] Die Moschee wurde erst 1804 erbaut; dies lässt vermuten, dass auch in Nazareth der Islam zu jener Zeit durch lokale Praktiken und Verehrung von Schreinen geprägt war. Eine die Religionsgemeinschaft transzendierende Praxis zeigt sich in Nazareth darin, dass – so ein Bericht von 1828 – Christen und Muslime die gleiche Art und Farbe der Kopfbedeckung trugen, entgegen den eigentlichen Vorschriften.[186]

Im Laufe des 19. Jahrhunderts war die christliche Aktivität und Zunahme der Bedeutung von Religion in Nazareth deutlich zu spüren. Weiterhin war Nazareth eine wirtschaftlich unbedeutende Stadt, gewann aber als „Heimatstadt Jesu" für Pilger und Missionen an Bedeutung und erlebte dadurch einen gewissen Aufschwung, wenn auch Nazareth mit dem nahe an Jerusalem gelegenen Bethlehem als Pilgerort nicht mithalten konnte.[187] Nazareth entwickelte sich zu einer „christlichen" Kleinstadt. Diese Entwicklung lag einerseits an einer Zunahme der (christlichen) Bevölkerung in Nazareth. Mitte des 19. Jahrhunderts lebten in Nazareth ungefähr 4.000 Menschen, die Mehrheit davon waren ab diesem Zeitpunkt bis in die 1960er Jahre christlich.[188] Andererseits lag dies an der Errichtung

---

183 Vgl. Swedenburg, „Palestinian Peasantry", 170–73; Campos, *Brothers*, 22; Kobi Cohen-Hattab, *Historical-Geography of Pilgrimage and Tourism in Nazareth since the End of the Ottoman Era* (Proceedings of the Second International Seminar on Tourism Management in Heritage Cities, 2000), 92; Emmet, *Basilica*, 23.
184 Vgl. Cohen-Hattab, *Geography*, 92.
185 Vgl. Tsimhoni, „Mosque", 193.
186 Vgl. Emmet, *Basilica*, 24.
187 Vgl. Cohen-Hattab, *Geography*, 93–97.
188 Tobler schätzt in seinem Reisebericht die Bevölkerung Nazareths 1856 folgendermaßen: 2.300 Muslime und 2.050 Christen (insgesamt 4.350 Menschen); 1867: 2.000 Muslime und 3.660 Christen (insgesamt 5.660 Menschen), die Mehrheit der Christen jeweils Orthodoxe (1856: 1.000;

zahlreicher Kirchengebäude und anderer kirchlicher Institutionen. Im Verlauf des 19. Jahrhunderts wurden in Nazareth zwölf weitere Kirchen, sieben Schulen, drei Waisenhäuser, Klöster und andere kirchliche Institutionen erbaut;[189] zu Beginn des 20. Jahrhunderts wurden 36 kirchliche Institutionen verzeichnet. In den Schulen zeigte sich die Verschränkung zwischen einer Nation als Schutzmacht und der jeweiligen Konfession, denn je nach Konfession unterschied sich der Sprachunterricht: Katholiken unterrichteten vorwiegend Französisch, die orthodoxe und anglikanische Schule Englisch, und die „russische" Schule, auch „Moscowbiye" genannt, Russisch.[190]

Religiös homogene Stadtviertel bildeten sich aus, die bis heute existieren, wenn auch nicht mehr homogen.[191] Zunächst entstanden das „rum" bzw. „griechisch-orthodoxe", „lateinische" und „östliche" bzw. „muslimische" Stadtviertel,[192] später kam das „koptische" Viertel hinzu. Diese Viertel dienten nicht nur als Wohnort der Angehörigen der jeweiligen Religionsgemeinschaften, sondern beherbergten auch die jeweiligen Kirchen, Friedhöfe, Schulen und andere Institutionen. Berichte europäischer Reisender beschreiben trotz dieser Trennung im Leben, Lernen und Sterben für diese Zeit ein harmonisches, friedliches Zusammenleben der Angehörigen der jeweiligen Religionsgemeinschaften. Der Reisende Titus Tobler spricht 1868 von einer „ungetrübte[n] eintracht und heitere[n] liebenswürdigkeit"[193]. Zu Beginn des 20. Jahrhunderts wird das Tragen eines Kopftuches als gemeinsame Praxis christlicher und muslimischer Frauen beschrieben, durch das sie mit der Wahl entsprechend kostbarer Stoffe ihren sozialen Stand auszudrücken konnten. Weder über die Umsetzung osmanischer Reformen in Nazareth noch über einen Widerstand gegen ebensolche ist etwas bekannt. Daraus resultierende Konflikte, wie die Massaker im nahe gelegenen Libanon, hatten keine Auswirkungen in Nazareth. Kleinere Spannungen zwischen Christen und Muslimen blieben dennoch nicht aus.[194]

Christen aus Nazareth wurden 1908 erstmals in die osmanische Armee eingezogen. Aufgrund der schlechten Bedingungen in der Armee, die sich während des ersten Weltkriegs noch verschlechterten, führte dies zur Flucht einiger Christen, unter anderem nach Kuba. Im Vergleich zu den Muslimen hatten sie

---

1867: 2.500) vgl. Titus Tobler, *Nazareth in Palästina nebst Anhang der vierten Wanderung. Mit einer artistischen Beilage* (Berlin: G. Reimer, 1868), 67; Emmet, *Basilica*, 26 f.
189 Vgl. Cohen-Hattab, *Geography*, 92 f.
190 Vgl. Emmet, *Basilica*, 32 f.
191 Eine ähnliche Entwicklung fand in Jerusalem statt, vgl. Campos, *Brothers*, 17.
192 Vgl. Emmet, *Basilica*, 1 f.; 31–33.
193 Vgl. Tobler, *Nazareth*, 58 (Kleinschreibung im Original).
194 Vgl. Emmet, *Basilica*, 24–29; 34 f.

aufgrund ihrer Bildung und Fremdsprachenkenntnisse hierzu eher die Möglichkeit.[195]

Unter britischer Herrschaft spielte Nazareth politisch und wirtschaftlich weiterhin kaum eine Rolle. Als „christliche" Stadt war sie jedoch für die britische Administration attraktiv. Christen waren aufgrund ihres hohen Bildungsstandes für die Mitarbeit in der britischen Verwaltung begehrt und dort überproportional vertreten.[196] Nazareth wurde Distrikthauptstadt und beherbergte zahlreiche Regierungsgebäude, darunter eine Polizeistation, das Büro des Distriktkommissars inklusive Tennisplatz, das Ministerium für Vermessung und Besiedlung [engl. *department of survey and settlement*] und für Landwirtschaft. Teile der Behörden waren im russischen Areal untergebracht; die russische Schule ist seither außer Funktion. Neben der Bedeutung als administrative Stadt gewann Nazareth auch wirtschaftlich einen gewissen Einfluss durch die Gründung zweier Zigarettenfabriken, einer Ziegelfabrik und zweier Kinos. Kirchliche Schulen, Institutionen und ihre Dienstleistungen im sozialen Bereich waren in Nazareth weiterhin wichtig.[197] Damit waren die Orthodoxen, deren russische Schule geschlossen wurde, stark benachteiligt. Bis heute haben die Orthodoxen keine eigene Schule.

Durch die kirchlichen Institutionen und die britische Verwaltung wurde Nazareth Anziehungsort für Zuwanderung, die in einer steigenden Bevölkerungsanzahl resultierte. Gemäß den britischen Zählungen lebten 1922 in Nazareth 7.424 Menschen. Hiervon waren 2.486 Muslime und 4.885 Christen; die meisten von ihnen waren griechisch-orthodox (2.054), römisch-katholisch (1.165) und griechisch-katholisch (995). Hinzu kamen Mitglieder der anglikanischen (297), maronitischen (200), syrisch-katholischen (49), protestantischen (39), koptischen (31), presbyterianischen (25), lutherischen (9), armenisch-katholischen (9) und armenisch-orthodoxen Kirche (7). Zudem gab es Abessinier (1), Templer (1), „Andere" (3), Juden (53) sowie britische Verwalter und Offiziere. Der Bevölkerungsanstieg führte auch zur Entstehung der neuen Stadtviertel Maidan, Maslakh, Khanuq und Nimsawi.[198]

In der entstehenden Nationalbewegung hatte Nazareth eine untergeordnete Rolle. In Nazareth wurde 1922 ein Zweig der muslimisch-christlichen Vereinigung

---

195 Vgl. Emmet, *Basilica*, 35. Christen aus der Region wanderten bereits zuvor in die USA und nach Lateinamerika aus. Geschätzt wird, dass während des ersten Weltkriegs 13% der christlichen Bevölkerung, vor allem durch Emigration, verschwand, vgl. O'Mahony, „Christians", 34–36; vgl. hierzu auch Viola Raheb, Hg., *Latin American with Palestinian Roots* (Bethlehem: Diyar, 2012).
196 Vgl. Emmet, *Basilica*, 35 f. 1944 besuchten im Britischen Mandat 90% der christlichen Kinder Schulen, aber nur 25% der muslimischen Kinder, vgl. Tsimhoni, „Christians", 125.
197 Vgl. Emmet, *Basilica*, 35–39.
198 Vgl. Emmet, *Basilica*, 36 f.

gegründet, durch die, wenn auch im Vergleich zu anderen Orten relativ verhalten, ein christlich-muslimisches Engagement in der Nationalbewegung vorgebracht wurde. Dieses wurde aber durch die Gründung muslimischer Organisationen in Nazareth und Umland – Niederlassungen der nationalen muslimischen Vereinigung und einer Jugendgruppe des SMC – herausgefordert. Diese Gruppen kritisierten die christliche Dominanz in Regierungsbehörden. Auch in der arabischen Revolte spielte Nazareth eine untergeordnete Rolle. Als Grund hierfür kann gesehen werden, dass Nazareth selbst nicht von der zionistischen Ansiedlung betroffen war, und der Aufstand vor allem einer der Landbevölkerung und Bauern war.[199] An der arabisch-orthodoxen Bewegung beteiligten sich die orthodoxen Christen in Nazareth und leisteten dem dortigen Bischof Widerstand, indem sie eigene Liturgien feierten und ein eigenes Kirchengericht einrichteten.[200]

2.2 Politische Relevanz der Religionsgemeinschaften in der „arabischen" Hauptstadt Israels (1948–2019)

Im Krieg 1948 blieb Nazareth im Gegensatz zur Mehrheit der übrigen palästinensischen Dörfer und Städte von der Zerstörung und Vertreibung der Bewohner verschont. Dies lag an der Wichtigkeit von Nazareth für die „christliche Welt"[201], durch die Verschonung Nazareths wollte der junge israelische Staat internationales Ansehen erhalten. Am 16. Juli 1948 griff die israelische Armee Nazareth an; nach kurzem Kampf gaben die arabischen Truppen auf und die Nazarener unterzeichneten die Kapitulationserklärung.[202] Derselben Militäroperation fielen jedoch viele umliegende Dörfer, darunter Saffuriya, Mujeidil und Ma'lul, zum Opfer, deren Bewohner, wie auch zuvor bereits Bewohner aus Haifa, Tiberias, Beisan und anderen Orten, Zuflucht in Nazareth suchten. Nazareth war im und unmittelbar nach dem Krieg eine überfüllte Stadt.[203]

Der Armeezensus vom Juli 1948 ergab eine Bevölkerungsanzahl von 17.118, wovon 12.640 Bewohner Nazareths und 4.478 Flüchtlinge waren.[204] Damit be-

---

199 Vgl. Emmet, *Basilica*, 39 f.; Swedenburg, „Palestinian Peasantry".
200 Vgl. Tsimhoni, „Greek Orthodox Patriarchate", 114.
201 Morris, *Birth*, 201.
202 Emmet erwähnt den kurzen Kampf (vgl. Emmet, *Basilica*, 44), diesen lassen aber Tsimhoni, „Mosque", 195 f. und Morris, *Birth*, 201 f. unerwähnt.
203 Vgl. Emmet, *Basilica*, 40–48. Die meisten Bewohner von Saffuriya flohen jedoch nicht direkt nach Nazareth, sondern siedelten sich erst über die Jahre im heutigen Safafra-Viertel in Nazareth an.
204 Möglicherweise lag die Zahl der Flüchtlinge aber weit höher, vgl. Emmet, *Basilica*, 45 f.

herbergte Nazareth über 10% der verbliebenen arabischsprachigen Bevölkerung in Israel; Nazareth entwickelte sich in der Folge zur „arabischen Hauptstadt" in Israel und wurde nun politisch bedeutsam.[205] Die Mehrheit der Flüchtlinge waren Muslime, dies ist eine der Hauptursachen, dass sich in den darauffolgenden Jahren das christlich-muslimische Mehrheitsverhältnis verschob – seit den 1960er Jahren ist Nazareth mehrheitlich von Muslimen bewohnt.[206] 2010 lebten in Nazareth 26.293 Christen und 52.154 Muslime, zuzüglich einer kleinen Anzahl von Juden und Drusen.[207]

Kirchliche Institutionen spielen in Nazareth weiterhin eine zentrale Rolle. Im und nach dem Krieg fanden beispielsweise viele Flüchtlinge Unterschlupf in Klöstern, auch dienten die kirchlichen Einrichtungen der Essens- und Kleiderverteilung.[208] Bis heute ist, mit Ausnahme von einigen öffentlichen Grundschulen und zwei öffentlichen weiterführenden Schulen, die Schulbildung in kirchlicher Hand. Auch Sport – darunter Karate, Ballett und Fußball –, Jugendgruppen, Pfadfinder und vieles mehr wird von kirchlichen „Vereinen" [ar. *nadī*] angeboten oder findet auf kirchlichem Gelände statt. Die Kirchen betonen zwar immer wieder, dass ihre Angebote allen Menschen Nazareths offenstehen, nehmen aber vorrangig Mitglieder der eigenen Gemeinschaft auf. Die Zugehörigkeit zu einer Religionsgemeinschaft in Nazareth ist auch darum, neben der rechtlichen Notwendigkeit aufgrund von Eheschließung und -scheidung, sehr wichtig und entfaltet ein enormes soziales und politisches Potential.

Diese Dimensionen einer Religionsgemeinschaft sollen im Folgenden an drei Bewegungen ausgeführt werden. Einflussreich war ab den 1950er Jahren zunächst der Kommunismus innerhalb der griechisch-orthodoxen Gemeinschaft in Nazareth, der durch seine atheistische Ausrichtung das Verständnis von Christsein und Religiosität neu bestimmte. Dagegen entstand innerhalb der römisch-katholischen Kirche in Nazareth eine internationalisierte Marienverehrung, durch die die römisch-katholische Kirche und die Frömmigkeit der Katholiken an sich gestärkt wurden. Gegen beide Bewegungen positionierte sich ab den 1990er Jahren die Islamische Bewegung [engl. *Islamic Movement*; ar. *al-ḥaraka al-islāmīya*] in Nazareth, die eine stärkere religiöse Identifikation sowohl auf muslimischer als auch christlicher Seite bewirkte.

---

205 Vgl. Tsimhoni, „Mosque", 196.
206 Vgl. Emmet, *Basilica*, 45; Tsimhoni, „Mosque", 196.
207 Vgl. Mansour, Hg., *Christians*, 32.
208 Vgl. Emmet, *Basilica*, 46 f.

Orthodox und kommunistisch in Nazareth

In Nazareth spielt heute die bisher beschriebene Auseinandersetzung zwischen „griechischen" und „arabischen" Orthodoxen kaum eine Rolle. Dies liegt vor allem daran, dass die orthodoxe Gemeinde in Nazareth relativ unabhängig vom Patriarchat ist. Nach dem Krieg 1948 stand der orthodoxe Patriarch, wie alle anderen Kirchenoberhäupter in Jerusalem auch, bis 1967 unter jordanischer Hoheit. Damit war er von den Gläubigen in Israel abgeschnitten und konnte nur begrenzt Kontrolle über diese ausüben. Die Orthodoxen in Israel etablierten kurzerhand eigenständig die von ihnen lange geforderten Räte mit Beteiligung arabischer Laien – 1949 wurde in Haifa der erste Rat eingerichtet, kurze Zeit später in Nazareth. Der aus lokalen Orthodoxen zusammengesetzte Rat in Nazareth platzierte sich als Leitung der Ortsgemeinde: Er verwaltet das kirchlich-orthodoxe Land in Nazareth mit der Begründung, Dahir al-Umar habe 1741 das Land der lokalen Gemeinde und nicht dem Patriarchen gegeben, schließt mit den Priestern eigene Arbeitsverträge ab, zahlt ihr Gehalt und ist zuständig für das Tauf-, Ehe- und Sterberegister (und nicht wie sonst üblich, der Priester). Gegen die Landbeanspruchung versuchte der Patriarch Widerstand zu leisten und drohte mit einer Klage vor Gericht. Zu einer Klage kam es jedoch nicht, auch deshalb, weil es zum Landbesitz keine Papiere gibt, die die Klage für den Patriarchen zum Erfolg führen könnten. Somit ist die orthodoxe Gemeinde in Nazareth in gewissem Umfang unabhängig vom Patriarchen.[209]

Das bisherige national-arabische Engagement der Orthodoxen mündete nach der Staatsgründung Israels 1948 in der kommunistischen Partei, die in Nazareth bis in die 1990er Jahre die dominierende Kraft war. In den ersten Jahren des Staates Israel war die kommunistische Partei die einzige Partei in Israel, die arabisch-nationale Interessen vertrat – wie erwähnt war das Gründen arabischer Parteien in den ersten Jahren nach der Staatsgründung untersagt. In der kommunistischen Partei waren Christen und insbesondere orthodoxe Christen besonders stark vertreten, Schätzungen zufolge waren in Nazareth 1950 90% der Kommunisten orthodox.[210] Die kommunistisch-orthodoxe Verbindung ist auf die russischen Bildungseinrichtungen zurückzuführen, die zwar im Ersten Weltkrieg ihren Schulunterricht einstellten, aber eine russische Anbindung und die Kenntnis der russischen Sprache zurückließen. Das russische Engagement fand

---

209 Dem Patriarchat gehört laut Emmet allein der Sitz des Metropoliten und Land am Hügel Qasr al-Mutran, vgl. Emmet, *Basilica*, 83; 86–91, hierüber gibt es jedoch Rechtsstreitigkeiten, vgl. Katz und Kark, „Patriarchate".
210 Vgl. Tsimhoni, „Christians", 128, Emmet, *Basilica*, 49 f.; 91.

nach dem Ersten Weltkrieg seine Fortsetzung in der Ausbildung einiger orthodoxer Christen, die als potentielle zukünftige politische Führer gesehen wurden, in Russland, unter anderem an der Kommunistischen Universität der Werktätigen des Ostens in Moskau.[211]

Erstmals öffentlich in Stellung brachte sich die kommunistische Partei in Nazareth mit der Vertretung arabischer Interessen bei Demonstrationen am 1. Mai 1958. Die Kommunisten erfuhren in der Folge einen Aufschwung, trotz des israelischen Bemühens, diesem Einhalt zu gebieten. Zentrales Thema und Anlass für den Protest 1958 war die Landproblematik, die sich in Nazareth akut zugespitzt hatte. Schon die Ansiedlung von Flüchtlingen nach 1948 – sie machten 1951 in Nazareth einen Bevölkerungsanteil von 25% aus – brachte eine erhebliche Verknappung der Ressourcen. Den Flüchtlingen wurde die Rückkehr in ihre Dörfer und Städte verweigert; dies sollte mit dem „Absentees' Property Law" 1950 rechtlich festgeschrieben werden. Hinzu kam, dass 1954 der israelische Staat öffentliches Land der Stadt Nazareth und privates Land von Nazarenern beschlagnahmte, mit der Begründung, ein Verwaltungsgebäude errichten zu wollen. 1957 wurde jedoch publik, dass auf diesem Land die jüdische Stadt Natzerat Illit als Gegenpol zur arabischen „Hauptstadt" Israels errichtet werden sollte.[212] Sie wurde nicht nur Regierungssitz des Norddistrikts, sondern auch durch die Zuteilung von Industriegebiet und höhere Subventionen gegenüber Nazareth bevorzugt. Vor allem aber machte sie eine Ausdehnung der Stadt Nazareth quasi unmöglich, da in den übrigen Richtungen bereits andere Ortschaften anschließen oder das übrige noch nicht bebaute Gelände aufgrund der Hanglagen schwer bebaubar ist.[213] Diese Landproblematik war Grund für die Proteste 1958. Sie ist weiterhin ein wichtiges Thema und bot Anlass zu der Demonstration am 30. März 1976 in Nazareth, bei der es zu gewaltsamen Protesten zwischen israelischer Polizei und Demonstranten kam, die zum Tod von sechs Demonstranten führten. Der 30. März wurde infolgedessen als „Tag des Bodens" [ar. *yaum al-arḍ*] zum jährlichen Protesttag. Die Demonstrationen finden bis heute statt, erfahren aber nur

---

211 Vgl. Mack, „Orthodox and Communist", 393–96.
212 Natzerat Illit wurde, wie im Einleitungskapitel bereits erwähnt, 2019 in Nof HaGalil, „Aussicht Galiläas", umbenannt. 2015 waren 23% der Bewohner arabischsprachig, vgl. Noa Shpigel, „This Israeli Mixed Arab-Jewish City Is in Denial," *Haaretz* (22.08.2017). In Nazareth ist bereits jede noch so kleine Fläche bebaut, Grünflächen gibt es kaum. Viele Nazarener leben heute auf Grund des fehlenden Wohnraums in Nof HaGalil, ihre Kinder gehen aber in der Regel weiterhin in Nazareth zur Schule, was unter anderem zu einem hohen Verkehrsaufkommen und großen Klassendichten führt. Zu Nof HaGalil vgl. Dan Rabinowitz, *Overlooking Nazareth. The Ethnography of Exclusion in Galilee*. Cambridge Studies in Social and Cultural Anthropology 105 (Cambridge: Cambridge Univ. Press, 1997).
213 Vgl. Emmet, *Basilica*, 46–53.

noch eine geringe Beteiligung. Zu den Demonstrationen 1976 hatte die kommunistische Jabha-Partei aufgerufen, die bei der Gemeinderatswahl 1975 mit 11 von 17 Sitzen die Mehrheit im Stadtrat gewinnen konnte. Sie stellte auch den Bürgermeister Tawfiq Zayyad, der bis zu seinem Tod 1994 im Amt blieb. Durch die Demonstrationen und den Widerstand gegen die israelische Regierung erhielten die Kommunisten weiteren Aufwind; die israelische Regierung verweigerte in der Folge die Zusammenarbeit mit der Stadtverwaltung.[214]

Durch den Fokus auf das nationale Anliegen der „Araber" bzw. „Palästinenser" in Israel rückt in der kommunistischen Partei die religiöse Identifikation in den Hintergrund. Dennoch ist die Zugehörigkeit zu einer Religionsgemeinschaft weiterhin für die Kommunisten – wie für alle anderen in Israel auch – aufgrund der Eheschließung und -scheidung persönlich notwendig. Ein Kommunist, auch wenn er sich als Atheist versteht, bleibt orthodox, römisch-katholisch, muslimisch usw. Eine kritische oder distanzierte Haltung zu diesem rechtlichen Status der Religionsgemeinschaften nehmen die kommunistischen Orthodoxen in Nazareth jedoch nicht ein, sondern beteiligen sich aktiv in der orthodoxen Gemeinde in Nazareth und fordern damit das Verständnis von Religion und Religiosität heraus. Dies liegt an der sozialen und politischen Bedeutung der orthodoxen Gemeinschaft in Nazareth: Der orthodoxe Rat verfügt über erheblichen Einfluss und gilt neben dem Stadtrat als eines der wichtigsten politischen Gremien in Nazareth. Denn das orthodoxe Land umfasst neben Kirche, Friedhof und einer Versammlungshalle einen großen „Verein" [ar. *nadī*] mit Angeboten für Senioren, Jugend, Frauen, Sport, Pfadfinder und einem Kindergarten sowie Gebäude, die zum Teil an Läden und Restaurants vermietet werden, und eine Klinik – jedoch bis heute keine eigene Schule. Dennoch ermöglicht der Besitz nicht nur soziale Angebote vorrangig für die Angehörigen der Gemeinschaft, und bei freier Kapazität auch für die übrige Bevölkerung in Nazareth, sondern erzielt auch erhebliche Mieteinnahmen.[215] Damit ist eine Mitarbeit im orthodoxen Rat auch für säkulare, kommunistische Orthodoxe attraktiv. Seit den 1960er Jahren sind im orthodoxen Rat mehrheitlich Orthodoxe mit kommunistischer Prägung oder Parteizugehörigkeit vertreten, die eine dementsprechende Ausrichtung der Gemeinschaft vornehmen, wie folgende Beispiele zeigen: In den 1960er Jahren wählten sie mit Simaan Nasser einen Priester, der vielen als kommunistisch und unorthodox in Bezug auf die Religion galt. Dies wird daran festgemacht, dass er sich nie auf korrekte Weise bekreuzigte, sich entgegen orthodoxer Tradition keinen Bart

---

214 Vgl. Emmet, *Basilica*, 55; Tsimhoni, „Mosque", 196 f.; Mack, „Communities", 288; McGahern, *Christians*, 126–28.
215 Vgl. Emmet, *Basilica*, 86–89.

wachsen ließ und nicht immer sein Priestergewand trug. Einem anderen Priester, Vater Romanous, verweigerte der Rat in den 1980er Jahren die Zusammenarbeit. Vater Romanous wollte die komplette Liturgie wiedereinführen und die Kinder in der richtigen Art des Gottesdienstes unterweisen; die Ablehnung des Rates wurde unter anderem damit begründet, dass Vater Romanous als „wahrer Gläubiger" die Anordnungen der kommunistischen Jebha-Partei verweigern und nur dem Patriarchen folgen würde. Verstärkt wurde die kommunistische Prägung der orthodoxen Gemeinde in Nazareth dadurch, dass sie römisch-katholische Kommunisten aufnahm, denen die römisch-katholische Kirche in Nazareth aufgrund ihrer kommunistischen Parteizugehörigkeit die Eheschließung verweigerte.[216]

Aus der kommunistisch-orthodoxen Verbindung ergeben sich in Nazareth zwei Spannungsfelder: Indem die orthodoxen Kommunisten sich im orthodoxen Rat einbringen, verleihen sie der Orthodoxie Bedeutung. Die orthodoxen Kommunisten bemühen sich etwa nicht um den Aufbau öffentlicher Schulen oder anderer Einrichtungen durch eine entsprechende Politik im Stadtrat, sondern kümmern sich im orthodoxen Rat um Belange der orthodoxen Gemeinschaft. Damit untergraben sie ihr eigenes kommunistisches Ideal einer Gemeinschaft oder Gesellschaft jenseits der religiösen Zugehörigkeit. Andere Religionsgemeinschaften, die nicht über die entsprechenden Ressourcen verfügen, werden durch diese Politik benachteiligt. Dies ist, wie im übernächsten Abschnitt besprochen wird, ein wesentlicher Grund für die Entstehung der „Islamischen Bewegung".

Zudem kam es zu einer Auseinandersetzung über die Frage, was „orthodox" und was „religiös" ist. Teile der orthodoxen Gemeinde wehrten sich gegen diese kommunistische Einflussnahme. Sie gründeten 1983 die al-Nur Orthodox Society inklusive einer Bibliothek und einem christlich-orthodoxen Informationszentrum für alle nicht-kommunistischen Orthodoxen in Nazareth, die zu einer spirituellen Erweckung unter den Orthodoxen führen sollte. In einer Familienkapelle wurden eigene Liturgien gefeiert.[217] Gegen dieses Verständnis von „Religiosität" beanspruchte der Kommunist Adib Hazan, der Ende der 1980er Jahre Vorsitzender des orthodoxen Rats war, ein alternatives Religiositätsverständnis: Er erklärte, er sei nicht religiös, wenn damit der Kirchgang gemeint sei. Religiös sei er aber dennoch, und damit meine er nicht eine „Frömmigkeit", sondern ein „soziales Gefühl", ein „Gefühl der Zugehörigkeit zur Kirche und Gemeinde"[218]. Teile der or-

---

216 Vgl. Emmet, *Basilica*, 91–96; 163 f. Auch der griechisch-katholische Bischof George Hakim drohte seinen Gläubigen bei kommunistischer Zugehörigkeit mit Exkommunikation und verweigerte die Eheschließung, vgl. Mack, „Orthodox and Communist", 398–400.
217 Vgl. Emmet, *Basilica*, 96–98.
218 Emmet, *Basilica*, 99.

thodoxen Gemeinschaft würden zu Festtagen aufgrund dieser Zugehörigkeit in die Kirche kommen, und eher „durch [Alkohol] Trinken als durch Beten feiern"[219].

Der Kommunismus und ein Verständnis von Religiosität, das allein eine soziale Zugehörigkeit beschreibt, werden ab den 1950er Jahren durch den Aufbau der Verkündigungsbasilika und eine internationalisierte Marienverehrung herausgefordert, aber auch durch die Islamische Bewegung ab den 1980ern. Hierum wird es im Folgenden gehen.

Internationalisierte katholische Marienverehrung

In den 1950er Jahren wurde die römisch-katholische Verkündigungsbasilika neu errichtet, eingeweiht wurde sie 1969. Sie prägt durch ihre imposanten Ausmaße – sie gilt als eine der größten Kirchen des Nahen Ostens – das Stadtbild Nazareths. Durch den Neubau kam es gegen den orthodox geprägten Kommunismus zu einer Stärkung der römisch-katholischen Gemeinschaft in Nazareth, der Marienfrömmigkeit und der Frömmigkeit an sich. Nazareth spielt für die katholische und orthodoxe Kirche als Ort der Verkündigung – Gabriel verkündet Maria, dass sie den Sohn Gottes durch den Heiligen Geist empfangen und ihn gebären wird – eine wichtige Rolle. Sowohl die katholische als auch die orthodoxe Kirche tragen den Namen „Verkündigung". Die orthodoxe Kirche trägt jedoch auch den Beinamen „St. Gabriel". Durch den Neubau der römisch-katholischen Kirche verschiebt sich bei dieser der Fokus, wie zu zeigen sein wird, hin zu Maria und deren Verehrung.

Seit dem 17. Jahrhundert gehört die römisch-katholische Verkündigungskirche – damals noch ein kleines, eine alte Grotte schützendes Bauwerk – zur franziskanischen Kustodie des Heiligen Landes. Im 18. Jahrhundert wurde die Kirche neu gebaut und 1877 vergrößert. Bereits Anfang des 20. Jahrhunderts gab es Pläne zu einem Neubau, die aber erst nach der Staatsgründung Israels wieder neu in Angriff genommen wurden.[220] 1954 erteilte Israel die Baugenehmigung für die Kirche. Ein kirchlicher Neubau von solcher Größe war in dem jungen jüdischen Staat keine Selbstverständlichkeit, diente der israelischen Regierung aber zur Durchsetzung eigener Interessen. Denn durch die Genehmigung entspannten sich die Beziehungen zwischen Israel und dem Vatikan; Israel wurde wegen seiner Behandlung der christlichen Bevölkerung kritisch beurteilt, unter anderem die notleidende (christliche) Bevölkerung in Nazareth war zuvor Gegenstand von

---

219 Emmet, *Basilica*, 99.
220 Vgl. Emmet, *Basilica*, 101; Masha Halevi, „The Politics Behind the Construction of the Modern Church of the Annunciation of Nazareth," *The Catholic Historical Review* 96:1 (2010): 27–55, 27f.

Gesprächen. Ein Drittel der Bewohner war Anfang der 1950er Jahre arbeitslos; aufgrund der Militärregierung wurde ihr Bewegungsradius eingeschränkt, weswegen sie keine Arbeitsstellen außerhalb von Nazareth annehmen konnten. Durch den gewaltigen Bau fanden zahlreiche Nazarener, zumindest für ein paar Jahre, Einkommen als Arbeiter und verbesserten dadurch ihre Lebensverhältnisse. Damit diente der Bau auch dem Kampf gegen einen gemeinsamen Feind: 1954 gewannen die Kommunisten in Nazareth die Kommunalwahl. Sowohl Israel als auch der römisch-katholischen Kirche war der Kommunismus ein Dorn im Auge. Der Neubau sollte ganz explizit der kommunistischen Bewegung entgegenwirken, so heißt es in einer Broschüre: „Bekämpfe den Kommunismus in Nazareth. Der Bau der Verkündigungsbasilika wird Arbeit für die Armen und Bedürftigen bringen".[221]

Der Neubau wurde von der katholischen Welt durch Gebete und großzügige Spenden unterstützt. Ein Bau am Ort des Verkündigungsgeschehens dürfte für besondere Attraktivität gesorgt haben, denn die Marienverehrung erlebte im Katholizismus seit dem 19. Jahrhundert einen Aufschwung, der durch Dogmatisierung – 1854 das Dogma zur unbefleckten Empfängnis, 1950 das Dogma zur Aufnahme Marias mit Leib und Seele in den Himmel –,[222] aber auch durch Marienerscheinungen wie 1917 in Fatima (Portugal) genährt wurde.[223] 1954, im Jahr des 100. Jubiläums des Dogmas zur unbefleckten Empfängnis, wurde mit der Grundsteinlegung begonnen.[224]

Jedoch kam es in der römisch-katholischen Kirche zu einer Auseinandersetzung über die Frage, wie und in welchem Umfang die Kirche neu errichtet werden sollte.[225] Die ursprünglich genehmigten Pläne des Architekten Antonio Barluzzi wurden nach der Grundsteinlegung verworfen und der Bau gestoppt. 1958 wurde

---

221 Zit. nach Halevi, „Politics Behind the Construction", 54; vgl. Halevi, „Politics Behind the Construction", 47–55.
222 Vgl. Georg Söll, *Handbuch der Dogmengeschichte. Band III, Faszikel 4: Mariologie* (Freiburg: Herder, 1978), 207–27.
223 Zur Marienverehrung im 19. und 20. Jahrhundert vgl. Hilda Graef, Maria, Eine Geschichte der Lehre und Verehrung, 1964, v. a. 386–90; 408–10; 416–19.
224 Vgl. Halevi, „Politics Behind the Construction", 33.
225 Im Hintergrund stand der Machtkampf zwischen den Franziskanern, die seit dem 14. Jahrhundert bis zur Wiedereinrichtung des „lateinischen" Patriarchats 1847 als Kustodie des Heiligen Landes die einzige römisch-katholische Interessensvertretung im Nahen Osten waren, und dem Vatikan bzw. dem lateinischen Patriarchen. Während die Kustodie den lateinischen Ritus stärken wollte, waren der Vatikan und insbesondere die Kongregation für die Ostkirchen in Rom um eine Annäherung an die Ostkirchen – in Israel vor allem die griechisch-katholische Kirche – bemüht und versuchten daher ein zurückhaltendes Auftreten. Der Bau der Verkündigungsbasilika wurde zum Machtsymbol beider Parteien; vgl. Halevi, „Politics Behind the Construction", 27–47.

ein neuer Architekt, Giovanni Muzio, mit den Planungen betraut, der diese dann ausführte und 1969 mit der Einweihung zum Abschluss brachte. Er verpasste der Basilika einen internationalen Anstrich, was sich einerseits in der Bauweise zeigt – der vorige Plan erinnerte manche Kritiker durch seine hohe Kuppel und vier Türme an eine Moschee –, andererseits an der sakralen Kunst, die aus der gesamten katholischen Welt gestiftet wurde.[226] Insbesondere die vielen, aus aller Welt gestifteten, meterhohen Marienmosaike, die sowohl das Kirchenschiff als auch die Innenseite der äußeren Mauer zieren, bringen diese Internationalisierung zum Ausdruck. Auffallend ist, dass bei ihnen, anders als etwa bei der zentralen Ikone in der griechisch-orthodoxen Kirche, die Verkündigung nicht mehr im Zentrum steht, sondern Maria häufig mit dem bereits geborenen Jesuskind im Arm dargestellt wird. Die Mosaike zeigen Maria in jeweils verschieden kulturell geprägten Erscheinungsformen: Ein Mosaik aus Korea zeigt eine Maria in traditionellem koreanischem Gewand, ein Mosaik aus Thailand eine Maria in thailändischem Gewand. Ein Mosaik aus „Israel" oder aus „Palästina" gibt es jedoch nicht. Es gibt lediglich ein Mosaik aus dem „Heiligen Land" und eines aus „Nazareth". Das Mosaik aus dem Heiligen Land wurde von der italienischen Keramikkünstlerin Francesca Niccaci hergestellt. Es zeigt in der Mitte Maria in rot-blauem Gewand mit Jesus im Arm, links einen Ritter, der in Siegespose über einem Drachen steht, rechts zwei Pfadfinderkinder. Das Mosaik trägt die Unterschrift „Maria, Königin der Pfadfinderinnen und Pfadfinder" in englischer und italienischer Sprache. Das Mosaik aus Nazareth wurde nachträglich, erst 1994, von Said Tabar angefertigt, es zeigt eine Maria in hellblau-weißem Kleid und beigem Kopftuch, die mit offenen Armen demütig zu Boden blickt. Eine Darstellung einer „palästinensisch" konnotierten Maria gibt es nicht.

Dies steht in starkem Kontrast zur Wahrnehmung von Maria als „Mutter Palästinas". Diese Bezeichnung findet sich unter anderem in der offiziellen arabischen römisch-katholischen Marien-Liturgie, die im Monat Mai gefeiert wird. Umfangreich verehrt wird Maria als „Königin von Palästina und dem Heiligen Land" in dem Kloster Deir Rafat, das ungefähr 30 km westlich von Jerusalem liegt.[227] Eine ebensolche Wahrnehmung findet sich bei der Facebook-Gruppe „Our Lady Queen of Palestine", in der täglich Gebete und Gebetsanliegen sowie Marienbilder veröffentlicht werden. Das Profilbild zeigt eine in rot-blauem Gewand gekleidete Maria, die über dem Umriss der Karte des heutigen Israel und der Palästinensischen Gebiete wacht. Diese Karte ist komplett in den palästinensi-

---

[226] Vgl. Halevi, „Politics Behind the Construction", 30–39.
[227] Vgl. http://www.lpj.org/newsite2006/news/2006/08/deir-rafat-eng.pdf.

schen Nationalfarben ausgemalt; im Vordergrund sind mit Mariam Bawardy und Marie Alphonsine Ghattas zwei lokale Heilige zu sehen.[228]

Derartige palästinensische Mariendarstellungen finden sich in der Verkündigungskirche in Nazareth jedoch nicht; durch die internationale Marienverehrung in Nazareth werden eine Kontextualisierung Marias und nationale Einschreibungen zurückgedrängt. Maria wird damit am Ort des Verkündigungsgeschehens ihrem Kontext entnommen und internationalisiert. Die Internationalisierung wird durch die täglich anreisenden Pilgergruppen unterstützt. Für sie bietet die katholische Ordensgemeinschaft „Chemin Neuf" ein „Internationales Maria-von-Nazareth-Zentrum" an, das 2012 eröffnet wurde. Dort können die Besucher in einer spektakulären Multimediashow „mit Maria von Nazareth die Geschichte des Heils" wiederentdecken und „sich von Maria durch die Schrift leiten lassen".[229]

Die Marienfrömmigkeit unter Katholiken und Katholikinnen in Nazareth zeigt sich unter anderem im Monat Mai. Der gesamte Monat ist Maria gewidmet, jeden Tag findet eine Messe für Maria statt. Kleinen Mädchen wird für die Messe ein hellblaues Kleid angezogen, sie sollen damit Maria symbolisieren. Verbunden ist dies meist mit einer Fürbitte, etwa bei einem Kinderwunsch, und einem entsprechenden Gelübde.

Dass der riesige Neubau, der die gesamte Stadt überschattet, zur Rivalität unter den verschiedenen religiösen Gruppen beitragen und Anlass für Konflikt bieten würde, war den Verantwortlichen, so Masha Halevi, klar gewesen und wurde von ihnen einkalkuliert.[230] Seitens der Orthodoxen ist bis heute die Kritik zu hören, die römisch-katholische Kirche hätte „Gläubige gekauft", um ein derart großes Bauwerk für eine kleine Gemeinschaft rechtfertigen zu können. Für die Islamische Bewegung ist die Basilika Ausdruck einer internationalisierten christlichen Hoheit, die die muslimische Mehrheit marginalisiert.

Muslime und Christen

Mit dem Aufkommen der „Islamischen Bewegung" [engl. *Islamic Movement*; ar. *al-ḥaraka al-islāmīya*][231] in Israel ab den 1980er Jahren verstärkte sich die religiöse

---
228 Vgl. https://www.facebook.com/OurLadyQueenofPalestine/.
229 Vgl. https://il.chemin-neuf.org/en/home/locations/mary-of-nazareth-international-center.
230 Vgl. Halevi, „Politics Behind the Construction", 47 f.
231 Die „Islamische Bewegung" in Israel entwickelte sich nach 1967: Durch die Niederlage der arabischen Kriegsparteien verlor der säkulare Nationalismus an Rückhalt; zudem bewirkte der nun frei gewordene Zugang zu den religiösen Stätten in Jerusalem eine religiöse Erweckung; auch

Identifikation der Muslime. Die Bewegung legte 1988 ihre Zentrale nach Nazareth, 1989 zog sie dort auch in den Stadtrat ein. In Nazareth richtete sich die Islamische Bewegung einerseits gegen die langjährige kommunistisch dominierte Kommunalpolitik, andererseits gegen die international-christliche Ausrichtung der Stadt. Durch beide fühlten sich die Muslime vernachlässigt. Muslime stellten zwar inzwischen die Mehrheit der Bewohner in Nazareth, hatten jedoch wenig Einfluss. Viele hatten einen Hintergrund als Flüchtlinge und lebten in beengten, unterentwickelten Stadtvierteln. Öffentliche Schulen gab es kaum, die kirchlichen Bildungseinrichtungen standen zwar auch Muslimen offen, boten aber zu allererst Platz für die Angehörigen der jeweils eigenen Religionsgemeinschaft. Dies bewirkte bei Muslimen Missgunst, zumal ein Drittel von Nazareth kirchliches Land ist, auf das keine Steuern erhoben werden. Auch der „christliche" Tourismus bringt kaum Geld ein, da die meisten Touristen nur kurz in der Stadt verweilen und häufig in Hotels außerhalb der Stadt übernachten. In Ermangelung öffentlicher Alternativen wollte die Islamische Bewegung, motiviert durch koranische Prinzipien sozialer Gerechtigkeit, eigene sozial-karitative Einrichtungen anbieten. Dadurch war sie vor allem in ärmeren Bevölkerungsschichten attraktiv. Die Islamische Bewegung kritisierte die Kommunisten – von denen selbst viele Muslime sind, unter anderem der langjährige Bürgermeister Tawfiq Zayyad (1975–1994) – nicht nur wegen der Vernachlässigung der muslimischen Bevölkerung, sondern kritisierte auch, sie beleidigten den Islam, indem sie beispielsweise bei Empfängen, noch dazu während des Ramadan, Spirituosen anböten.[232]

1997 kam es zum Konflikt, der als Shihab al-Din-Konflikt große Beachtung fand.[233] Der Konfliktverlauf soll im Folgenden dargestellt werden. Anschließend ist dann auf die Auswirkungen auf ein „christliches" und „muslimisches" Selbstverständnis einzugehen. Anlass für den Konflikt war der Protest von Islamisten gegen die Umsetzung des „Nazareth-2000-Projekts", ein von der israelischen Regierung umfangreich gefördertes und 1992 lanciertes Infrastrukturprogramm zur Vorbereitung der Milleniumsfeierlichkeiten, die 2000 mit einem

---

Verbindungen zu anderen muslimischen Bewegungen – einflussreich war unter anderem die ägyptische Muslimbruderschaft unter Hassan al-Banna – und muslimischen Institutionen im Westjordanland konnten aufgebaut werden. In den folgenden Jahren entwickelte sich die Islamische Bewegung als Gegenoption zum Kommunismus, welcher auch aufgrund überregionaler Entwicklungen wie dem Zerfall der Sowjetunion an Rückhalt verlor; vgl. Peled, *Debating Islam*, bes. 121–46; Peled, Towards Autonomy? The Islamist Movement's Quest For Control of Islamic Institutions in Israel, in: Middle East Journal, 55:3 (2001), 378–98; McGahern, *Christians*, 128–31.
232 Vgl. Natan Uriely, Aviad Israeli und Arie Reichel, *Attitudes*, 105; Emmet, *Basilica*, 80 f.; Tsimhoni, „Mosque", 199–201.
233 Vgl. u. a. Tsimhoni, „Mosque"; Israeli, *Crescent*; McGahern, *Christians*, 125–49; Rabinowitz, „Strife in Nazareth".

Besuch von Papst Johannes Paul II. im „Heiligen Land" und Nazareth gekrönt werden sollten. Ein Teil des Projekts war die Neugestaltung eines kleinen Platzes an der Verkündigungsbasilika, um diesen für Touristen attraktiver zu machen. Hierfür wurde 1997 eine leerstehende Schule aus osmanischer Zeit abgerissen. Die bisher kaum beachtete Grabstätte von Shihab al-Din, dem Neffen des berühmten Salah al-Din, der die Kreuzfahrer zurückdrängte, sollte renoviert werden. Hiergegen mobilisierten nun die Islamisten, angeführt von Abu Nawwaf, dem Vorsitzenden der *waqf*-Behörde in Nazareth, und Salman Abu Ahmad, einem Anführer der Islamischen Bewegung in Nazareth, Widerstand. Sie beanspruchten den Platz als *waqf*-Land, das heißt der muslimischen Gemeinschaft gehörend, und planten auf diesem kleinen Platz eine Moschee, die die Verkündigungsbasilika überragen sollte. Hiermit wollten sie gegen die internationale christliche Präsenz in Nazareth vorgehen und die lokale Bedeutung Nazareths stärken. Während Salah al-Din, wie beschrieben, Anfang des 20. Jahrhunderts als arabische, christlich-muslimische Symbolfigur im Widerstand gegen die Briten fungierte, wurde sein Neffe nun zu einem rein islamischen Symbol. 1997 präsentierten die Islamisten ihre Pläne dem Bürgermeister von Nazareth, der zurückhaltend reagierte. Als Konsequenz stürmten die Islamisten im Dezember 1997 den Platz und errichteten ein riesiges Protestzelt. Der Fall landete vor Gericht, zudem wurden verschiedene Gremien und Kommissionen gegründet, um den Konflikt zu lösen.[234]

Während der zwei Jahre dauernden Urteilsfindung hielten die Proteste an und eskalierten am Ostersonntag 1999. Passierende Christen wurden attackiert, Christinnen aus Autos gezogen und durch Schläge schwer misshandelt, Läden und Verwaltungsbüros zerstört. Die Polizei, obwohl anwesend, griff aufgrund höherer Anordnung nicht ein. Kurz vor der Parlamentswahl im Mai 1999 hatte die israelische Regierung kein Interesse, die islamische Mehrheit gegen sich aufzubringen. Wohl deshalb genehmigte sie im April 1999 den Bau einer Moschee und kam dem noch ausstehenden Gerichtsbeschluss zuvor. Dieser urteilte im Oktober 1999, dass das betreffende Land staatliches Land sei. Die Kommission bekräftigte anschließend den Beschluss zum Bau der Moschee und erweiterte die dafür zur Verfügung stehende Grundfläche unter der Voraussetzung, nach der Grundsteinlegung den eigentlichen Bau erst nach 2000 zu beginnen. Gegen die Kritik von kirchlicher Seite, die Kommission würde Gerichtsbeschlüsse nicht achten, erwiderte diese, das Land gehöre dem Staat und dieser könne es geben, wem er wolle. Der Grundsteinlegung im November 1999 gingen heftige Protesten kirchlicherseits voraus, der Vatikan drohte, den Papstbesuch entfallen zu lassen, die

---

234 Vgl. Tsimhoni, „Mosque", 201–04.

drei Jerusalemer Patriarchen kündigten das Schließen von Kirchen am Tag der Grundsteinlegung an. Auch Yassir Arafat, der Mufti von Jerusalem und andere arabische Politiker versuchten auf die Islamische Bewegung einzuwirken; sie fürchteten negative Auswirkungen auf den Kampf um die Al-Aqsa-Moschee. Die Proteste blieben ohne Erfolg, der Grundstein wurde am 23 November 1999 gelegt, die Kirchen schlossen wie angekündigt ihre Türen.[235]

Der Vereinbarung entsprechend, erst nach 2000 mit dem Bau zu beginnen, wurde mit dem eigentlichen Bau erst 2002 begonnen. Der Baubeginn verzögerte sich wegen der Zweiten Intifada. Erneut kam christlicher Protest auf. Evangelikale und Katholiken in den USA drängten den seit 2001 amtierenden US-Präsidenten Bush zum Eingreifen. Nach mehreren Telefonaten zwischen Bush und Sharon wurden die Bauarbeiten gestoppt und eine neue Kommission einberufen, die schließlich den Bau für illegal erklärte. Trotz des Protests tausender Muslime wurde nach einem Gerichtsbeschluss im März 2003 das Fundament der Moschee zerstört. Auch gegen die Islamische Bewegung ging die israelische Regierung nun vor, indem sie im Verlauf des Jahres Führungspersonen inhaftierte und sie dadurch schwächte. Der Platz mit einem renovierten Shihab al-Din-Grab wurde 2005 fertiggestellt.[236] Noch heute hängen an dem Platz große Banner, die den Moscheebau fordern, zahlreiche Muslime zeigen freitags durch das öffentliche Gebet auf dem Platz ihre Präsenz.

Die Islamische Bewegung und der Konflikt um die Shihab al-Din-Moschee zeigen eine Stärkung der religiösen Identität als „muslimisch" und „christlich" auf. Das Ziel der Muslime, ihrer Marginalisierung in Nazareth zu entkommen, wurde nicht erreicht. Am zentralen Platz konnten sie keine Moschee errichten, nach wie vor ist die Schulbildung bis auf wenige Ausnahmen allein in den kirchlichen Einrichtungen möglich. Die israelische Politik war gekennzeichnet durch inkonsequentes Verhalten, bei dem die einzelnen Konfliktparteien zum Spielball wurden, und bot keine Verlässlichkeit. Indem die israelische Regierung, wie auch bei den drusisch-christlichen Konflikten bereits angedeutet wurde, nicht für die öffentliche Ordnung und Sicherheit sorgte, forderte sie die Notwendigkeit eines internationalen Eingreifens heraus, hier durch den Vatikan und die USA. Dadurch kommt es zu einer Reaktivierung des Schutzmachtgedankens, um die (neue) christliche „Minderheit" – zwar stellen Muslime die Mehrheit in Nazareth, jedoch sind die Christen viel einflussreicher – zu schützen. Dieses Eingreifen bestätigte letzten Endes das Anliegen der Islamischen Bewegung, sich gegenüber

---

235 Vgl. Tsimhoni, „Mosque" mit detaillierter Beschreibung des Konfliktverlaufs, 204–13.
236 Vgl. Tsimhoni, „Mosque", 213–19.

den Christen stärker zu positionieren, und verstärkte die religiöse Identifikation der Christen und der Muslime.

Eine solche Identifikation hält bis heute an. Sie tritt deutlich hervor in dem Konflikt um die kirchlichen Schulen, der 2015 entbrannte. Die israelische Regierung hatte beschlossen, die finanzielle Unterstützung von Schulen, die „anerkannt, aber nicht öffentlich" [engl. *recognized but not public*] sind – hierzu zählen die kirchlichen Schulen –, drastisch zu reduzieren und gleichzeitig die Höhe der von den Eltern zu errichtenden Schulgebühren zu beschränken. Der Betrieb der kirchlichen Schulen wäre damit nicht mehr möglich gewesen. In der Folge traten die kirchlichen Schulen zum Beginn des neuen Schuljahrs 2015 landesweit in Streik. Schulen blieben geschlossen, der Unterricht fiel aus, auch Kirchen schlossen ihre Türen. Erneut erhielten die Christen in Israel Unterstützung aus dem Ausland. Der Protest brachte allerdings zunächst wenig Erfolg.[237] Als Grund für die israelische Vorgehensweise wird gesehen, dass Israel Kontrolle über die Christen ausüben und die Schulen in öffentliche Schulen umwandeln wollte, um so größeren Einfluss auf das Curriculum und die allgemeine Ausrichtung nehmen zu können. Insbesondere wurde befürchtet, dass durch die Schulen Christen für das Militär rekrutiert werden sollten[238] – die entsprechende Bewegung des „Christian Empowerment Council" mit dem Priester Gabriel Naddaf, der Christen für das Militär rekrutierte, befand sich zur selben Zeit in seiner Hochphase. In dem Widerstand der Kirchen kam es zu einer Stärkung des Selbstverständnisses als Christen unabhängig der konfessionellen Zugehörigkeit. Entgegen einer immer wieder vorkommenden Rivalität zwischen den einzelnen Konfessionen, wie es beispielsweise auch die orthodoxe Kritik am Neubau der Verkündigungsbasilika andeutete, kam es zu einer intensiven Zusammenarbeit der Schulen untereinander und einem zunehmenden Verständnis der Schulen als „christliche" Schulen, das an Stelle des vormaligen Verständnisses von „konfessionellen" oder „kirchlichen" [ar. *ahlī*] Schulen trat. Dieses neue „christliche" Verständnis steht einem „muslimischen" gegenüber: Da 50 – 60 % der Schüler Muslime sind, wurde vormals eine Bezeichnung als „christlich" vermieden, um hier keine Konflikte zu erzeugen.[239]

---

237 Vgl. Interview Nr. 12, 01.06.2016; Botrus Mansour, „Declaration from Arab Academics in Support of Arab Private Schools," *Come and See* (06.09.2015); Bader Mansour, „Christian Schools in Israel are in Danger of Being Shut Down," *Come and See* (09.09.2015); Bader Mansour, „End of Strike at Christian Schools in Israel," *Come and See* (27.09.2015).
238 Vgl. Interview Nr. 12, 01.06.2016.
239 Interview Nr. 22, 10.04.2017; Interview Nr. 34, 15.05.2017.

3 Fazit: Die rechtliche und politische Bedeutung religiöser Zugehörigkeit

Die Religions- und Christentumsgeschichte in Nazareth im Kontext regionaler und überregionaler Entwicklungen zeigte ein mehrschichtiges Religions- und Christentumsverständnis auf, das sowohl ethnisch-sprachliche (jüdisch, arabisch, griechisch, drusisch, aramäisch), rechtliche (Personenstand), soziale (Schule, Wohnort) und frömmigkeitsspezifische (Marienfrömmigkeit, Auseinandersetzung der Orthodoxen in Nazareth) Komponenten hat. Dieses war bereits unter osmanischer Herrschaft durch die Verwaltung der nicht-christlichen Religionsgemeinschaften angelegt, wurde aber in britischer und israelischer Zeit transformiert. Die Briten machten die Religionsgemeinschaften, insbesondere durch die ausschließliche Überantwortung der Personenstandsangelegenheiten an diese, zur primären Identifikationsgröße, schufen damit eine Fraktionierung in der arabischsprachigen Bevölkerung und „Minderheiten". Fortgeführt und erweitert wurde dies im israelischen Staat, wie die erfolgreiche Schaffung einer drusischen und eine weniger erfolgreiche Schaffung einer aramäischen Identität zeigen. Durch die Notwendigkeit der Identifizierung mit einer Religion wurde eine einheitliche nationale Bewegung jenseits religiöser Zugehörigkeiten geschwächt und Konflikte zwischen Religionsgemeinschaften heraufbeschworen, wie der Konflikt um die Shihab al-Din-Moschee und die drusisch-christlichen Konflikte verdeutlichen.

Diese politische Wirkung kann deshalb entfaltet werden, da die Zugehörigkeit zu einer Religionsgemeinschaft als rechtliche Körperschaft unumgänglich ist; die Religion wird damit zum unhintergehbaren Referenzpunkt. Zwar gibt es in Israel heute in vielen Bereichen des Familienrechts und der Personenstandsangelegenheiten eine säkulare Rechtsprechung, allerdings bleiben Eheschließung und -scheidung Aufgabe der Religionsgemeinschaften. Selbst Atheisten müssen einer Religionsgemeinschaft angehören. Aufgrund der rechtlichen, aber auch der sozialen und politischen Bedeutung der Religionsgemeinschaften bringen sich auch Atheisten, wie im Falle der orthodoxen Kommunisten in Nazareth aufgezeigt wurde, dort aktiv ein und tragen damit zur Bedeutung der Religionsgemeinschaften bei. Eine Identifikation mit der Religionsgemeinschaft geht auch aus dem „arabischen" Widerstand gegen die „griechischen" Orthodoxen hervor. Die arabischsprachigen Orthodoxen fordern lediglich die Umsetzung von Reformen, nehmen aber keine grundsätzlich kritische Haltung ein, die auf eine Auflösung des Verwaltungsprinzips der Religionsgemeinschaften zielen würde. Dies ist in Anbetracht der prekären Rechtsverhältnisse, in denen sie stehen, beachtlich. Mit diesen Verhältnissen haben sich die Christen arrangiert und im Falle von Problemen eigene Umgangsformen, wie etwa die Konversion von Katholiken zur orthodoxen Gemeinschaft im Scheidungsfall, gefunden. Insgesamt zeigt sich, dass sich der Gedanke der Verwaltung des Personenstandsrechts durch die Religionsgemeinschaften verfestigt hat und Teil des eigenen Religions- und Christentumsverständnisses ist, ein Gedanke, der durch die allgegenwärtige Begründung, das „System" sei so „schon immer" oder seit osmanischer Zeit so gewesen, genährt wird.

Europäische Staaten, Russland und die USA haben zu dem heutigen Verständnis von Religion und Christentum wesentlich beigetragen. Die von den ausländischen Missionen gegründeten Schulen bestimmen, wie in Nazareth deutlich wird, bis heute die zentralen Bildungsmöglichkeiten. Zudem ermöglichte die Vorstellung eines „Schutzes" der Christen ein humanitäres Eingreifen im osmanischen Reich und legitimierte im Anschluss das britische „Mandat" zur Vorbereitung der „unmündigen" Bevölkerung zur Eigenständigkeit, ein Versprechen, auf dessen Umsetzung die „Palästinenser" heute noch warten. Die Sorge vor einer möglichen „christlichen" Reaktion auf eine Vertreibung der Nazarener Bevölkerung oder der Zerstörung Nazareths im Krieg ließ Nazareth intakt. Eine wiederholte internationale Einmischung, die teilweise durch die mangelnde Gewährung öffentlicher Sicherheit und Ordnung durch die israelischen Behörden nötig wurde, zeigt sich im Falle der Erbauung der römisch-katholischen Verkündigungsbasilika, der Shihab al-Din Konflikt und des Schulstreiks.

Nazareth entwickelte sich innerhalb der letzten 200 Jahre von einem kleinen muslimischen Dorf zu einer „christlichen" Stadt. Der Anspruch einer „christlichen" Stadt wird von vielen bis heute vertreten und, wie der Ausgang des Shihab-al-Din-Konflikts beweist, erfolgreich behauptet, obwohl Nazareth seit den 1960er Jahren eine muslimische Mehrheit hat. Christliche Schulen und Institutionen haben zur Entwicklung einer „christlichen" Stadt enorm beigetragen. Diese wurden seit dem 19. Jahrhundert aufgebaut und sind bis heute in Ermangelung öffentlicher Alternativen enorm wichtig. Lag Nazareth lange Zeit in der Peripherie, entwickelte es sich nach 1948 zur „arabischen" Hauptstadt innerhalb von Israel und stand erst durch die kommunistische, dann durch die Islamische Bewegung im Fokus.

II Geschichte des Evangelikalismus in Nazareth

Wer oder was ist „evangelikal", im Arabischen *inǧīlī*? Diese Frage soll in diesem Kapitel für den Kontext des arabischsprachigen Christentums in Nazareth durch einen historischen Zugang beantwortet werden.[240] Die bisherige Literatur kann diese Frage kaum beantworten, stellt die geschichtliche Erforschung der evangelikalen Bewegung in Israel doch selbst ein Forschungsdesiderat dar. Die wenige Literatur mit geschichtlichem Bezug hat einerseits eine missionsgeschichtliche Blickrichtung und legt den Fokus auf die einzelnen Denominationen, wie etwa anlässlich des 50-jährigen oder 100-jährigen Jubiläums der Baptisten.[241] Ein Verständnis von „evangelikal", das einzelne Denominationen verbinden würde, wird nicht generiert. Andererseits bietet Azar Ajaj einen kurzen Überblick zur evangelikalen Bewegung in dem Handbuch „Evangelicals around the World".[242] Hier zeichnet er ein übergreifendes Verständnis von „evangelikal", indem er sowohl Anglikaner und Lutheraner als auch die Mitgliedskirchen der Convention of Evangelical Churches in Israel (CECI) inklusive der Geschlossenen Brüder behandelt, ohne aber näher zu beschreiben, was er unter „evangelikal" versteht. Damit präsentiert er ein undifferenziertes, übergeschichtliches Bild von evangelikal.[243]

Das Ziel der folgenden Darstellung ist, die Bedeutung und Verwendung von *inǧīlī* in den spezifischen Kontexten historisch genau nachzuvollziehen und die einzelnen Verschiebungen zu untersuchen und einzufangen. Zu fragen wird sein, welche Denominationen, Kirchen oder Institutionen im historischen Palästina und heutigen Israel, mit dem Schwerpunkt auf Nazareth, den Namen *inǧīlī* verwendeten. Sie legt dar, was jeweils mit *inǧīlī* gemeint ist, warum dieser Name verwendet wird und ob es alternative Namen gibt oder gab. Damit liegt der

---

[240] Einige Aspekte dieses Kapitels wurden bereits in einem Aufsatz mit der Frage nach der Verwendung und Relevanz der Namen „evangelikal", „charismatisch" und „pfingstlich" veröffentlicht, vgl. Kirchner, „Evangelical".

[241] Vgl. Dwight L. Baker, *Baptists Golden Jubilee. 50 Years in Palestine – Israel. A Short Commemorative History* (auf Schreibmaschine verfasstes Manuskript: 1961); Bader Mansour, *A Brief Summary of Baptist History in the Holy Land: 1911–2011*.

[242] Vgl. Azar Ajaj, „Evangelicals in Western Asia. Greater Syria (Israel, Palestine, Syria, and Lebanon), Jordan, and Iraq," in *Evangelicals around the World. A Global Handbook for the 21st Century*, hg.v. Brian C. Stiller, Todd M. Johnson, Karen Stiller und Mark Hutchinson (Nashville [TN]: Thomas Nelson, 2015), 353–59.

[243] Eine Anglikaner und Lutheraner einschließende Betrachtungsweise von „evangelikal" ist nicht unüblich, vgl. George M. Marsden, „Evangelical and Fundamental Christianity," in *The Encyclopedia of Religion V*, hg.v. Mircea Eliade 1987, 190–97.

https://doi.org/10.1515/9783110734515-005

Schwerpunkt der Darstellung zunächst auf den anglikanischen und lutherischen Missionsbewegungen im historischen Palästina, die gegen Ende des 19. Jahrhunderts und zu Beginn des 20. Jahrhunderts in Nazareth als Erste *inğīlī* verwendeten, sowie auf der CECI mit ihren Mitgliedskirchen, den Baptisten, der Kirche des Nazareners, der Offenen Brüdergemeinde und den Assemblies of God, die durch ihre Gründung 2005 ein Verständnis von *inğīlī* als „evangelikal" etablierten. Auch Kirchen, die sich als „evangelikal" verstehen, jedoch nicht Teil der CECI sind, werden beschrieben.

1 Die Anfänge der „evangelischen" Christ Church (1851–1911)

Mitte des 19. Jahrhunderts wurde „Palästina" oder das „Heilige Land" von zahlreichen Missionsgesellschaften, Pilgern, Archäologen und Reisenden aus Europa und den USA entdeckt. Auch Nazareth als Heimatstätte Jesu rückte in den Fokus. Ab den 1850er Jahren waren Missionare der Church Missionary Society (CMS) in Nazareth aktiv und brachten dort erstmals ein Verständnis von *inğīlī* auf. Die CMS stand in der Tradition der anglikanischen Church of England, vertrat aber innerhalb dieser den Flügel der „Evangelicals", der sich aus der großen Erweckungsbewegung in England bildete.[244] Die CMS rekrutierte, mangels eigenen Personals, auch Missionare aus anderen Ländern und Kirchen. In Nazareth wirkte zunächst der Elsässer Frederick Augustus Klein ab 1851, von 1858 bis 1876 der Deutsche Johannes Zeller.[245] Beide wurden in der Basler Missionsanstalt ausgebildet, die wiederum in süddeutschen Erweckungsbewegungen ihre Wurzeln hat. Die Erweckungsbewegungen, aus denen diese Missionare kamen, werden im Deutschen als „evangelisch" verstanden. Auch der Missionar Johannes Zeller, auf den gleich näher einzugehen sein wird, vertrat durchgängig ein „evangelisches" oder „protestantisches" Selbstverständnis. „Evangelical" bzw. „evangelisch" diente für diese Mission als ein verbindendes, die eigene Konfession über-

---

244 Vgl. Duane Alexander Miller, „Christ Church (Anglican) in Nazareth. A Brief History with Photographs," *St Francis Magazine* 8:5 (2012): 696–703, 698. Die CMS wurde 1799 gegründet und war bald weltweit in der Verbreitung des Evangeliums aktiv, vgl. Francis Warre Cornish, *The English Church in the Nineteenth Century. Part I* (London: Macmillan, 1910), 1–34.
245 Vgl. Liesel Reichle-Zeller, „Johannes Zeller (1830–1902). Missionar in Nazareth und Jerusalem"; Jocelyn Murray, „Klein, Frederick Augustus," in *Biographical Dictionary of Christian Missions*. hg.v. Gerald H. Anderson (New York: Macmillan Reference, 1998), 370; Eugene Stock, *The History of the Church Missionary Society. Its Environment, its Men and its Work. Vol II* (London: Church Missionary Society, 1899), 143–48. In der „History of the Church Missionary Society" werden zudem noch die Missionare John Bowen und J. J. Huber für Nazareth erwähnt, jedoch ohne nähere Details, vgl. Stock, *History of the CMS. Vol 2*, 148.

schreitendes Verständnis. In Jerusalem resultierte dieses gemeinsame Verständnis in einem gemeinsamen, „evangelischen" Bistum der preußischen, lutherischen Kirche und der englischen, anglikanischen Kirche, das von 1841 bis 1886 Bestand hatte und die notwendigen rechtlichen und politischen Grundlagen für die Missionsbemühungen schuf.[246] Ein die Konfession überschreitendes Verständnis war jedoch im 19. Jahrhundert keine Selbstverständlichkeit, denn es wurde von einem Konfessionalismus herausgefordert,[247] der sich schließlich auch nach der Auflösung des gemeinsamen Bistums durchsetzte. In der Phase des gemeinsamen Bistums bemühte man sich jedoch um ein gemeinsames „evangelisches" Verständnis, vor allem nach außen; intern fand freilich eine intensive Aushandlung darüber statt.[248] Ein Aspekt der Auseinandersetzung betraf die Frage nach der Mission bzw. Konversion von Christen. Das eigentliche Ziel der CMS war die Mission von Juden. Diese war jedoch wenig erfolgreich, und besonders während der Amtszeit des zweiten Bischofs Gobat (1846–1879) kam es zu Konversionen von Christen.[249] Diese Strategie betrieben auch die Missionare in Nazareth, zunächst Klein und dann Zeller. Die sich bildende Gemeinde bestand, mit wenigen Ausnahmen, aus griechisch-orthodoxen Christen.[250]

Eine Mission an Christen impliziert, dass das eigene christliche Verständnis verschieden von dem anderer – in diesem Fall griechisch-orthodoxer – Christen wahrgenommen wird. Diese Verschiedenheit kam bei Johannes Zeller folgendermaßen zum Ausdruck:

> Die christliche Religion ist nicht bloß eine Form oder ein äußeres Bekenntnis, sondern hat in dem Herzenszustand, in dem Stand der Buße, des Gehorsams, der Heiligung und Gemeinschaft mit Gott ihr Wesen.[251]

---

246 Bereits ab den 1820er Jahren agierte die London Jews' Society (LJS) in Palästina mit dem Ziel, Juden zu konvertieren, jedoch mit mäßigem Erfolg und unter schwierigen rechtlich-politischen Bedingungen. Sie gab, neben der CMS, den Anstoß von englischer Seite für die Errichtung des Bistums, vgl. Lückhoff, *Anglikaner*, 23–31.
247 Vgl. Johannes Aagaard, *Mission – Konfession – Kirche. Die Problematik ihrer Integration im 19. Jahrhundert in Deutschland (2 Bände)* (Lund: Gleerups, 1967).
248 Es war also nicht von „anglikanisch" oder „lutherisch" die Rede, vgl. Lückhoff, *Anglikaner*, 295.
249 Zu Gobats Strategie des Aufbaus arabisch-evangelischer Gemeinden vgl. Lückhoff, *Anglikaner*, 228–31. Zur Auseinandersetzung zwischen Gobat, der Church of England und der CMS um die Frage nach der Konversion von „orientalischen Christen" vgl. Stock, *History of the CMS. Vol 2*, 142–48.
250 Vgl. Tobler, *Nazareth*, 251.
251 Zit. nach Reichle-Zeller, „Johannes Zeller". Ähnlich nimmt dies auch Titus Tobler wahr, der konstatiert, dass „im morgenländischen christen die religion mehr etwas äusserliches ist und

1 Die Anfänge der „evangelischen" Christ Church (1851–1911) — 83

Gegen die „Form" und das „äußere Bekenntnis", das er auch als „tote[n] Bilder- und Zeremoniendienst"[252] bezeichnete, betonte Zeller den „Herzenszustand", den es zu erreichen gilt. Die Predigt des Evangeliums stand für ihn dabei an zentraler Stelle, und so stellte er mit der Zeit fest, dass „die Predigt des Evangeliums unter der früher für alle religiösen Fragen und neuen Ideen völlig toten christlichen Bevölkerung wie ein Sauerteig gewirkt […] hat"[253]. Die Predigt des Evangeliums fand nicht nur im sonntäglichen Gottesdienst, sondern auch als regelmäßige Unterweisung in der Bibel statt. Dies hatte wiederum zur Voraussetzung, dass die zu Unterrichtenden lesen und schreiben konnten, was jedoch kaum der Fall war. So wurde die Errichtung und Unterhaltung von Schulen zum zentralen Merkmal und Bestandteil der Protestanten. Neben der bestehenden Jungen- und Mädchenschule in Nazareth gründete Zeller bis 1864 vier Jungen- und eine Mädchenschule in den umliegenden Dörfern.[254]

Zeller legte den Grundstein für die fortwährende evangelische Arbeit in Nazareth. Die Anzahl seiner Gemeindeglieder wird mit 100[255] und mehr[256] angegeben. Von 1868 bis 1871 wurde die Christ Church als erste evangelische Kirche einer arabisch-lokalen Gemeinde in Palästina erbaut. Zudem wurden mit Michael Kawar und Seraphim Boutaji erste lokale Christen ordiniert.[257] Der Palästinareisende Tobler stellte 1868 fest, dass „die protestantische mission in Palästina nirgends so

---

nicht in der seele, tiefe, frische und feste wurzeln schlägt" (Kleinschreibung im Original), Tobler, *Nazareth*, 252.
252 Zit. nach Reichle-Zeller, „Johannes Zeller".
253 Zit. nach Reichle-Zeller, „Johannes Zeller".
254 Die Errichtung von Schulen wurde jedoch von der CMS als zweitrangig angesehen, vgl. Reichle-Zeller, „Johannes Zeller". Anders war dies unter den deutschen Missionarsmitarbeitenden. Unter den Kaiserswerther Diakonissen wurden zunächst 1851 eine Waisen- und Erziehungsanstalt in Jerusalem, 1868 die Mädchenschule Thalita Kumi eingerichtet. Ebenfalls großen Einfluss hatte das 1869 eingeweihte „Syrische Waisenhaus" in Jerusalem, vgl. Lückhoff, *Anglikaner*, 191–209; 232–39. Schulbildung innerhalb der jeweiligen Religions- bzw. Konfessionsgruppe war zu dieser Zeit üblich. So berichtet Tobler in Nazareth von einer franziskanischen Klosterschule (bestehend seit 1756 als Jungen-, ab 1848 auch als Mädchenschule); einer Schule der französischen Nonnen in der Casa Nuova (ab 1855); einer Schule in der griechisch-katholischen Kirche; einer griechisch-orthodoxen Schule neben der Wohnung des Bischofs; der bereits erwähnten protestantischen Jungen- und Mädchenschule und einer muslimische Schule, vgl. Tobler, *Nazareth*, 262–66.
255 Tobler nennt als Anzahl der Gemeindeglieder rund 100, wobei diese stetig schwankte; vgl. Tobler, *Nazareth*, 252f.
256 Liesel Reichle-Zeller spricht von 500 Gemeindegliedern in Nazareth und Umgebung, vgl. Reichle-Zeller, „Johannes Zeller".
257 Vgl. Miller, „Christ Church", 700.

viel erfolg [hatte] als in Nazareth"[258]. Die kommenden Jahre brachten jedoch weitreichende Veränderungen. Nach dem Tod des Bischofs Gobat verlor das gemeinsame Bistum an Kraft und wurde schließlich 1886 offiziell aufgelöst. In der Folge wurde es als rein anglikanisches Bistum weitergeführt, die Deutschen gründeten zur Fortführung ihrer Arbeit die „Evangelische Jerusalem-Stiftung". Es kam zu einer Ausdifferenzierung zwischen Anglikanern und Lutheranern. Auch das „Missionsfeld" wurde neu aufgeteilt. Dies ist Grund, warum die anglikanische Kirche heute primär in Israel und die lutherische Kirche primär im Westjordanland zu finden ist.

Der erste Bischof des alleinigen anglikanischen Bistums, George Francis Popham Blyth, schlug eine neue Richtung ein. Als Vertreter der „Oxford-Bewegung" und Gegner der „Evangelicals" forcierte er die anglo-katholischen Elemente innerhalb seiner Kirche, beendete die Arbeit unter griechisch-orthodoxen Christen und wandte sich Nichtchristen zu. Der Fokus verlagerte sich immer mehr auf Jerusalem und seine Umgebung.[259] Verwendete der Missionar Zeller selbst noch die Begriffe „protestantisch" und „evangelisch" – beides scheint synonym –, und nicht anglikanisch, verschiebt sich dies in den folgenden Jahren. Im Zusammenhang mit dem „Galiläischen Waisenhaus", das 1910 in Nazareth errichtet wurde, sprach Hermann Schneller in den 1920er Jahren sowohl von dem „evangelischen Gottesdienst" als auch von der „anglikanischen Kirche"[260]. In den folgenden Jahren rückten die Bezeichnungen „anglikanisch" und „episkopal" immer mehr in den Vordergrund. Heute nennt sich die Kirche „Episkopalkirche von Jerusalem" [ar. *muṭranīya al-quds al-usqufīya*] und ist, wie im übernächsten Abschnitt auszuführen sein wird, spätestens seit ihrer offiziellen Anerkennung im israelischen Staat 1970 als eigenständige Institution anzusehen.

2 Baptisten, Offene Brüdergemeinde und Erweckung (1912 – 1948)

Der folgende Zeitabschnitt von 1912 bis 1948 ist durch politisch unruhige Zeiten geprägt: der Erste Weltkrieg, das Ende des osmanischen Reiches und das Einsetzen der Britischen Mandatsherrschaft (1917), eine zunehmende jüdische Ein-

---

258 Vgl. Tobler, *Nazareth*, 253 (Kleinschreibung im Original).
259 Vgl. Lückhoff, *Anglikaner*, 291–293; Miller, „Christ Church", 700 f.
260 „Unsere Nazarether Kinder besuchten den evangelischen Gottesdienst daselbst. Jeden Sonntag gingen sie [...] den weiteren Weg zu anglikanischen Kirche", zit. nach Siegfried Hanselmann, *Deutsche evangelische Palästinamission. Handbuch ihrer Motive, Geschichte und Ergebnisse*. Erlanger Taschenbücher 14 (Erlangen: Verl. der Ev.-Luth. Mission, 1971), 150.

wanderung und die arabische Revolte (1936–39), der Zweite Weltkrieg (1939–45), der arabisch-israelische Krieg (1947/48) und schließlich die Gründung des Staates Israel (Mai 1948). Dennoch konnten die Baptisten als heute größte Mitgliedskirche der CECI ab 1912 Fuß in Nazareth fassen. Als zweite Gruppe entstand in den 1940er Jahren in Nazareth die in der Tradition von Plymouth stehende „Offene Brüdergemeinde". Die politischen Unruhen wirkten sich auch auf die Aktivität von Missionaren aus. In den eingeschränkten Tätigkeiten der Missionare während der arabischen Revolte und des Zweiten Weltkriegs kam es in Nordpalästina und Nazareth zu einer lokal initiierten Erweckungsbewegung, die ihren Ausgangspunkt im Amman der 1930er Jahre hatte.

Kirchengemeinden

Shukri Musa kam 1912[261] von seinem Heimatort Safed in Galiläa[262] nach Nazareth, um dort zusammen mit seiner Frau Munira bis zu seinem Tod 1928 eine baptistische Gemeinde aufzubauen. Zum baptistischen Glauben gefunden hatte er in den USA, wo er sich ab 1908 aufgehalten hatte. In der First Baptist Church of Dallas wurde er getauft und zum Dienst ordiniert, 1911 kehrte er mit der finanziellen Unterstützung der Illinois Convention zurück nach Palästina, wo er zunächst für ein Jahr in seinem Heimatort Safed sein Glück versuchte, bevor er sich dann in Nazareth niederließ. In den ersten Jahren fruchtete Shukri Musas Arbeit in Nazareth kaum.[263] Der Ausbruch des ersten Weltkriegs brachte diese vollends ins

---

261 Die Angaben der Jahreszahl differieren hier. Bader Mansour nennt als Auszugsjahr in die USA 1909, Rückkehr nach Palästina 1911 und Umsiedlung nach Nazareth 1912, vgl. Mansour, *Baptist History*, 3. Baker gibt nur 1909 als Konversionsdatum Musas an – er muss also zuvor in die USA gereist sein – und nennt dann ebenfalls 1911 als Rückkehr nach Palästina und 1912 als Umsiedlung nach Nazareth, vgl. Baker, *Baptist Golden Jubilee*, 1. Rowden jedoch nennt als Rückkehrdatum 1910, vgl. Rebecca Rowden, *Baptists in Israel. The Letters of Paul and Marjorie Rowden. 1952–1957* (Nashville [TN]: Fields Publishing, 2010), 10. Ajaj nennt als Ankunftsjahr in Safed und Umzug nach Nazareth 1911 vgl. Ajaj, „Evangelicals in Western Asia", 354.
262 In Safed war die Church of Scotland bereits seit 1852 aktiv, 1888 wird dort eine Mädchen- und Jungenschule errichtet, vgl. Colbi, *History*, 119. Möglicherweise schloss sich Shukri Musa diesen an: Baker berichtet, er habe seine „alte Religion" – Rowden nennt die griechisch-katholische Kirche (vgl. Rowden, *Baptists in Israel*, 10) – verlassen und bei einer protestantischen Gruppe als Laienprediger gearbeitet, vgl. Baker, *Baptist Golden Jubilee*, 1; ähnlich J. Wash Watts, *Palestinian Tapestries* (Richmond: Southern Baptist Convention, 2. Aufl. 1936), 14 f.
263 1914 soll es mehrere wöchentliche Treffen gegeben haben, inklusive Sonntagsgottesdienst und -schule, mit durchschnittlich 26 Teilnehmern. Innerhalb von 3 Jahren sollen 12 Menschen getauft worden sein, vgl. Walker Robins, „The Forgotten Origins of the Southern Baptist Con-

Stocken, Musa selbst wurde eingezogen.[264] Wie bereits die Missionare der CMS arbeitete auch Shukri Musa unter arabischsprachigen Christen in Nazareth. Zwar wurde seine Arbeit durch die Baptisten in den USA unterstützt, jedoch wurde mit der Ausweitung der Mission nach dem Ersten Weltkrieg von amerikanischer Seite her vor allem die Arbeit unter Juden in Jerusalem anvisiert.[265] Von Beginn an arbeiteten die Baptisten in Israel unter dem Namen Baptist Convention in Israel (BCI). Dieser Zusammenschluss erfuhr in den folgenden Jahren, bei Ausweitung der Arbeit, weitere Institutionalisierung. Er besteht bis heute.[266]

Die angestrebte Missionsarbeit konnte mit dem Ende des Ersten Weltkriegs und dem Beginn der Britischen Mandatszeit realisiert werden, da sich die Lage in Palästina stabilisierte. Als erster Missionar kam 1921 W. A. Hamlett nach Palästina.[267] Hamletts Einsatz erwies sich jedoch als desaströs, wenige Monate und eine Vielzahl leerer Versprechungen später kehrte er in die USA zurück. 1923 entsandte das Foreign Mission Board zwei Ehepaare, Watts und Pearson, die beide vorwiegend in Jerusalem arbeiteten.[268] Für Watts waren die Christen in Palästina „nominelle Christen", die wenig oder nichts über den „lebendigen Herrn"[269] wussten – eine ähnliche Aussage, wie sie der evangelische Missionar Johannes Zeller getätigt hatte. Konkrete Unterstützung erfuhr Shukri Musa 1924 durch eine Reisegruppe aus „seiner" Baptistengemeinde in Dallas. In der Folge der Reise wurden von einem Ehepaar 10.000 US-Dollar gestiftet, wodurch der Bau einer Baptistenkirche in Nazareth ermöglicht wurde. Diese wurde 1926 eingeweiht und 1935, durch die Spende eines amerikanischen Presbyterianers, um ein Stockwerk erweitert, das als Pastorenwohnung genutzt werden konnte.[270] Trotz anfänglichen

---

vention's Near East Mission. W. A. Hamlett's Month in the Holy Land," *Baptist History & Heritage* 2017 (Summer): 20–31, 22.
264 Vgl. Rowden, *Baptists in Israel*, 12f.
265 Mit dem Übergang der bisherigen Finanzierung der Illinois Convention, inzwischen Teil der Southern Baptist Convention, auf das Foreign Mission Board der Southern Baptist wurden die Weichen für eine stärkere Unterstützung gestellt. Ebenso wurde eine „Baptist Foundation for Palestine" gegründet, durch die in Jerusalem Land erworben und eine Kirche, eine Schule, ein theologisches Seminar, ein Kranken- und Waisenhaus errichtet werden sollten. Die Motivation von Geldgebern aus den USA, allen voran E. C. Miller, war primär die Mission unter Juden, vgl. Watts, *Palestinian Tapestries*, 15f.; Robins, „The Forgotten Origins", 23.
266 Vgl. United-Christian-Council-in-Israel, Hg., *UCCI Celebrating 50 Years of History 1956–2006* (Jerusalem: 2006), 56.
267 Begleitet wurde er dabei von Shukri Musas Neffen Louis Hanna, der aus Texas nach Palästina zurückkehrte, vgl. Robins, „The Forgotten Origins", 25.
268 Die Pearsons verließen schon bald wieder das Land aufgrund von Krankheit, die Watts blieben bis 1929, vgl. Rowden, *Baptists in Israel*, 13–15.
269 Watts, *Palestinian Tapestries*, 64.
270 Vgl. Rowden, *Baptists in Israel*, 14–16.

Widerstands seitens der katholischen und orthodoxen Kirche[271] konnten Shukri und Munira Musa eine stabile Arbeit aufbauen. Munira Musa unterrichtete eine Vielzahl von Frauen in Lesen und Schreiben; die Sonntagsschule wurde von 150 Kindern besucht. Zudem evangelisierte Shukri Musa in den benachbarten Dörfern Turʻan und Kana.[272] Mit dem Tod Shukri Musas 1928 ging die Arbeit zurück, bis 1930 sein Neffe Louis Hanna aus den USA zurückkehrte und bis 1936/37 die Leitung der Gemeinde übernahm. 1931–32 wurde er dabei von dem Ehepaar Owens unterstützt. 1936/37, als Louis Hanna erneut in die USA reiste, übernahm Leo Eddleman die Leitung der Gemeinde. Während der arabischen Revolte verbrachte er aber aufgrund von Ausgangssperren einen Großteil seiner Zeit im Haus, bis er 1941 aufgrund des Zweiten Weltkriegs in die USA zurückkehren musste. Damit war die Gemeinde ohne Pastor. Der baptistische Besitz wurde während des Zweiten Weltkriegs von den Briten übernommen.[273]

Erst nach dem Zweiten Weltkrieg konnten ausländische Missionarinnen und Missionare wieder ins Land zurückkehren. Im Herbst 1945 kam Henry Hagood als Pastor für die Baptistengemeinde mit seiner Frau Julia nach Nazareth. Henry verstarb im darauffolgenden Januar, Julia Hagood blieb in Nazareth und eröffnete das Waisenhaus „George W. Truett Children's Home", benannt nach dem Pastor in Dallas, der Shukri Musa taufte. Unterstützt wurde Julia Hagood von Kate Ellen Gruver und Elizabeth Lee. Das Waisenhaus bildete fortan das Zentrum der baptistischen Arbeit in Nazareth. Im Laufe des folgenden Jahres wurden 20 Kinder aufgenommen.[274] Zudem entwickelte sich eine kleine Schule, in der auch externe Kinder unterrichtet wurden. Hierfür wurden auch lokale Lehrer angestellt.[275] Einer davon ist Fouad Sachnini, der spätere Pastor der Baptistengemeinde, der eigenen Angaben zufolge zuvor im Büro des District Commissioners arbeitete, und dann von Kate Gruver motiviert wurde, in der Schule „Kapelle" und „Bibel" zu unterrichten.

---

271 Watts berichtet von Jungen, beauftragt von Priestern, die bewusst die Predigten störten, und davon, dass Steine auf Musa geworfen wurden oder Kinder ihn bespuckten, vgl. Watts, *Palestinian Tapestries*, 64.
272 Vgl. Watts, *Palestinian Tapestries*, 64–67.
273 Vgl. Rowden, *Baptists in Israel*, 15f. Zum obigen Abschnitt vgl. auch Baker, *Baptist Golden Jubilee*, 1f.; Mansour, *Baptist History*, 2–4.
274 Aus finanziellen Gründen legte das Foreign Mission Board dann einen Aufnahmestopp ein. In den folgenden Jahren wurden nur in seltenen Fällen neue Kinder aufgenommen.
275 Vgl. Rowden, *Baptists in Israel*, 16–18.

Im israelisch-arabischen Krieg 1947/48 verließen die Missionarinnen,[276] bis auf Elizabeth Lee, das Land. Die Schule musste geschlossen werden, das Waisenhaus hatte jedoch Bestand. Im Mai 1948 kehrte Kate Ellen Gruver zurück, zudem kamen Iola McClellan, Anna Cowan und Mable Summers, die die Arbeit in Waisenhaus und Schule wiederbelebten. Die Schule wuchs, es wurde eine Sekundarstufe angeschlossen.[277] Besonders aktiv waren die Frauen in der sozialkaritativen Fürsorge in Zusammenarbeit mit internationalen Organisationen[278] für die vielen Flüchtlinge, die während und nach dem Krieg nach Nazareth kamen. Die Baptistenkirche diente als Verteilzentrum, täglich wurden dort über 1.000 Kinder mit Nahrungsmitteln versorgt. Das Fehlen des Pastors in der Gemeinde versuchten die Missionarinnen auszugleichen, indem sie Bibelstudien und Liedergottesdienste durchführten. Einmal im Monat hielt Pastor Robert Lindsey, der seit 1945 in Jerusalem eine Gemeinde für „hebräische Christen" leitete, einen Gottesdienst in Nazareth. Bis zur Ankunft des amerikanischen Pastors Dwight Baker 1950, der – mit Unterbrechung – die Gemeinde bis 1960 leitete, waren jedoch nur noch fünf Gemeindeglieder übrig. Viele waren im Krieg geflohen.[279]

In den zugänglichen Quellen und der Sekundärliteratur findet sich für diese Zeit kein Hinweis auf die Verwendung des Begriffs *inğīlī* durch die Baptisten. 1924, zu einer Zeit, als Shukri Musa schon in Nazareth tätig war, bezeichnete Asad Mansour in dem ersten arabischsprachigen Buch über die Geschichte Nazareths mit *inğīlī* allein die anglikanische Kirche.[280] Vielmehr lag für die Baptisten ein durchgängiges Selbstverständnis als „baptistisch" nahe, das sich durch die konkrete Beziehung zwischen der entstehenden Gemeinde in Nazareth und der Gemeinde in Texas wie auch der Southern Baptist Convention (SBC) ausdrückte. Dass sich die Baptisten nicht als „evangelikal" bezeichneten, ist letztlich auch dadurch zu erklären, dass sich zu diesem Zeitpunkt auch unter Baptisten in den USA noch kein allgemeines evangelikales Verständnis durchgesetzt hatte.

Während die Arbeit unter den Baptisten Anfang der 1940er Jahre beinahe zum Erliegen kam, entstand in Nazareth die Offene Brüdergemeinde, die in der Tra-

---

276 Julia Hagood verließ bereits Anfang 1947 Nazareth, zunächst um Arabisch in Jerusalem zu lernen, dann heiratete sie Finlay Graham und zog mit ihm nach Jordanien und Libanon, um dort die baptistische Arbeit voranzubringen, vgl. Rowden, *Baptists in Israel*, 17.
277 Vgl. Baker, *Baptist Golden Jubilee*, 3–6; Rowden, *Baptists in Israel*, 18.
278 Darunter die UNRWA, das Rote Kreuz und Quäker, außerdem schickte das Baptist Relief Center in New Orleans 500 Ballen Kleidung; die Baptisten statteten über 26.000 Menschen in Galiläa mit Kleidung aus, vgl. Rowden, *Baptists in Israel*, 19.
279 Vgl. Baker, *Baptist Golden Jubilee*, 3–6; Rowden, *Baptists in Israel*, 18–21.
280 Er schreibt: „Die erste evangelische [*inğīliya*] Mission in Nazareth ist die der Engländer von der anglikanischen Kirche", vgl. Asʿad Manṣūr, *Tārīh an-Nāṣira min aqdam azmānihā ilā ayyāminā al-ḥāḍira* (Ägypten: 1924), 177.

dition der Plymouth-Brüder steht.²⁸¹ Die Anfänge der Brüdergemeinden in Palästina reichten zurück bis Ende des 19. Jahrhunderts, verstärktes Engangement erfolgte jedoch erst ab den 1920er Jahren. Die Arbeit der Brüdergemeinden richtete sich vornehmlich an Juden und lokalisierte sich demnach primär in Haifa, Jerusalem und Jaffa/Tel Aviv.²⁸² Den Höhepunkt erreichte die Missionsarbeit von 1930–48, als sich wichtige Koalitionen zwischen britischen Vertretern aus Regierung und Wirtschaft und den Brüdergemeinden ergaben.²⁸³ In Nazareth wurde die Arbeit der Brüdergemeinden von einem arabischsprachigen Christen begonnen, dessen Name in der Literatur nicht genannt wird.²⁸⁴ Von 1939 bis 1945 wird diese Arbeit vom Missionarsehepaar Robson fortgeführt, die je eine Versammlung in Nazareth und in zwei benachbarten Dörfern sowie eine Sonntagsschule aufbauten.²⁸⁵ Auch für die Offene Brüdergemeinde findet sich in der Literatur für diesen Zeitraum kein Hinweis auf ein „evangelikales" Selbstverständnis.

Erweckungsbewegung in Transjordanien und Nordpalästina

In den 1930er und 40er Jahren entstand in Transjordanien und Nordpalästina eine Erweckungsbewegung. Diese wurde bislang nur in arabischen Büchern beschrieben, die arabischsprachige Evangelikale selbst verfassten: 1987 wurde das Buch *Al-inti'āš* [Die Erweckung] von Geries Dalleh [Ǧirīs Dallah] veröffentlicht,²⁸⁶ Dallah selbst wurde im Zuge dieser Erweckungsbewegung 1939 in Akko be-

---

281 Diese Brüdergemeinde wird oft auch als „Offene Brüdergemeinde" bezeichnet, um sie von der „Geschlossenen Brüdergemeinde" zu unterscheiden. Sie entwickelte sich in den 1820er Jahren in Irland, in England fand 1831 das erste Treffen in Plymouth statt, wonach dann auch die Bezeichnung Plymouth-Brüder entstand. Die Brüdergemeinden haben keine zentrale Organisationsform und keine ordinierten Pastoren. Im Zentrum ihres Zusammenseins steht das wöchentlich durchgeführte Abendmahl, vgl. Tim Grass, *Gathering to His Name. The Story of Open Brethren in Britain and Irleand* (Glasgow: Paternoster, 2006); Frederick A. Tatford, *That the World May Know. Vol. 1: The Restless Middle East. Lands of the Great Religions* (Bath: 1982), 223–26.
282 Vgl. Tatford, *Middle East*, bes. 100–09. Die ersten Missionare waren das Ehepaar Joseph in Jerusalem 1888; größeren Einfluss hatte James W. Clapham, der von 1928 – mit Unterbrechungen – bis 1947 im Land war.
283 Hiervon sollen einige bereits vor ihrem Aufenthalt in Palästina Teil der Brüdergemeinden gewesen, andere während ihres Aufenthaltes konvertiert sein, vgl. Tatford, *Middle East*, 105.
284 Vgl. Tatford, *Middle East*, 103. Unklar ist auch, wann genau dies geschah; zu vermuten sind die 1930er Jahre.
285 Die Versammlung soll von 20 Menschen besucht worden sein, die Sonntagsschule von 90 Kindern, vgl. Tatford, *Middle East*, 105.
286 Ǧirīs Dallah, *Al-inti'āš* (Beirut: Dār an-našr al-ma'madānīya, 1987).

kehrt.[287] 1995 veröffentlichte Suhail Mdanat [Suhail Mdanāt] das Buch *Rui Witmān – min takrīs šāb... ilā tārīḫ ša'b* [Roy Whitman – Von der Widmung eines Mannes... zur Geschichte eines Volkes], in dem er über die Erweckungsbewegung und einen ihrer Hauptakteure, Roy Whitman, schreibt.[288] Einzig von den „Wundern von Amman", die für die Erweckungsbewegung einflussreich waren, existieren englische Übersetzungen.[289] Dennoch fanden diese Wunder, wie auch die Erweckungsbewegung überhaupt, bislang keinen Eingang in die Forschung. Dies ist erstaunlich, denn Eric Nelson Newberg nennt in seinem Buch „The Pentecostal Mission to Palestine" die Netzwerke und Missionare, aus denen die Erweckung hervorging, berichtet aber selbst nichts über diese Erweckung, obwohl es ihm ein Anliegen ist, wie er mit Verweis auf Allan Anderson konstatiert, den Fokus auf die „indigenen Christen" und „Stimmen vom Rand"[290] zu legen.

Die Erweckungsbewegung in Nordpalästina ging von Gemeinden in Transjordanien aus, die durch die Mission der Assemblies of God mit Sitz in Jerusalem entstanden sind. Diese wiederum griff auf die Vorarbeit von Missionarinnen und Missionaren der „Azusa-Street" in Los Angeles zurück. Unter den ersten Missionarinnen, die von der Azusa-Versammlung aus entsendet wurden, war Lucy Leatherman, die 1907 Jerusalem erreichte.[291] Fortgeführt wurde die Arbeit von Anna Elizabeth Brown ab 1908, nachdem sie durch Lucy Leatherman die Geisttaufe empfangen hatte.[292] 1917 wurde Brown offizielle Missionarin der Assemblies of God und kehrte 1919, nach einem Aufenthalt in den USA während des Ersten Weltkriegs, nach Jerusalem zurück.[293] Ziel der Mission war die Bekehrung von „Heiden" – alle, die nicht ihr Verständnis von Christentum teilten, und damit neben Juden auch katholische und orthodoxe Christen –, die Taufe im Heiligen Geist und deren Manifestation im Zungengebet[294] sowie die Gründung von sich

---

287 Vgl. Suhail Mdanāt, *Rui Witmān – min takrīs šāb... ilā tārīḫ ša'b* (Beirut: Dār an-našr al-ma'madānīya, 1995), 152f.
288 Mdanāt, *Rui Witmān*.
289 Saleem Bishara Kawar, *Signs and Wonders in Rabbath-Ammon. Being an Account of Divine Visitations in Amman, Trans-Jordan 1933* (Jordan: 1973).
290 Eric Nelson Newberg, *The Pentecostal Mission in Palestine. The Legacy of Pentecostal Zionism* (Eugene [OR]: Pickwick, 2012), 5.
291 Vgl. Newberg, *Pentecostal Mission*, 22–25; 45.
292 Anna Elizabeth Brown war seit 1895 als Missionarin der Christian and Missionary Alliance in Jerusalem tätig und durch ihre Arabischkenntnisse ein Gewinn für die Mission. Lucy Leatherman verließ im Herbst 1908 Palästina, um in Ägypten die Missionsarbeit fortzuführen, vgl. Newberg, *Pentecostal Mission*, 45–49.
293 Vgl. Newberg, *Pentecostal Mission*, 46; 75.
294 Das Zungengebet, ein Gebet in unverständlichen Lauten, wird in der Literatur häufig als Glossolalie bezeichnet. Davon unterschieden wird die Xenoglossie, die plötzliche Fähigkeit, im

selbst tragenden Gemeinden. Die Mission war motiviert durch eine prämillenaristische Eschatologie, bei der eine Verbindung zwischen jüdischem Volk, dessen „Rückkehr" nach „Israel" und dem Zweiten Kommen Jesu gesehen wurde.[295]

Die Arbeit in Jerusalem, die sich zunächst an die Juden richtete, war wenig fruchtbar. Doch auch die dann folgende Ausrichtung auf die arabischsprachige Christenheit hatte wenig Erfolg. Dies lag einerseits am Unverständnis von Missionaren anderer Denominationen gegenüber dem Zungengebet, aber auch an der Herausforderung, die zionistisch-eschatologische Ausrichtung mit den Anliegen der arabischsprachigen Christen zu vereinen. Zudem waren die sprachlichen Verbindungen wie auch das interkulturelle Einfühlungsvermögen zu den arabischsprachigen Christen nur bedingt vorhanden.[296]

Die Ausweitung der Mission nach Transjordanien zeigte sich hingegen als überaus erfolgreich. Mitglieder der griechisch-orthodoxen Kirche aus as-Salt[297] kamen 1926 auf Laura Radford zu, die seit 1923 Anna Elizabeth Brown in Jerusalem unterstützte, um sie um die Errichtung einer „neuen Religionsgemeinschaft" [ar. ṭā'ifa dīnyīa ǧadīda][298] zu bitten. Diese sollte ihrem Wunsch entsprechend eine Kirche und eine Schule beinhalten und damit äquivalent zur griechisch-orthodoxen Kirche sein. Den Hintergrund ihres Anliegens bildete ein Streit innerhalb der griechisch-orthodoxen Kirche bzw. zwischen Familien.[299] Die Mission der Assemblies of God schickte Roy Whitman nach as-Salt. Whitman selbst war zuvor nicht mit den Assemblies of God verbunden; seine Zugehörigkeit wurde einerseits als „englische Mission" [ar. risālīya anklizīya][300], andererseits als „Tora-verkündende Mission" [ar. irsālīya at-tabšīr bi t-taurā und irsālīya al-kirāza

---

Gebet eine eigentlich unbekannte, weltweit existierende Sprache zu sprechen, vgl. R. P. Spittler, „Glossolalia," in *The New International Dictionary of Pentecostal and Charismatic Movements*, hg.v. Stanley M. Burgess und Ed M. Van der Maas (Grand Rapids: Zondervan Publishing House, 2002), 670–76.
295 Vgl. Newberg, *Pentecostal Mission*, 19–22.
296 Vgl. Newberg, *Pentecostal Mission*, 42–84; 216–18.
297 As-Salt liegt in Jordanien zwischen Jerusalem und Amman und war zu jener Zeit etwas größer als Amman. In as-Salt gab es bereits eine anglikanische Mission, die von der von Zeller gegründeten Gemeinde in Nazareth durch Khalil al-Jamal 1879 initiiert wurde, vgl. Ajaj, „Evangelicals in Western Asia", 355f.
298 Dallah, *Al-intiʿāš*, 145.
299 Newberg zufolge waren die Gemeindeglieder mit der Arbeit des Priesters unzufrieden, da er Beerdigungen nicht durchführte und Mitgliedern die Kommunion verweigerte, vgl. Newberg, *Pentecostal Mission*, 85. Laut Dallah gab es in einer der Großfamilien der Kirche – den Al-Fawakhris – einen Streit, und da der Priester zu dem einen Teil der Familie gehörte, entschied sich der andere Teil, die Kirche zu verlassen, vgl. Dallah, *Al-intiʿāš*, 145; vgl. auch Ajaj, „Evangelicals in Western Asia", 356.
300 Dallah, *Al-intiʿāš*, 145.

bi t-taurā]³⁰¹ bezeichnet – gemeint ist damit wohl die Bible Evangelistic Mission (BEM).³⁰² Später erhielt er weitere Unterstützung; laut Newberg kam der Missionar Saul Benjamin hinzu,³⁰³ laut Dallah ein Mann namens Barnabā Nūs.³⁰⁴ 1927 wurde die Gemeinde gegründet, schnell wuchs sie von 80 auf 365 Mitglieder.³⁰⁵ Auch eine Schule wurde errichtet.³⁰⁶ Faktoren, die zum Erfolg der Mission beitrugen, waren solche, die gegen das grundsätzliche Interesse der Mission der Assemblies of God standen: Die Mission der Assemblies of God war eigentlich strikt gegen den Aufbau eines Schulwesens, das sie bei anderen Denominationen und Missionsgesellschaften kritisierte. Ihr Ziel war, wie oben beschrieben, die reine, unmittelbare Evangelisation.³⁰⁷ Auch Roy Whitman, der maßgeblich zum Erfolg und zur weiteren Verbreitung der Mission beigetragen hatte, nahm in einigen Bereichen eine Gegenposition zu den übrigen Missionarinnen und Missionaren der Assemblies of God ein. Er sprach fließend Arabisch³⁰⁸ und identifizierte sich in den folgenden Jahren stark mit den arabischsprachigen Christen. Mdanat urteilt: „Roy Whitman traf die Wahl, ein lokaler Gläubiger zu sein" [ar. *an yakūn mu'minan maḥalīyanū*]³⁰⁹. Ferner forderte er die allgemein vertretene zionistische Position heraus und machte sich für die Mission unter der arabischsprachigen Bevölkerung stark. In der an das Publikum in den USA gerichteten Zeitschrift „Pentecostal Evangel" erweiterte er den eschatologisch begründeten Zionismus um die Perspektive der arabischsprachigen Bevölkerung. Die Bibel nenne, so Whitman, neben den Juden auch andere Völker im biblischen Land; das Volk, das in der Apostelgeschichte 2 zuletzt genannt werde, sei das arabische Volk.³¹⁰ Sein Einsatz für und unter der arabischsprachigen Bevölkerung machte sich insbesondere auch während der arabischen Revolte in Palästina 1936–1939 bemerkbar, in der die übrigen Missionarinnen und Missionare stark mit der zionistisch-jüdischen Seite sympathisierten,³¹¹ er aber, wie gleich zu zeigen sein wird, in diesen unsicheren Zeiten unter der arabischsprachigen Bevölkerung in Nordpalästina missionierte.

---

301 Mdanāt, *Rui Witmān*, 35; 172.
302 Die BEM war Gründungsmitglied des UCCI (s. u.), Colbi nennt als weiteren Namen der BEM die „British Pentecostal Fellowship", vgl. Colbi, *History*, 230.
303 Vgl. Newberg, *Pentecostal Mission*, 98 f.
304 Vgl. Dallah, *Al-inti'āš*, 146.
305 Vgl. Newberg, *Pentecostal Mission*, 85.
306 Dallah, *Al-inti'āš*, 146 f.
307 Vgl. Newberg, *Pentecostal Mission*, 43.
308 Vgl. Newberg, *Pentecostal Mission*, 86.
309 Mdanāt, *Rui Witmān*, 175.
310 Vgl. Newberg, *Pentecostal Mission*, 100.
311 Vgl. Newberg, *Pentecostal Mission*, 103–17.

2 Baptisten, Offene Brüdergemeinde und Erweckung (1912–1948) — 93

1929 brach in der von der Assemblies of God initiierten Gemeinde in as-Salt eine Erweckung aus, die sich auch auf die orthodoxe und katholische Kirche in as-Salt und über as-Salt hinaus bis nach Irbid, Amman und Zarqa ausbreitete.[312] Laura Radford, die aufgrund dieser Erweckung für einige Monate aus Jerusalem anreiste, berichtete, wie Männer und Frauen, die bisher nicht Teil der Gemeinde waren, „plötzlich in ihrem eigenen Haus zu einer tiefen Überzeugung gebracht" wurden und anfingen, „ihre Sünden zu bekennen und Gott um Gnade anzuflehen und jemanden zu bitten, sie zu den Versammlungen zu bringen, wo sie gerettet werden können"[313].

Roy Whitman leitete fortan die neu gegründete Gemeinde in Amman. Dort ereigneten sich 1933 die sogenannten „Wunder von Amman", die Hanneh Elias Aghaby, Frau von Bashara Mutanis Kawar, widerfuhren. Sie wurden von Augenzeugen – darunter Familienangehörige und Roy Whitman – schriftlich festgehalten und noch 1933 in einem kleinen Büchlein zusammengefasst und in arabischer und englischer Sprache veröffentlicht. 1973 wurde dieses Buch um einen zweiten Teil erweitert und ins Englische übersetzt.[314] Diesen Berichten zufolge ereigneten sich die Wunder zwischen Januar und März sowie August und Oktober 1933. Demnach habe Hanneh nachts schlafend in verschiedenen ihr unbekannten Sprachen, darunter Russisch, Armenisch, Deutsch, Hebräisch und Französisch gesprochen. Viermal habe Hanneh in dieser Zeit auf der Stirn Blutmale, die die Gestalt eines Vogels bzw. einer Taube annahmen, gehabt. Die in dem Büchlein festgehaltenen Aussagen enthalten unter anderem Lobpreis Gottes, thematisieren die Erwartung des baldigen Anbrechens der Endzeit und rufen zur Umkehr auf.

Diese Wunderberichte hatten eine Strahlkraft bis nach Nordpalästina. Zu ihrer Verbreitung trug unter anderem Majid Kawar [*Maǧīd Qaʿwār*] bei.[315] Majid war ein entfernter Verwandter von Hanneh Kawar in Amman. Durch zahlreiche Besuche in Amman lernte er auch Roy Whitman kennen. 1938 heiratete Majid Selma Kawar, Tochter von Hanneh Kawar und Augenzeugin der Wunder. Majid zog gemeinsam mit seiner Frau Selma nach Nazareth, dort arbeitete er für das Landwirtschaftsministerium. Sein Vorgesetzter Munir Habibi wurde durch Selma

---

312 Vgl. Dallah, *Al-intiʿāš*, 149.
313 Zit. nach Newberg, *Pentecostal Mission*, 98; vgl. Dallah, *Al-intiʿāš*, 148.
314 Kawar, *Signs and Wonders*, vgl. das Vorwort von Ron Banuk in ebd., Om Saleem. Prophecy in 1933, 2. Aufl. 2009, 6f.
315 Dieser bekehrte sich bereits 1936 durch zwei Männer, die „gläubig" waren, Albert Hashweh und Aisa Al-Fahl. Über eine mögliche Verbindung der Männer zu den besagten Wundern oder ihrer denominationellen Zugehörigkeit gibt die Literatur keinen Aufschluss. Selbst wenn Majids Bekehrung nicht im unmittelbaren Zusammenhang mit den Wundern steht, so doch seine weitere evangelistische Tätigkeit; vgl. Dallah, *Al-intiʿāš*, 157; Mdanāt, *Rui Witmān*, 148.

Kawars Bericht der Wundererlebnisse ihrer Mutter bekehrt. Aufgrund der Arabischen Revolte wurden Majid nach Akko und Munir nach Haifa versetzt,[316] wo sie auch über ihren Glauben sprachen und Anhängerschaft fanden, darunter Saleem Shehadee, der später in seinem Heimatort Kufr Yasif eine „Kirche der Gläubigen" initiierte, die dann von Yousif Audeh geleitet wurde. 1940 zogen Majid und Selma zurück nach Nazareth und gründeten dort eine Hauskirche.[317] Dort bekehrten sich einige, darunter Fouad Sachnini, der spätere Pastor der Baptistengemeinde in Nazareth, gemeinsam mit seinem Bruder Faid, im Jahre 1945. Fouad Sachninis Aussage zufolge hatte die Gemeinde damals fünf bis zehn Mitglieder. Roy Whitman unterstützte die arabischsprachigen Christen in ihrer Missionstätigkeit. Zu seinen Reisetätigkeiten sind jedoch nur wenige konkrete Zeitangaben zu finden; vermutlich reiste er 1939 das erste Mal, und später weitere Male nach Nordpalästina. Ausgangspunkt ihrer gemeinsamen Verkündigung waren häufig die anglikanische Kirche, Offene Brüdergemeinden und in Nazareth auch die Baptisten; in Kufr Yasif und Akko lehrte Roy Whitman in der anglikanischen Kirche. In Akko lösten sich Hausgemeinden von der anglikanischen Kirche ab. Auch in Nazareth hielt Roy Whitman eine Woche lang „Erweckungstreffen" [ar. iğtimāʿāt intiʿāšyīa][318] in der anglikanischen Kirche ab, später auch in der Baptistengemeinde. In Haifa gewann die Mission Munir Habibis, Majid Kawars und Roy Whitmans Einfluss in der von „Ausländern" [ar. al-ağānib][319] geleiteten Offenen Brüdergemeinde. Von dieser löste sich die Anhängerschaft der Erweckungsbewegung ab. Sie gründeten Hausgruppen und mieteten dann eine Räumlichkeit in der Erlöserstraße an.[320]

Mit der Missionstätigkeit unter Baptisten, Anglikanern und Brüdergemeinden konnten Munir Habibi, Majid Kawar und Roy Whitman an ein grundsätzlich ähnliches Glaubensverständnis anknüpfen: den Fokus auf die Bibel und das Bedürfnis einer persönlichen Erlösung durch Glauben. Dennoch empfanden sie die Praxis dieser Gemeinden als mangelhaft, weswegen sie dort ihr Verständnis von Christentum vortrugen. Die Anglikaner in Akko, so schrieb Mdanat, hätten noch nichts über eine „neue Geburt" [ar. al-wilāda al-ğadīda][321] und die Kraft des Heiligen Geistes gehört. Bei den Offenen Brüdergemeinden regte sich Widerstand gegen Angehörige der Erweckungsbewegung, die sie als „Emotionale" [ar.

---

316 Vgl. Dallah, Al-intiʿāš, 158 f; Mdanāt, Rui Witmān, 148 f.
317 Vgl. Dallah, Al-intiʿāš, 165–67; Mdanāt, Rui Witmān, 157 f.
318 Mdanāt, Rui Witmān, 154.
319 Mdanāt, Rui Witmān, 155.
320 Vgl. Mdanāt, Rui Witmān, 149–60; Dallah, Al-intiʿāš, 159–72.
321 Mdanāt, Rui Witmān, 152.

šu'ūrī]³²² bezeichneten. Ihre Ausrichtung biss sich mit der Überzeugung der Offenen Brüdergemeinde, dass mit Ende der apostolischen Zeit Wunder und Geistgaben, wie beispielsweise das Sprechen in fremden Sprachen, versiegt seien. Es kam zu einer offenen Auseinandersetzung; einige Mitglieder der Offenen Brüdergemeinden in Haifa wurden vom Brotbrechen ausgeschlossen.³²³ In dieser Auseinandersetzung versuchten die Mitglieder der Erweckungsbewegung einen vermittelnden Weg. Einerseits favorisierten sie den Fokus der Brüdergemeinde auf das Wort Gottes, andererseits hielten sie den Fokus auf das Gebet und die Rolle des Heiligen Geistes für richtig.³²⁴ Ihr Versuch, eine vermittelnde Position einzunehmen, dürfte auch dazu geführt haben, dass sie auf Distanz zu den Missionsorganisationen und Religionsgemeinschaften gingen und das Verständnis einer „lokalen Kirche" [ar. *al-kanīsa mahalīya*] propagierten, die jenseits dieser Anbindungen lag. Sie betonten, dass sie keine neue Religionsgemeinschaft [ar. *ṭā'ifa*] gründen wollten. Munir Habibi wird zitiert:

> Wir sind keine neue Religionsgemeinschaft [ar. *ṭā'ifa ǧadīda*], sondern wir versammeln die jeweiligen Mitglieder der verschiedenen Religionsgemeinschaften, um das Wort Gottes zu hören. Und für uns gibt es kein anderes Ziel, außer dass der Mensch den Weg der Erlösung kennt und erlöst wird.³²⁵

Insbesondere Roy Whitman brachte den Gedanken einer lokalen Kirche voran. Er wollte, dass die Kirchen selbst-leitend, selbst-unterstützend und selbst-weiterverbreitend sind. Zunächst verwendete er hierfür den Begriff „indigene Kirche" [ar. *al-kanīsa al-waṭanyīa*],³²⁶ später aber favorisierte er den Begriff „lokale Kirche" [ar. *al-kanīsa mahalīya*], nachdem er ein Buch mit gleichnamigem Titel von Stanley Youssef Dius gelesen hatte.³²⁷

Der Umstand, dass die soeben beschriebene Erweckungsbewegung in Nordpalästina inklusive der Wunder von Amman nicht von Newberg genannt wird, legt die Deutung nahe, dass es sich um eine lokale, unabhängig gewordene Mission handelte. Schließlich fokussiert sich Newberg auf Missionsberichte und Zeitungen der Assemblies of God; dass Newberg nicht auf die Erweckungsbewegung eingeht, könnte daran liegen, dass sie in seinen Quellen als von den Assemblies of God unabhängig gewordene Bewegung nicht erwähnt wird. Diese Bewegung, die

---

322 Mdanāt, *Rui Witmān*, 150.
323 Vgl. Mdanāt, *Rui Witmān*, 150–52; 155.
324 Vgl. Mdanāt, *Rui Witmān*, 171 f.
325 Dallah, *Al-inti'āš*, 170.
326 Vgl. Mdanāt, *Rui Witmān*, 166 f.
327 Vgl. Mdanāt, *Rui Witmān*, 169 f.

eine lokale, unabhängige Kirche und keine Religionsgemeinschaft sein will, unterscheidet sich von der Gemeinde in as-Salt. Diese fragte, wie oben beschrieben, bei der Mission der Assemblies of God in Jerusalem nach der Gründung einer „neuen Religionsgemeinschaft" an.

Trotz der arabischen Revolte waren die arabischsprachigen Christen mobil und konnten selbstständig agieren, anders als der bereits beschriebene baptistische Missionar Eddleman. Der israelisch-arabische Krieg 1947/48 jedoch brachte die Erweckungsbewegung zum Erliegen. Viele Führungspersonen flüchteten. Faid Sachnini floh und wurde später Pastor im Libanon; Munir Habibi floh ebenfalls in den Libanon und Majid Kawar nach Jordanien,[328] vermutlich wird auch die Reisetätigkeit von Roy Whitman eingeschränkt worden sein. Der Großteil der Gemeinden hatte keinen Bestand, verbleibende Mitglieder wurden von anderen Kirchen absorbiert, wie etwa Fouad Sachnini durch die Baptisten. Dennoch übte die Erweckungsbewegung nachhaltigen Einfluss aus. Sie hatte ein Verständnis geschaffen für ein lokales, von Missionaren unabhängiges Christentum, das erwecklich ausgerichtet war und bisherige denominationale Anbindungen überschritt bzw. verband. Die spätere pfingstlich-charismatische Bewegung konnte an dieses Verständnis anknüpfen. Über weitere Wunderereignisse nach den Wundern von Amman wurde nichts berichtet; die Wunder von Amman dienten vielmehr als ein Ausdruck von Gottes Wirken in der Welt. Als solche werden sie noch heute von Evangelikalen in Nazareth rezipiert, auch von solchen, die selbst keine pfingstlich-charismatische Position einnehmen. Ihnen ist es jedoch wichtig zu betonen, dass es sich bei den Sprachen Hanneh Kawars um real existierende Sprachen (Xenoglossie) handelte und nicht um eine allgemein unverständliche, „himmlische" Sprache (Glossolalie).[329]

3 Etablierung weiterer Gemeinden und Vernetzung (1949 – 1989)

Der neu gegründete Staat Israel bildete einen Anziehungspunkt für Missionarinnen und Missionare aus dem Ausland, die in den folgenden Jahren ihre Aktivitäten ausweiteten. Für viele Missionare stand eine Arbeit unter Juden, zu jener Zeit als „hebräische Christen" bezeichnet, im Fokus. Die Brüdergemeinde wurde ab 1949 durch das Missionars-Ehepaar Harry und Bess Medrow geleitet, das bis 1965/67 in Nazareth aktiv war und die Arbeit stabilisierte. Mit dem Pastor Dwight

---

328 Vgl. Dallah, *Al-intiʿāš*, 171f.
329 Interview Nr. 68, 18.05.2018.

Baker und seiner Frau Emma begann 1950 für die Baptisten in Nazareth eine neue Phase. Die Baptisten wurden, unterstützt durch ein breites Engagement baptistischer Missionare aus den USA, in den folgenden Jahren einflussreicher als je zuvor. Zudem entstand 1955 die Kirche des Nazareners durch Misak Sarian, einem lokalen Christen, und 1964/65 die Church of Christ in Nazareth. Im Laufe der Jahre wurden die aus ausländischer Initiative gegründeten oder unterstützten Gemeinden zunehmend eigenständig und von arabischsprachigen Christen geleitet; ein Trend, der sich bis heute fortsetzt. Eine Vernetzung unterschiedlicher christlicher Organisationen und Kirchen fand in der Gründung des United Christian Councils Israel (UCCI) 1956 statt. Bedingt durch die Pluralität der Mitglieder entstanden grundsätzliche Auseinandersetzungen über das Eigenverständnis als „christlich" und „protestantisch" sowie über das Verhältnis des UCCI und der Religion im Staat. Eine gewisse Überschreitung dieser Konflikte bot die pfingstlich-charismatische Bewegung, die Ende der 1960er entstand, bis in die 1970er Jahre einflussreich war und das heutige Verständnis des Evangelikalismus prägt.

Kirchengemeinden

Nach dem Weggang des Missionar-Ehepaars Robson 1945 wurde die Brüdergemeinde in Nazareth 1949 mit dem Ehepaar Harry und Bess Medrow aus den USA neu besetzt. Über deren Arbeit und die Entwicklung der Brüdergemeinde in jener Zeit ist nur wenig bekannt. Harry Medrow predigte mehrmals in der Woche in einer Klinik zu Hunderten von Muslimen, Christen und Drusen; Bess Medrow leitete Frauenkreise im Bibellesen und Gebet. Zudem waren sie in den umliegenden Dörfern Maghar und Kufr Yasif aktiv und für einen Emmaus-Kurs verantwortlich.[330] Harry Medrow war bis zu seinem Tod 1965 Leiter der Gemeinde, seine Frau Bess blieb bis 1967 in Nazareth. Bis 1965 konnte die Gemeinde eigene Räumlichkeiten erwerben: die frühere Klinik des Nazareth-Krankenhauses der Edinburgh Medical Missionary Society. Die Arbeit der Gemeinde bestand auch in der Verteilung von kleineren Schriften und der Durchführung eines Emmaus-Fernkurses.[331] Wie es in Jahren nach 1965/67 weiterging, ist unklar. 1985 wurde George Khalil, der bis heute die Gemeinde leitet, für ein Jahr zur Ausbildung in die USA entsandt. Seit seiner Rückkehr leitet er die Gemeinde und die Emmaus-Bibelarbeit, in welcher er eigenen Angaben zufolge bereits seit 1975 aktiv war.[332]

---

330 Vgl. Tatford, *Middle East*, 105–08.
331 Vgl. Tatford, *Middle East*, 108f.
332 Vgl. http://www.emmausnazareth.net/about/history/.

Die Kirche des Nazareners wurde 1955 in Nazareth durch den in der Stadt lebenden Misak Sarian initiiert. Begonnen hat die Mission der Kirche des Nazareners in Israel in den 1920er Jahren. Zielgruppe waren zunächst, anders als bei den bisher genannten Gruppierungen, Armenier. Zu jener Zeit lebten ungefähr 5.000 Armenier in Jerusalem. Der erste Missionar, Samuel C. Krikorian, war selbst Armenier. In Jerusalem wurden in den folgenden Jahren ein Waisenhaus, eine Schule und eine Kirche gegründet; zeitweise gab es auch Stationen in Haifa und Tel Aviv. Weitere Missionare, darunter lvin H. Kauffman, Moses Hagopian und G. Manoushagian, unterstützten Krikorian. Nach unruhigen Zeiten während der arabischen Revolte und des Zweiten Weltkriegs kam die Jerusalemer Gemeinde 1948 schließlich zum Erliegen. Die meisten Armenier flohen, zudem lag die Gemeinde im jüdischen Sektor, den Araber (bzw. Armenier) nicht betreten konnten oder wollten. 1952 wurde von Alexander Wachtel, einem ehemaligen Juden, und seiner Frau bis zu ihrem Weggang 1974 versucht, die Mission wiederzubeleben, allerdings ohne Erfolg.[333]

Demgegenüber erwies sich die Arbeit in Nazareth als eine der erfolgreichsten Unternehmungen der Nazarener in Israel. 1955 erfuhr Misak Sarian, vermutlich armenischer Abstammung, eine ganzheitliche göttliche Heilung und begann, Gottesdienste in seinem Haus zu veranstalten. Dieses wurde rasch zu klein und ein Apartment wurde angemietet. Im Mai 1957 wurde dann Land gekauft, um dort ein Kirchengebäude zu errichten. Dieses wurde 1961 eingeweiht. Es umfasste neben einem großen Gottesdienstraum auch Klassenräume und im oberen Geschoss eine Pastorenwohnung. Als 1962 eine weitere Missionsstation in Haifa eröffnet wurde, zog der bisherige Nazarener Pastor Sarian dorthin, in Nazareth übernahmen der Missionar Allen Hollises und seine Frau bis 1964 die Gemeindeleitung. In den folgenden Jahren, bis 1971, blieb die Gemeinde unbesetzt und die Gemeinde verkleinerte sich. 1971 kamen Pastor Earl Morgan und seine Frau nach Nazareth, 1972 wurde die Gemeinde mit 13 Mitgliedern reorganisiert. 1975 wurden sie durch Pastor Arnold Finkbeiner und seiner Frau ersetzt; 1976 folgten Pastor Merlin Hunter und seine Frau. Im Februar 1981 wurde eine Vorschule gebaut, die 1984 fertig gestellt und bald von 50 Kindern besucht wurde. In den 1980er Jahren kamen Lindel und Kay Browning, um den Hunters nachzufolgen.[334]

Über die Entstehung und die ersten Jahre der Church of Christ in Nazareth ist kaum etwas bekannt. Einzige Anhaltspunkte gab der heutige Gemeindeleiter Mauris Jadon in einem Interview. Ihm zufolge entstand die Gemeinde der Church

---

333 Vgl. J. Fred Parker, *Mission to the World. A History of Missions in the Church of the Nazarene through 1985* (Kansas City: Nazarene Publishing House, 1988), 382–386.
334 Vgl. Parker, *Mission to the World*, 386 f.

of Christ in Nazareth 1964/65 durch amerikanische Missionare, darunter Ralph T. Henley. Mauris Jadon bekehrte sich 1971, Ende der 1980er Jahre wurde er in den USA an der Sunset School of Preaching in Texas[335] zum Pastor ausgebildet, seit 1990 leitet er die Gemeinde. Mehr ist über die Gemeinde, die kongregationalistisch ausgerichtet und bis heute nicht Teil der CECI ist und nicht mit deren Mitgliedskirchen in Verbindung steht, nicht bekannt.

Mit dem Gemeindepastor Dwight Baker und seiner Frau Emma begann im Juni 1950 eine neue Phase für die Baptisten in Nazareth.[336] In den darauffolgenden Jahren wurden sie durch fünf weitere amerikanisch-baptistische Paare unterstützt: Das Ehepaar Scoggins war 1950–52 für das Waisenhaus zuständig, bis das Ehepaar Rowden dies ab 1952 fortführte. Die Milton Murpheys, die ab 1953 ebenfalls für das Waisenhaus zuständig waren, und das Ehepaar Petty, das in der Schule arbeitete, waren weitere Unterstützer. Damit konnte eine breite Arbeit, insbesondere mit der Jugend, aufgebaut werden. Als wichtiger Ausgangspunkt ist hierfür einerseits die Schule zu sehen, die das Zentrum baptistischer Präsenz in Nazareth bildete. Zum anderen übten auch die Royal Ambassador's Camps, evangelistische Veranstaltungen für Kinder und Jugendliche, eine Attraktivität aus – das erste fand 1952 in Akko statt.[337] Damit legten die Missionare den Grundstein dafür, dass die Baptisten heute mit Abstand die größte evangelikale Denomination in Israel sind.

Die wachsende Anzahl der Gemeindeglieder und Teilnehmer an der Sonntagsschule[338] führte zu einem höheren Bedarf an Strukturierung. 1953 wurde die Gemeinde auf „Grundlage des Neuen Testaments" reorganisiert, als unabhängige und sich selbst tragende Gemeinde, abgesehen vom Gehalt des amerikanischen Pastors. Ein Glaubensbekenntnis wurde verfasst, das von 29 Mitgliedern unterzeichnet wurde.[339] Mit der Ausbildung zukünftiger baptistischer Führungspersonen im Ausland – George Lati und Fouad Sachnini studierten in den USA an Baptistischen Colleges – wurden die Weichen für eine Übernahme der Tätigkeiten durch arabischsprachige Christen gelegt.[340]

---

335 Heutiger Name: Sunset International Bible Institute, SIBI (http://www.sibi.cc/about/history).
336 Kurz nach deren Ankunft verlassen Kate Ellen Gruver, Elizabeth Lee und Anna Cowan das Land und kehren in die USA zurück, vgl. Rowden, *Baptists in Israel*, 20.
337 Vgl. Baker, *Baptist Golden Jubilee*, 6 f.
338 Die Anzahl der Sonntagsschulteilnehmer für Nazareth wird mit 400 angegeben, zudem wurden Sonntagsschulen in Tur'an und Eilaboun eröffnet. Die Früchte der Arbeit zeigen sich in vielen Taufen 1955, Ende des Jahres hatte die Gemeinde 18 neue Mitglieder, Baker, *Baptist Golden Jubilee*, 7–11.
339 Dieses Glaubensbekenntnis konnte in der Recherche nicht ausfindig gemacht werden.
340 Vgl. Baker, *Baptist Golden Jubilee*, 7 f.

1955 zog das Waisenhaus, das in Nazareth nicht genug räumliche Kapazitäten hatte, nach Petach Tikva, in der Nähe von Tel Aviv, um. Dort war 1945 Land gekauft worden mit dem Ziel, eine landwirtschaftliche Siedlung für „hebräische Christen" zu bauen. Diese Pläne konnten jedoch nicht realisiert werden.[341] Der Einzug des Waisenhauses mit vorwiegend arabischsprachigen Kindern markiert damit auch eine Verschiebung des Fokus von „hebräischen" auf arabischsprachige Christen. Öffentlich in Erscheinung traten die Baptisten mit der Zeitschrift Hayahad, die zunächst auf Hebräisch, dann auch auf Englisch und Arabisch erschien.[342] Auch ein 1959 eröffneter Buchladen und eine Kunstgalerie mit dem Namen „Dugith" in zentraler Lage in Tel Aviv sollten helfen, die baptistische Präsenz sichtbar zu machen.[343]

Mitte der 1950er Jahre erfolgte eine Umstrukturierung unter den amerikanischen Missionaren. Schlussendlich blieben ab 1956 die Pettys und Bakers in Nazareth, die Smiths in Jerusalem, die Lindseys in Petach Tikva und die Murpheys in Haifa.[344] Weitere Standorte wurden 1959/60 in Nazareths Umfeld in Kana, Akko, Tur'an und Eilaboun erschlossen. Nazareth, zunächst lange Zeit einziger Standort baptistischer Präsenz in Galiläa, entwickelte sich nun zum Zentrum.[345]

Mit Fouad Sachnini trat 1960 erstmals nach Shukri Musa und Louis Hanna wieder ein arabischsprachiger Pastor den Dienst in der Gemeinde in Nazareth an. Zuvor absolvierte Sachnini, als Nachfolger Bakers gewählt, eine Ausbildung am Baptist Theological Seminary in Zürich. Bis heute (Oktober 2019) ist Fouad Sachnini, mittlerweile im Alter von über 90 Jahren, Pastor dieser Gemeinde. In den 1960ern verfestigte sich die baptistische Präsenz weiterhin. 1960 wurde ein neues Schulgebäude in Nazareth eingeweiht, das 200 Schülerinnen und Schüler beherbergte. Benannt wurde es nach Paul D. Rowden, dem langjährigen Leiter der

---

341 Vgl. Baker, *Baptist Golden Jubilee*, 8f.
342 Unklar ist, von wann bis wann die Zeitschrift erschien. Smith und Kreider nennen für den Erscheinungszeitraum der Zeitschrift keine Jahreszahlen, sprechen aber im Kontext der Eröffnung von Dugith 1959 von der Zeitschrift, vgl. Roy H. Kreider, *Land of Revelation. A Reconciling Presence in Israel* (Scottdale [PA]: Herald Press, 2004), 122–24; James W. Smith und Elizabeth F. Smith, *In Their Midst. Interfaith Fellowship in Israel 1955–1989* (Nashville [TN]: Fields Publishing, 2015), 54f. Der Verfasserin liegen nur vereinzelte Exemplare der arabischen Ausgabe im Zeitraum von Januar/Februar 1966 – dies scheint die erste arabische Ausgabe zu sein – bis November/Dezember 1970 vor. Weitere Ausgaben waren in Nazareth nicht ausfindig zu machen.
343 Vgl. Kreider, *Land of Revelation*, 122–24; Smith und Smith, *In Their Midst*, 54f.
344 1954 gehen die Rowdens nach Jerusalem, von dort 1955 nach Haifa, bevor sie dann kurzzeitig 1957 in Nazareth sind; Mr. Petty tritt 1954 von der Direktorschaft der Baptistenschule in Nazareth zurück; die Smiths kommen 1956 nach Nazareth, um die Bakers, die von 1955 bis 1956 abwesend sind, zu vertreten, vgl. Baker, *Baptist Golden Jubilee*, 10–13.
345 Vgl. Baker, *Baptist Golden Jubilee*, 14.

Schule. Ein Kirchenpflanzungsteam verstärkte in den 1960ern die Arbeit in Kana, Tur'an, Eilaboun, Rama und Akko; 1965 wurde die Kirche in Haifa mit Philip Sa'ad wieder pastoral besetzt. Zudem wurde 1965 die Association of Baptist Churches in Israel (ABC) gegründet. Deren Gründungsmitglieder waren die drei baptistischen Kirchen in Jerusalem, Nazareth und im Baptist Village sowie die baptistischen Zentren in Kana, Tur'an, Eilaboun und Akko.[346] Ziel der ABC war es, die lokale Arbeit der Baptisten in Israel zu koordinieren – zu diesem Zeitpunkt noch die arabischsprachigen und die „hebräischen" Christen. Der erste Vorsitzende war Joseph Alkahe, ein hebräischer Christ und Pastor des Baptist Village.[347] Die „hebräischen Christen" vertraten aber ab den 1970er und 1980er Jahren zunehmend ein Eigenverständnis als „messianische Juden" mit einem eigenständigen jüdischen Profil, mit dem sie sich von den „christlichen" Missionsorganisationen abgrenzten.[348] In der Folge entwickelte sich die ABC seit den 1980er/90er Jahren allein als Zusammenschluss der arabischsprachigen Gemeinden in Israel. Damit etablierte sich neben der BCI, die der Arm der Missionsarbeit der US-amerikanischen Southern Baptist Convention in Israel ist, eine zweite baptistische Vereinigung in Israel.[349] Angelegt war somit ein Konfliktpotential zwischen der ABC als arabischsprachiger Vertretung der Baptisten einerseits und der BCI als US-amerikanischer Vertretung der Baptisten in Israel andererseits, das insbesondere ab den 1990er Jahren zum Tragen kam.

Mit Ende des Kriegs 1967 wurden erstmals seit der Staatsgründung Israels auch wieder Kontakte mit baptistischen Kirchen in Ostjerusalem, Bethlehem, Ramallah und Gaza möglich. Erstere sind zu diesem Zeitpunkt Teil der jordanischen Baptist Convention, letztere Teil der ägyptischen Baptist Convention.[350] Die Entwicklung der baptistischen Arbeit in den 1970er bis 1990er Jahren wird in den Quellen und der Literatur relativ wenig beachtet, mit Ausnahme der pfingstlich-charismatischen Bewegung, die gleich im Kontext des UCCI näher ausgeführt wird. Hervorgehoben wird jedoch die Arbeit der Schule, die sich zu einer der besten Schulen nicht nur in Nazareth, sondern in ganz Israel entwickelte. Wäh-

---

346 Vgl. Baker, *Baptist Golden Jubilee*, 5f.; Mansour, *Baptist History*, 5f.
347 Vgl. Smith und Smith, *In Their Midst*, 119f.
348 Vgl. hierzu ausführlich das fünfte Kapitel; Hanna Rucks, *Messianische Juden. Geschichte und Theologie der Bewegung in Israel* (Neukirchen-Vluyn: Neukirchener Theologie, 2014); Salim Munayer und Lisa Loden, *Through my Enemy's Eyes. Envisioning Reconciliation in Israel-Palestine* (Milton Keynes [UK]: Paternoster, 2014).
349 Vgl. Ray G. Jr. Register, *Galilee Wanderings. 39 Years Assigned to the Holy Land* (GlobalEdAdvance Press, 2016), 88f. (Register nennt jedoch als Gründungsjahr 1966); Interview Nr. 69, 19.05.2018.
350 Vgl. Mansour, *Baptist History*, 6f.

rend die Leitung der Gemeinde ganz in lokale Hand überging, wurde die Schule bis 1991 von amerikanischen Direktoren geleitet.[351] Weiterhin einflussreich waren die in Petach Tikva stattfindenden Camps für Jugendliche, die „Potter's Wheel Camps". An beiden Orten kamen junge Menschen mit baptistischen Glaubensinhalten in Berührung, einige bekehrten sich.[352] Auch in dieser Zeit finden sich keine Belege für ein evangelikales Selbstverständnis. Vielmehr dürften die starke Präsenz und Aktivität der Missionare des Southern Baptist Convention und die Gründung der ABC zu einer Verstärkung eines baptistischen Selbstverständnisses beigetragen haben.

Die Gründung des United Christian Council in Israel (UCCI)

Im November 1956 schlossen sich 15 Gruppierungen, darunter die in Nazareth aktive Baptist Convention in Israel und die Kirche des Nazareners, zum United Christian Council in Israel (UCCI) zusammen.[353] Deklariertes Ziel des Zusammenschlusses war es, gemeinsam in der Nachfolge Jesu zu stehen und sich gegenseitig zu stärken, aber auch gegenüber dem Staat als eine Gruppe repräsentiert zu sein.[354] Dieses Ziel war ambitioniert, waren die Gruppierungen doch sehr heterogen: Der Hauptteil bestand aus Missionsorganisationen, die von ausländischen Missionaren geführt wurden; diese arbeiteten sowohl unter arabischsprachigen wie auch hebräischen Christen. Damit war bereits eine unterschiedliche Interessenlage von arabischsprachigen, hebräischen und internationalen Christen angelegt, die sich auch in unterschiedlichen politischen und theologischen Ausrichtungen äußerte. Zudem waren die Gruppierungen unterschiedlich denominationell geprägt. Die größte und einflussreichste Gruppe waren die Baptisten, die die Agenda des UCCI maßgeblich bestimmten und teilweise auch Missionare

---

351 Nach Herman Petty folgten Ray Hicks, Floyde Anderson, Dale Thorne und Gene Eller, vgl. https://www.baptist.co.il/history/.
352 Vgl. Mansour, *Baptist History*, 6.
353 Die Gründungsmitglieder sind: Assemblies of God, Baptist Convention in Israel, Bible Evangelistic Mission, British and Foreign Bible Society, British Jews' Society, Christian and Missionary Alliance, Church Missions to Jews, Church of Scotland (Jewish Mission Committee), Church of the Nazarene, Edinburgh Medical Missionary Society, Evangelical Episcopal Community in Israel, Finnish Missionary Society, International Hebrew Christian (Messianic Jewish) Alliance, Jerusalem and the East Mission und Norwegian Lutheran Mission, vgl. United-Christian-Council-in-Israel, Hg., *UCCI*, 11. In den folgenden Jahren werden weitere Missionswerke und Denominationen aufgenommen.
354 Vgl. United-Christian-Council-in-Israel, Hg., *UCCI*, 10–12; vgl. Kreider, *Land of Revelation*, 115.

anderer Denominationen in ihren Dienst nahmen, wie das mennonitische Ehepaar Kreider.[355] Als Name bevorzugte diese Vereinigung „christlich". Der Name „christlich" sollte die „protestantischen" Gruppen anschlussfähig machen für die anderen Kirchen in Israel.[356] Der Name *ingīlī* wurde nicht gewählt.

Die unterschiedlichen Prägungen und Ausrichtungen der Mitgliedsgruppen sorgten in den folgenden Jahren für zahlreiche Spannungen und Auseinandersetzungen. Eine große Auseinandersetzung entbrannte über das Verhältnis von Staat und Religion und die Rolle des UCCI in Israel. Diese, wie auch die Auseinandersetzung über Theologie und Politik, wurde von den Missionaren und lokalen Christen unterschiedlich geführt. Die Auseinandersetzung war für viele Beteiligte zermürbend, jedoch fanden sie eine Wiederbelebung ihres Glaubens und ihrer Kräfte in der pfingstlich-charismatischen Bewegung[357], die sich in Israel Anfang der 1970er ausbreitete. Diese bewirkte auch ein neues, verbindendes Verständnis von Christsein. Sowohl die Auseinandersetzung über das Verhältnis von Religion und Staat wie auch die pfingstlich-charismatische Bewegung sollen im Folgenden ausführlich dargestellt werden, da sie für das heutige evangelikale Selbstverständnis bedeutsam sind.

Ein Problem, mit dem die Missionare von der Staatsgründung an bis heute immer wieder konfrontiert waren, war die Beantragung neuer oder die Verlängerung bestehender Visa.[358] Dies lag vor allem daran, dass der israelische Staat mit seinem jüdischen Selbstverständnis kein Interesse an der Mission seiner jü-

---

355 Vgl. Smith und Smith, *In Their Midst*, 54 f.
356 Smith und Smith, *In Their Midst*, 243.
357 Entgegen einer in der Literatur häufig anzutreffenden Vorstellung von der Ausbreitung der Pfingstbewegung in drei Wellen ab Beginn des 20. Jahrhunderts (zur Beschreibung und Problematisierung einer solchen Sichtweise vgl. Yan Suarsana, „Die Pfingstbewegung als Kind der Globalisierung," in *Pentekostalismus – Pfingstkirchen*, hg.v. Polykarp Ulin Agan SVD [Siegburg: Franz Schmitt Verlag, 2017], 11–32) können die Anfänge einer globalen Pfingstbewegung sinnvollerweise in die 1970er Jahre zurückverfolgt werden. Zu dieser Zeit entstanden und expandierten neue Kirchen und Bewegungen. Zudem setzte eine wissenschaftliche Erforschung der Pfingstbewegung ein, die für die Beschreibung, Wahrnehmung und statistische Erfassung der Bewegung die notwendigen analytischen Begriffe lieferte, vgl. Michael Bergunder, „Der ‚Cultural Turn' und die Erforschung der weltweiten Pfingstbewegung," *Evangelische Theologie* 69:4 (2009): 245–69; Michael Bergunder, „The Cultural Turn," in *Studying Global Pentecostalism. Theory and Methods*, hg.v. Allan Anderson, Michael Bergunder, André Droogers und Cornelis Van der Laan (Berkely: University of California Press, 2010), 51–73; Michael Bergunder, „Art. Definitions," in *Brill's Encyclopedia of Global Pentecostalism Online*, hg.v. Michael Wilkinson, Conny Au, Jörg Haustein und Todd M. Johnson Brill, 2019; Bergunder, „History"; vgl. hierzu auch Maltese et al., „Evangelicalism and Pentecostalism".
358 Vgl. Baker, *Baptist Golden Jubilee*, 13; Rowden, *Baptists in Israel*, 335; Smith und Smith, *In Their Midst*, 30–32; United-Christian-Council-in-Israel, Hg., *UCCI*, 14 f.

dischen Bevölkerung hatte – genau dies war jedoch das Ziel der meisten Mitglieder des UCCI. Insbesondere jüdisch-orthodoxe Gruppen machten gegen die Mission mobil.[359] Ihre Bestrebungen kulminierten schließlich 1977/78 in dem sogenannten Anti-Missionsgesetz (s. u.).

Als einheitliche Stimme sollte der UCCI gegenüber dem Staat auftreten und eine Verbesserung der Visasituation bewirken. Dies geschah seitens der Baptisten in den 1950ern und Anfang der 1960er Jahre durch eine grundsätzliche Kritik am bestehenden Religionssystem in Israel und durch eine klare Befürwortung der Trennung von Staat und Religion, die sie in Israel als nicht gegeben ansahen. Gegen das bestehende Religionssystem betonte Dwight Baker, der langjährige Missionar und Pastor der Baptistengemeinde in Nazareth, anlässlich des 50-jährigen Bestehens der Baptisten in Israel 1960 die Religionsfreiheit. Diese sei für die Baptisten nicht nur ein Gut jeder Demokratie, sondern ein „Merkmal ihres Glaubens" und ein „gottgegebenes Recht"[360]. Er kritisierte die „theokratischen Tendenzen" und die „professionellen Religionisten und Extremisten"[361], die sich für die Baptisten gerade auch in ihrer Arbeit mit den „hebräischen Christen" bemerkbar mache. Die „hebräischen Christen" würden vom israelischen Staat aufgrund ihres Glaubens diskriminiert.[362] In ihrem Streben nach einer Trennung von Staat und Religion schlossen sich die Baptisten zeitweise mit verschiedenen Gruppierungen säkularer Israelis zusammen, darunter die „Kanaaniter" und die „Liga zur Abschaffung des Religionszwangs". Von der Southern Baptist Convention in den USA erhielten sie Unterstützung für ihr Anliegen. Diese verabschiedete 1955 eine Resolution, in der sie die vollständige Trennung von Kirche und Staat als Teil der Religionsfreiheit befürwortete und ihre Mitwirkung zur weltweiten Umsetzung dieser Trennung zusicherte.[363]

Betraf die Diskussion über die Religionsfreiheit vor allem die Visaerteilung und damit rechtliche Rahmenbedingungen der Mission, insbesondere unter hebräischen Christen, kamen in der Arbeit unter arabischsprachigen Christen tiefergehende Differenzen zwischen dem Religionsverständnis in Israel und dem der Baptisten auf, die für den Erfolg der Mission hinderlich waren. Baker geht im Zusammenhang mit den Evangelisationsveranstaltungen Royal Ambassador Camps auf diese Differenz ein. Diese lag einerseits in einer unterschiedlich geprägten Frömmigkeit begründet. Bakers Meinung nach fiel es den Jugendlichen

---

359 Kreider, *Land of Revelation*, 134.
360 Baker, *Baptist Golden Jubilee*, 15.
361 Baker, *Baptist Golden Jubilee*, 15.
362 Vgl. Baker, *Baptist Golden Jubilee*, 11–16.
363 Vgl. Yaakov Ariel, *Evangelizing the Chosen People. Missions to the Jews in America, 1880– 2000* (Chapel Hill u. a.: University of North Carolina Press, 2000), 151–53.

schwer, „ihr Leben ganz unter die Herrschaft des Herrn zu stellen", da sie aus „nominell christlichen Familien stammten"[364]. Dies bedeutete für ihn, dass „ihr Christsein traditionell" und für sie Jesus „kein persönlicher Retter"[365] war. Andererseits bestand die Differenz aufgrund des bestehenden Religionssystems in Israel und dem damit verbundenen unterschiedlichen Verständnis von Religion, das er folgendermaßen beschreibt:

> Eine Gläubigentaufe ist ein schwerwiegender Schritt für einen Anhänger des Messias im Mittleren Osten, da dies in den Köpfen der älteren Generationen fast einer Verweigerung der Nationalität gleichkommt. [...] Es wird erwartet, dass ein Mann in seine Religionsgemeinschaft so eintritt, wie er seine Nationalität erlangt, nämlich durch natürliche Geburt, und der einzige Ausweg ist jeweils durch die Tür des Todes. Ein freiwilliger Austritt aus der eigenen Religionsgemeinschaft gilt beinahe als Hochverrat.[366]

Er beschreibt damit die Art und Funktion, die die Religionsgemeinschaften in Israel einnehmen. Sie sind, wie im ersten Kapitel ausführlich beschrieben, sozialrechtliche Körperschaften und verantwortlich für familien-, erbschafts- und personenstandsrechtliche Angelegenheiten. Zwar entstanden hierzu im israelischen Staat in den vergangenen Jahrzehnten einige säkulare Alternativen, allerdings nicht zur Eheschließung und -scheidung. Diese Aufgabe obliegt bis heute den anerkannten Religionsgemeinschaften. Da die Baptisten, wie die anderen Mitgliedskirchen des UCCI, nicht anerkannt waren, entstanden für sie Probleme, vor allem in der Arbeit mit den arabischsprachigen Christen. Zwar bestand theoretisch für die Baptisten die Möglichkeit, eine Ehe zu schließen, allerdings bedurfte eine solche eine nachträgliche Anerkennung seitens des israelischen Staates, was in jedem einzelnen Fall eine große Herausforderung darstellte. Eine Lösung für das Problem der Eheschließungen sollte ein „Ehebuch"[367], das die für die Eheschließung nötigen Ehezertifikate enthielt, bieten, jedoch kritisiert Baker, dass der Antrag auf ein „Ehebuch" dem baptistischen Pastor in Nazareth erst nach über sieben Jahren positiv beantwortet wurde. Damit wurde zwar das Problem der Eheschließung behoben, dass die Baptisten jedoch als Religionsgemeinschaft von den anderen Kirchen in Israel als gleichwertig anerkannt und gesellschaftlich akzeptiert waren, darf bezweifelt werden. Vielmehr versuchten die Baptisten ein neues, alternatives Verständnis von Religionsgemeinschaft zu etablieren, welches

---

364 Baker, *Baptist Golden Jubilee*, 7.
365 Baker, *Baptist Golden Jubilee*, 7.
366 Baker, *Baptist Golden Jubilee*, 10.
367 Baker, *Baptist Golden Jubilee*, 13.

sie auch in dem Titel der baptistischen Zeitschrift „Hayahad" ausdrückten.[368] Hierfür nahmen sie die „Qumranschriften" in Anspruch, die zwischen 1947 und 1956 in Qumran gefunden wurden, und interpretierten die dort beschriebenen vorchristlichen Gemeinschaften als idealtypische, vorbildhafte Religionsgemeinschaft, „die gegen die korrupte religiöse Führung ihrer Zeit protestierte"[369].

Trotz dieser eindeutigen öffentlichen Befürwortung einer Trennung von Staat und Religion, der expliziten Kritik am bestehenden Religionssystem und der Vorstellung eines alternativen Religionsverständnisses einer „Gemeinschaft" versuchten die Baptisten, als Religionsgemeinschaft anerkannt zu werden.[370] Inwieweit ein offizieller Antrag als alleinige Gruppe gestellt wurde, ist unklar. In jedem Fall jedoch schlossen sich die Baptisten 1968 mit anderen protestantischen Gruppen zusammen – der damalige Direktor des Department for Christian Communities im israelischen Ministerium für religiöse Angelegenheiten, Saul Colbi, nennt die lutherische Kirche, die Kirche des Nazareners, die Bible-Evangelistic Mission (British Pentecostal Fellowship), Christian and Missionary Alliance und die Mennoniten –, um die Anerkennung als offizielle Religionsgemeinschaft anzustreben. Damit waren sowohl Mitgliedskirchen des UCCI, zusätzlich aber auch die Lutheraner an diesem Zusammenschluss beteiligt.[371] Für die Anerkennung als Religionsgemeinschaft wählten die genannten Gruppierungen den Namen „protestantisch". Dieses Unterfangen bleibt jedoch von den entsprechenden baptistischen Quellen unerwähnt, auch der UCCI nennt dieses nicht. Dieses Bestreben war, so Colbi,

> ein bemerkenswerter Vorgang im Heiligen Land von einer Gruppe von Missionsgesellschaften, alle von ihnen evangelisch-evangelikal [engl. *evangelical*], aber unterschiedlich in ihrem theologischen Zugang und ihrer Organisation, einen Status als ‚Religionsgemeinschaft' zu erlangen[372].

---

368 Die hebräische Hauptausgabe trug den Namen „Hayahad", die englische Ausgabe „Hayahad Digest", vgl. Smith und Smith, *In Their Midst*, 54 f. Die arabische Ausgabe wurde zunächst ebenfalls „*hayāḥad*" bzw. „Hayahad Digest" genannt (s. Ausgabe Januar/Februar 1966), ab der Ausgabe März/April 1966 wurde diese in „*al-ǧamā'a*" umbenannt.
369 Smith und Smith, *In Their Midst*, 55.
370 Vgl. Herbert Weiner, *The Wild Goats of Ein Gedi. A Journal of Religious Encounters in the Holy Land* (Garden City: Doubleday, 1961), 70; Ariel, *Evangelizing*, 153.
371 Vgl. Colbi, *History*, 230. Auf der Internetseite der israelischen Regierung wird in einem Artikel von 2001 über die Religionsfreiheit im Staat Israel erwähnt, dass der UCCI einmal versuchte, Anerkennung zu erhalten, vgl. Shimon Shetreet, „Freedom of Religion in Israel," *MFA* (20. 08. 2001). Ob es sich dabei um den Versuch von 1968 handelt oder ob der UCCI später einen Versuch unternommen hat, ist jedoch unklar.
372 Colbi, *History*, 230.

3 Etablierung weiterer Gemeinden und Vernetzung (1949–1989) — 107

Mit ihrem Antrag hatten diese Gruppen keinen Erfolg. Laut Colbi wurde der Antrag deshalb abgelehnt, weil der Zusammenschluss die Kriterien einer Religionsgemeinschaft nicht erfüllte. Es fehlte eine höhere Anzahl an Mitgliedern, ethnische Homogenität, geteilte Bräuche und Traditionen sowie ein gemeinsames religiöses Erbe – Aspekte, die für den israelischen Staat eine „Religionsgemeinschaft" ausmachten.[373] Bis heute ist der UCCI bzw. die heutige EAI nicht als Religionsgemeinschaft anerkannt, sie ist aber seit 1984 als „Amuta" – als gemeinnützige Organisation – registriert, eine Verwaltungsform, die die meisten Kirchen und para-kirchlichen Einrichtungen angenommen haben.[374]

Der Vorgang ist auch deshalb von höchstem Interesse, da im selben Jahr der anglikanische Erzbischof Angus Campell MacInnes einen Antrag auf offizielle Anerkennung stellte. Obwohl die „Evangelical Episcopal Community in Israel" zu diesem Zeitpunkt noch Mitglied des UCCI war, war sie nicht Teil des Zusammenschlusses der „Protestanten", sondern ging, anders als die Lutheraner, die sich den „Protestanten" anschlossen, einen eigenen Weg. Im Gegensatz zu den „Protestanten" wurde der Antrag der Anglikaner am 12.04.1970 angenommen. Die anglikanische Kirche ist damit die erste und bislang einzige christliche Kirche, die seit der Staatsgründung Israels als offizielle Religionsgemeinschaft nachträglich anerkannt wurde. Dies war der erste Schritt zur Autonomie als lokale Kirche und zur Unabhängigkeit von ihren Missionsgesellschaften.[375] Zwischen 1974 und 1976 wurde die anglikanische Kirche umstrukturiert. Die „Diözese von Jerusalem" wurde gegründet, die die Palästinensischen Gebiete, Jordanien, Israel, Libanon und Syrien umschloss. Der Bischof trägt den Titel „Anglikanischer Bischof in Jerusalem" und „Bischof der Episkopaldiözese von Jerusalem".[376] Mit Faik Haddad wurde die Diözese 1976 erstmals von einem arabischsprachigen Bischof geleitet. Damit kam es zu einer Loslösung von Missionsstrukturen und einer Arabisierung der anglikanischen Kirche in Israel.[377] Als anerkannte Religionsgemeinschaft wurde sie den anderen etablierten Kirchen gleichwertig. Damit kam es auch zur Abgrenzung von anderen „protestantischen" Einrichtungen. War Naim Ateek – späterer Begründer einer palästinensischen Befreiungstheologie – als Vertreter der „Evangelical Episcopal Community in Israel" 1975–1978 noch Vor-

---

373 Vgl. Colbi, *History*, 230.
374 Vgl. Smith und Smith, *In Their Midst*, 247.
375 Vgl. Colbi, *History*, 227 f.
376 Vgl. https://www.j-diocese.org/index.php?lang=en&page=1296659988562.
377 Vgl. Colbi, *History*, 228 f.; Seth J. Frantzman, Benjamin W. Glueckstadt und Ruth Kark, „The Anglican Church in Palestine and Israel. Colonialism, Arabization and Land Ownership," *Middle Eastern Studies* 47:1 (2011): 101–26.

sitzender des UCCI[378] wurde 2006, anlässlich des 50-jährigen Bestehens, nur noch der „Israel Trust of the Anglican Church" als Mitglied genannt, dem zu diesem Zeitpunkt nur vier Gebäude gehörten, die primär der Arbeit unter englisch-, hebräisch- oder anderssprachigen Christen dienen.[379]

Es zeigt sich in diesen beiden Versuchen, die Anerkennung als Religionsgemeinschaft zu erhalten, eine Ausdifferenzierung im *inğīlī* Feld: Die „Protestanten" – Baptisten, andere Mitglieder des UCCI und die Lutheraner – wurden nicht anerkannt und blieben in einer teils ungeklärten rechtlichen Position zurück, die „Evangelical Episcopal Church" wurde jedoch anerkannt und erhielt damit einen mit den anderen Kirchen in Israel vergleichbaren Status. Diese Namensführung ist bemerkenswert, da sie sich in den folgenden Jahren, wie im nächsten Zeitabschnitt zu zeigen sein wird, umdrehte. Heute verstehen sich die Baptisten und andere Kirchen wie die Assemblies of God, Offene Brüdergemeinde und Kirche des Nazareners als *inğīlī*, die Anglikaner verwenden hingegen *inğīlī* nicht mehr als Eigenbezeichnung.

Auch ohne offizielle Anerkennung als Religionsgemeinschaft wurde der UCCI jedoch de facto vom israelischen Staat als kohärente Größe, die die „Protestanten" in Israel repräsentierte, angesehen und war damit in manchen Aspekten einer kirchlichen Gemeinschaft ähnlich. Dies zeigte sich beispielsweise daran, dass die Leitung des UCCI, wie die Leitung der anerkannten Kirchen auch, zu Staatsempfängen eingeladen wurde.[380] Als es Probleme mit einem ausländischen Christen gab, der unabhängig einer organisatorischen Anbindung nach Israel reiste, um dort unter Juden zu missionieren, wurde der UCCI erst zur Rechenschaft, dann zur Vermittlung herangezogen.[381] Der UCCI hatte damit eine Position im Staat inne, in der er sich Gehör auch für andere politische Belange verschaffen konnte – eine Position, die dem primären Anliegen des UCCI widersprach, folgt man den Angaben der Missionare Smith. Ihrer Meinung nach sollte der UCCI kein „nationaler Kirchenrat mit starken Exekutivgewalten sein"[382], sondern eine Gemeinschaft, geprägt durch regelmäßige Treffen der Mitglieder, der gegenseitigen Beratung, Ermutigung und Zusammenarbeit an bestimmten Projekten.[383]

Dennoch nahm die Leitung des UCCI in den 1960er und 1970er Jahren, insbesondere unter der Leitung des mennonitischen Missionars Roy Kreider, eine äußerst politische Ausrichtung ein. Zusammen mit der anglikanischen Kirche

---

378 Vgl. United-Christian-Council-in-Israel, Hg., *UCCI*, 19.
379 Vgl. United-Christian-Council-in-Israel, Hg., *UCCI*, 128.
380 Vgl. Kreider, *Land of Revelation*, 206 – 08; 230 – 32.
381 Vgl. Kreider, *Land of Revelation*, 228 f.
382 Smith und Smith, *In Their Midst*, 243.
383 Vgl. Smith und Smith, *In Their Midst*, 243.

etwa sprachen Delegierte des UCCI beim Ministerium für religiöse Angelegenheiten vor, um Proteste der arabischsprachigen Bevölkerung in Israel gegen die Landnahme des israelischen Staates in Galiläa zu unterstützen. In ihrem Anliegen waren sie teilweise erfolgreich, die Behörden nahmen einen von ihnen ausgearbeiteten Alternativvorschlag an.[384] Nach dem Sechstagekrieg 1967 sprach eine Delegation des UCCI bei israelischen Regierungsmitgliedern vor, um sich für ein Angebot, das palästinensische Führungspersonen gegenüber der israelischen Regierung einbrachten, einzusetzen. Die Palästinenser würden sich kooperativ zeigen, wenn die Israelis für eine positive strukturelle Entwicklung in den Palästinensischen Gebieten sorgten und die Besatzung beendeten – ein Vorschlag, den die israelischen Behörden zurückwiesen. Weitere politische Lösungen in diesem Konflikt versuchte der UCCI zusammen mit den Quäkern auszuarbeiten.[385] Besonders aktiv war der UCCI im Kampf gegen das sogenannte Anti-Missionsgesetz 1977/78, das Konversion, wenn sie gegen Zahlung von Geld oder einen äquivalenten Wert erfolgte, unter Strafe stellte. Trotz Protesten wurde das Gesetz verabschiedet. Wie die darauffolgenden Attacken jüdischer Extremisten zeigten, galt dieses vor allem den messianischen Juden. In seinem Protest bei der israelischen Regierung machte der UCCI deutlich, dass er einflussreiche Partner hat; die Mitgliedskirchen intervenierten bei den Regierungen in ihren Heimatländern oder ihren jeweiligen Botschaften in Israel. Mit dem Widerstand gegen das Gesetz hatte der UCCI teils Erfolg. Das Gesetz wurde zwar verabschiedet, aber die Regierung sicherte zu, dass die Gesetze keine Anwendung auf die christlichen Kirchen finden würden.[386] Im Kontext dieser politischen Einflussnahmen entfachte sich die Auseinandersetzung unter den Mitgliedern des UCCI über dessen Grundzweck und Aufgabe. Kreider vertrat die Meinung, dass der UCCI durch seine privilegierte Position eine Aufgabe in der Politik habe, eine Meinung, die von anderen scharf zurückgewiesen wurde. Diese drückten eine Distanz zur Politik und zur Regierung aus; die jeweilige Regierung seien von den Kirchen zu akzeptieren und zu respektieren.[387] Diese Distanz begründete sich nicht nur in dem Verständnis, dass Christen sich in politischen Fragen enthalten sollten, sondern zeigte auch die besondere Perspektive, aus der gesprochen wurde. Denn die im UCCI aktiven Missionare waren von der israelischen Politik nicht direkt betroffen. Dagegen hatte die israelische Politik unmittelbare Auswirkungen auf die lokalen Gläubigen, die arabischsprachigen und „hebräischen" Christen, unter denen es konträre politische, aber auch theologische Positionen gab. Diese brachen nach

---

384 Vgl. Kreider, *Land of Revelation*, 229 f.
385 Vgl. Kreider, *Land of Revelation*, 215–19.
386 Vgl. Kreider, *Land of Revelation*, 299–307; Smith und Smith, *In Their Midst*, 276–80.
387 Vgl. Kreider, *Land of Revelation*, 306 f.

dem Krieg 1967 verstärkt auf und gefährdeten die innere Einheit des UCCI.[388] Kreider berichtet davon, dass „politisierte Gebete den Geist der Gebetstreffen töteten"[389] und arabischsprachige und hebräische Christen nicht miteinander beten und Abendmahl feiern wollten.[390]

Distanz zu politischen Fragen wurde von ausländischen Missionaren innerhalb des UCCI nicht nur gefordert, sondern sie wurde als Lösung für dieses Problem gesehen. So mahnte beispielsweise Ray Register, zu diesem Zeitpunkt Vorsitzender des UCCI, anlässlich des 30-jährigen Jubiläums 1986 in einer Rede davor, den „UCCI als Plattform für (...) eigene theologische oder politische Ansichten"[391] zu nutzen. Er sprach von dem bislang allgemein akzeptierten Verständnis, dass bei den Jahrestagungen die „theologischen und politischen Waffen an der Tür"[392] abgelegt werden.

Für Einheit sorgte diese Position, die auch heute noch eingenommen wird, jedoch nicht – einerseits wurden in den 1970er Jahren die „hebräischen" Christen als „messianische Juden" unabhängiger und sonderten sich ab. Andererseits sahen sich die arabischsprachigen Mitglieder dort nicht repräsentiert – der einzige arabischsprachige Vorsitzende war Naim Ateek 1974–75, der einzige arabischsprachige Generalsekretär Fouad Haddad 1974–76 – und gründeten, wie im folgenden Zeitabschnitt zu zeigen sein wird, 2005 die CECI. Der UCCI entwickelt sich damit zu einem Verein von ausländischen Missionsorganisationen, der schon seit 1978 keine lokalen Gläubigen mehr in Leitungsposition hatte.[393]

Verschiedene Konflikte innerhalb des UCCI wurden deutlich: Einerseits gab es unter den Missionaren unterschiedliche Vorstellungen über das Verhältnis von Religion und UCCI zum Staat, andererseits brachte die Arbeit unter arabischsprachigen und „hebräischen" Christen verschiedene politische und theologische Orientierungen ein, die die Missionare wie auch die lokalen Christen selbst zunehmend auseinandertrieben. Der baptistische Missionar Chandler Lanier, der von 1961 bis 1989 als Missionar der Southern Baptist Convention in Israel tätig war, beschreibt für die Situation Ende der 1960er Jahre, dass die Mitglieder des UCCI „fest gesichert innerhalb ihrer denominationalen Schutzmauern" gewesen seien, alle hätten sich in ihre „kirchliche Festungen zurückgezogen"[394]. Eine

---

388 Vgl. United-Christian-Council-in-Israel, Hg., *UCCI*, 16; Smith und Smith, *In Their Midst*, 244; Chandler Lanier, *Can These Bones Live?* (Hagerstown [MD]: Fairmont Books, 2000), 8.
389 Kreider, *Land of Revelation*, 168.
390 Vgl. Kreider, *Land of Revelation*, 206.
391 Register, *Galilee*, 206.
392 Register, *Galilee*, 206.
393 Vgl. United-Christian-Council-in-Israel, Hg., *UCCI*, 18f.
394 Lanier, *Bones*, 7.

Distanz sah Chandler Lanier zwischen arabischsprachigen Christen und „jüdischen Gläubigen"; einig seien sich diese nur in ihrer Ablehnung der Missionare aus dem Ausland bzw. „Expats" gegenüber gewesen. Das Anliegen des UCCI, eine Verbindung zwischen den einzelnen Missionsgesellschaften und Kirchen herzustellen, wurde Laniers Ansicht nach nur bedingt umgesetzt.[395] Eine Lösung für diese Konflikte gab es nicht; verschiedene Missionare beschrieben für diesen Zeitraum ihre Erschöpfung und Glaubenszweifel.[396]

In dieser zermürbenden Situation entstand Ende der 1960er, Anfang der 1970er Jahre eine Erweckungsbewegung in Israel unter arabischsprachigen Christen, „hebräischen Christen" und Missionaren. Diese Erweckungsbewegung ermöglichte laut Lanier – er war selbst an ihr beteiligt – eine Überbrückung der beschriebenen Distanzen.[397] Als einen Ort, von dem die „Erneuerung" [engl. *Renewal*][398] ausging, beschreibt Lanier ein Gebetstreffen 1964, bei dem sich vier Paare aus der Gegend von Tel Aviv – Roy und Florence Kreider, Paul und Bertha Swarr (Mennoniten), Wayne und Carol King (Mitglieder von CEF), Sallie und Chandler Lanier (Baptisten) – trafen. Hierbei habe es sich aber nicht um ein gewöhnliches Gebetstreffen gehandelt, sondern „der Heilige Geist hat einfach die Kontrolle übernommen. Wir fühlten seine Gegenwart und es war wunderbar. Wir wurden erfrischt, wir wurden getröstet und wir wurden geheilt"[399], schreibt Lanier. Dieses Gebetstreffen etablierte sich als feste wöchentliche Größe und fand in der Folge größeren Zulauf, auch im ganzen Land entwickelten sich weitere derartige Gebetstreffen.[400] Die von diesen Gebetstreffen ausgehende „Erneuerung" wurde dann durch Mitglieder der pfingstlich-charismatischen Bewegung unterstützt, die die Lehre des Heiligen Geistes ab Ende der 1960er Jahre nach Israel brachten.[401] Insbesondere Costa Deir und Faid Karmout waren unter den ara-

---

395 Vgl. Lanier, *Bones*, 7 f.
396 Lanier bezeichnet sich und die anderen Paare als „sprituelle Gebrechliche", Lanier, *Bones*, 11; Kreider schreibt von einer „Erschöpfung" und „Depression", Kreider, *Land of Revelation*, 188 f.
397 Vgl. Lanier, *Bones*, 25.
398 Lanier, *Bones*, 11; 32 und öfter; als solche bzw. als „spirituelle Erneuerung" bezeichnet Lanier die pfingstlich-charismatische Bewegung in Israel insgesamt in dieser Zeit.
399 Lanier, *Bones*, 11; vgl. ebd., 9–11.
400 Vgl. Lanier, *Bones*, 21 f.
401 Als einflussreiche Personen nennt Lanier Aubrey und Dorothy Phillips aus England, John und Yvonne Childers aus Auckland/Neuseeland, Pastor David Pawson aus England, Ricard Beals, ein methodistischer Pfarrer aus Kentucky, Bob Dollars, der für die Southern Baptists in Afrika einen Freiwilligendienst geleistet hatte, und Corrie Ten Boom, vgl. Lanier, *Bones*, 34–36; von Kreider werden genannt: Michael Harper, David Pawson und Brian Bailey aus Großbritannien, Kevin Connor aus Australien, David VanCoy aus Südafrika, Ralph Mahoney (Mission Assistance

bischsprachigen Christen einflussreich, indem sie die „Lehre über das Austreiben von Dämonen, Heilung und Prophetie"[402] etablierten.[403] Costa Deir wurde in Ramleh, Israel, geboren. Nach seiner Konversion besuchte er eine Bibelschule in den USA und wurde dann Exekutivsekretär bzw. Direktor der Missionsabteilung des pfingstlichen Elim Bible College in Lima, New York.[404] Faid Karmout war Pastor der Baptistengemeinde in Ostjerusalem und fragte häufig Costa Deir mit seinem Team an. Exorzismen wurden an unterschiedlichen Orten wie Jenin, Bethlehem und Beit Jala durchgeführt;[405] über diese wurde auch in den arabischen Zeitungen berichtet.[406] Der in Nazareth aktive baptistische Missionar Ray Register nahm an einem solchen Exorzismus, den Robert Lindsey, Leiter der baptistischen Arbeit in Israel, und Faid Karmout in Jenin vollzogen, teil. Diese Erfahrung stellte für ihn einen Wendepunkt in seiner bisherigen Arbeit, seinem Glauben und seiner Hermeneutik dar, in der Folge wandte er sich der pfingstlich-charismatischen Bewegung zu.[407] Insbesondere in Nazareth verbreitete sich die „Erneuerung". Auch der Pastor der Baptistengemeinde, Fouad Sachnini, und seine Diakone, so Lanier, „begannen, den Heiligen Geist zu erfahren"[408]. Register beschreibt, wie ein Besuch von Costa Deir bei ihm in Nazareth zu einer spirituellen Erfahrung führte, an der auch Fouad Sachnini teilhatte. Sie seien alle „in der Freude des Herrn gefangen"[409] gewesen. Ein weiterer arabischsprachiger Christ, Bahjat Batarsi, jordanischer Abstammung,[410] verstärkte die „Erneuerung". Im Sommer 1972 sprach er in der Baptistenschule in Nazareth über den Heiligen Geist. Ein Schüler nach dem anderen habe das Zungengebet praktiziert, auch George Lati, Diakon der Baptistengemeinde und Lehrer an der Baptistenschule. Zudem gab es zahlreiche Berichte von Jesus-Erscheinungen. Hieraus entwickelte

---

Program) aus Kalifornien und Jim Hammond (Pastor von Faith Tabernacle) aus Seattle; vgl. Kreider, *Land of Revelation*, 203.
402 Lanier, *Bones*, 37.
403 Zudem nennt Lanier John Kershaw, der wie Costa Deir und Faid Karmout aus Ramleh stammen soll, vgl. Lanier, *Bones*, 36f. John Kershaw wird in den anderen Berichten jedoch nicht erwähnt.
404 Vgl. Register, *Galilee*, 135; Kreider, *Land of Revelation*, 202. Laut Lanier war Costa Deir in den frühen 1970ern Teil eines vierköpfigen Teams, das von Ralph Mahoney (Organisation Missionary Assistance Program) geleitet wurde, vgl. Lanier, *Bones*, 37f.
405 Vgl. Lanier, *Bones*, 69–71.
406 Vgl. Register, *Galilee*, 124f.
407 Vgl. Register, *Galilee*, 125.
408 Lanier, *Bones*, 71.
409 Register, *Galilee*, 134f.
410 Vgl. Interview Nr. 62, 10.05.2018.

sich ein Gebetstreffen, das samstags um die 50 Jugendliche anzog.[411] Während des Yom-Kippur-Kriegs 1973 war die pfingstlich-charismatische Bewegung besonders einflussreich, auch hier war Batarsi aktiv. Im Haus von Sachnini wurde während eines Gebetstreffens bei einem Mädchen ein Dämon ausgetrieben; eine Erweckung brach daraufhin aus und weitete sich auf die ganze Baptistenkirche in Nazareth aus. Während des Krieges wurden allein in einem Monat 60 Menschen getauft.[412]

Großen Einfluss hatte Batarsi auch auf die Kufr Yasif Local Church, die durch die Mission Roy Whitmans, Munir Habibis und Majid Kawars in der Erweckungsbewegung in den 1940er Jahren entstand, seither aber als Brüdergemeinde fortbestand. Durch Batarsis Aktivität nahm sie eine starke pfingstlich-charismatische Ausrichtung ein, durch die sie dann später, wie im folgenden Abschnitt zu zeigen sein wird, Teil der ABC wurde.[413]

Weiterhin einflussreich auf die „Erneuerung" in Israel zeigten sich Massenevents wie die „Weltkonferenz zum Heiligen Geist", die 1973 zum ersten Mal stattfand. Dies wurde vom „Logos International Fellowship" unter der Führung von Dan Malechuck gesponsert. Ausgerichtet wurde sie in Israel vom UCCI. Prominente Angehörige der pfingstlich-charismatischen Bewegung traten auf, darunter Jamie Buckingham, Charles Simpson und Kathryn Kuhlman. Insgesamt gab es vier dieser Konferenzen.[414]

Diese „Erneuerung" hat einerseits eine verbindende und die Denominationen transzendierende Wirkung erzielt, ihre Anhänger nannten sie deshalb eine „ökumenische Bewegung"[415]. Gleichermaßen sorgte sie aber auch für Trennungen. Einerseits kann eine Ausdifferenzierung zwischen arabischsprachigen Christen und „hebräischen Christen" beobachtet werden. Dies zeigt sich auch daran, dass Lanier diese in seinem Bericht getrennt behandelt. Für die „jüdischen Gläubigen" beschrieb er eine Ausbildung von eigener, hebräischer Lobpreismusik, die sicher nicht von den arabischsprachigen Christen rezipiert wurde. Zudem waren einige in der pfingstlich-charismatischen Bewegung stark zionistisch geprägt, wie beispielsweise Derek Prince, der von Paul Swarr in die hebräische Beit-Immanuel-Gemeinde eingeladen wurde. Prince selbst wurde während des Zweiten Weltkriegs – er war in Nordafrika stationiert – von Saul Benjamin im Jordan

---

411 Vgl. Register, *Galilee*, 142 f.; Lanier, *Bones*, 72–74.
412 Vgl. Register, *Galilee*, 149 f.; Lanier, *Bones*, 72.
413 Vgl. Interview Nr. 62, 10.05.2018; Nr. 69, 19.05.2018; Register, *Galilee*, 252; vgl. E-Mail Bader Mansour 23.11.2019.
414 Vgl. Lanier, *Bones*, 100–04; Kreider, *Land of Revelation*, 212 f., 270–76.
415 Interview mit Dwight Leonard Baker geführt von David Stricklin an der Baylor University, Institute for Oral History am 02.05.1989 (Interview Nr. 3), 81.

getauft;[416] Saul Benjamin war ein Mitarbeiter Roy Whitmans in der Gemeinde in as-Salt (s. o.) – hier zeigt sich eine direkte personelle Verflechtung zu der Erweckungsbewegung in den 1940er Jahren. Prince' Fokus lag auf Israel und der Konversion von Juden zur Herbeiführung der Endzeit.[417] Diese Entwicklung und Ausrichtung dürfte die zu jener Zeit stattfindende, zunehmende Identifikation der „hebräischen Christen" als „messianische Juden" und damit die Abgrenzung zu arabischsprachigen Christen verstärkt haben, denn in der Folge des Krieges 1967 entwickelte sich der Zionismus zu einem fundamentalen Bestandteil messianisch-jüdischer Theologie und Identität.[418]

Andererseits kam es auch zum Konflikt innerhalb der jeweiligen Denominationen über die Frage nach dem Wirken des Heiligen Geistes. Lanier berichtet von Streitigkeiten in seiner Gemeinde im Baptist Village.[419] In Nazareth gab der Tod zweier an Leukämie erkrankter Baptisten – Samuel Lati, Sohn des oben erwähnten George Lati, und Miladi Qubty, Frau von Eliah Qubty, der wie George Lati Lehrer der Baptistenschule und Diakon war – und das scheinbar unbeantwortete Gebet für Heilung Anlass, die Wirkung der Wunder zu bezweifeln. Hier versuchte Lanier positive Schlüsse zu ziehen und Gottes Souveränität zu betonen: Gott erhöre Gebete zwar, aber nicht so, wie wir es wünschten. Diese Meinung veröffentlichte er zu dieser Zeit auch in der baptistischen Zeitschrift Hayahad Digest.[420] Auch unter den baptistischen Missionaren und innerhalb der baptistischen Leitung in den USA kam es zu einer offenen Auseinandersetzung, die Lanier in seinem Bericht ausließ, Dwight Baker aber, der 1950 die Baptistische Gemeinde in Nazareth neu aufbaute und dort langjähriger Pastor war, ausführlich in einem Interview 1989 besprach.[421] Er stand der pfingstlich-charismatischen Bewegung kritisch gegenüber und bezeichnete sie als eine „Übernahme"[422]. Seine Kritik richtete sich unter anderem gegen Robert Lindsey, Pastor der hebräischen Gemeinde in Jerusalem und Leiter der baptistischen Arbeit in Israel. Dessen Gemeinde sei eine der „top charismatischen Kirchen des Mittleren Ostens, und bleibt es bis heute"[423]. Baker selbst kam aus der „alten Southern Baptist Tradition"[424]

---

416 Vgl. Newberg, *Pentecostal Mission*, 187.
417 Vgl. Derek Prince, *The Last Word on the Middle East* (Grand Rapids: ChosenBooks, 1982), 125; Newberg, *Pentecostal Mission*, 186–90.
418 Vgl. Munayer und Loden, *Enemy's Eyes*, 89, 94–96.
419 Vgl. Lanier, *Bones*, 44 f.
420 Vgl. Lanier, *Bones*, 75–83.
421 Interview mit Dwight Leonard Baker (Interview Nr. 3).
422 Interview mit Dwight Leonard Baker (Interview Nr. 3), 82.
423 Interview mit Dwight Leonard Baker (Interview Nr. 3), 79.
424 Interview mit Dwight Leonard Baker (Interview Nr. 3), 79.

und konnte zu der pfingstlich-charismatischen Bewegung keinen Zugang finden. Er kritisierte deutlich das „Zungending" und vor allem die von Baptisten durchgeführten Exorzismen und „Sofortheilungen", die er als „Affentheater"[425] bezeichnete. Letztendlich ging es ihm mit seiner Kritik auch um die Außenwahrnehmung der Baptisten. Berichte von Exorzismen gerieten in die Presse, die Baptisten hätten dadurch ein „blaues Auge"[426] erhalten und Schaden genommen. Mehrere Jahre habe er vergeblich versucht, einen Dialog mit den Anhängern der pfingstlich-charismatischen Bewegung innerhalb der BCI zu führen. Auch die baptistische Leitung in den USA habe sich angesichts der pfingstlich-charismatischen Ausrichtung besorgt gezeigt.[427] Die Bewegung sei aber so stark gewesen, dass die Leitung fürchtete, nicht dagegen anzukommen, und dass der Konflikt die gesamte Convention sprengen würde. Daher habe die Leitung keine offiziellen Schritte eingeleitet, versuchte es aber mittels direkter Gespräche. Der Regionalsekretär Dr. Hughey sei bei einem solchen Versuch regelrecht niedergemacht und abgewiesen worden. Angehörige der pfingstlich-charismatischen Bewegung entgegneten ihm: „du hast einfach noch nicht das Licht gesehen, Bruder"[428]. Die pfingstlich-charismatische Bewegung führte schließlich dazu, dass Baker 1976 Israel verließ und auch zwei Jahre später, als die pfingstlich-charismatische Bewegung weiterhin einflussreich war, nicht zurückkehrte.[429] Im Jahr 1989 beschreibt Baker die Bewegung als immer noch wirksam, wenn auch nicht mehr so stark.

Die pfingstlich-charismatische Bewegung der 1960er und 1970er Jahre bewirkte ein die Denominationen überschreitendes Verständnis und bei vielen Beteiligten eine Erneuerung des Glaubens. Allerdings wurde diese Erfahrung nicht von allen geteilt, sodass die gewünschte Einheit des UCCI weiterhin ausblieb. Die Erfahrungen dieser Zeit sind bei vielen Evangelikalen in Nazareth heute noch präsent. Sie waren entweder selbst Teil der Erweckungsbewegung oder haben durch Berichte von älteren Evangelikalen davon erfahren. Manche, die der Erweckungsbewegung offen gegenüberstanden und entsprechende spirituelle Erfahrungen machten, lehnen ein solches Verständnis des Heiligen Geistes heute ab, so beispielsweise die Gemeinde von Fouad Sachnini. Andererseits wirkt die Erweckungsbewegung durch direkte persönliche Verbindungen fort, wie beispielsweise Andraos Abu Ghazaleh, langjähriger Pastor der Lokalen Baptistengemeinde, mit seinem Engagement am Elim Bible College zeigt.

---

425 Interview mit Dwight Leonard Baker (Interview Nr. 3), 82.
426 Interview mit Dwight Leonard Baker (Interview Nr. 3), 83.
427 Vgl. hierzu auch Register, *Galilee*, 142 und Ariel, *Evangelizing*, 155 f.
428 Interview mit Dwight Leonard Baker (Interview Nr. 3), 81 f.
429 Vgl. Interview mit Dwight Leonard Baker (Interview Nr. 3), 67, 78, 80.

4 Die Entstehung des Evangelikalismus (1990–2019)

In den 1990er Jahren kam es zu einschneidenden Veränderungen bei den Baptisten durch den Rückzug der Southern Baptist Convention aus der aktiven Missionsarbeit. Unter den auf sich allein gestellten arabischsprachigen Baptisten wurden einige Gemeinden neu gegründet, die ABC baute damit ihre Größe weiterhin aus. Heute gibt es in Nazareth und Umfeld sieben baptistische Gemeinden. Auch andere Gemeinden mit einer anderen denominationalen Anbindung oder auch ohne jegliche Anbindung wurden gegründet, wie die Assemblies of God, die Geschlossene Brüdergemeinde, die Freien Methodisten und die Kirche des Heiligen Geistes. Die bisher besprochenen Kirchengemeinden der Offenen Brüder, die Gemeinde Christi und die Kirche des Nazareners haben weiterhin Bestand und stehen, wie die übrigen Gemeinden auch, unter der Leitung arabischsprachiger Christen. Der Rückzug der Southern Baptist Convention führte zu einer „Arabisierung" bzw. „Lokalisierung" der baptistischen Arbeit, die mit einer vereinheitlichenden, pfingstlich-charismatisch geprägten Frömmigkeitspraxis einherging. Diese hatte Auswirkungen auf die übrigen Kirchengemeinden und führte dann letztlich, so die These, zur Entstehung der Convention of Evangelical Churches in Israel (CECI) und damit zur Entstehung von „Evangelikalismus" unter arabischsprachigen Christen in Israel.

Kirchengemeinden

In den 1990er Jahren entschied das International Mission Board (IMB) der US-amerikanischen Southern Baptist Convention, die Missionsarbeit auf die reine Evangelisation unter „Unerreichten" zu konzentrieren und die institutionelle Unterstützung einzustellen.[430] Über zehn Jahre hinweg wurde die finanzielle Unterstützung jährlich reduziert, bis 2001 die letzte Zahlung einging.[431] Aktiv ist das IMB, in Israel vertreten durch die Baptist Convention in Israel (BCI), bis heute noch im Baptist Village in Petach Tikva und dem Baptist House – hier treffen sich vier Gemeinden englischer, hebräischer und russischer Sprache – und dem International Prayer Center in Jerusalem. Auch diverse Gebäude, darunter die Kirchengebäude in Nazareth und Yaffa, sind noch in ihrem Besitz.[432] Das ehemalige

---

430 Unklar ist, wann genau diese Entscheidung getroffen wurde. Die interviewten Baptisten in Nazareth legen einen Zeitpunkt zu Beginn der 1990er Jahre nahe.
431 Vgl. Interview Nr. 69, 19.05.2018; Interview Nr. 62, 10.05.2018; Interview Nr. 50, 31.05.2017.
432 Zudem gehören die Kirchengebäude in Kana, Tur'an, Haifa und Akko bis heute der BCI, vgl. Interview Nr. 69, 19.05.2018; vgl. United-Christian-Council-in-Israel, Hg., *UCCI*, 56.

Wohnhaus der Missionare, das heute das Nazareth Evangelical College beherbergt, konnte die ABC nach langem Ringen der BCI abkaufen.[433]

Der Rückzug der US-amerikanischen Baptisten und die Einstellung personeller und finanzieller Unterstützung hinterließ unter den arabischsprachigen Baptisten in Israel eine Leerstelle.[434] Neue Partnerschaften wurden nach außen hin gesucht, auch nach innen fand eine stärkere Vernetzung untereinander statt. In dieser Phase kam es zu einer Entwicklung, die als „Arabisierung", „Inkulturation", „Lokalisierung" bzw. „Regionalisierung" bezeichnet werden kann. Eine solche Entwicklung wird auf unterschiedlichen Ebenen deutlich. Die Leitung von Gemeinden wurde in die Hände arabischsprachiger Christen gegeben. Heute werden alle Gemeinden von arabischsprachigen Christen geleitet. Diese sind eigenverantwortlich für Lehre, Predigt und Gottesdienst zuständig. Auch parakirchliche Einrichtungen stehen zunehmend unter arabischer Leitung. Dies führte mitunter zu einer stärkeren Einbettung in lokale bzw. nationale Strukturen, wie die Baptistenschule zeigt. Die BCI übergab die Schule 1991 den lokalen Baptisten, seit 2004 ist Botrus Mansour ihr Direktor.[435] Um diese auch ohne die US-amerikanische finanzielle Unterstützung weiter betreiben zu können, bemühte sich die Schule daraufhin um Anerkennung bei der israelischen Regierung,[436] wodurch Teile der Schulkosten übernommen werden konnten.[437] Eine solche Unternehmung war von den Southern Baptists zuvor vermieden worden, da diese aufgrund ihrer Befürwortung einer Trennung von Staat und Kirche staatliche Hilfen ablehnten.[438] Mit der Anerkennung wurde die Schule nun in das staatliche Bildungssystem integriert, sie konnte in der Folge ihre Größe weiter ausbauen und zählt heute zu den besten Schulen in ganz Israel. Dadurch ist sie bei Familien jeglicher religiösen Zugehörigkeit beliebt und bildet so ein positives Aushängeschild für die Baptisten in Nazareth und darüber hinaus. Auch gegenüber allgemeinen kulturellen Umgangsformen, die durch die baptistischen Missionare abgelehnt wurden, wie Tabak- und Alkoholkonsum oder Tanz, die bei Familienfeiern

---

433 Vgl. Interview Nr. 69, 19.05.2018; Azar Ajaj, „Nazareth Evangelical Theological Seminary. The First Six Years," in *Arab Evangelicals in Israel*, hg. v. Azar Ajaj, Duane Alexander Miller und Philip Sumpter (Eugene [OR]: Pickwick, 2016), 65–73; 68 f.
434 Vgl. Interview Nr. 69, 19.05.2018; Interview Nr. 62, 10.05.2018; Interview Nr. 50, 31.05.2017.
435 http://www.baptist.co.il/leadership.php.
436 Diese Form der Anerkennung nennt sich „anerkannt, aber nicht öffentlich" [engl. *recognized but not public*].
437 Zudem wird die Schule seit 2006 durch die amerikanische Organisation „Friends of Nazareth" unterstützt, vgl. https://www.friendsofnazareth.org/.
438 Vgl. Interview Nr. 50, 31.05.2017.

wie Hochzeiten üblich sind, fand eine Öffnung statt. Baptisten hatten aufgrund solcher Enthaltungen im arabischen Kontext „fremd" gewirkt.[439]

Die ABC, die 1965 für die lokale baptistische Arbeit unter hebräisch- und arabischsprachigen Christen gegründet wurde, ist heute eine Vereinigung arabischsprachiger Baptisten in Israel.[440] Die ABC hat 18 Mitgliedsgemeinden und ist damit die größte baptistische Dachorganisation in Israel.[441] Fünf dieser Mitgliedsgemeinden liegen in Nazareth, je eine in Nof HaGalil und Yaffa. Gab es bis in die 1990er Jahre in Nazareth nur die „Baptistenkirche in Nazareth", seit 1960 bis heute (Oktober 2019) geleitet von Fouad Sachnini, kam es in den folgenden Jahren zu Abspaltungen von dieser Gemeinde, weshalb sie heute auch „Mutterkirche" genannt wird. Als einzige baptistische Kirche in Nazareth hat die Mutterkirche ein nach außen hin klar erkennbares Kirchengebäude, das 1990 umgebaut und 1992 eingeweiht wurde.[442] Von der „Mutterkirche" spaltete sich 1992 die Kirche „Neues Leben" ab.[443] Zunächst traf sich die Gemeinde in Privathäusern, seit einiger Zeit nutzt sie nun das untere Geschoss des Nazareth Evangelical College (NEC) im sogenannten amerikanischen Viertel. Die Gemeinde „Neues Leben" ist eher familiär ausgerichtet, dagegen kann die 1996 gegründete „Lokale Baptistengemeinde Nazareth" als baptistische Hauptgemeinde bezeichnet werden. Sie gründete sich aufgrund des Umstandes, dass Fouad Sachnini, höchst betagt, nicht in den Ruhestand gehen wollte. Seither feiert die „Lokale Baptistengemeinde" ihren Gottesdienst in der Aula der neben der Mutterkirche liegenden Baptistenschule. Mit der Abspaltung folgte ein Großteil der alten Gemeinde in die neu gegründete Lokale Baptistenkirche, vor allem die jüngere Generation und alle vier damaligen Diakone. Diese übernahmen in der Folge die Gemeindeleitung. In den ersten Jahren gab es unterschiedliche Pastoren, seit ca. 2012 ist es Andraos Abu Ghazaleh,[444] der auch schon von 1998–2001 die Gemeinde leitete. Die Lokale Baptistengemeinde ist unter den Baptisten, vielleicht sogar unter allen Evangelikalen insgesamt, die mitgliederstärkste. Eine zentrale Stellung nimmt sie auch deshalb ein, da viele Führungspersonen aus dem evangelikalen Spektrum Mitglied in ihr sind. Anders als die drei bis jetzt genannten Gemeinden nutzt die Kirche „Haus Jesus der König" keine der traditionellen, zentralen baptistischen

---

439 Vgl. bspw. Interview Nr. 35, 16.05.2017.
440 Teil der ABC sind jedoch auch zwei philippinische Gemeinden, vgl. Ajaj und Sumpter, „Introduction to the Convention", 36 mit Anm. 3.
441 S. Übersicht ABC Church Profiles.
442 Vgl. Interview Nr. 68, 18.05.2018.
443 Vgl. ABC Church Profiles.
444 Seit Ende 2019 ist Andraos Abu Ghazaleh nicht mehr Pastor der Gemeinde.

Räumlichkeiten, sondern hat seit 2013[445] fernab davon im Industriegebiet im Süden Nazareths, nahe des Einkaufszentrums „Big Fashion", eigene Räumlichkeiten gemietet. Damit, und mit ihrer pfingstlich-charismatischen Ausrichtung, steht sie abseits des baptistischen Zentrums in Nazareth. Auf der anderen Seite der Stadt liegt die 2011 von Afeef Saba gegründete Gemeinde „Der gute Hirte" im Stadtteil Khanuq, an der Straße Richtung Haifa. Auch sie ist, wie die Baptistengemeinde in Nof HaGalil, eher familiär. Diese entwickelte sich ungefähr 2005 aus einem Hauskreis, der vor allem von Mitgliedern der Lokalen Baptistengemeinde besucht wurde, die selbst in Nof HaGalil leben. Inzwischen mietet die Gemeinde ein Stockwerk eines Privathauses in Nof HaGalil als Gottesdienstraum. In Yaffa wurde die seit den 1960er Jahren bestehende Gemeinde 2012 durch den Pastor Bishara Deep wiederbelebt. Er wurde von der ABC als Pastor dort eingesetzt. Dies ist eine Besonderheit, da sich die übrigen Gemeinden, wie bereits beschrieben, von selbst gründeten bzw. Pastoren von sich aus eigenständig wurden.

Eine Arabisierung und Regionalisierung der Arbeit ist auch bei den anderen Denominationen festzustellen, die 2005 zusammen mit den Baptisten die CECI gründeten. Bereits seit 1985 wird die Offene Brüdergemeinde von dem arabischsprachigen Christen George Khalil geleitet. Unter seiner Leitung kam es auch zu einem Ausbau der Emmaus-Bibelarbeit. Zahlreiche Werke wurden aus dem Englischen ins Arabische übersetzt. Diese werden nicht nur in Israel und den Palästinensischen Gebieten, sondern auch in umliegenden Ländern wie Ägypten und Jordanien verteilt.[446]

Seit 2000 ist Nizaar Toumeh Pastor der Kirche des Nazareners. Nach eigenen Aussagen bewirkte er, nach ständigen Wechseln in der Gemeindeleitung in den Jahren zuvor, durch seine kontinuierliche Arbeit einen Gemeindeaufbau. Anders als die Offene Brüdergemeinde und die Assemblies of God hat sie in den Gottesdiensten eine große Besucheranzahl von ca. 100 Gläubigen und zählt damit zu den größten evangelikalen Gemeinden in Nazareth und ganz Israel.[447]

Hingegen sind die Assemblies of God eine kleine, familiäre Gemeinde, sie werden ebenfalls von einem arabischsprachigen Christen, Anaan Najjar, geleitet. Sie entstand Ende der 1980er, Anfang der 1990er Jahre als Ableger der Assemblies of God in Haifa. Die Gemeinde in Haifa wurde 1985 von dem arabischsprachigen

---

445 Entwickelt hat sich die Gemeinde laut Saleem Shalash, ihrem Gründer und Pastor, aus einem Gebetstreffen 2009.
446 Vgl. Interview Nr. 23, 11.04.2017 und http://www.emmausnazareth.net/about/history/.
447 Vgl. Interview Nr. 27, 19.04.2017.

Christen Edward Tannous gegründet, der damit die Arbeit der Assemblies of God in Israel, insbesondere unter arabischsprachigen Christen, wiederbelebte.[448]

Die Gründung der Convention of Evangelical Churches in Israel (CECI)

In der durch Umbruch gekennzeichneten Zeit in den 1990er Jahren, bedingt durch den Abzug baptistischer Unterstützung und eine Arabisierung und Neuorganisation der Gemeinden, konnten arabischsprachige Prediger oder Gruppierungen aus benachbarten Ländern oder aus Nordamerika durch TV-Sender und Reisen nach Israel Einfluss gewinnen. Hierzu zählen die bis heute wirkenden Prediger Dr. Maher Samuel aus Ägypten via dem Sender SAT-7, der seit 1996 in arabischer Sprache sendet,[449] und Nizaar Shaheen, der ursprünglich aus Kana (Galiläa) kommt und in Kanada den Sender Light for all Nations gründete, der über Satellit seit 1996 im gesamten Mittleren Osten empfangen werden kann. Einzug fand in den Gemeinden Nazareths zudem arabischsprachige Lobpreis-Musik, allen voran geprägt durch die ägyptische Band Better Life [ar. *al-ḥayā al-afḍal*], die seit 1978 Musik produziert.[450] Heute wird arabische Lobpreismusik auch von Christen in Israel selbst produziert, wie etwa durch Nizar Francis, der allseits große Beliebtheit erfährt.

Insgesamt kam es damit zu einer allgemeinen Frömmigkeitspraxis, die die bisherige denominationale Anbindung transzendiert und die tendenziell pfingstlich-charismatisch geprägt ist. Neben den bereits angesprochenen Gruppierungen und Predigern wird in Nazareth besonders Andraos Abu Ghazaleh, der bis Ende 2019 Pastor der Lokalen Baptistengemeinde war, als einflussreich für die Ausprägung einer pfingstlich-charismatischen Bewegung gesehen. Andraos Abu Ghazaleh stammt aus einer palästinensischen Familie und ist in Jordanien aufgewachsen. Im jungen Erwachsenenalter verbrachte er einige Zeit in den USA, wo er am pfingstlichen Elim Bible Institute in Lima (New York) studierte. 1992 kam er zunächst nach Bethlehem, 1994 dann nach Nazareth und Nordisrael. Dort arbeitete Andraos Abu Ghazaleh als Pastor der neu gegründeten Lokalen Baptistengemeinde (zusammen mit Azar Ajaj ab 1998) und in Gemeinden in Kana und

---

[448] Die Arbeit der Assemblies of God, oben im Zusammenhang mit der Erweckungsbewegung in Jordanien und Nordpalästina beschrieben, wurde durch den Krieg 1948 beendet; Versuche, diese wiederzubeleben, scheiterten und führten zur Beendigung 1977. Im Westjordanland und Jordanien war nach 1948 die Church of God einflussreich; vgl. Newberg, *Pentecostal Mission*, 127; vgl. Interview Nr. 26, 17.04.2017; Interview Nr. 36, 16.05.2017.
[449] https://sat7.org/our-channels/channel-overview/sat-7-arabic.
[450] https://www.betterlifeteam.com/en/home.

Kufr Yasif.[451] Zudem war er am 1992 gegründeten „Galilee College" bzw. an der „Galilee Bible School" tätig, die unter der Schirmherrschaft der Assemblies of God standen.[452] Das College war bis in die frühen 2000er die erste und einzige biblisch-theologische Ausbildungsstätte für die arabischsprachigen Christen in Israel.[453] 2001 verließ Andraos Abu Ghazaleh Israel. Bei seinem Weggang wurde in einem Artikel des Online-Magazins „Come and See" auf seine „Gaben von der Heilung und Dämonenaustreibung"[454] aufmerksam gemacht. Grund für seinen Weggang war die Übernahme der Position als Direktor des International Leadership Seminar von Elim Fellowship. Diese Position, die er bis heute hält,[455] hatte zuvor Costa Deir inne, der das Projekt gründete.[456] Damit besteht eine direkte Verbindung zur pfingstlich-charismatischen Bewegung der 1960er und 1970er Jahre in Israel, in der Costa Deir, wie beschrieben, einflussreich war. Von ungefähr 2012 bis Ende 2019 war Andraos Abu Ghazaleh erneut Pastor der Lokalen Baptistengemeinde.[457] Neben diesen Tätigkeiten ist er auch ein beliebter Redner bei den Jugendkonferenzen der ABC. Weiterhin einflussreich ist er durch sein Engagement beim House of Prayer and Exploits (HOPE). Gemeinsam mit seiner Frau Margeret unterstützt er die Leiterin von HOPE, Rania Sayegh, seit der Gründung. HOPE ist, wie im fünften Kapitel näher ausgeführt wird, durch das Konzept der „Geistlichen Kriegsführung" äußerst pfingstlich-charismatisch und zugleich messianisch-zionistisch ausgerichtet; Andraos Abu Ghazaleh wird auch als „Apostel" bezeichnet, was seine Nähe zur pfingstlich-charismatischen Bewegung „Neue Apostolische Reformation" (NAR) zeigt.

Die beschriebene Entwicklung führte dazu, dass die Baptisten, die Assemblies of God und die Kirche des Nazareners eine sehr ähnliche Gottesdienst- und Gebetspraxis haben. Der Ablauf kann folgendermaßen beschrieben werden: Zu Beginn steht ein langer Lobpreisblock. Die Musik wird von einer Band mit unterschiedlichen Instrumenten je nach Verfügbarkeit begleitet, zum Beispiel Gitarre, Keyboard oder Schlagzeug. Lieder werden zumeist durch einen Projektor an die Wand gestrahlt. Zur Musik stehen die meisten Gemeindeglieder, teilweise

---

451 Vgl. Come and See, „Rev. Andrew Abu Ghazaleh Leaves Israel," (27.06.2001); Interview Nr. 70, 21.0.5.2018.
452 Vgl. Newberg, *Pentecostal Mission*, 146; United-Christian-Council-in-Israel, Hg., *UCCI*, 49.
453 Daneben gab es vereinzelte Kurse, die das Bethlehem Bible College in Israel anbot, dieses Angebot wird teilweise auch als Galilee Bible College bezeichnet, vgl. Ajaj, „Nazareth Evangelical Theological Seminary", 66 f.; E-Mail Bader Mansour 23.11.2019.
454 Come and See, Rev. Andrew Abu Ghazaleh Leaves Israel; Interview Nr. 70, 21.05.2018.
455 Vgl. https://elimfellowship.denarionline.com/Projects/Detail/?givingOption=4CB92FF233.
456 Vgl. Come and See, „Rev. Andrew Abu Ghazaleh leaves Israel".
457 Vgl. Interview Nr. 70, 21.0.5.2018.

heben sie dazu ihre Arme in die Höhe oder bewegen sich zur Musik. Die meisten Lieder und der übrige Gottesdienst, inklusive der Predigt, findet im lokalen arabischen Dialekt statt. In der Lokalen Baptistengemeinde hat ein Gebetstreffen das Bibeltreffen ersetzt; auch in anderen Gemeinden ist das als „Bibelstudie" deklarierte Treffen eher als ein weiterer Gottesdienst anzusehen. In Nazareth ist davon ausgenommen die Mutterkirche unter der Leitung von Fouad Sachnini, dessen Wurzeln als „erneuerte Christ" zwar in der Erweckungsbewegung der 1930er/40er Jahre liegen, und der in der pfingstlich-charismatischen Bewegung in den 1970er Jahren Erfahrungen im Heiligen Geist machte, nun aber einen höchst konventionell-baptistischen Gottesdienst abhält. Seine Predigten liest er in Hocharabisch vor, Lieder, zumeist aus dem Gesangbuch, verteilen sich über den gesamten Gottesdienst hinweg. Auch die Brüdergemeinden, die die Gaben des Heiligen Geistes auf die apostolische Zeit beschränkt sehen, sind von dieser Gottesdienstpraxis ausgenommen. Gesungen wird dort nur a cappella. Dennoch nehmen einige der beschriebenen Gottesdienstformen Einzug in Jugendtreffen oder dem eigentlichen Gottesdienst vorgeschalteten Treffen, sogenannte „Vortreffen" [engl. *pre-meetings*].

In den wöchentlichen Hauptgottesdiensten werden in Nazareth weder Zungengebet noch Heilungen oder Exorzismen praktiziert, auch nicht von Andraos Abu Ghazaleh. Auch die Gemeinde der Assemblies of God, die in Israel als „pfingstliche" Denomination gilt, praktiziert keine Geistgaben. Nazareth gilt in dieser Hinsicht als „traditionell"; über die baptistischen Gemeinden in Kufr Yasif und Tur'an wird hingegen berichtet, dass dort die Praxis des Zungengebets üblich ist. Die genannten Geistgaben werden von einigen Angehörigen der Gemeinden in Nazareth abgelehnt, auch deshalb, weil Angehörige einer pfingstlich-charismatischen Ausrichtung, darunter Andraos Abu Ghazaleh durch sein Engagement bei HOPE, mit einer zionistischen Orientierung in Verbindung gebracht werden. In privaten Treffen kommt es jedoch häufiger zur Praxis von Geistgaben; Pastoren berichten beispielsweise über ausgeübte Exorzismen. Auch bei HOPE wird das Zungengebet von vielen Anwesenden praktiziert.

Diese grundsätzlich pfingstlich-charismatische Ausrichtung, insbesondere der Baptisten, macht die ABC attraktiv für Gemeinden, die zuvor eine andere oder keine denominationale Anbindung hatten und stark pfingstlich-charismatisch geprägt sind. Einige solcher Gemeinden, wie beispielsweise die Gemeinde in Kufr Yasif, in der bereits Majid Kawar und seine Kollegen aktiv waren und die später auch durch Costa Deir eine pfingstlich-charismatische Ausrichtung erfuhr, wurden neu in die ABC aufgenommen.⁴⁵⁸ Dadurch vergrößerte sich einerseits die ABC und gewann an Einfluss, andererseits kam es hierdurch zu einer zunehmenden Gleichsetzung von „baptistisch" und „charismatisch". Traditionelle baptistische Inhalte spielten eine immer weniger große Rolle. Die Bedeutung der „Baptisten" bzw. der ABC nahm also zu, ohne dass traditionell „baptistische" Inhalte vertreten werden.

Es entstand damit eine gemeinsame arabische, pfingstlich-charismatisch ausgerichtete Frömmigkeitspraxis, die von fast allen Gemeinden geteilt wurde. Diese sorgte für ein grundlegendes Verständnis von Zugehörigkeit zueinander, das die jeweiligen denominationalen Anbindungen transzendierte. Weitere parakirchliche Einrichtungen wie die Studierendenorganisation Fellowship of Christian Students Israel (FCSI), die Child Evangelism Fellowship (CEF) oder auch das Netzwerk CHLF unterstützten diesen Trend.⁴⁵⁹

Die beschriebene Arabisierung und Charismatisierung bewirkte eine Verbindung und Vernetzung von Gemeinden unterschiedlicher denominationaler Prägung. Sie resultierte in dem Wunsch nach einer größeren Gemeinschaft und einer Organisationsform, die diesen Wunsch strukturell zum Ausdruck brachte und unterstützte. Der UCCI konnte diese Plattform nicht bieten. Die von arabischsprachigen Christen geführten Gemeinden sahen sich in ihm schon seit einiger Zeit nicht mehr repräsentiert; der UCCI wurde zunehmend als eine primäre Vereinigung von „Expats" gesehen. Bereits 1986 warnte der baptistische Missionar Ray Register vor einer solchen Entwicklung und davor, dass die „Expats die lokale Initiative ersticken"⁴⁶⁰ würden. Zugleich sprach er seinen Wunsch nach „einer größeren Ausgewogenheit"⁴⁶¹ aus. Diese Hoffnung konnte sich nicht erfüllen. Dies kann auch darauf zurückgeführt werden, dass grundsätzliche politische und theologische Auseinandersetzungen, wie im vorigen Zeitabschnitt beschrieben, im UCCI ausgeklammert wurden. Diese Vermeidungsstrategie wurde anlässlich des 50-jährigen Bestehens des UCCI 2006 bekräftigt. Der UCCI werde nicht durch eine „Ideologie" zusammengehalten, sondern durch „unseren Glauben an Jesus als den Messias für alle"⁴⁶².

Unüberbrückbare Differenzen bestanden auch in der Auffassung über das Verhältnis von Religion und Staat bzw. über die Frage, inwieweit sich die „Pro-

---

458 Vgl. Interview Nr. 62, 10.05.2018; Nr. 69, 19.05.2018; Register, *Galilee*, 252; vgl. E-Mail Bader Mansour 23.11.2019.
459 Vgl. zu FCSI auch Azar Ajaj, „The Challenge of Being Called Palestinian Evangelicals," *Come and See* (23.06.2018).
460 Register, *Galilee*, 206.
461 Register, *Galilee*, 206.
462 United-Christian-Council-in-Israel, Hg., *UCCI*, 16.

testanten" dem bestehenden Religionssystem in Israel anpassen und eine Anerkennung als Religionsgemeinschaft anstreben sollten. Für den UCCI war eine Anerkennung kein Thema, für die arabischsprachigen „Protestanten" jedoch ein zentrales Anliegen, stellte sie die Nicht-Anerkennung als Religionsgemeinschaft doch vor große Probleme, insbesondere im Bereich der Eheschließung und -scheidung. Zwar hatten die Baptisten, wie im vorigen Abschnitt beschrieben, die grundsätzliche rechtliche Möglichkeit zur Eheschließung. Dieses Recht konnte auch an die anderen „protestantischen" Denominationen ausgeliehen werden. Jedoch konnten entsprechend geschlossene Ehen nicht geschieden werden, da sich kein Gericht verantwortlich sah.[463] Diese Rechtsunsicherheit im Falle einer Ehescheidung war ein Grund für die mangelnde Akzeptanz baptistischer Eheschließungen. Schwerer wog jedoch, dass die Baptisten genau wie die anderen „protestantischen" Denominationen gesellschaftlich nicht akzeptiert und als gleichwertige Kirchen anerkannt waren. Für die arabischsprachigen „Protestanten" war das Bemühen um Anerkennung als Religionsgemeinschaft die logische Konsequenz. Dieses Anliegen hatte für die „Expats", die in ihren Heimatländern oder in Zypern heirateten, keine Relevanz. In diesem Kontext ist die Gründung der Convention of Evangelical Churches in Israel (CECI) zu verstehen.

2005 schlossen sich die ABC, die Offene Brüdergemeinde, die Assemblies of God und die Kirche des Nazareners sowie weitere para-kirchliche Einrichtungen zusammen, um die CECI zu gründen. In der CECI sind, Stand 2015–2016, 32 Gemeinden Mitglied. 18 davon gehören zur ABC, 7 zu den Assemblies of God, 4 zu den Offenen Brüdern und 3 zur Kirche des Nazareners.[464] Die Zahl ihrer Mitglieder wird auf 5.000 geschätzt.[465] Die Gemeinden und Mitglieder sind alle arabischsprachig.[466]

Ziel der CECI bei ihrer Gründung war die offizielle Anerkennung als Religionsgemeinschaft.[467] Mit ihrem Streben nach Anerkennung hat die CECI bis heute keinen Erfolg – im Gegensatz zu den palästinensischen Evangelikalen, die als

---

463 Vgl. Interview Nr. 5, 25.05.2016.
464 Vgl. Liste von lokalen Kirchenmitgliedern in der Convention [ar. *Qā'ima al-kanā'is al-maḥalīya al-ʾaʿḍāʾ fī l-maǧmaʿ*].
465 Vgl. Ajaj und Sumpter, „Introduction to the Convention", 38.
466 Davon ausgenommen sind die zwei philippinischen Gemeinden der ABC, die nicht aktiv am Leben der CECI teilnehmen, vgl. Ajaj und Sumpter, „Introduction to the Convention", 36 mit Anm. 3.
467 Vgl. Ajaj und Sumpter, „Introduction to the Convention", 35; 41–43.

„Council of Local Evangelical Churches in the Holy Land" 2019 Anerkennung durch die palästinensische Autonomiebehörde erhielten.[468]

Die Wahl des Namens evangelikal, im arabischen *inǧīlī*, war keine Selbstverständlichkeit, schließlich bestand unter den in der CECI vertretenen Denominationen in Israel zuvor keine primäre Identifikation als ebensolche. Vielmehr lag eine denominationale Identifikation vor, wie es bei den Baptisten deutlich wurde. Der UCCI, in dem die ABC, die Assemblies of God und die Kirche des Nazareners ebenfalls Mitglied waren, verstand sich als „christlich" und „protestantisch". Die Wahl des Namens *inǧīlī* kann folgendermaßen erklärt werden:

„Evangelikal" konnte die gemeinsame Verbindung zwischen Assemblies of God, Baptisten, Offener Brüdergemeinde und Kirche des Nazareners ausdrücken, denn alle hatten – so schildern Azar Ajaj und Philip Sumpter in ihrer Einleitung zur CECI – einen „evangelikalen Glauben", den sie folgendermaßen beschreiben:

> [...] ein persönlicher Glaube an die Erlösung durch das Kreuz, die zu einer Neugeburt führt, gepaart mit dem Wunsch, diesen Glauben mit anderen zu teilen (d. h. zu ‚evangelisieren'); es wird auch die Zentralität der Schrift und ein freier Gottesdienststil erwähnt (d. h. nicht-liturgisch).[469]

„Evangelikal" ist also ein Name, der die genannten Denominationen miteinander verbindet, gleichzeitig aber zu einem Konkurrenzverhältnis mit der anglikanischen Kirche führt. Die beiden Autoren beschreiben im weiteren Verlauf ihren Anspruch, dass die Denominationen in der CECI, zuzüglich der Geschlossenen Brüder, die aber aufgrund ihrer kongregationalistischen Prägung nicht Teil der CECI sein wollten (s. u.), die einzigen Denominationen seien, die in Israel diesen evangelikalen Glauben verträten. Dies ist ein ungeheuerlicher Anspruch, schließlich führte die anglikanische Kirche bislang in ihrem Namen *inǧīlī* bzw. *evangelical*. Hierauf weisen die beiden Autoren selbst hin, allerdings behaupten sie, dass die anglikanische Kirche sich selbst nicht als „evangelical" bezeichne, auch wenn es „evangelicals" in ihr gebe. Die Anglikaner, wie die Lutheraner auch – die jedoch vor allem in den Palästinensischen Gebieten, abgesehen von Jerusalem aber nicht in Israel vertreten sind und damit kaum Berührungspunkte mit den Mitgliedern der CECI haben –, seien vielmehr als „liberal" zu verstehen.[470] Damit zeigt sich einerseits eine Abgrenzungstendenz der „Evangelikalen" gegenüber den als „liberal" verstandenen Anglikanern. Tatsächlich grenzen sich

---

468 Vgl. Michael Gryboski, „Palestinian Authority Officially Recognizes Evangelical Group," *Christian Post* (12.11.2019).
469 Ajaj und Sumpter, „Introduction to the Convention", 37.
470 Vgl. Ajaj und Sumpter, „Introduction to the Convention", 36 mit Anm. 4.

aber auch die Anglikaner von den „Evangelikalen" ab; die Eigenbezeichnung als *inğīlī* wird immer wieder abgelehnt, auch in der arabischen Bezeichnung der anglikanischen Kirche *muṭranīya al-quds al-usqufīya* wird *inğīlī* nicht genannt.[471] Aus diesen Beobachtungen kann die These vertreten werden, dass unter den arabischsprachigen Christen in Israel *inğīlī* bzw. *evangelical* durch die CECI als „evangelikal" in Anspruch genommen wurde und die anglikanische Kirche eine Eigenbezeichnung als *inğīlī* bzw. *evangelical* folglich ablehnte. Andererseits verweist der obige Nachsatz, es gebe in der anglikanischen Kirche „evangelicals", auf eine Auseinandersetzung innerhalb der anglikanischen Kirche selbst zwischen einer – zumindest in Israel pfingstlich-charismatisch geprägten – „low Church" und einer „high Church", die eine starke liturgische und hochkirchliche Form pflegt. Eine pfingstlich-charismatisch ausgerichtete „low Church" wird beispielsweise von dem Priester Bilal Habibi in Kufr Yasif ausgeübt. Eine solche Ausrichtung wird dann auch wieder für die CECI anschlussfähig. Dies zeigt sich einmal darin, dass die CECI nach erfolglosen Versuchen, Anerkennung zu erhalten, Überlegungen anstellte, sich der anglikanischen Kirche unterzuordnen – und damit anglikanisch zu werden – um so Anerkennung zu erhalten. Entsprechende Gespräche fanden statt, diese Option wurde jedoch abgelehnt, da es einerseits formale Bedenken gab, beispielsweise wie die derzeit evangelikalen Pastoren ihren Dienst als Anglikaner fortsetzen könnten, denn es gibt in der anglikanischen Kirche eine streng fest gelegte Pastoren- bzw. Priesterlaufbahn. Andererseits bestand die Sorge, dass die CECI ihre „evangelikale Identität" verlieren würde. Schließlich sah man auch deshalb keinen Anlass, sich den Anglikanern unterzuordnen, denn die Anglikaner „wachsen nicht, sie sterben, wir wachsen"[472]. Doch allein, dass diese Option geprüft wurde, zeigt, dass die Differenzen in Teilen nicht so groß sind und das Feld insgesamt in Bewegung ist. Ein weiteres Beispiel soll hierfür genannt werden: Die etablierten Strukturen der anglikanischen Kirche motivierten den bisherigen baptistischen Pastor Hatim Jiryis dazu, eine anglikanische Priesterlaufbahn einzuschlagen. Er gründete eine neue Gemeinde in dem im Norden Israels gelegenen Ort Tarshiha, die den Namen „Christ the King – The Evangelical Church in Tarshiha"[473] trägt und unter anglikanischer Obhut steht. Auf seiner Website, durch die Spender für das Kirchbauprojekt gewonnen werden sollen, beschreibt er die Kirche als „Evangelical Episcopal Church" und *„kanīsa inğīlīya usqufīya"*, in der deutschen Version spricht er von der „evangelikalen Kirche"[474]. Mit der Betonung von „evangelical"

---

471 Vgl. Interview Nr. 56, 08.06.2017.
472 Interview Nr. 22, 10.04.2017.
473 https://www.tevchurch.com/.
474 https://www.tevchurch.com/deutsch.

und *ingīlī* und vor allem mit der Übersetzung als „evangelikal" – er spricht selbst fließend Deutsch und dürfte sich den deutschen Bedeutungsverschiebungen zwischen evangelikal und evangelisch bewusst sein – bringt er sein Selbstverständnis zum Ausdruck, das gewiss nicht der allgemeinen Haltung der anglikanischen Kirche entspricht, dennoch deren Offenheit bezeugt.

Die Wahl des Namens „evangelikal" hatte vor allem auch eine Außenwirkung, denn er versprach eine Unterstützung durch die weltweite evangelikale Gemeinschaft, wie es sich bereits bei der Antragsstellung zeigte. Diese Unterstützung wird jedoch durch zwei Grundverständnisse des globalen Evangelikalismus, die in Spannung zu dem arabischsprachigen Evangelikalismus stehen, potentiell eingeschränkt.

Erstens steht das evangelikale Selbstverständnis – als Kern beschreiben die oben zitierten Autoren Ajaj und Sumpter selbst den persönlichen Glauben – in Spannung zu einer Anerkennung als Religionsgemeinschaft und den damit verbundenen rechtlichen Fragestellungen. Die arabischsprachigen Evangelikalen machen sich jedoch dieses Religionsverständnis zu eigen; für sie besteht zwischen dem Evangelikalismus und dem Verständnis einer Religionsgemeinschaft als Rechtsgemeinschaft kein grundsätzlicher Widerspruch. Für die Antragstellung wurden zwei Anwälte beschäftigt, um die entsprechende juristische Vorarbeit zu leisten, zudem wurden eine theologische und eine juristische Kommission gegründet, um ein Personenstandsrecht für ein evangelikales Kirchengericht zu erarbeiten. Dies war eine große Herausforderung, denn es musste beispielsweise geklärt werden, ob oder unter welchen Bedingungen eine Scheidung oder eine erneute Heirat nach einer Scheidung möglich sind.[475] Im August 2011 wurde schließlich der Antrag auf Anerkennung gestellt. Erst eineinhalb Jahre später antwortete das Büro des Premierministers. Der Antrag wurde mit folgender Begründung abgelehnt:

> Es gibt viele andere Gruppen, die die Anerkennung durch die Regierung anstreben, und angesichts der Situation findet es das Büro des Premierministers vorerst nicht richtig, den Status quo zu ändern. Das Büro des Premierministers schätzt die Umsetzung des Gesetzes über die Religionsfreiheit und -ausübung im Staat Israel sehr. Die Nichtanerkennung einer Gruppe als religiöse Denomination hindert sie nicht daran, ihre Religionsfreiheit und ihren Gottesdienst auszuüben.[476]

Hiergegen legten die arabischsprachigen Evangelikalen Beschwerde ein, in der sie unter anderem ihren Widerspruch zu der behaupteten Religionsfreiheit aus-

---

475 Vgl. Ajaj und Sumpter, „Introduction to the Convention", 46.
476 Zit. nach Ajaj und Sumpter, „Introduction to the Convention", 46.

drückten: „Wenn unsere Kirchen nicht in der Lage sind, Leute zu verheiraten, wie sollen sie dann frei sein, ihre Religion zu praktizieren (vor allem da es keine Zivilehe in Israel gibt)?"[477]

Für die arabischsprachigen Evangelikalen bildete also die Möglichkeit zur Eheschließung einen Teil ihres Religionsverständnisses. Sie strebten deshalb nach der Anerkennung als Religionsgemeinschaft und adaptierten so das bestehende Religionssystem. Auch deshalb lehnten sie eine Zusammenarbeit mit säkularen Israelis ab, die für die Abschaffung des Religionssystems und für eine säkulare Eheschließung eintraten.[478] Eine Anerkennung durch den israelischen Staat ist bis heute nicht erfolgt. Unter Evangelikalen wird darum diskutiert, ob dieses Ziel noch weiterverfolgt werden soll. Dagegen zeigte sich eine grundsätzliche Ablehnung gegenüber dem Religionssystem bei den baptistischen Missionaren in den 1950er und 1960er Jahren; ebenfalls der UCCI lehnt dieses ab. In der Folge kommt es zu einer zunehmenden Distanz zum UCCI. Die meisten arabischsprachigen Mitglieder sind heute nur noch Mitglied auf dem Papier; der UCCI wird dadurch de facto zur Organisation ausländischer Missionsgesellschaften. Damit kommt es zum Kampf um Repräsentanz der Evangelikalen in Israel zwischen der CECI und dem UCCI. Dies zeigt sich in der jeweiligen Mitgliedschaft beider Organisationen innerhalb der Evangelischen Weltallianz [engl. *World Evangelical Alliance (WEA)*]. Der UCCI war bereits vor Gründung der CECI volles Mitglied der WEA.[479] Als die CECI die Mitgliedschaft in der WEA beantragt, ist dies nur noch auf der Ebene eines Kirchennetzwerks möglich, denn die WEA erlaubt nur eine Dachorganisation pro Land. Erst 2009 benannte sich der United Christian Council in Israel (UCCI) in Evangelical Alliance in Israel (EAI) um, um der Verbindung zum WEA Ausdruck zu verleihen – vier Jahre nach der Gründung der CECI, die damit als erste der beiden Organisationen den Namen „evangelikal" für sich beanspruchte.[480] Dass die EAI als Vereinigung von ausländischen Missionsorganisationen den Evangelikalismus in Israel repräsentiert, läuft den arabischsprachigen Evangelikalen zuwider, fühlen sie sich doch als „Lokale" von den in der EAI aktiven ausländischen Organisationen und Kirchen nicht vertreten. Der 2017 vollzogene Zusammenschluss der CECI mit Evangelikalen in Palästina und Jordanien zur „Vereinigung der evangelikalen Kirchenverbünde" [ar. *ittiḥād maǧāmiʿ al-kanāʾis al-inǧīlīya*] mag als weiterer Anlauf gesehen werden, als lokale

---

477 Ajaj und Sumpter, „Introduction to the Convention", 46 f.
478 Vgl. bspw. https://www.freemarriage.org.il/; http://bfree.org.il/english; https://www.newfamily.org.il/languages/deutsch/.
479 Vgl. United-Christian-Council-in-Israel, Hg., *UCCI*, 5 f.
480 Vgl. Interview Nr. 66, 16.05.2018.

Evangelikale vollwertige Mitgliedschaft zu erhalten.[481] Zweitens liegt eine weitere potentielle Einschränkung internationaler evangelikaler Unterstützung in dem christlich-evangelikalen Zionismus begründet, der vor allem in den USA politisch wirksam ist, letztendlich aber auch unter vielen Mitgliedern der heutigen EAI einflussreich ist. Für die zionistisch geprägten Evangelikalen haben die evangelikalen, arabischsprachigen Glaubensgeschwister wenig bis keine Relevanz.

Zusammenfassend lässt sich sagen: „Evangelikal" schafft für die Mitglieder der CECI untereinander eine Verbindung, mit der sie sich von den Anglikanern abgrenzen, und hat vor allem eine Außenwirkung. Als „Evangelikale" können sie sich in globale evangelikale Netzwerke eintragen und auf Unterstützung für ihr Anliegen, die Anerkennung als Religionsgemeinschaft im israelischen Staat, hoffen. Jedoch steht das Konzept der Religionsgemeinschaft in Spannung zu einem auf persönlichem Glauben beruhenden Verständnis von Evangelikalismus. Auch sind die arabischsprachigen Evangelikalen für den globalen, zionistisch geprägten Evangelikalismus wenig bedeutsam. Insbesondere der Zionismus führt dazu, dass die arabischsprachigen Evangelikalen sich im Kontext des arabischsprachigen Christentums in Nazareth im Alltag nicht als „evangelikal" bezeichnen. Vielmehr liegt im alltäglichen Sprachgebrauch eine denominationale Identifikation (z. B. „Baptist") oder eine Bezeichnung als „gläubig" vor.

Außerhalb der CECI stehende „evangelikale" Gemeinden

Insgesamt ist die CECI unter den arabischsprachigen Christen die Organisation, die „Evangelikalismus" bestimmt. Sie nimmt damit auch eine regulierende Rolle ein. Nicht alle der in diesem Kapitel beschriebenen Gemeinden sind Teil der CECI. Dies ist zunächst die bereits im vorigen Zeitabschnitt beschriebene Gemeinde Church of Christ, die kongregationalistisch geprägt ist und keine Verbindungen mit der CECI hat. Den meisten Führungspersonen in der CECI sind die Church of Christ und ihr Pastor unbekannt, obwohl sie in Nazareth leben und häufig die Gemeinde passieren dürften.

Auch die Geschlossene Brüdergemeinde ist stark kongregationalistisch ausgerichtet, hat aber durch verwandtschaftliche und andere persönliche Beziehungen Kontakt zu den CECI-Kirchen und ist auch „befreundetes Mitglied".[482] Die geschlossene Brüdergemeinde entstand 1988/1989 als Hausgemeinde im Haus

---

481 Vgl. den Artikel Come and See, „Al-ittifāqīya širāka farīda baina al-maǧāmiʿ al-inǧīlīya fī al-urdun wa al-arāḍī al-muqaddasa [Vereinbarung der besonderen Partnerschaften zwischen der Evangelical Convention in Jordanien und dem Heiligen Land]" (15.11.2017).
482 Vgl. Ajaj und Sumpter, „Introduction to the Convention", 42f.

von Youssef Ajaj, der heute zusammen mit Ehab Elaimi als „Bruder" der Gemeinde vorsteht. Ehab zufolge schloss sich die Gemeinde 1993 mit der Brüdergemeinde in Reineh, einem an Nazareth angrenzenden Dorf, zusammen. Vor einiger Zeit wechselten sie in die jetzigen Räumlichkeiten. Für ihre Gottesdienstzwecke mieten sie ein Stockwerk eines recht großen Gebäudes in einem Wohnviertel.

Die Freien Methodisten wurden vor einigen Jahren in Nazareth und Israel von Nabeel Samara gegründet, der sie bis heute leitet. Nabeel Samara war früher bei den Nazarenern aktiv und ist durch seine Anstellung im Nazareth Evangelical College mit Führungspersonen der CECI in Kontakt. Abgrenzung zu den übrigen CECI-Kirchen erfolgt in vielen Bereichen: Die Methodisten treffen sich in kleinen Hauskirchen, es handelt sich um Gebetstreffen unter der Woche in den Häusern der jeweiligen Teilnehmer. Diese besuchen zusätzlich häufig den Hauptgottesdienst einer CECI-Gemeinde. Insgesamt gibt es Nabeel Samara zufolge in seinem Team ca. fünf Pastoren, darunter eine Pastorin, die insgesamt 15 Hauskirchen leiten. Besonders große Differenz gab es zwischen Methodisten und der CECI, als Ibtisam Danil bei den Methodisten als Pastorin ordiniert wurde. Die CECI-Gemeinden lehnen eine Frauenordination ab; dies ist ein Grund für die Methodisten, unabhängig zu bleiben.

Von der CECI als „Häresie" und „Kult" ausgeschlossen ist die Kirche des Heiligen Geistes, auch Christian Royal Ministries International genannt, die ungefähr 2001 von Judi Haddad gegründet wurde, der bis heute Pastor dieser Kirche ist. Vor der Gemeindegründung war Judi Haddad sowohl bei den Baptisten als auch in der Kirche des Nazareners aktiv. Die Gemeinde hat im Industriegebiet von Nof HaGalil, in der Nähe des Einkaufszentrums „Merkaz Mazon", große Räumlichkeiten angemietet. Die Kirche hat ein intensives Gemeindeleben mit mehreren Gottesdiensten bzw. „Gebetstreffen" in der Woche und gemeinsamen Aktivitäten und Mahlzeiten. In der Kirche werden Exorzismen und Zungengebet praktiziert. Dies ist der Hauptgrund, weshalb die Kirche aus der CECI ausgeschlossen wird.

5 Fazit: Die Auseinandersetzung um *ingīlī* und die Entstehung des Evangelikalismus in Israel

Der Evangelikalismus in seinem heutigen Sinne entstand in Israel durch die Gründung der Convention of Evangelical Churches in Israel (CECI) 2005, zu der sich die Association of Baptist Churches (ABC), die Offene Brüdergemeinde, die Assemblies of God und die Kirche des Nazareners sowie zahlreiche para-kirchliche Institutionen zusammenschlossen. Ziel des Zusammenschlusses war, in Israel offiziell als Religionsgemeinschaft anerkannt zu werden. Im Ballungsgebiet von Nazareth sind heute zehn Gemeinden Mitglied der CECI: Sieben baptistische Gemeinden und je eine Gemeinde der Offenen Brüdergemeinde, der Kirche des Nazareners und der Assemblies of God. Weitere evangelikale Gemeinden in Nazareth sind die Geschlossene Brüdergemeinde, die Gemeinde Christi, die Kirche des Heiligen Geistes und die Hausgemeinden der Freien Methodisten, die jedoch nicht Teil der CECI sind.

Der Zusammenschluss und ein gemeinsames Selbstverständnis als Evangelikale waren keine Selbstverständlichkeit, da bis in das 21. Jahrhundert hinein vor allem ein denominationales Eigenverständnis vorlag. Die größte und älteste Gruppierung ist die der Baptisten. Die Baptisten waren seit 1912 in Nazareth aktiv und errichteten bedingt durch ein großes missionarisches Engagement der Southern Baptist Convention (SBC) in den 1950er und 60er Jahren eine starke Präsenz in Nazareth und Israel. Die Offene Brüdergemeinde besteht in Nazareth seit den 1930er Jahren, die Kirche des Nazareners seit 1955 und die Assemblies of God seit Ende der 1980er Jahre.

Erst in den vergangenen zwei bis drei Jahrzehnten entwickelte sich ein gemeinsames, verbindendes Verständnis unter den Gemeinden. Dies lag vor allem daran, dass die Gemeinden von ihren Missionsstrukturen unabhängig wurden und sich neu ausrichteten. Heute stehen alle Gemeinden in Nazareth unter arabischsprachiger Leitung. Diese Entwicklung, die als „Arabisierung" und „Lokalisierung" beschrieben werden kann, war begleitet durch eine vereinheitlichende Frömmigkeitspraxis, die pfingstlich-charismatisch geprägt ist. Diese Entwicklung führte letztendlich zum Zusammenschluss in Form der CECI.

Mit der Benennung ihres Zusammenschlusses als „*inǧīlī*" und „evangelical" macht die CECI diesen Namen der anglikanischen Kirche in Israel streitig, denn bereits Mitte des 19. Jahrhunderts wirkte in Nazareth die anglikanisch-lutherische Mission, die sich als *inǧīlī* verstand, was zu diesem Zeitpunkt als „evangelisch" zu übersetzen ist. Damit brachte sie ein erweckliches Selbstverständnis im Gegensatz zu einem konfessionell geprägten zum Ausdruck. Heute ist unter Anglikanern und unter Christen anderer Denominationen jedoch strittig, ob Anglikaner als *inǧīlī* zu bezeichnen sind. Eine Ablehnung zeigt sich beispielsweise darin, dass der arabische Name der Kirche auf die Nennung von *inǧīlī* verzichtet. Mit der Gründung der CECI verfestigt sich eine Abgrenzung zu den Anglikanern, die bereits 1970 greifbar ist. Zu diesem Zeitpunkt wurden die Anglikaner als Religionsgemeinschaft im israelischen Staat offiziell anerkannt. Überlegungen, als Teil der Anglikaner anerkannt zu werden, wurden seitens der arabischsprachigen Evangelikalen mit der Begründung abgelehnt, diese seien liberal und nicht „evangelical". Trotz aller Abgrenzungen bleiben die Übergänge teils fließend, wie beispielsweise bei Hatem Jiryis deutlich wird. Der vormalige baptistische Pastor schlug eine Priesterlaufbahn in der anglikanischen Kirche ein und bezeichnet seine neu gegründete anglikanische Kirche in Tarshiha als „evangelical", „*inğīlī*" und „evangelikal".

Die Wahl des Namens „evangelikal" sollte der CECI dem Ziel dienen, weltweite evangelikale Unterstützung zu erhalten. Eine solche Unterstützung wird jedoch im Kontext des arabischsprachigen Christentums in Israel durch zwei Herausforderungen, die durch den globalen Evangelikalismus gestellt werden, limitiert. Erstens ist bzw. war das Ziel der CECI die Anerkennung als Religionsgemeinschaft. Die damit einhergehenden rechtlich-institutionellen Aspekte stehen jedoch in Spannung zu dem evangelikalen Selbstverständnis, das den persönlichen Glauben und das persönliche Heil in den Vordergrund stellen will. Entsprechende Kritik an diesem Religionsverständnis äußerten bereits die baptistischen Missionare in den 1950er Jahren. Diese grundsätzliche Kritik hielt sie jedoch nicht davon ab, zusammen mit anderen Gruppierungen Ende der 1960er Jahre als „Protestanten" Anerkennung zu ersuchen. Zweitens rückt der christlich-evangelikale Zionismus das Anliegen arabischsprachiger Evangelikaler in den Hintergrund, die durch ihn kaum oder gar nicht wahrgenommen werden.

Mit beiden globalen Herausforderungen – die Auseinandersetzung um das in Israel vorherrschende Religionsverständnis und um den christlich-evangelikalen Zionismus – sehen sich die arabischsprachigen Evangelikalen in Israel selbst durch die Evangelical Association of Israel (EAI) konfrontiert. Diese wurde 1956 als United Christian Council in Israel (UCCI) gegründet. In diesem Council schlossen sich internationale Missionsorganisationen, hebräisch- und arabischsprachige Christen zusammen. Mittlerweile besteht der Council aber vor allem aus internationalen Missionsorganisationen bzw. „Expats", die größtenteils zionistisch geprägt sind, da sich sowohl die hebräischen Christen als messianische Juden wie auch die arabischsprachigen Evangelikalen als eigenständige Bewegungen formierten. Der UCCI bzw. die heutige EAI lehnt das Streben nach Anerkennung ab. Mit der EAI steht die CECI im Kampf um die Repräsentanz des Evangelikalismus in Israel. Dies zeigt sich auch in der Namensgebung: Erst 2009, also vier Jahre nach Gründung der CECI, benennt sich der UCCI in EAI um. Grund für die Umbenennung war, der schon länger bestehenden Mitgliedschaft in der World Evangelical Alliance (WEA) Ausdruck zu verleihen. In der WEA repräsentiert die EAI als Vereinigung internationaler Missionsorganisationen den Evangelikalismus in Israel. Dies läuft den arabischsprachigen Evangelikalen zuwider, denn sie fühlen sich als lokale Gläubige nicht durch die EAI repräsentiert. Da die WEA jedoch nur ein volles Mitglied pro Land erlaubt, kann die CECI nur in Form eines Kirchennetzwerks anerkannt werden.

Die beiden beschriebenen Spannungsmomente – die Auseinandersetzung um das in Israel vorherrschende Religionsverständnis und um den christlich-evangelikalen Zionismus – sind zentrale Bereiche, in denen die arabischsprachigen Evangelikalen in Israel ihre Identität aushandeln. Mit diesen lokalen, historisch bedingten Besonderheiten schreiben sich die arabischsprachigen Evangelikalen in Israel in einen globalen Evangelikalismusdiskurs ein, von dem sie sich einige Bereiche aneignen, sich an anderen stoßen, und in den sie ihre alternativen Deutungen eintragen. Die Auseinandersetzung um das Religionsverständnis und den christlich-evangelikalen Zionismus werden im Kontext ihrer global-lokalen Verflechtungen in den folgenden Kapiteln dargestellt.

III Evangelikale Identität und Religion und Christentum in Nazareth

Die arabischsprachigen Evangelikalen in Nazareth handeln ihre evangelikale Identität in Abgrenzung und Auseinandersetzung zu dem vorherrschenden Verständnis von Religion und Christentum in Nazareth aus. Diese Auseinandersetzung soll in diesem Kapitel aufgezeigt werden. Im Folgenden sollen zunächst die wesentlichen Aspekte des vorherrschenden Religions- und Christentumsverständnisses in Nazareth beschrieben werden, indem die Ergebnisse des ersten Kapitels aufgegriffen und mit exemplarischen Positionierungen aus den mit katholischen und orthodoxen Christinnen und Christen geführten Interviews veranschaulicht und konkretisiert werden.

Die besondere Bedeutung von „Religion" in Israel besteht vor allem darin, dass die Religionsgemeinschaften für die Verwaltung des Personenstandsrechts und die familien- und erbrechtlichen Angelegenheiten zuständig sind. Insbesondere für die Eheschließung und -scheidung sind die Israelis auf ihre Mitgliedschaft in einer Religionsgemeinschaft angewiesen. Die Zugehörigkeit zu einer Religionsgemeinschaft ergibt sich in der Regel durch die jeweilige Zugehörigkeit der Eltern. Gehören die Eltern bei Eheschließung verschiedenen kirchlichen Religionsgemeinschaften an, konvertiert im Regelfall die Frau in die Religionsgemeinschaft des Mannes. Allgemein wird unter Christen in Nazareth die Meinung vertreten, dass man in die Religion „hineingeboren" werde. So entgegnet beispielsweise Shadi, ein Mitglied der orthodoxen Religionsgemeinschaft, auf die Frage, wie er sein Christsein verstehe und was für ihn sein Christsein bedeute: „Warum ich Christ bin? Weil mein Vater ein Christ ist und meine Mutter Christin ist"[483]. Für ihn ist es allein diese Zugehörigkeit, bedingt durch die elterliche Herkunft, die seine christliche Identität bestimmt. In ähnlicher Weise argumentiert Firas, ein anderer Orthodoxer:

> Meine Familie, meine Mutter und mein Vater sind Christen, als ich geboren wurde nahmen sie mich in die Kirche und [...] tauften mich, aber ich kann nicht sagen, dass ich zu Hause eine religiöse Erziehung erhalten habe. [...] Als ich geheiratet habe, ging ich in die Kirche; wenn ich sterbe, werde ich in die Kirche gehen, denn Religion ist etwas, ohne das du nicht leben kannst. Selbst wenn es nur auf dem Papier ist. Also, bin ich in eine christliche Familie geboren, dann bin ich Christ, und bin ich in eine muslimische Familie geboren, dann bin ich Muslim. Aber mehr als das bin ich Atheist.[484]

---

[483] Interview Nr. 34, 15.05.2017.
[484] Interview Nr. 51, 01.06.2017.

Auch für Firas ist es allein die durch die Eltern vorgegebene Zugehörigkeit zur Religionsgemeinschaft, deren rechtliche Notwendigkeit er unterstreicht, die seine christliche Identität ausmacht – obwohl er sich als Atheist versteht.

Die rechtliche Bedeutung führt unter anderem dazu, dass Christen die Religionsgemeinschaft wechseln, etwa dann, wenn andere Religionsgemeinschaften eine andere, für sie günstigere Rechtspraxis bieten. Dies betrifft vor allem die Scheidung, die in der römisch-katholischen Kirche nicht vollzogen wird, weswegen viele in die orthodoxe Kirche konvertieren. Shadi beispielsweise berichtet darüber, dass er im Ausland heiraten wollte, die römisch-katholische Kirche diese Eheschließung nicht anerkannt und zudem auf einen Ehevorbereitungskurs bestanden habe. Seine Frau und er seien daraufhin in die orthodoxe Kirche konvertiert; führende Mitglieder der orthodoxen Gemeinschaft seien zu ihnen nach Hause gekommen und hätten ohne viel Aufhebens die Ehe geschlossen. Dieser Wechsel der Religionsgemeinschaft habe aber, so Shadi, keine Auswirkung auf ihn als Person:

> [...] wenn du mit Shadi [nennt seinen richtigen Namen] sprichst, als ich lateinisch [römisch-katholisch] war, und du nun mit mir sprichst, wenn ich orthodox bin, ich bin derselbe Shadi, es ist nicht [...] derselbe Priester, nicht dieselbe Kirche, aber ich bin Shadi, derselbe Shadi.[485]

Insgesamt zeigt sich, dass das Christsein vor allem durch die Zugehörigkeit zu einer Religionsgemeinschaft im Sinne einer rechtlichen Körperschaft bestimmt ist und unabhängig von einer inhaltlichen Zustimmung oder Überzeugung verstanden wird.

Aufgrund der beschriebenen rechtlichen Funktion der Religionsgemeinschaften und der damit einhergehenden Notwendigkeit, einer Religionsgemeinschaft anzugehören, entfalten die Religionsgemeinschaften soziale und politische Wirkung. Die Kirchen unterhalten Schulen, Krankenhäuser und als „Verein" [ar. *nadī*] bezeichnete Sport- und Freizeiteinrichtungen. Die Gemeinschaften verfügen über enormen Landbesitz, für den sie selbst in der Regel keine Steuern zahlen, selbst aber durch die Vermietung beziehungsweise Verpachtung Gewinne erwirtschaften. Noch heute sind in Nazareth das „*rūm*" (griechisch-orthodoxe), das „lateinische" (römisch-katholische) und das koptische Viertel existent, in dem sich die Kirchengebäude, Friedhöfe und jeweiligen Institutionen befinden und in dem vor allem die Angehörigen der jeweiligen Religionsgemeinschaft leben. Aufgrund dieser Stellung sind die Religionsgemeinschaften auch politisch einflussreich. Dies zeigt sich vor allem an der kommunistischen Einflussnahme in der griechisch-orthodoxen Kirche. Eine Mitarbeit dort ist auch für solche Mit-

---

[485] Interview Nr. 34, 15.05.2017.

glieder attraktiv, die eine atheistische Grundeinstellung haben. So auch der oben zitierte Orthodoxe Firas, der sich trotz seiner Überzeugung, dass Gott nicht existiert und dass „Nationalität [...] etwas Größeres als Religion"[486] ist, jahrelang im orthodoxen Rat in einer Führungsposition engagierte. „Von der Politik her gehe ich dorthin", so Firas, denn der orthodoxe Rat sei nach dem Stadtrat in Nazareth das wichtigste politische Gremium und habe damit eine hohe Verantwortung nicht nur für die Orthodoxen, sondern für alle Einwohner Nazareths. Indem er sich jedoch nicht im Stadtrat für die Belange aller in Nazareth lebenden Menschen einsetzt, sondern primär für die orthodoxe Gemeinschaft und deren Mitglieder, verstärkt er die Bedeutung der Religionsgemeinschaft, entgegen seinem eigenen kommunistischen Ideal.

Während die bisher genannten sozialen und politischen Aspekte von Religion ihre Geltung vor allem durch die rechtliche Zugehörigkeit zur jeweiligen Religionsgemeinschaft erlangen, die ja für Christen nicht in einer allgemein christlichen, sondern in einer spezifischen kirchlichen Religionsgemeinschaft – also der griechisch-orthodoxen, römisch-katholischen, koptisch-orthodoxen, anglikanischen usw. – liegt, zeigt sich in der Gegenüberstellung von „christlich" gegenüber „muslimisch" oder „drusisch" ein Verständnis von Religion, das über die Zugehörigkeit zur jeweiligen Religionsgemeinschaft hinausgeht. Die kirchlichen Einrichtungen, die großen und zentral gelegenen Kirchengebäude, die Stellung Nazareths als Herkunftsort Jesu für die Weltchristenheit und der damit einhergehende Tourismus prägen das Bild einer „christlichen" Stadt. Dieses „christliche" Selbstverständnis wurde im Konflikt mit der Islamischen Bewegung und durch den Konflikt mit dem israelischen Staat um die kirchlichen Schulen verstärkt. In dieser Auseinandersetzung ist die Einführung einer aramäischen Identität zu verstehen, eine nur für Christen zugängliche Kategorie, bei der sprachliche, religiöse und nationale Komponenten verschmelzen, ähnlich wie bei der drusischen Identität. Wie sich solch ein Verständnis auswirkt, zeigt sich am Beispiel Michels, der der griechisch-katholischen Kirche angehört. Er glaube nicht an Gott, es sei ihm egal, „wer am Sonntag in die Kirche geht oder nicht" oder „ob du die Bibel liest oder nicht die Bibel liest"[487]. Aber er sorge sich um seine „Religion". Michel macht sich für die Religion stark, die er aber ausdrücklich vom Glauben und von bestimmten Praktiken entkoppelt. Sein Engagement für seine Religion begründet er durch die Konzeption eines „arabischen Christen". Was er damit meint, versucht er am Beispiel der jüdischen, säkularen Zionisten zu beschreiben: Diesen sei das Einhalten des Sabbats oder von kosheren Speisege-

---

[486] Hierzu und im Folgenden Interview Nr. 51, 01.06.2017.
[487] Hierzu und im Folgenden Interview Nr. 7, 26.05.2016.

boten egal, sie stellten aber als Juden Anspruch auf das Land. Entsprechend kämpfe er als „arabischer Christ" dafür, in seinem Land und in seiner Religion zu bleiben. Zugleich grenzt er sich von der palästinensisch-arabischen Nationalbewegung ab: „Mein Palästina [...] ist mir egal – ich will es nicht – was für mich zählt ist hier in meinem Land und in meiner Religion zu bleiben". Sein Selbstverständnis als „arabischer Christ" wird verstärkt durch „religiöse" Konflikte – explizit nennt er den Konflikt um die Shihab al-Din Moschee –, in denen er sich als Christ bedroht fühlt. Er befürchtet, dass das Christentum im „Heiligen Land, wo das Christentum begann", „wo Jesus geboren wurde, wo Jesus aufwuchs", ausstirbt. In Zukunft würde man arabischsprachige Christen ansehen wie einen „Pandabären", es wäre ein Zustand wie im Zoo, es gäbe Kirchen(-gebäude) ohne Mitglieder.

Damit zeigt sich, dass „Religion" in Israel eine rechtliche, soziale, politische und ethnische Dimension hat und primär eine äußere Zugehörigkeit beschreibt, die rechtlich unumgänglich ist und unabhängig von einer inneren Überzeugung besteht. Mit den genannten Beispielen soll jedoch nicht gesagt werden, dass die katholischen und orthodoxen Christen grundsätzlich ungläubig wären oder sie nicht auch aus innerer Überzeugung ihrer Religionsgemeinschaft angehörten. Die Frage, welche inhaltlichen Überzeugungen und Frömmigkeitspraktiken unter ihnen genau bestehen, stellt ein Forschungsdesiderat dar und kann durch diese Untersuchung nicht umfassend beantwortet werden. Am Beispiel der Marienverehrung in der römisch-katholischen Kirche wurde jedoch deutlich, dass durchaus eine intensive Frömmigkeitspraxis unter Christinnen und Christen in Nazareth besteht. Ein solches Verständnis gibt beispielsweise Pierre wieder, Mitglied der römisch-katholischen Religionsgemeinschaft. Für ihn ist das Christsein vor allem durch eine spezifische christliche Praxis, nicht durch die bloße Zugehörigkeit zu einer Religionsgemeinschaft bestimmt. Hierzu zählen für ihn Gebete, Nächsten- und Gottesliebe. Seine Gebete richtet er nicht nur an den dreieinigen Gott, sondern auch an Maria und andere Heilige. Heilige hätten die Funktion, Gott in kleineren Gebetsanliegen zu entlasten; Maria als Mutter Gottes habe eine besondere Mittlerfunktion zu Jesus, die er mit folgendem Witz illustriert:

> Jesus kam ins [...] Himmelreich und hat Leute gesehen, die da nicht hingehören. Er hat Petrus gerufen und gesagt: Petrus, was machen diese Leute hier? Und Petrus sagte: Wenn ich die Tür zumache, macht Maria ein Fenster auf und sie kommen rein.[488]

---

[488] Interview Nr. 9, 28.05.2016.

Er markiert damit eine niederschwelligere Möglichkeit, durch Maria an Gott heranzutreten und durch sie Heil zu erlangen. Dennoch sei Marias Rolle beschränkt, denn Maria gebe zwar viel, aber nur „soweit wie sie kann, [...] soweit er [Jesus] sie lässt". Ihre heilende Wirkung habe er unter anderem dann erfahren, als sein Sohn schwer krank gewesen und nach 24 Stunden langem Rosenkranzgebet geheilt worden sei.

Von diesem skizzierten Verständnis von Religion und Christentum, seiner rechtlichen, sozialen, politischen, ethnischen, aber auch frömmigkeitsspezifischen Dimension, grenzen sich die Evangelikalen in Nazareth scharf ab und bieten ein alternatives Verständnis. Dieses verstehen sie, wie zu zeigen sein wird, nicht nur unbedingt als „evangelikal", sondern als „christlich" und erheben damit einen christlichen Absolutheitsanspruch. Die Themen, die die Evangelikalen in Abgrenzung zu dem vorherrschenden Verständnis von Religion und Christentum in den Interviews vorgebracht haben, können folgendermaßen zusammengefasst werden:

Nach dem Verständnis der arabischsprachigen Evangelikalen in Nazareth ist es allein der Glaube an Jesus Christus, an seinen Tod und seine Auferstehung zur Vergebung der Sünden, der eine Person christlich macht. Vehement wird der Vorstellung widersprochen, dass die elterliche Herkunft oder die Zugehörigkeit zu einer bestimmten Religionsgemeinschaft zu einer christlichen Existenz führe (1). Aus diesem Grundprinzip, dem Christsein allein durch Glauben, ergeben sich weitere evangelikale Prinzipien, die in Abgrenzung zu dem dominanten Religions- und Christentumsverständnis formuliert werden: Die Kirche ist eine Gemeinschaft, ein Ort, an dem der Glaube gelebt und die Bibel gelesen wird, und keine sozial-rechtliche, institutionalisierte Religionsgemeinschaft (2). Die Bibel ist der Maßstab des Glaubens, die es darum zu lesen gilt, nicht die kirchliche Tradition (3). Die Erlösung ist allein durch Jesus zu erreichen, nicht durch Maria oder andere Heilige (4).

Diese Aspekte – Glaube, Bibel, Gemeinschaft, Ablehnung der Heiligenverehrung – entsprechen allgemeinen evangelikalen Vorstellungen und scheinen auf den ersten Blick wenig überraschend. Sie erinnern beispielsweise an David W. Bebbingtons Kategorien zur idealtypischen Charakterisierung des Evangelikalismus.[489] Dieses Kapitel möchte jedoch keine idealtypische Beschreibung des Evangelikalismus liefern, sondern möchte zunächst einmal das Verständnis, das die arabischsprachigen Evangelikalen selbst zur Sprache bringen, aufzeigen. In den Interviews hat die Darstellung der eigenen evangelikalen Überzeugung einen

---

[489] David W. Bebbington, *Evangelicalism in Modern Britain. A History from the 1730s to the 1980s* (London: Unwin Hyman, 1989).

großen Raum eingenommen; dies war das Thema, über das die Evangelikalen in aller Ausführlichkeit sprechen wollten. Das liegt vor allem auch daran, dass die Auseinandersetzung mit dem vorherrschenden Religions- und Christentumsverständnis für die Evangelikalen eine alltägliche, notwendige und persönliche Auseinandersetzung ist. Als nicht anerkannte Religionsgemeinschaft bleiben die Evangelikalen auf die anerkannten Religionsgemeinschaften angewiesen. Eine Eheschließung ist zwar theoretisch zum Beispiel bei den Baptisten möglich, jedoch wird diese aufgrund der Rechtsunsicherheit im Scheidungsfall nur selten vollzogen. Aufgrund der hohen sozialen und familiären Stellung von Religion bestehen zudem häufig innerfamiliäre Konflikte oder Konflikte mit der eigenen, vor-evangelikalen Vergangenheit. Diese Auseinandersetzung kann, weniger als die um die nationale Identität oder den christlich-evangelikalen Zionismus, die in den folgenden beiden Kapiteln beschrieben werden, kaum vermieden werden. Diese unmittelbare Betroffenheit führt teils zu einer scharfen Abgrenzung, die sich mitunter in einer sehr starken Polemik ausdrückt. Aus diesem Grund ist es verständlich, dass die Evangelikalen diese Auseinandersetzung in den Interviews ausführlich thematisierten.

Die folgende Darstellung möchte jedoch nicht bei einer bloßen Wiedergabe evangelikaler Positionen stehen bleiben, sondern hat das Ziel, die vorgefundenen Aussagen der arabischsprachigen Evangelikalen in Nazareth zu kontextualisieren und einzuordnen. Dabei möchte sie die Zerrissenheit und Ambivalenz evangelikaler Identität deutlich machen. Denn trotz der teils rhetorisch sehr heftig vorgebrachten Abgrenzung gegenüber dem Verständnis eines „traditionellen" Christentums sind die Evangelikalen in vielen Fällen gezwungen, sich dieses zumindest in Teilen anzueignen. An dieser Auseinandersetzung lässt sich einerseits aufzeigen, wie dominant das vorherrschende Religions- und Christentumsverständnis ist und wie dieses häufig unhinterfragt fortbesteht. Andererseits kann durch diese Auseinandersetzung eine kontextuelle, lokal-spezifische Vorstellung des Evangelikalismus herausgearbeitet werden, die sich in einigen Punkten von global vorherrschenden evangelikalen Vorstellungen unterscheidet und mit der sich die arabischsprachigen Evangelikalen in den globalen Evangelikalismusdiskurs eintragen.

1 Der Glaube, nicht das Erbe, bestimmt das Christsein

> Glaube ist persönlich, und kein Familienerbe. [...] Glaube ist eine persönliche Überzeugung, und so habe ich meinen Glauben empfangen, als persönliche Überzeugung. Dann werde ich ein wahrer Christ. Ich war ererbter Christ, [...] aber wusste nie irgendwas darüber. Ich ging nie zur Kirche, aber jetzt bin ich ein wahrer Glaubender.[490]

In dieser Weise beschreibt ein Mitglied der Offenen Brüdergemeinde sein Verständnis von Glaube und Christsein und damit die gängige Überzeugung der arabischsprachigen Evangelikalen in Nazareth. Er formuliert sein eigenes Verständnis in starker Abgrenzung zu seiner früheren Haltung und in Abgrenzung zu dem vorherrschenden Verständnis von Christentum. Glaube ist für ihn „persönliche Überzeugung", „kein Familienerbe", und bewirkt allein das Christsein. Er versteht sich als „wahrer Christ" und „wahrer Glaubender", im Gegensatz zu früher, als er „ererbter Christ" war. Der Glaube allein bewirkt also nach dieser Auffassung das Christsein, nicht die Zugehörigkeit zu einer Religionsgemeinschaft. Dieses Verständnis begründet sich auch darin, dass es nach der evangelikalen Überzeugung der Glaube an Jesu Tod und Auferstehung zur Vergebung der Sünden allein ist, der die Erlösung bewirkt – nicht irgendwelche Sakramente oder Guten Werke. Glaube und Erlösung sind damit nicht voneinander zu trennen. Dies äußerst sich auch im evangelikalen Sprachgebrauch, bei dem die Formulierungen „ich kam zum Glauben" und „ich wurde erlöst" äquivalent verwendet werden.

Die hohe Bedeutung des Glaubens für das evangelikale Selbstverständnis spiegelt sich in zahlreichen Selbstbezeichnungen wider, die unter Evangelikalen in Nazareth gegenüber *inğīlī* bevorzugt werden. So führt der Anspruch, dass nur, wer glaubt, ein Christ ist, dazu, dass arabischsprachige Evangelikale in Nazareth den Namen „Christ" nur für diejenigen verwenden, die ihr Glaubensverständnis teilen – also für Evangelikale. Beispielsweise soll mit der im evangelikalen Kontext häufig gestellten Frage, ob jemand „Christ" ist, nicht herausgefunden werden, ob jemand Mitglied einer Kirche ist, sondern ob jemand gläubig ist. Diese ausschließliche Verwendung des Namens „Christ" für die Evangelikalen bewirkt jedoch Missverständnisse, da auch Mitglieder der orthodoxen und katholischen Kirchen, unabhängig von ihrem Glauben, sich als Christen verstehen. Darum wird häufig, wie im obigen Zitat deutlich wurde, ein „wahr" oder „echt" hinzugefügt, um den eigenen christlichen Anspruch zu markieren. Die Vorstellung, dass nur, wer glaubt, Christ ist, kommt in dem Namen „gläubig" bzw. „glaubend" [ar. *mu'min*; engl. *believer*] besonders deutlich zum Ausdruck. Jedoch birgt auch dieser Name eine Mehrdeutigkeit, denn auch Katholiken, Orthodoxe oder Ange-

---

490 Interview Nr. 23, 11.04.2017.

hörige anderer Religionen können sich selbst als „Glaubende" verstehen und bezeichnen. „Gläubig" heißt dann so etwas wie „religiös" oder „fromm", in Abgrenzung zu einer bloßen nominellen Zugehörigkeit zu einer Religionsgemeinschaft. Diese Problematik wird durch die alternative Selbstbezeichnung „wiedergeboren" bzw. „erneuert" im Glauben [engl. *born again*], vermieden. Ist die Vorstellung eines „wiedergeborenen" Christseins im weltweiten Evangelikalismus verbreitet, entfaltet sie im Kontext von Nazareth eine besondere Bedeutung. Sie steht entgegen der Vorstellung eines Christseins von leiblicher Geburt an, bedingt durch die elterliche Abstammung. Es handelt sich also nicht nur um eine innere Umkehr, sondern auch um eine äußerliche Um- und Abkehr. Die Zuwendung zum evangelikalen Glauben bedeutet in vielen Fällen nicht nur die Abwendung von der „alten Religion", sondern auch eine Abkehr von der Familie, insbesondere in der früheren Generation. Ein Evangelikaler beschreibt dies folgendermaßen: „Seine Religion zu wechseln [...], das war wie deine Familie zu verlassen"[491]. Schon allein der Besuch einer evangelikalen Gemeinde wurde kritisiert, man galt als „Betrüger"[492]. „Wiedergeboren" bzw. „erneuert" im Glauben liegen im Arabischen unterschiedliche Begriffe zu Grunde, die an sich das gleiche ausdrücken wollen, aber unterschiedlich genutzt werden und damit unterschiedlich konnotiert sind. Häufig findet sich der Name *mutaǧaddid*, wörtlich übersetzt „erneuert". Dieser gibt zwar das evangelikale Selbstverständnis wieder, wird aber vor allem von katholischen und orthodoxen Christen verwendet, um die Evangelikalen zu bezeichnen. Dies hat eine abwertende Konnotation und bedeutet so etwas wie „neu" und „fremdartig". Daher nennen sich die Evangelikalen in der Regel selbst nicht so, verwenden aber die Wortwurzel und sprechen beispielsweise von „erneuertem" Glauben [ar. *taǧaddad*]. Alternativ wird auf Grund der beschriebenen Problematik auch von „Zweiter Geburt" [ar. *maulūd ṯānīya*] gesprochen.

Eine Abgrenzung gegenüber dem Verständnis, in eine Religion hineingeboren zu sein, zeigt sich nicht nur in der Betonung der Neu- bzw. Wiedergeburt im Glauben, sondern auch in der Betonung der Möglichkeit und der Notwendigkeit, sich für diesen Glauben bewusst zu entscheiden:

> Nein, ich bin Christ durch Wahl. Ich WILL ein Christ sein. Ich verstehe mein Christentum jetzt und ich will Christ sein. DAS ist der Unterschied. Nicht in das Christentum hineingeboren zu sein. WÄHLE Christus. [...] Es geht nicht darum, in das Christentum hineingeboren zu sein, es geht darum, Christus als Erlöser zu wählen. Wähle. Es ist die Wahl.[493]

---

491 Interview Nr. 50, 31.05.2017.
492 Interview Nr. 37, 16.05.2017.
493 Interview Nr. 27, 19.04.2017.

Bei dieser Wahl geht es nicht nur um die grundlegende Auffassung eines freien Willens der Menschen und die Einforderung einer bewussten Entscheidung für etwas, sondern diese Wahlmöglichkeit hat gar eine befreiende, emanzipatorische Wirkung in dem komplexen Identitätskonflikt der arabischsprachigen Evangelikalen in Israel. Entgegen der Zwänge, die dieser Konflikt mit sich bringt, ist nach evangelikaler Auffassung die christlich-evangelikale Identität die erste und die einzige, die frei zu wählen ist. Ein Baptist bringt diese Wahlmöglichkeit folgendermaßen zum Ausdruck: „Ich denke, meine erste Identität ist christlich [...]. Ja, ich bin Palästinenser, und ja, ich bin Israeli, ja, ich bin ein Araber, aber das einzige, was ich gewählt habe zu sein, ist ein Christ"[494]. In der Wahl, „Christ" – im evangelikalen Sinn – zu sein, ist eine radikale Kritik nicht nur am Religions- und Christentumsverständnis, sondern auch an dem Konflikt um die nationale Identität und den christlich-evangelikalen Zionismus zu sehen. Letztendlich führt die Vorstellung eines Christseins allein aufgrund von Glauben zu einer Unterscheidung von Glaube und Religion – „Religion ist nicht Glaube"[495] – und einer Ablehnung von „Religion".

Trotz dieser Radikalisierung des Glaubens und der starken Abgrenzungstendenz bleiben die meisten Evangelikalen aufgrund des sozialen Drucks, aber auch aufgrund der rechtlichen Notwendigkeit, mit ihrer „Familienreligion" verbunden. Denn als nicht anerkannte Religionsgemeinschaft sind die Evangelikalen auf die anerkannten Religionsgemeinschaften angewiesen. Die große Mehrheit der arabischsprachigen Evangelikalen in Nazareth ließ sich nicht in ihrer jeweiligen evangelikalen Kirche trauen, sondern ging hierfür in ihre alte Konfession zurück. Grund hierfür ist der Einfluss der Familie, die eine Eheschließung in einer evangelikalen Kirche in der Regel ablehnt. Dass die evangelikalen Kirchen nicht akzeptiert sind, liegt unter anderem daran, dass sie formal nicht anerkannt sind und den Eheleuten möglicherweise eine unsichere Rechtslage, insbesondere im Falle einer Scheidung, bevorsteht. Ein Mitglied der Geschlossenen Brüdergemeinde berichtet über die Problematik seiner Eheschließung folgendermaßen:

> Es war eine sehr, sehr schwierige Zeit mit meinen Eltern, wir wollten in der Brüdergemeinde heiraten, aber es entwickelte [...] sich ein Streit mit meinen Eltern [...], [sie sagten:] wenn du es nicht in der orthodoxen Kirche machst, kannst du das Haus verlassen, dann bist du nicht mein Sohn. [...] Also heirateten wir in der orthodoxen Kirche.[496]

---

494 Interview Nr. 37, 16.05.2017.
495 Interview Nr. 43, 23.05.2017.
496 Interview Nr. 39, 17.05.2017.

Viele bekunden ähnliche Schwierigkeiten und scheinen noch heute mit diesem Umstand zu hadern. Teilweise müssen die angehenden Eheleute in ihren Ursprungskirchen einen Ehevorbereitungskurs besuchen. Durch dessen theologische Grundlegung kommt es zu weiteren Reibungspunkten und die angehenden Eheleute müssen sich gegenüber anderen Evangelikalen für ihre Zuwendung zur Herkunftsreligion rechtfertigen.

Aufgrund dieser Angewiesenheit bleiben die Evangelikalen mit ihrer Herkunftsreligion verbunden. Die bleibende Zugehörigkeit drückt ein über 90-Jähriger Baptist in Leitungsfunktion folgendermaßen aus:

> Mein Hintergrund, ursprünglich, war griechisch-orthodox. Ich gehöre zur griechisch-orthodoxen Kirche und ich lernte den Herrn im Alter von 19 Jahren kennen. [...] Ich gehöre zur griechisch-orthodoxen Kirche.[497]

Zunächst spricht er von seiner Zugehörigkeit zur griechisch-orthodoxen Kirche in der Vergangenheit, dann wechselt er in die Gegenwart und wiederholt dies später erneut: „Ich gehöre zur griechisch-orthodoxen Kirche". Zwischen griechisch-orthodox und evangelikal beseht trotz seiner grundsätzlichen Kritik kein Gegensatz, er versteht sich sowohl als evangelikal als auch griechisch-orthodox.

Ein ähnliches Verständnis hat sich auch von „Christsein" festgesetzt. Schließlich bezeichnen die arabischsprachigen Evangelikalen in Nazareth nicht nur diejenigen als „Christ", die ihrem Verständnis eines gläubigen, wahren Christen entsprechen, sondern auch all diejenigen, die einer christlichen Religionsgemeinschaft angehören, unabhängig ihrer Glaubensüberzeugung. Weitreichende Auswirkungen hat dieses Verständnis beispielsweise in der Baptistenschule. Dort sollen im Idealfall nur „christliche", also evangelikale, Lehrkräfte unterrichten. Da es aber nicht ausreichend evangelikale Lehrkräfte gibt, die dem Anspruch eines „wahren Christen" gerecht werden, wird das Kollegium mit Lehrkräften aus christlichen Familien aufgefüllt, ungeachtet ihrer inneren Ausrichtung. Ein für die Schule Verantwortlicher führt aus:

> 80% von ihnen [den Lehrkräften] sind nicht evangelikal, sie sind von einer christlichen Familie im Allgemeinen und ich möchte keine Etiketten anbringen, weißt du, wer ist ein Glaubender, oder kein Glaubender, es ist ein großes Spektrum, du wirst alle Arten persönlichen Glaubens finden, aber sie wissen, dass die Schule eine Vision hat, die Schule hat eine spirituelle Seite, die sehr wichtig ist, und du wirst verschiedene Level der Kooperation dieser Lehrer finden.[498]

---

[497] Interview Nr. 31, 10.05.2017.
[498] Hierzu und im Folgenden Interview Nr. 12, 01.06.2016.

Muslimische Lehrkräfte, selbst für Mathematik oder ähnliche Fächer, von denen man meinen könnte, die persönliche Religionszugehörigkeit der Lehrperson habe keine Bedeutung, könnten nicht angestellt werden, da Lehrkräfte eine Vorbildfunktion erfüllen müssten, so der Verantwortliche weiter. Muslimische Lehrkräfte könnten nicht die christliche Botschaft und die christlichen Werte weitergeben. Auf Nachfrage nennt der Interviewte als christliche Werte mit einigem Zögern: „Vergebung, Liebe, Dienst, und so weiter". Wichtig ist ihm, dass die Schüler nicht nur diese Werte, sondern diese Werte als „christliche Botschaft" erlernen. Der Interviewte erklärt Liebe, Vergebung und Dienst am Nächsten als rein christliche Werte. In dieser Logik ist es unmöglich, muslimische Lehrpersonen zu beschäftigen, da sie keine „christlichen" Werte vermitteln können. Weil Christen aber auch unabhängig ihres Glaubens als Christen zählen, können „ungläubige" Lehrkräfte aus christlichen Familien nach außen hin diese Werte als christliche Werte plausibel machen. Mit der ausschließlichen Anstellung von Lehrkräften aus christlichen Familien verstärkt die Schule letztlich das Verständnis von Christ- bzw. Muslimsein allein aufgrund der rechtlichen Angehörigkeit zu einer Religionsgemeinschaft.

Die beschriebenen Dynamiken bewirken ein spezielles Taufverständnis. Grundsätzlich grenzen sich die Evangelikalen von der übrigen Christenheit in Nazareth ab, indem sie die Kindertaufe ablehnen. In der katholischen, orthodoxen oder anglikanischen Religionsgemeinschaft wird die Kindertaufe praktiziert; diese bewirkt zugleich die Aufnahme in die jeweilige Religionsgemeinschaft und ist mitunter ein Sakrament oder hat Heilsbedeutung. Dieses Verständnis lehnen die Evangelikalen ab; für sie ist es allein der Glaube an Jesu Heilstat, der die Erlösung bewirkt, und es ist der Glaube, der der Taufe vorausgehen muss – es werden nur „Gläubige" getauft. Die Ablehnung der Kindstaufe und das Alleinstellungsmerkmal der Gläubigentaufe gehen sogar so weit, dass die Kirche des Nazareners, die in anderen Teilen der Welt eigentlich die Kindstaufe praktiziert, diese in Nazareth ablehnt. Abgelehnt wird, so formuliert es ein Mitglied der Offenen Brüdergemeinde, die Praxis und das Verständnis der „traditionellen Kirchen", die „alle ihre Kinder als Kinder [taufen], um – ihrer Meinung nach – Christ zu sein"; hingegen tauften die Evangelikalen „einen Christen, nicht jemanden, der noch kein Christ ist, um Christ zu werden"[499]. Die Taufe hat für die Evangelikalen symbolischen Charakter und gilt als „Zeugnis", „öffentliches Bekenntnis", „Zeichen" oder „Erklärung". Es handelt sich bei der Taufe also vor allem um die Bekanntmachung des eigenen Glaubens in der Gemeinde und Öffentlichkeit. Durch diese öffentliche Dimension erregt die Taufe in den Familien großen An-

---

[499] Interview Nr. 23, 11.04.2017.

stoß. Ein Mitglied der Gemeinde Christi berichtet, wie es durch seine Taufe vor vielen Jahren von seiner Familie verstoßen wurde:

> Als sie hörten, dass ich getauft wurde [von Missionaren der Gemeinde Christi], waren mein Großvater und meine Familie sehr verärgert, da ich die Regeln der Familie missachtete. [...] Ich habe ihn [meinen Großvater] nicht um Erlaubnis gefragt, [...] und als sie hörten, dass einer der [...] Familie ein Gemeinde-Christi-Mitglied wurde, ein „*mutǧaddidīn*", erneuerter Christ, und die griechisch-orthodoxe Kirche verließ, das war eine SCHANDE [...]. Und ich wurde aus meiner Familie herausgeworfen und durfte nicht nach Hause zurückkommen.[500]

Diese Schilderung verdeutlicht, welchen Einfluss die Familie häufig auf den individuellen Gläubigen nimmt. Die Aussage, dass der Evangelikale seinen Großvater um Erlaubnis fragen sollte, steht in Spannung zu dem evangelikalen Anspruch, eine Wahl zu haben. Viele Evangelikale lassen sich aufgrund dieses Drucks nicht in einer evangelikalen Kirche taufen. Damit entfällt dann das „sichtbare Zeichen" oder „Zeugnis" der Bekehrung. Durch das sinkende Taufbegehren verliert die evangelikale Taufe an Bedeutung und Relevanz. Dies führt beispielsweise bei der Offenen Brüdergemeinde dazu, dass die Taufe keine Voraussetzung ist, um Mitglied in der Gemeinde zu werden. Ein für die Gemeinde Verantwortlicher beschreibt dies folgendermaßen:

> Nun, wir [...] sagen natürlich, um Teil der Gemeinschaft zu sein, muss die Taufe vollzogen werden, [...] als Glaubender muss man dem Herrn in der Taufe folgen [...]. Aber das [nicht getauft zu sein] bedeutet nicht, dass er [der Glaubende] kein Mitglied ist. Wenn er durch diese Gruppe hier zum Glauben kam, wird er [aufgrund des Glaubens] Teil der Kirche. Vielleicht wird er sich in ein paar Wochen, Tagen, Monaten taufen lassen. [...] Denn wir leben in einer Gesellschaft [...], wenn sie Single sind, werden ihre Eltern sie nicht taufen lassen. Also warten sie, vielleicht Jahre, bis sie von ihren Eltern frei sind, dann lassen sie sich taufen.[501]

Durch den Wegfall der Taufe als Aufnahmekriterium in die Gemeinschaft wird die Bedeutung des Glaubens, der das alleinige Aufnahmekriterium ist, verstärkt. Damit bewirkt das vorherrschende Verständnis von Religion und Christentum in Nazareth, insbesondere die soziale und rechtliche Dimension, selbst wenn diesem Verständnis in Teilen nachgegeben wird, eine Bestärkung des evangelikalen Anliegens, den Glauben an Jesus Christus, der allein das Christsein bewirkt.

---

500 Interview Nr. 57, 09.06.2017.
501 Interview Nr. 23, 11.04.2017.

2 Die Gemeinde, nicht die Institution, macht Kirche aus

Für die Evangelikalen ist die Kirche primär eine Gemeinschaft der Gläubigen, die der Stärkung und Aufrechterhaltung des eigenen Glaubens dienen soll. Der wöchentliche Hauptgottesdienst ist daher zentraler Ort der Gemeinde. Dieser findet in vielen Gemeinden nicht am Sonntagmorgen statt, da die jüdische Mehrheitsgesellschaft ihre freien Wochentage Freitag(-nachmittag) und Samstag hat. Viele Gemeinden treffen sich daher Freitag- oder auch Samstagabend zum Gottesdienst. Dies dient dem Interesse und der Lebensrealität der Gläubigen, die häufig am Sonntag arbeiten müssen, und stellt einen Unterschied zu den katholischen und orthodoxen Kirchen dar, die am Sonntagmorgen mit großem Glockengeläut zum Gottesdienst einladen. Die Gottesdienste in den evangelikalen Gemeinden sind in der Regel gut besucht, die Anzahl der Gottesdienstbesucher und der Mitglieder der Gemeinden weist eine höhere Übereinstimmung auf, als dies in katholischen und orthodoxen Kirchen in Nazareth der Fall ist. Auch Menschen, die nicht offiziell Mitglied sind, besuchen den Gottesdienst regelmäßig. Der Gottesdienst ist nicht nur Ort des Gebets, der Predigt und des Lobpreises, sondern im Anschluss gibt es häufig Tee oder Kaffee und Gebäck und die Gottesdienstbesucher verweilen noch für eine gewisse Zeit, um sich auszutauschen und gemeinsam Zeit zu verbringen und so Gemeinschaft zu pflegen. Für die Gottesdienste wird häufig der Begriff „Treffen" [ar. *iǧtimāʿ*] verwendet und nicht etwa wie bei den Katholiken „Gebet" [ar. *ṣalāt*]. Auch die anderen Veranstaltungen der Gemeinde dienen dem Zweck des Glaubens. So gibt es beispielsweise einen Kindergottesdienst, einen Jugend- und Frauenkreis, in denen ebenfalls Andachten und Lobpreis stattfinden und Glaubensfragen diskutiert werden, und einen Gebets- oder Bibelkreis. Ein umfangreiches Vereinsangebot [ar. *nadī*] mit Karate, Fußball, Ballett, Pfadfindern oder dergleichen gibt es in den evangelikalen Gemeinden nicht.

Im Vergleich zu den anderen Kirchengebäuden in Nazareth sind die evangelikalen Kirchen, mit Ausnahme der ältesten Baptistenkirche – auch Mutterkirche genannt – und der Kirche des Nazareners, nach außen hin nicht als Kirchen zu erkennen. Die Gemeinderäume liegen häufig in Wohnhäusern oder anderen kirchlichen Einrichtungen, unter anderem der Baptistenschule oder dem Nazareth Evangelical College, teilweise auch abseits im Industriegebiet. Ihre Räumlichkeiten sind in erster Linie zweckdienlich: Sie sind groß genug für die Gemeinde, aber eben auch nicht zu groß, haben häufig eine Teeküche für das anschließende Kirchcafé oder noch andere Räumlichkeiten, in denen parallel zum Hauptgottesdienst beispielsweise Kindergottesdienst stattfinden kann.

Dieses Gemeindeverständnis wird bei den Freien Methodisten zugespitzt: Sie haben gar keine Gottesdiensträume, sondern treffen sich als Hauskirchen in den

Häusern ihrer Mitglieder. Dem Verständnis der Hauskirche liegt der Gedanke zugrunde, dass bereits zwei Menschen in Jesus Christus eine Kirche bilden. Die Gottesdienste sind „Treffen" [ar. *iğtimāʿ*] mit Andacht, Lobpreis, Gebet, Diskussion und geselligem Beisammensein in Wohnzimmeratmosphäre, die häufig unter der Woche zu Zeiten, an denen es keine anderen evangelikalen Gottesdienste gibt, stattfinden. Die Hauskirchen dienen dazu, eine Beziehung der Mitglieder untereinander aufzubauen, aber sie dienen auch dem Missionsinteresse, da sie ein niederschwelligeres Angebot darstellen. Mit dem Wunsch, möglichst viele Hauskirchen zu gründen, verstärken die Freien Methodisten eine weitere evangelikale Abgrenzung gegenüber den katholischen und orthodoxen Kirchen in Nazareth. Während es zum Beispiel eine griechisch-orthodoxe Kirche für alle Griechisch-Orthodoxen und eine koptische Kirche für alle Kopten in Nazareth gibt, bestehen in Nazareth allein fünf baptistische Gemeinden. Diese Pluralität steht in starkem Kontrast zur Praxis des einen Kirchengebäudes für die eine Gemeinschaft.

Zu der Auffassung von Kirche als einer Gemeinschaft zählt auch das intensive Verhältnis der Gemeindeglieder zu ihrem Pastor, insbesondere bei den kleineren Gemeinden. Dieses Verständnis wird bei den Brüdergemeinden verschärft, denn sie lehnen, anders als die anderen evangelikalen Gemeinden in Nazareth, die Ordination von Pastoren ab. Ihren Gemeinden stehen Mitglieder als „Brüder" vor, die diese Funktion ehrenamtlich ausüben. Damit drücken sie in besonderer Weise den Gedanken einer Kirche als Gemeinschaft aller Gläubigen aus.

Die evangelikalen Pastoren verstehen sich als Prediger und Seelsorger und grenzen sich in dieser Funktion stark von den Priestern in katholischen und orthodoxen Kirchen ab, die sie eher als Rechts- oder Sakramentsverwalter sehen. Einige berichteten in Interviews, wie sie bei Trauer- oder anderen Seelsorgefällen von katholischen und orthodoxen Gemeindegliedern oder gar Priestern selbst zu Rate gezogen wurden, um ein Gebet oder tröstende Worte zu sprechen. Hierfür, so die Ansicht dieser evangelikalen Pastoren, seien die Menschen zugänglich und würden ein Bedürfnis signalisieren, welchem die katholischen und orthodoxen Priester mit ihren rituellen Gebeten oder Praktiken wie Weihrauch schwenken nicht nachkommen könnten.

Gleichzeitig versuchen die evangelikalen Pastoren aber auch, als gleichwertige Kleriker innerhalb der Christenheit in Nazareth anerkannt zu werden. Dies zeigt sich äußerlich zum Beispiel darin, dass viele evangelikale Pastoren ein Kollarhemd tragen – ein Hemd mit weißem Stehkragen, das in Israel und den Palästinensischen Gebieten sonst von Priestern und Pfarrern unter anderem in der römisch-katholischen, anglikanischen und auch lutherischen Kirche getragen wird. Damit wird die Zugehörigkeit zum Stand des Klerus nach außen hin sichtbar gemacht. Das Tragen eines Kollarhemds ist in den Gemeinden der Baptisten,

Assemblies of God und der Kirche des Nazareners weltweit nicht unbedingt üblich. Mit dem Tragen dieses Hemdes zeigen die Pastoren in Nazareth nach außen hin, dass sie den anderen Priestern in Nazareth gleichgesetzt werden wollen; nach innen grenzen sie sich damit stark als Pastoren von der übrigen Gemeinde ab.

Eine Annäherung an das lokale Priesterverständnis zeigt sich auch darin, dass in der Kirche des Nazareners, bei den Baptisten und den Assemblies of God bislang keine Frauen zu Pastorinnen ordiniert wurden, obwohl es in diesen Denominationen in anderen Teilen der Welt Pastorinnen gibt. In den anderen Kirchen in Israel und den Palästinensischen Gebieten gibt es keine einzige arabischsprachige Pastorin, was einerseits am orthodoxen und katholischen Verständnis des Priesteramts liegt, zu dem keine Frauen zugelassen sind, andererseits haben aber auch die anglikanischen und lutherischen Kirchen bisher keine Pastorinnen. Einzig die Freien Methodisten befürworten die Frauenordination und haben mit Ibtisam Danil eine Pastorin. Ihre Ordination wurde von den Mitgliedern der CECI scharf kritisiert; dies ist einer der Hauptgründe, weshalb die Freien Methodisten nicht Mitglied der CECI sind.

Weiterhin wirkt sich das in Nazareth dominierende Verständnis von Kirche als einer sozial-rechtlichen Institutionen auch auf die evangelikalen Gemeinden aus. Dies zeigt sich bereits in der Vergangenheit. Insbesondere die Baptisten wurden und werden heute aufgrund ihrer sozialen Einrichtungen als „Gemeinschaft" wahrgenommen und geschätzt. In Nazareth verfügen die Baptisten über eine Schule und einen Friedhof; in den 1950er Jahren unterhielten sie ein Waisenhaus. Diese Einrichtungen sind für einen heute über 80-jährigen Griechisch-Orthodoxen, der in seiner Jugend in enger Verbindung mit den Baptisten stand, die entscheidenden Kriterien, die ihn von den Baptisten als „Gemeinschaft"[502] [engl. *community*] im Sinne einer den anderen Religionsgemeinschaften gleichwertigen Gemeinschaft sprechen lassen. Die Baptistenschule hat auch insofern eine wichtige Rolle, dass sie unmittelbar an das orthodoxe Viertel angrenzt. Die orthodoxe Gemeinschaft hat seit dem ersten Weltkrieg bis heute keine eigene Schule mehr. Daher war die baptistische Schule besonders für die Orthodoxen attraktiv. Dieser Umstand ist ein wesentlicher Grund dafür, dass die meisten der Evangelikalen einen orthodoxen Hintergrund haben. Auch heute ist es die Schule, die den Baptisten als Aushängeschild dient. Sie gilt als eine der besten Schulen in ganz Israel und ist darum bei allen Familien in Nazareth, unabhängig ihrer religiösen Zugehörigkeit, beliebt. Das evangelikale Profil zeigt sich in einem für alle verpflichtenden Religionsunterricht und einer Andacht, ansonsten unterscheidet sie sich aber wenig von den anderen kirchlichen Schulen. Lehrkräfte müssen

---

502 Interview Nr. 24, 13.04.2017.

heute zwar „Christen" sein, aber nicht mehr Baptisten bzw. Evangelikale. Diese Schule ist ein Alleinstellungsmerkmal der Baptisten, andere evangelikale Kirchen haben keine Schulen oder andere derartige allgemein nützliche soziale Einrichtungen. Doch sie profitieren von dieser Schule ebenfalls, nicht nur können ihre Kinder diese Schule als Evangelikale vorrangig besuchen, sondern auch das Prestige der Schule und auch die mit ihr verbundenen internationalen Partnerschaften sind für die gesamte evangelikale Gemeinschaft von Gewinn.

Die größte Annäherung an das in Nazareth dominierende Verständnis von Religion und Christentum zeigt sich, wie bereits im zweiten Kapitel ausführlich dargelegt, in der Gründung der Convention of Evangelical Churches in Israel (CECI) und dem Streben nach Anerkennung als Religionsgemeinschaft. Das Prinzip der Verwaltung des Personenstandsrechts und der familien- und erbrechtlichen Angelegenheiten innerhalb der Religionsgemeinschaften lehnen die Evangelikalen, anders als säkulare jüdische Israelis, die eine Alternative einfordern, nicht grundsätzlich ab. Für die Evangelikalen ist es Teil ihres Religionsverständnisses, Ehen zu schließen – und wenn nötig zu scheiden. Mit einer offiziellen Anerkennung als Religionsgemeinschaft einher geht die Hoffnung, von den anderen Religionsgemeinschaften als gleichwertig anerkannt zu werden. Eine offizielle Anerkennung ist jedoch bis heute nicht erfolgt. Unter Evangelikalen wird darum diskutiert, ob dieses Ziel noch weiterverfolgt werden soll.

3 Die Bibel, nicht die Tradition, ist Maßstab des Glaubens

Die arabischsprachigen Evangelikalen in Nazareth lehnen die Liturgie, Bräuche und Rituale in den katholischen und orthodoxen Kirchen als „traditionell" ab. Dagegen betonen sie die Bibel als „einzige Verfassung" und Richtschnur ihres Glaubens. Die Behauptung des evangelikalen Anspruches der Bibel als alleiniger Glaubensgrundlage gegen die Tradition zeigt sich an prominenter Stelle im Glaubensbekenntnis der CECI:

> Die Bibel ist das von Gott inspirierte Wort. [...] Die Bibel ist das Wort Gottes, unfehlbar, und hat die höchste und letzte Autorität in allen Angelegenheiten des Glaubens und Verhaltens.[503]

Hierbei handelt es sich zunächst um eine allgemein-evangelikale Position, in ähnlicher Weise formuliert beispielsweise die Evangelische Weltallianz (WEA). Jedoch findet sich bei der CECI, anders als bei der WEA, der Zusatz, dass die Bibel

---

503 http://enjeely.org/aboutus.php?cat=30.

aus 66 Büchern bestehe – damit findet eine explizite Abgrenzung gegenüber dem katholischen Kanon statt, der mit den sogenannten Apokryphen noch weitere Bücher enthält.

Die Auseinandersetzung unter den Evangelikalen in Nazareth über die Fragen nach Bibel und Tradition geschieht häufig in sehr polemischer Weise. Den katholischen und orthodoxen Christen wird vorgeworfen, dass sie das „Wort Gottes" nicht kennen würden. Diese Wahrnehmung wird häufig aus der eigenen, vorevangelikalen und meist kirchenfernen Erfahrung gespeist; damit wird der Anspruch vertreten, nur sie selbst würden die Bibel lesen und kennen – und seien damit die einzig wahren Christen.

Die Bedeutung der Bibel lässt sich im Gottesdienst und im Gemeindealltag besonders in zwei Bereichen feststellen. Im Gottesdienst kommt der Bibel zentrale Stellung zu, indem ein bestimmter biblischer Text verlesen und anschließend in Form einer ausführlichen Predigt ausgelegt wird. Die Predigt kann als das Zentrum des Gottesdienstes gesehen werden. Die Vermittlung und Kenntnis des biblischen Textes wird darüber hinaus versucht in Bibelstunden, in der Regel wöchentlich angebotenen Treffen unter der Woche, zu vermitteln. Besonders heraus sticht dabei die Bibelstunde für Frauen in der Offenen Brüdergemeinde, die auch von Frauen aus anderen evangelikalen Gemeinden besucht wird und über die Denominationen hinweg beliebt ist.

Praktiken und Inhalte werden danach bewertet, ob sie „biblisch" sind oder ob es „geschrieben steht". Dies dient einerseits der Abgrenzung gegenüber den katholischen und orthodoxen Kirchen, deren Praktiken als „traditionell" und „unbiblisch" gewertet werden. Andererseits wird aber auch eine Praxis in anderen evangelikalen Gemeinden, die von der eigenen Praxis abweicht, als „unbiblisch" charakterisiert und damit abgewertet. Dabei ist auffallend, dass gegensätzliche Positionen je nach Standpunkt sowohl als „biblisch" als auch als „unbiblisch" gelten können. Dies zeigt sich am Beispiel der Rolle der Frau im Gottesdienst. In den evangelikalen Gemeinden werden Frauen, abgesehen von den Freien Methodisten, nicht ordiniert, dürfen aber in Ehrenämtern oder auch im Gottesdienst eine aktive Rolle einnehmen, beispielsweise in der Band, als Leserin oder auch als Älteste. In der Gemeinde Christi und den Brüdergemeinden dürfen die Frauen überhaupt nicht sprechen. Das jeweilige Verständnis wird dabei als „biblisch" legitimiert. So sagt etwa ein Mitglied der Brüdergemeinde: „wo auch immer Männer und Frauen zusammen sind, es ist biblisch, nicht Diskriminierung, es ist biblisch, [...] der Mann ist das Haupt [...] sie [die Männer] sind die Leiter"[504]. In ähnlicher Weise argumentiert ein Mitglied der Gemeinde Christi: „es gibt einige

---

[504] Interview Nr. 23, 11.04.2017.

Kirchen in Amerika, die den Frauen erlauben zu predigen, aber BIBLISCH ist es klar wie die Sonne. Also ich habe sozusagen Angst, Gottes Wort zu brechen"[505]. Einige der Interviewten sind sich in ihrer Position zur Frage nach der Rolle von Frauen in Kirchen unsicher, können sich aber vorstellen, dass Frauen Pastorinnen sein könnten. Ihre unsichere Haltung begründen sie damit, dass sie dies nicht ausreichend „studiert", also sich nicht ausreichend mit dem biblischen Text auseinandergesetzt hätten. So verweist beispielsweise eine Baptistin unspezifisch darauf, dass „es biblisch [ist], es ist irgendwo geschrieben, dass sie [die Frau] nicht lehren darf"[506], eine andere sagt „ich muss zurück zur Schrift gehen [...] und für mich selbst studieren"[507]. Damit führen auch sie die Bibel als einzige Begründungsgrundlage an, zugleich zeigen sie aber eine mangelnde Bibelkenntnis an, die entgegen dem evangelikalen Anspruch steht. Auch ein Befürworter der Frauenordination der Freien Methodisten argumentiert allein mit der Bibel, um seine Position zu legitimieren. Er verweist auf den speziellen textlichen und kulturellen Kontext, in dem die jeweiligen biblischen Aussagen zur Rolle der Frau getroffen werden.

Die skizzierte Auseinandersetzung über die Rolle der Frau in den Gemeinden zeigt, dass alle Positionen biblisch begründet werden und der Bibel damit eine hohe Bedeutung zugesprochen wird. Zugleich wird ein breites Meinungsspektrum darüber sichtbar, was genau „biblisch" ist. Dies ruft die Frage nach der jeweiligen Hermeneutik hervor. Während der Position, Frauen sollten in der Gemeinde nicht sprechen, eine biblizistische, eklektische Lesart zugrunde liegt, die selten selbst als solche reflektiert, sondern als rein „biblisch" behauptet wird, ist in der Position der Befürwortung der Frauenordination eine Lesart zu sehen, die die kulturelle und kontextuelle Gebundenheit des biblischen Textes wahrnimmt und in die Interpretation mit einbezieht. Diese letztere Lesart erfreut sich in jüngster Vergangenheit unter anderem bei den Dozierenden am Nazareth Evangelical College (NEC), aber auch bei den von der Fellowship of Christian Students in Israel (FCSI) im Rahmen des Global Student Ministry angebotenen Bibelstudien Beliebtheit. Sie versuchen, mit diesen Programmen das von ihnen als mangelhaft erlebte Bibelverständnis unter Evangelikalen zu erweitern. Tatsächlich verdeutlicht die skizzierte Auseinandersetzung, dass die Bibel entgegen dem eigenen Anspruch nicht wirklich intensiv gelesen und diskutiert wird. Dies bringt gar einen Evangelikalen dazu zu sagen, man sei im Grunde gar nicht so viel besser als die „traditionellen" Kirchen und entwickle sich zu „inhaltslosen Vereinen"[508] [ar.

---

505 Interview Nr. 57, 09.06.2017.
506 Interview Nr. 22, 10.04.2017.
507 Interview Nr. 29, 08.05.2017.
508 Interview Nr. 45, 24.05.2017.

nadī], gleich einem Verein für Sport oder Pfadfinder der katholischen und orthodoxen Kirchen.

Eine innere Begrenzung erfährt der biblische Absolutheitsanspruch durch eine spezifische Frömmigkeitspraxis, die pfingstlich-charismatisch geprägt ist. Dies wirkt sich unter anderem darin aus, dass in einigen Gemeinden die Bibelstunde durch ein Gebetstreffen ersetzt wurde. Andere Gemeinden rücken in ihren als Bibelstunden deklarierten Treffen Lobpreis und Gebet in den Vordergrund. Kritische Stimmen aus dem evangelikalen Feld bemängeln, man wolle nur bestimmte „Erfahrungen" machen und nicht mehr in der Bibel lesen. Auch Anhänger einer pfingstlich-charismatischen Praxis üben mitunter selbst Kritik, so etwa eine Angehörige des House of Prayer and Exploits: Sie kritisiert die Aufforderung „bete darüber" oder die Rede von „Gott hat mir gesagt", die statt der Aufforderung „lies in der Bibel"[509] vorgebracht werden. Sie fordert die Bibel als Korrektiv ein: „Nicht alles, was mein Pastor sagt [...] oder was irgendeine Leitungsperson sagt ist das heiligste Wort. Ich habe das Wort Gottes, welches das Heiligste ist". Sie zeigt die Gefahr an, die bestehe, wenn man behaupte, „Gott hat mir gesagt, dies zu tun", denn man könne dadurch weit weg von der Bibel kommen, es zähle allein, was in der Bibel stehe.

Aufgrund der hohen Stellung der Bibel und der Ablehnung der „Tradition" werden in den evangelikalen Gottesdiensten altkirchliche Gebete oder Glaubensbekenntnisse wie das Nicaeno-Konstantinopolitanum nicht gesprochen. Diese Einstellung führt sogar soweit, dass selbst das Vater Unser, das neutestamentlich und damit eigentlich „biblisch" ist und in der weltweiten Ökumene den kleinsten gemeinsamen Nenner darstellt, nur in wenigen Gemeinden und dort auch nur gelegentlich gemeinsam gesprochen wird. Die eigene Gottesdienstpraxis, bestehend aus Lobpreismusik, frei formulierten Gebeten und einer langen Predigt wird hingegen als traditionslos und „biblisch" verstanden. Dass es sich jedoch bei der evangelikalen Praxis quasi um eine eigene Tradition handelt, bringt ein arabischsprachiger Evangelikaler selbst kritisch ein:

> [...] ja, steht denn in der Bibel, dass wir predigen sollen und dann singen und Opfer einsammeln, [...] wir nehmen von der Kirche einige Autoritäten, praktizieren [...] Kirchendisziplin, Kirchenorganisation, aber wenn es zur Spiritualität von Kirchen kommt, sagen wir: Nein, es ist nicht in der Bibel geschrieben. Und [...] wir schauen zu den Katholiken und Griechisch-Orthodoxen und sagen: Okay, sie sind nicht richtig, weil sie nicht bei der Bibel bleiben, sie haben etwas extra. Aber wir haben auch etwas extra, zu einem gewissen Grad.[510]

---

509 Hierzu und im Folgenden Interview Nr. 59, 11.06.2017.
510 Interview Nr. 46, 26.05.2017.

Paradoxerweise ist es dann aber die kirchliche Tradition, die bei innerevangelikal unterschiedlichen theologischen Positionen als gemeinsame Grundlage und Basis genutzt wird. Zum Beispiel gab es bei der Abfassung des Glaubensbekenntnisses der CECI keine einheitliche Meinung unter den Mitgliedern, wie der Abschnitt zum Heiligen Geist formuliert werden sollte – zu groß war der Dissens zwischen pfingstlich-charismatisch geprägten Mitgliedern und den Brüdergemeinden, die die Geistgaben in der apostolischen Zeit begrenzt sehen. Für den Abschnitt zum Heiligen Geist griffen die Mitglieder der CECI auf die Formulierung des Nicaeno-Constantinopolitanum zurück, und zwar nach orthodoxer Tradition, ohne das filioque. Die Aufnahme der orthodoxen Tradition war eine Selbstverständlichkeit, die nicht diskutiert wurde. Dies liegt daran, dass viele Evangelikale einen orthodoxen Hintergrund haben. Im Kontext des globalen Evangelikalismus stellt dies ein Spezifikum dar.[511]

Die evangelikale Kritik richtet sich vor allem dagegen, dass die Christenheit in Nazareth die Gottesdienste vor allem nur zu Feiertagen oder Anlässen wie Taufe und Hochzeiten besucht. Dies führt dazu, dass die evangelikalen Gemeinden den Feiertagen teils weniger Beachtung schenken oder diese in einer besonderen Weise feiern. Vor allem die Brüdergemeinde und die Gemeinde Christi grenzen sich davon ab, indem sie gar keine christlichen Feiertage begehen. Die Ablehnung von Osterfeierlichkeiten zum Beispiel wird damit begründet, dass mit dem wöchentlichen Brotbrechen beziehungsweise Abendmahl jede Woche Jesu Tod und Auferstehung gedacht werde. In den übrigen Gemeinden werden hingegen die wichtigsten christlichen Feiertage begangen – vor allem Ostern, Pfingsten und Weihnachten. Dabei werden in Nazareth übliche Traditionen und Bräuche aufgenommen und adaptiert. Damit stellt sich die Frage, zu welchem Zeitpunkt diese Feiertage gefeiert werden, denn in Nazareth feiern die katholischen Kirchen und die anglikanische Kirche nach dem westlichen Kalender, die orthodoxen Kirchen nach dem östlichen Kalender. Anders wird dies in anderen Städten in Israel und den Palästinensischen Gebieten, zum Beispiel in Ramallah, gehandhabt, in denen nach westlichem Kalender Weihnachten, nach östlichem Kalender Ostern – und damit auch Pfingsten – gefeiert wird. Diese Praxis haben sich die Evangelikalen in Nazareth zu eigen gemacht. Ostern feiern sie nach östlichem Kalender, auch die Baptistenschule hat zu diesem Zeitpunkt Ferien. Damit kommt auch in diesem Punkt die Herkunft vieler Evangelikaler aus der griechisch-orthodoxen Kirche zum Tragen.

Wichtig ist den Evangelikalen dabei, die „wahre", „christliche", also „biblische" Bedeutung herauszustellen. Damit möchten sie sich von der Praxis der

---

511 Vgl. Ajaj und Sumpter, „Introduction to the Convention", 43 mit Anm. 31.

katholischen und orthodoxen Kirchen abgrenzen, bei denen zu Feiertagen um das Kirchengelände herum große Prozessionen mit Pfadfindergruppen und Blasmusik stattfinden. Diese Prozessionen werden von zahlreichen Mitgliedern der Gemeinschaft besucht, der gesamte Stadtteil befindet sich in Festtagsstimmung. An Palmsonntag findet auch in den evangelikalen Gemeinden eine Prozession statt. Kinder haben, wie bei katholischen und orthodoxen Palmsonntagsprozessionen auch, mit Eiern und Blumen geschmückte Handkerzen. Anders als bei den katholischen und orthodoxen Prozessionen finden die evangelikalen Prozessionen aber nicht mit Pfadfindergruppen und Blasmusik um das Kirchengelände herum statt, sondern zu Lobpreismusik innerhalb des Gottesdienstraums.

Letztendlich macht sich auch in der Brüdergemeinde und der Gemeinde Christi der Einfluss der katholischen und orthodoxen Praxis bemerkbar: In der Brüdergemeinde wird zwar keine besondere Feier abgehalten, aber es wird über den biblischen Hintergrund des Festes gepredigt. Wie groß der Einfluss der Familien und Traditionen ist, zeigt sich in der Gemeinde Christi. Der Grund, dass die Gemeinde Christi die Feiertage nicht begeht, ist dem Pastor zufolge nicht nur, dass ihnen theologisch kein besonderer Stellenwert eingeräumt wird, sondern auch die Tatsache, dass die Gemeindeglieder ohnehin nicht kommen würden, weil sie mit ihren jeweiligen Familien in deren Religionsgemeinschaft feierten.

4 Jesus, nicht Maria, ist der Weg zum Heil

Marienverehrung wird, wie kein anderer Aspekt des orthodoxen oder katholischen Christseins in Nazareth, von den Evangelikalen in Nazareth zurückgewiesen. Die evangelikale Kritik richtet sich gegen die in Nazareth erlebte katholische bzw. orthodoxe (Marien-)Frömmigkeit, nicht unbedingt gegen eine katholische oder orthodoxe Lehrmeinung, die selbst möglicherweise ausufernde Frömmigkeitsformen zurückdrängen möchte. Die Marienverehrung wird deshalb so konsequent abgelehnt, da sie dem Kern des evangelikalen Glaubens diametral entgegensteht, nach dem allein Jesus Christus der Weg zum Heil ist und es neben ihm keine Mittler gibt. Ein Interviewter drückt die exklusive Heilsbedeutung Jesu Christi folgendermaßen aus:

> Denn Jesus sagte: Ich bin die Wahrheit, der Weg und das Leben. Das sagte er, er sagte nicht: Ich bin EIN Weg, einer der Wege. Er sagte: ich bin DER Weg. Wenn du zu Gott kommen möchtest, komm durch mich.[512]

---

[512] Interview Nr. 27, 19.04.2017.

In ähnlicher Weise hebt ein anderer Interviewter Jesus als alleinigen Erlöser hervor, indem er darauf verweist, dass Jesus in seiner Größe nicht in kleinen Bildern darstellbar sei:

> Wir haben Jesus in zu vielen, zu kleinen Bildern dargestellt und wir haben ihm nicht sein volles Recht gegeben als Herr und Erlöser. Denn wir haben ihn zu dieser kleinen Ikone gemacht oder [... als] Heiligenmacher und wir sind – sie sind – den Heiligen mehr gefolgt als dem Macher der Heiligen. Nun, aber jetzt ist es Zeit, es ist Zeit nicht mehr [...] zu den Heiligen zu beten, sondern den Macher der Heiligen zu kennen.[513]

Der Interviewte macht einen Gegensatz auf zwischen den Heiligen und dem Heiligenmacher; man solle nicht zu den Heiligen beten, sondern den Macher der Heiligen kennen. Mit der Gegenüberstellung von „beten" und „kennen" deutet der Interviewte einen weiteren, häufig geäußerten Kritikpunkt an. Die Anbetung von Ikonen und Heiligen, so die Kritik, führe nicht zu einer wahren Beziehung mit Gott. Wer sich in einer wahren, echten, innigen Beziehung mit Gott befindet, so der Gedanke, sei nicht auf Mittler oder Abbildungen angewiesen. Er kenne Gott und wisse um seinen Beistand und seinen Plan für sich.

Die Zentralität Jesu für die Evangelikalen in Nazareth lässt sich auch in der Benennung von Gemeinden – sofern sie Namen tragen – feststellen. Während die katholische und die orthodoxe Hauptkirche nach dem Verkündigungsgeschehen benannt sind und damit auf Maria fokussieren, tragen die evangelikalen Gemeinden Namen, die Jesus hervorheben, beispielsweise „Haus Jesus der König" oder „Der gute Hirte". Auch im Innern unterscheiden sie sich. Bilder, Statuen oder Ikonen findet man in den evangelikalen Kirchen nicht. Hingegen stellen die evangelikalen Gemeinden, vor allem die baptistischen Gemeinden, das Erlösungsgeschehen mit einem einfachen Holzkreuz in den Mittelpunkt. Die meist abseits gelegenen und nach außen hin nicht sonderlich repräsentativ oder attraktiv erscheinenden Kirchengebäude ziehen, anders als die römisch-katholische oder die griechisch-orthodoxe Kirche, keine Touristen oder Pilger an. Dennoch gibt es eine Touristenattraktion, die von Evangelikalen errichtet und unterhalten wird: das Nazareth Village. In diesem Freilichtmuseum dreht sich alles um Jesus. Hier, in „Jesu Heimatort"[514], soll „das Leben [...] und die Lehre Jesu von Nazareth" dargestellt werden. Mittels ausgegrabener und reproduzierter Objekte und Bauten, wie etwa einer Oliven- und Weinpresse oder einer Synagoge, Statisten in Kostümen und einer speziellen Tier- und Pflanzenwelt, soll es Besuchern möglich werden, „in die Zeit Jesu zurückzukehren". Führungen themati-

---

513 Interview Nr. 47, 30.05.2017.
514 Vgl. hierzu und den folgenden Zitaten https://www.nazarethvillage.com/about/.

sieren auf einem „Gleichnis-Weg" Jesu Lehre.[515] Das Beispiel des Nazareth Village verdeutlicht im Vergleich zur römisch-katholischen und zur griechisch-orthodoxen Verkündigungskirche und dem Marienzentrum eine weitere evangelikale Fokussierung auf Jesus Christus, die auch nach außen hin sichtbar ist und vermittelt wird.

Grundsätzlich sind sich die Evangelikalen in ihrer Ablehnung der Marien- und Heiligenverehrung sehr klar. Manche betonen dennoch, dass man gerade deswegen auf die katholischen und orthodoxen Christen zugehen müsse, um – so sagte es eine Interviewte – „den Christus-zentrierten Glauben auf den Tisch [zu] bringen und ihn [zu] diskutieren"[516]. Einzig ein Evangelikaler bemühte sich im Interview, Verständnis und Wertschätzung für die Marienverehrung aufzubringen und sie in seine Glaubensvorstellung zu integrieren. Er sieht in Maria eine „besondere Person", die „wie keine andere Frau in der Welt" sei, weshalb er sie ehre. Sie sei die „Gesegnete", die von Gott als Mutter Jesu Christi ausgewählt wurde. Eine Mittlerin im Heilsgeschehen sei sie jedoch nicht. Um sein Verständnis von Maria als spezieller Person, die aber doch keine Mittlerin ist, klarzustellen, differenziert er zwischen beten „für mich" und „mit mir" und bringt dies mit der eigenen evangelikalen Gebetspraxis in Zusammenhang. So wie Evangelikale ihren Pastor bäten, dass er mit ihnen bete, so wendeten sich Menschen an Maria, dass sie mit ihnen bete:

> Bete mit mir, ich habe dieses Bedürfnis, ich möchte es Gott gegenüber ausdrücken, könntest du es besser ausdrücken, bete mit mir. Ja, vereint sein im Gebet. Es ist nicht: trete für mich ein, denn [...] sie ist nicht für dich gestorben, sie hat dich nicht erlöst, also kann sie nicht für dich eintreten, aber zur selben Zeit müssen wir verstehen, was sie meinen, wenn sie zu Maria beten, die Katholiken.

Er wirbt für Verständnis der katholischen Position, die er aber in bestimmter Weise deutet. Eine Heilsmittlerschaft Marias lehnt nicht nur er selbst streng ab, er legt auch die Vermutung nahe, dass Katholiken ein solches Verständnis nicht vertreten. Maria könne, wie ein Pastor beispielsweise auch, mit jemandem beten und gemeinsam das Anliegen vor Gott bringen.

---

515 Zum Nazareth Village vgl. Jackie Feldman und Amos S. Ron, „American Holy Land. Orientalism, Disneyzation, and the Evangelical Gaze," in *Orient – Orientalistik – Orientalismus. Geschichte und Aktualität einer Debatte*, hg. von Burkhard Schnepel et al. (Bielefeld: transcript, 2011), 151–76.
516 Interview Nr. 29, 08.05.2017.

5 Fazit: Religion und Christentum in Nazareth und evangelikale Kritik

Im Kern des Selbstverständnisses der arabischsprachigen Evangelikalen steht der Glaube an Jesus Christus, dessen Tod am Kreuz und seine Auferstehung. Allein dieser Glaube bewirkt nach evangelikalem Verständnis die Erlösung des Menschen; dieser Glaube ist es, der einen Menschen zum Christen macht. Mit diesem Grundsatz grenzen sich die Evangelikalen scharf von dem vorherrschenden Verständnis von Religion und Christentum in Nazareth ab, das sich vor allem daraus ergibt, dass die Zugehörigkeit zu einer Religionsgemeinschaft rechtlich notwendig ist, allein diese Zugehörigkeit das Christsein bewirkt und dadurch soziale, politische, ethnische und frömmigkeitsspezifische Wirkung entfaltet. Aus dem Grundsatz des Christseins allein aus Glauben leiten sich weitere evangelikale Prinzipien ab, die in Abgrenzung zu dem vorherrschenden Christentums- und Religionsverständnis in Nazareth formuliert werden: Die Kirche ist die Gemeinschaft der Gläubigen, keine sozial-rechtliche Institution; die Bibel ist die alleinige Autorität in Glaubensfragen, nicht die Tradition; Jesus allein vermittelt das Heil, nicht Maria oder andere Heilige. Diese reformatorischen Grundanliegen von sola fide, sola gratia, solus Christus und sola scriptura entfalten im Kontext des Evangelikalismus in Nazareth eine besondere Bedeutung: Mit diesen Prinzipien versuchen die Evangelikalen eine Kritik und Alternative zum vorherrschenden Religions- und Christentumsverständnis zu bieten und die mit ihm einhergehenden Problematiken zu transzendieren. In dem Identitätskonflikt ist das einzige, was frei zu wählen ist, der Glaube; „Religion" wird abgelehnt, denn „Religion ist nicht Glaube".

Trotz kritischer Haltung nehmen die Evangelikalen das vorherrschende Verständnis von Religion und Christentum in Nazareth zumindest in Teilen auf. Dies zeigt einerseits, wie einflussreich dieses ist und wie häufig dieses unhinterfragt fortbesteht, und macht andererseits ein lokal-spezifisches Verständnis von Evangelikalismus sichtbar. So nehmen die Evangelikalen beispielsweise trotz Ablehnung kirchlicher Traditionen die Formulierung des Nicaeno-Constantinopolitanum nach orthodoxer Tradition in ihr Glaubensbekenntnis auf, heiraten in ihren Herkunftskirchen, vermeiden eine Taufe als Gläubige aufgrund des familiären Drucks und können trotzdem Mitglied in einer evangelikalen Gemeinde sein. Am deutlichsten zeigt sich die Aufnahme darin, dass die Evangelikalen die angestrebte Anerkennung als Religionsgemeinschaft als Teil ihres Religionsverständnisses formulieren. Anders als jüdisch-säkulare Organisationen, die eine Einführung der zivilen Eheschließung fordern, bringen die Evangelikalen keine Kritik an dem bestehenden Prinzip der Verwaltung der Personenstandsangelegenheiten durch die Religionsgemeinschaften zum Ausdruck. Vielmehr ist dieses sozial-rechtliche Religionsverständnis Teil ihres evangelikalen Selbstverständnisses, ja mehr noch: Der Evangelikalismus entstand erst durch den Zusammenschluss von Baptisten, Assemblies of God, Kirche des Nazareners und Offener Brüdergemeinde zur CECI mit dem Ziel, eine Anerkennung als Religionsgemeinschaft zu erlangen.

IV Christlich-evangelikaler Zionismus und die „Stille" der arabischsprachigen Evangelikalen in Nazareth

1 Zwischen Politik und Religion: Forschungsstand zum christlich-evangelikalen Zionismus

In jüngster Zeit ist der christlich-evangelikale Zionismus wiederholt in die Aufmerksamkeit der Medien gerückt. Diese diskutieren zugleich darüber, was evangelikaler Zionismus und evangelikales Christentum überhaupt sind. Beispielhaft soll hier auf einen Leitartikel der israelischen Zeitung *Haaretz* von Juli 2019 und eine „Meinung", die auf diesen Artikel kritisch reagiert, eingegangen werden. Der Leitartikel prangert die Zusammenarbeit der israelischen Regierung mit den evangelikalen Christen aufgrund deren zionistischer Orientierung an:

> Über Jahre hat der israelische rechte Flügel auf eine enge politische und finanzielle Allianz mit dem evangelikalen Christentum hingearbeitet, welches die zionistische Unternehmung und die Rückkehr des jüdischen Volkes in sein Land als eine Voraussetzung für das zweite Kommen von Jesus am Ende der Tage unterstützt. Dieser Prozess erreichte seinen Höhepunkt mit der Wahl Donald Trumps zum Präsidenten der Vereinigten Staaten [...]. Eine israelische Regierung, die sich um die Zukunft des Landes kümmert [...], kann es sich nicht erlauben, Unterstützung auf Kosten einer Gemeinschaft zu kaufen, die aus dem Glauben heraus handelt, dass die Juden im Prozess der christlichen Erlösung eine vorübergehende Rolle spielen.[517]

Tage später veröffentlicht *Haaretz* eine „Meinung", verfasst von dem evangelikalen Christen und Herausgeber der *Christianity Today*, Mark Galli, und dem rabbinischen Wissenschaftler Yehiel Poupko aus Chicago, mit einer Kritik an einer weitverbreiteten Sicht auf die Evangelikalen:

> [...] für viele Amerikaner ist das Gesicht des Evangelikalismus die eindimensionale Karikatur, die von den Massenmedien präsentiert wird. Viel zu oft ziehen Amerikaner Schlüsse über Evangelikalismus aufgrund der allgegenwärtigen Präsenz eines Jerry Falwell, eines Pat Robertson und eines John Hagee. Das bringt viele Amerikaner und Israelis dazu, die „religiöse Rechte" mit evangelikalem Christentum zu verbinden. Sie sind nicht identisch. Die religiöse Rechte ist ein politischer Begriff. Evangelikales Christentum ist ein Glaubensbekenntnis.[518]

---

517 Haaretz Editorial, „The Evangelical Bear Hug," *Haaretz* (09.07.2019).
518 Mark Galli und Yehiel Poupko, „Too Many Jews and Israelis See White Evangelicals as One-dimensional Messianic Caricatures," *Haaretz* (21.07.2019).

https://doi.org/10.1515/9783110734515-007

Beide Artikel belegen eine hohe mediale Brisanz. Deutlich wird, dass es US-amerikanische evangelikale Christen gibt, die Israel unterstützen. Als Grund hierfür nennt der *Haaretz*-Leitartikel ihren evangelikalen „Glauben" an bestimmte endzeitliche Ereignisse. Diese Ansicht weisen die Autoren der „Meinung" zurück: Die Wahrnehmung sei durch öffentlich wirksame Personen verzerrt. Mit dieser Argumentation wollen sie plausibel machen, dass es sich hierbei nur um Einzelpositionen handelt. Diese seien „Religiöse Rechte" und „politisch", sie seien keine „Evangelikale". „Evangelikales Christentum" sei hingegen ein „Glaubensbekenntnis". Damit grenzen die Autoren das Handeln der Personen, das sie negativ bewerten, als „politisch" und damit nicht zum Evangelikalismus gehörig aus. Der Evangelikalismus bestimme sich durch Glauben, der damit eine positive Konnotation erfährt. Damit grenzen sie auch die genannten Personen aus dem evangelikalen Feld aus, die sich selbst freilich als evangelikal verstehen. Hierdurch werden die Autoren ihrem eigenen Anliegen nicht gerecht, den Evangelikalismus von seiner „eindimensionalen Karikatur" zu befreien – die Autoren präsentieren zwar ein alternatives, aber ebenso ausschließliches Bild des Evangelikalismus, wie es der *Haaretz*-Leitartikel zeichnet. Letztendlich macht die Diskussion deutlich, dass es bei der Auseinandersetzung um den evangelikalen Zionismus auch um die Frage nach evangelikaler Identität an sich geht. Anders gesagt: Ein wesentliches Element von evangelikaler Identität ist die Frage nach dem (evangelikalen) Verhältnis zu Israel.

Die skizzierte Auseinandersetzung in der *Haaretz* fragt nach einer differenzierten Betrachtung des Evangelikalismus in seinem Verhältnis zu Israel und den Motiven der Evangelikalen, die eine zionistische Haltung einnehmen. Diese Fragen kann die gegenwärtige Forschung kaum beantworten. Vielmehr zeigt sich hier in einem Großteil der Literatur eine ähnliche Argumentationsweise, wie sie die Auseinandersetzung in der *Haaretz* offenbarte. Der allgemeine Duktus ist dabei zwar ein kritischer, aber die Kriterien der Kritik bleiben unklar. Ein guter Teil der Literatur argumentiert aus christlicher Innenperspektive. Der christlich-evangelikale Zionismus wird auf eine literalistische Lesart der Bibel zurückgeführt, in der Folge mit biblisch-theologischen Argumenten widerlegt und als unbiblisch oder unchristlich zurückgewiesen.[519] Gleichzeitig wird versucht, den christlich-evan-

---

519 Hierzu zählen u. a. Stephen Sizer, *Christian Zionism. Road-map to Armageddon* (Leicester: Inter-Varsity Press, 2006) (Sizer spricht vom christlichen Zionismus als einer „politischen Art" von Philosemitismus, 19); Donald E. Wagner, *Anxious for Armageddon. A Call to Partnership for Middle Eastern and Western Christians* (Scottdale: Herald Press, 1995) (Wagner bezeichnet die Internationale Christliche Botschaft in Jerusalem als „häretischen Kult", 111); Gary Burge, *Whose Land? Whose Promise? What Christians Are Not Being Told about Israel and the Palestinians* (Cleveland:

gelikalen Zionismus als „Politik" (etwas Schlechtes) von „Religion" (etwas Gutem) abzugrenzen. Eine derartige Argumentation zeigt sich auch bei solchen Autoren, deren Auseinandersetzung mit dem christlich-evangelikalen Zionismus eine primär historische ist: Für Robert Smith ist es notwendig, den christlichen Zionismus herauszufordern, den er als „politische Handlung"[520] versteht. Zur Verstärkung seiner Argumentation greift er auf die Position palästinensischer Befreiungstheologie zurück und bringt so palästinensische Christen als Leidtragende des christlich-evangelikalen Zionismus als authentische, autoritative Stimme ein. Auch Stephen Spector verweist auf das palästinensische befreiungstheologische Zentrum Sabeel: „Christlich-zionistische Theologie entstelle und verunstalte Gott und das Christentum"[521], wird der Direktor von Sabeel und Theologe Naim Ateek zitiert.

Eine differenzierte Wahrnehmung des Evangelikalismus findet kaum statt. Dies mag auch daran liegen, dass grundsätzlich von einem allgemein „christlichen" Zionismus gesprochen wird, auch dann, wenn dezidiert evangelikale Personen und Institutionen beschrieben werden.[522] Auch die Kontinuität betonenden historischen Abhandlungen zum „christlichen" Zionismus – Robert Smith etwa setzt mit einer jüdisch-zentrierten, prophetischen Interpretation in der Reformationszeit (1530–1603) ein[523] – mögen zu einer wenig differenzierten Betrachtungsweise heutiger evangelikal-zionistischer Positionen beitragen. Stephen Spector, der sich explizit mit evangelikalen Zionisten auseinandersetzt, skizziert zwar eingangs mit „Modernisten", „Fundamentalisten", „Charismatikern", „Pfingstlern" und „Religiösen Rechten" verschiedene „evangelikale" Lager, ver-

---

Pilgrim Press, 2003); vgl. Sean Durbin, *Righteous Gentiles. Religion, Identity, and Myth in John Hagee's Christians United for Israel* (Leiden: Brill, 2019), 6 f.
520 Robert O. Smith, „Anglo-American Christian Zionism. Implications for Palestinian Christians," *Ecumenical Rev* 64:1 (2012): 27–35, 28; Robert O. Smith, *More Desired than our Owne Salvation. The Roots of Christian Zionism* (Oxford u. a.: Oxford University Press, 2013), 2.
521 Stephen Spector, *Evangelicals and Israel. The Story of American Christian Zionism* (Oxford u. a.: Oxford Univ. Press, 2009), 131.
522 Vgl. Spector, *Evangelicals and Israel*, der evangelikale Positionen untersucht, dennoch am Begriff „christlicher Zionismus" festhält; Stephen Sizer, „The Bible and Christian Zionism: Roadmap to Armageddon?," *Transformation: An International Journal of Holistic Mission Studies* 27:2 (2010): 122–32, spricht grundsätzlich von einem „christlichen" Zionismus, auch da, wo er mit Hal Lindsey, Mike Evans und Tim LaHaye Evangelikale zitiert (129 f.); ebenfalls Smith, *The Roots of Christian Zionism*, der gemeinsam mit anderen evangelikalen Zionisten ausführlich John Hagee und die Organisation Christians United for Israel (CUFI) bespricht, v. a. 7–25.
523 Vgl. Smith, *The Roots of Christian Zionism*, 47 ff.

mag aber nicht, die später dargestellten zionistischen Positionen innerhalb dieser zu kontextualisieren und historisch zu verorten.[524]

Als Hauptmotiv eines christlichen bzw. evangelikalen Zionismus wird das Streben nach dem Ende der Zeit gesehen, was sich auch in zahlreichen Buchtiteln wie „Road-map to Armageddon"[525], „On the Road to Armageddon"[526] oder „Anxious for Armageddon"[527] ausdrückt.[528] Stephen Spector hinterfragt die häufig angenommene evangelikale Motivation für die Unterstützung von Israel, das Streben nach oder die Herbeiführung der Endzeit, und stellt fest: „die Angelegenheit ist zu komplex und Evangelikale zu unterschiedlich in ihrem Glauben für solche Generalisierungen"[529]. In seiner Untersuchung zitiert er eine Studie, nach der zwar 33 % der befragten Evangelikalen Israel aus dem Glauben heraus, dass Jerusalem der prophezeite Ort für das Zweite Kommen Jesu sei, unterstützten. Dies müsse aber nicht heißen, so urteilt Spector, dass sie zugleich das Erreichen der Endzeit beschleunigen wollten. 24 % unterstützten der Studie zufolge den Staat Israel, da er eine Demokratie sei, 19 % deshalb, weil er ein starker Partner im Kampf gegen den Terrorismus sei.[530]

Diese Forschungslücke, die Frage nach den Motiven zionistischer Evangelikaler, füllt Sean Durbin mit seiner Untersuchung zu Angehörigen der Organisation Christians United for Israel (CUFI). Ausgehend von einem Verständnis von einem Glauben als performativ und als diskursive Handlung[531] stellt er fest, dass christliche Zionisten sich als „göttliche Agenten" sehen, die als Gottes Instrumente handeln und damit Vertreter ultimativer Wahrheit sind. Diese Wahrheit und Gottes Triumph sehen sie in konkreten, auf Israel bezogenen Weltereignissen bestätigt. Mit ihrem Handeln wollen sie solchen Weltereignissen Bedeutung verleihen und Gottes Willen möglich machen. Israel und das Judentum werden als Beweis von Gottes Wohltaten in der Welt gesehen. Amerikas Rolle ist, mit Bezug auf Gen 12,3 „Wer Israel segnet, den segnet Gott", Israel zu segnen und zu schützen; „Israel" fungiert dabei als Amerikas Erlösung. Die USA und Israel sind dadurch eng verwoben; dies bringt manche US-amerikanische christliche Zionisten gar zur Aussage „Ich bin ein Israeli". „Israel", so Durbin, ist der Ort, an dem

---

524 Vgl. Spector, *Evangelicals and Israel*, 36–49.
525 Sizer, *Christian Zionism*.
526 Timothy P. Weber, *On the Road to Armageddon. How Evangelicals Became Israel's Best Friend* (Grand Rapids: Baker Academic, 2005).
527 Wagner, *Armageddon*.
528 Vgl. Durbin, *Righteous Gentiles*, 6.
529 Spector, *Evangelicals and Israel*, IX.
530 Vgl. Spector, *Evangelicals and Israel*, 187.
531 Vgl. Durbin, *Righteous Gentiles*, 10 f.

sich Massen mobilisieren, als „Gottes Volk" oder „Feinde Gottes". Auch die Kritik am radikalen Islam dient Durbins Interpretation nach nicht dem Islam an sich, sondern der Islam fungiert als ein Ort, mit dem sich die christlichen Zionisten als „privilegierte Träger der Wahrheit" gegenüber liberalen Christen oder den Medien abgrenzen.[532] Mit dieser kritischen Untersuchung zeigt Durbin vielschichtige Motive christlich-evangelikaler Zionisten auf, die in der Forschung bislang kaum adäquat erfasst wurden.

Liegt der Schwerpunkt der Forschung auf dem US-amerikanischen bzw. angelsächsischen Raum, sind andere regionale Kontexte bisher kaum untersucht. Gänzlich unerforscht sind die Positionen zum christlich-evangelikalen Zionismus von arabischsprachigen Christen im Allgemeinen und von arabischsprachigen Evangelikalen im Besonderen in Israel und den Palästinensischen Gebieten. Allgemein wird, wie gezeigt, nur auf die Position palästinensischer Befreiungstheologie hingewiesen. Für die arabischsprachigen Christen ist Israel nicht ein Ort, an dem sich – wie für zionistische Evangelikale in den USA – Gottes Offenbarung bestätigt, sondern konkreter Lebensort, der aber oft nicht Leben ermöglicht, sondern einschränkt, indem ihnen grundlegende Rechte genommen werden. Als Araber bzw. Palästinenser werden sie zudem von US-amerikanischen Zionisten als „Feinde Gottes" wahrgenommen. Diese Konstellation bringt insbesondere die arabischsprachigen Evangelikalen in einen Identitätskonflikt, denn als Evangelikale sind sie unmittelbar Teil der globalen Auseinandersetzung um den evangelikalen Zionismus. Dieser Konflikt erschwert sich für die in Israel lebenden arabischsprachigen Evangelikalen, denn sie sind in der Regel israelische Staatsbürger. Sie sind Israelis, dies ist, anders als bei den amerikanischen Evangelikalen, kein selbst gewähltes Statement, sondern konkrete Realität. Sie stehen damit in einem Verhältnis zum israelischen Staat, von dem aus eine komplette Zurückweisung des Zionismus, wie im Falle der palästinensischen Befreiungstheologie, schwer möglich scheint.

Das vorliegende Kapitel möchte zeigen, welche Positionen arabischsprachige Evangelikale zum christlich-evangelikalen Zionismus beziehen, welche Haltungen sie gegenüber „Israel" einnehmen, und wie diese ihre evangelikale und nationale Identität bestimmen. Hierbei wird auch auf die Frage nach dem Verhältnis von Evangelikalismus und „Politik" einzugehen sein. Zur allgemeinen Kontextualisierung wird im Folgenden zunächst der gegenwärtige globale Diskurs über den christlich-evangelikalen Zionismus mit Schwerpunkt auf den USA sowie Israel und den Palästinensischen Gebieten skizziert. Dabei beansprucht die Darstellung keine vollumfängliche Beschreibung des globalen christlich-evangeli-

---

532 Vgl. Durbin, *Righteous Gentiles*, insbesondere die jeweiligen Kapitelzusammenfassungen.

kalen Zionismus, sondern legt den Fokus auf die Bereiche, die für die arabischsprachigen Evangelikalen in Israel besonders einflussreich sind. Deren Positionierungen innerhalb des Diskurses werden anschließend ausgeführt.

2 Die globale Auseinandersetzung um christlich-evangelikalen Zionismus

USA

Am 14. Mai 2018 twitterte der damalige US-Präsident Donald Trump: „Ein großartiger Tag für Israel!"[533]. Es ist der 70. Jahrestag der Gründung des Staates Israel. Anlässlich dieses Jubiläums wurde die US-Botschaft in Jerusalem eingeweiht, deren Verlegung von Tel Aviv nach Jerusalem und die damit einhergehende Anerkennung von Jerusalem als Hauptstadt Israels Trump bereits im Dezember 2017 angekündigt hatte. Damit brach Donald Trump mit der internationalen Gepflogenheit, die jeweilige Botschaft in Tel Aviv anzusiedeln. Denn die internationale Staatengemeinschaft hat Jerusalem nicht als Israels Hauptstadt anerkannt, da Ostjerusalem gemäß internationalem Recht als besetzt gilt, trotz Israels Annexion von Ostjerusalem 1980.[534] Bereits auf Trumps Ankündigung der Botschaftsverlegung entflammten Proteste. Ab dem 30. März 2018 demonstrierten täglich Tausende Palästinenser an Gazas Grenze, um das Recht auf Rückkehr zu fordern und auf die humanitäre Notlage in Gaza aufmerksam zu machen. Diese Proteste erreichten am Tag der Botschaftseinweihung ihren Höhepunkt; Zehntausende Palästinenser beteiligten sich, zumeist friedlich. Die Demonstration beantwortete das israelische Militär mit Gewalt. Allein am 14. Mai wurden 58 Palästinenser getötet und über 2700 Palästinenser verletzt. Palästinensische, israelische und internationale Menschenrechtsorganisationen prangerten die exzessive Gewalt und den Einsatz von scharfer Munition durch die israelische Armee an.[535] Ungeachtet dessen versammelten sich auf dem neuen Botschaftsgelände zahlreiche Menschen aus Politik und Gesellschaft unter hoher medialer Aufmerksamkeit, um diesen „großartigen Tag" zu feiern, darunter Donald Trumps Tochter Ivanka und ihr Mann Jared Kushner sowie zwei US-amerikanische, evangelikal-baptistische Pastoren, John Hagee und Robert Jeffress. Die beiden Pastoren eröffneten und beschlossen die Zeremonie mit einem Gebet.

---

[533] https://twitter.com/realDonaldTrump/status/995980604016611329.
[534] Kate Samuelson, „Why Jerusalem Isn't Recognized as Israel's Capital," *Time* (16.12.2016).
[535] David M. Halbfinger, Isabel Kershner und Declan Walsh, „Israel Kills Dozens at Gaza Border as U.S. Embassy Opens in Jerusalem," *The New York Times* (14.05.2018).

2 Die globale Auseinandersetzung um christlich-evangelikalen Zionismus — 165

Das Auftreten der Pastoren zeugt von einer jahrzehntelangen Liaison zwischen der republikanischen Partei und konservativen Evangelikalen. Seit den 1980er Jahren und dem Wahlkampf Ronald Reagans zeigt sich der Schulterschluss der Republikaner mit konservativen Evangelikalen. Diese formierten sich in Form der „Neuen Rechten" oder auch „Neuen religiösen Rechten" und versuchten ihre Anliegen „für das Leben" (gegen Abtreibung), „für die Familie" (gegen Homosexualität), „für die Moral" und „für Israel" politisch einzufordern.[536] Die Wahl Trumps markiert ein neues Aufflammen der evangelikal-republikanischen Beziehung, die beinahe schon zu einer Gleichsetzung von „evangelikal" und „republikanisch-konservativ" führt. Umfragen zufolge haben 80 % der weißen Evangelikalen Trump gewählt, so viele wie noch keinen anderen republikanischen Kandidaten zuvor.[537] Die evangelikal-freundliche Haltung der Trump-Regierung zeigt sich unter anderem im Abhalten wöchentlicher Bibelkreise im Weißen Haus,[538] in der medienwirksamen Einladung evangelikaler Leitfiguren, die Trump durch Handauflegung segneten und für seinen Erfolg beteten,[539] oder in der Einrichtung eines „evangelical advisory board".[540] Seine Nähe zu den Evangelikalen konnte Trump bereits in den ersten Amtsmonaten unter Beweis stellen, indem er an seinen für sie wichtigen Wahlkampfversprechen festhielt, wie etwa der Ernennung eines konservativen Richters am Obersten Ge-

---

536 Diese „Neuen Rechten" oder „Neuen religiösen Rechten" formierten sich zunächst in Organisationen wie der „Moral Majority" (gegründet von Jerry Falwell), „Christian Voice" und „Religious Roundtable", Ende der 1980er Jahre dann in Form der „Christian Coalition" (gegründet von Pat Robertson). Die Christian Coalition hatte mit der „Midterm"-Wahl 1992 ihren vorläufigen Höhepunkt, durch die Unterstützung von 75 % aller weißen Evangelikalen wurde erstmals seit 40 Jahren wieder das Repräsentantenhaus republikanisch dominiert. Schien sich kurz darauf jedoch nach dem erfolglosen Amtsenthebungsverfahren gegen Clinton die Christian Coalition bereits wieder aufzulösen, erhielten die Neuen Rechten durch George W. Bush und den Irakkrieg neuen Aufwind. In der Obama-Regierung formierte sich Widerstand gegen diese in Form der Tea Party, der sich religiöse Rechte anschlossen, vgl. William Martin, *With God on our Side. The Rise of the Religious Right in America* (New York: Broadway Books, 2005); Frances Fitzgerald, *The Evangelicals. The Struggle to Shape America* (New York u. a.: Simon & Schuster, 2017).
537 Vgl. https://edition.cnn.com/election/2016/results/exit-polls.
538 Valerie Strauss, „Top Trump Administration Officials Flock to Weekly Bible Study Classes at White House," *The Washington Post* (01.08.2017).
539 Sarah Pulliam Bailey, „Photo Surfaces of Evangelical Pastors Laying Hands on Trump in the Oval Office," *The Washington Post* (12.07.2017).
540 Lori Johnston, „Trump's Evangelical Advisory Board Violates the Law, Advocacy Group Argues in New Filing," *The Washington Post* (30.08.2018).

richtshof, durch den auch der Weg zu restriktiven Gesetzen zur Abtreibung geebnet werden sollte.[541]

Einem weiteren evangelikalen Begehren ist Trump nun mit der Verlegung der Botschaft nach Jerusalem nachgekommen. Ein gesteigertes Interesse an Israel machte sich unter den Evangelikalen in den USA seit den 1970er Jahren bemerkbar. Apokalyptische Vorstellungen und die Erwartung eines bald nahenden Endes der Welt wurden durch den Krieg 1967 und die Eroberung der Palästinensischen Gebiete inklusive Ostjerusalems genährt. Einflussreich für die Ausbildung dieses sogenannten „christlichen Zionismus" unter den US-amerikanischen Evangelikalen ist das 1970 erschienene Buch Hal Lindseys mit dem Titel „The Late Great Planet Earth".[542] Darin stützt sich Lindsey auf ein endzeitliches Denken in Form eines „prämillenaristischen Dispensationalismus". Dieser ist auf John Nelson Darby (1800–1885), einen führenden Theologen der Brüderbewegung, zurückzuführen. Darbys Modell soll im Folgenden dargestellt werden, da es immer wieder, wie im weiteren Verlauf zu zeigen sein wird, neu rezipiert und adaptiert wurde und damit ein wichtiger Referenzpunkt für endzeitliche Vorstellungen ist.

John Nelson Darby unterteilte die Heilsgeschichte vom Paradies bis zur Vollendung der Welt in Epochen (Dispensationen); die Anzahl der Dispensationen variiert jedoch in seinem Schrifttum. Systematisiert wurde dieser Dispensationalismus in der Rezeption der Scofield Reference Bible, die erstmals 1909 erschien. Die Scofield Reference Bible spricht von sieben Dispensationen: die Periode der Unschuld, vom Paradies bis zum Sündenfall (1); die Periode des Gewissens, vom Sündenfall bis zur Sintflut (2); die Periode der menschlichen Regierung, vom Bund Noahs bis zum Turmbau von Babel (3); die Periode Abrahams (4); die Periode des Gesetzes von Mose bis zu Pfingsten (5); die Periode der Kirche, seit Pfingsten bis zur (zukünftigen) Entrückung der Gläubigen (6); die Periode des Tausendjährigen Reiches (Millennium) (7). In Darbys Konzeption ist die gegenwärtige Dispensation, die Heilsperiode der Kirche (6), keine Dispensation im eigentlichen Sinne, sondern vielmehr eine Unterbrechung der Heilsgeschichte. In ihr bleibt das Gottesvolk Israel aufgrund seiner Zurückweisung von Jesus als dem Messias außen vor; die christliche Gemeinde tritt an seine Stelle als Gottes Heilsträgerin. Diese Unterbrechung endet erst nach der Entrückung der Kirche. Am Ende der Zeit werden alle Christusgläubigen entrückt, „dem Herrn

---

541 Michael Tackett, „Trump Fulfills His Promises on Abortion, and to Evangelicals," *The New York Times* (16.05.2019).
542 Hal Lindsey, *The Late Great Planet Earth* (Grand Rapids: Zondervan, 1970). Das Buch entfaltete eine enorme Wirkung, es wurde über 15 Millionen Mal verkauft und gilt als das meistverkaufte Buch des Jahrzehnts.

entgegen in der Luft"543, erst dann geht Gottes Geschichte mit seinem Volk Israel weiter; erst dann rücken die Juden wieder in die Aufmerksamkeit. Jedoch bedeutet die dann folgende Phase nach der Entrückung eine siebenjährige Zeit der „Großen Trübsal" [engl. *tribulation*], in der die zurückgebliebenen Nicht-Christusgläubigen – und damit ganz besonders die Juden – qualvollen Leiden ausgesetzt sind, bis Jesus als der Messias wiederkommt und das tausendjährige Reich errichtet. Mit seinem Modell des prämillenaristischen – gemeint ist die Entrückung der Gläubigen vor dem Millennium – Dispensationalismus versucht Darby den immer wiederkehrenden Abfall der Menschen von Gott und ganz besonders die jüdische Zurückweisung des Messias zu erklären. Sein Fokus liegt auf der Entrückung der Gläubigen. Eine starke jüdische Präsenz in „Palästina" oder gar die Gründung eines jüdischen Staates „Israel" entsprach zu Darbys Lebzeiten nicht der Wirklichkeit; sie spielten für seine Konzeption keine Rolle. Eine politische Hinarbeit auf die endzeitlichen Ereignisse sind für ihn, der wie die Brüderbewegung insgesamt eine Trennung zwischen Gemeinde und Welt betont, gänzlich undenkbar; Gott allein ist der Handelnde in der Geschichte. Darby machte seine Vorstellungen des prämillenaristischen Dispensationalismus durch seine Reisen in den USA einflussreich und zu einer „neue[n] Theorie"544, trotz Kritik von anderen Mitgliedern der Brüdergemeinden, wie etwa Samuel Priedeaux Tregelles (1813–1875), der den prämillenaristischen Dispensationalismus als „Gipfel spekulativen Unsinns"545 bezeichnete.546

Beinahe alle Bibelschulen, die in den USA zwischen 1880 und 1940 gegründet wurden, allen voran das Moody Bible Institute, das Bible Institute of Los Angeles und das Dallas Theological Seminary, lehrten den Dispensationalismus – Dispensationalismus und Fundamentalismus wurden quasi eins. Dieser war, wie das zweite Kapitel bereits zeigte, unter Anhängern der Azusa-Street ebenfalls verbreitet.547

Eine entscheidende Änderung dieses prämillenaristischen Dispensationalismus kann in der 1967 neu herausgegebenen Scofield-Bibel gesehen werden. Diese trug den neuen Realitäten in Israel – der Gewinnung der jüdisch-israelischen Kontrolle über Ostjerusalem und die Palästinensischen Gebiete – Rechnung.

---

543 Zit. nach Erich Geldbach, „Der Dispensationalismus," *Theologische Beiträge* 42 (2011): 191–210, 196.
544 Geldbach, „Dispensationalismus", 206.
545 Zit. nach Geldbach, „Dispensationalismus", 205.
546 Vgl. Geldbach, „Dispensationalismus", 194–210; Durbin, *Righteous Gentiles*, 28–36; Spector, *Evangelicals and Israel*, 13–15.
547 Vgl. Newberg, *Pentecostal Mission*, 19–22; Smith, *The Roots of Christian Zionism*, 167–76; Durbin, *Righteous Gentiles*, 32–36.

Denn Israel galt durch diesen Sieg als wiedererrichtet – ein Ereignis, das Darby zufolge erst nach der Entrückung stattfinden sollte. Die Scofield Reference Bible änderte entsprechend ihre Kommentare, dass Israel vor der Entrückung errichtet werden würde.[548]

Hieran kann Hal Lindsey anknüpfen und geht damit ebenfalls auch dahingehend über Darby hinaus, indem er den prämillenaristischen Dispensationalismus auf gegenwärtige politische Ereignisse anwendet und einen Fokus auf Israel legt. Durch den 1948 gegründeten Staat Israel „im alten Heimatland Palästina" und das 1967 eroberte (Ost-)Jerusalem, wodurch die Klagemauer in Besitz genommen wurde, sah Lindsey wichtige Voraussetzungen für den Beginn der Endzeit erfüllt. Als weitere Voraussetzung nannte er den Bau des dritten Tempels – an der Stelle der heutigen Klagemauer, was die Zentralität Jerusalems erklärt. Diesen Bau sagte er für die nahe Zukunft voraus.[549] In den folgenden Jahren wurden diese Vorstellungen einflussreich und politisch von Vertretern der „Neuen religiösen Rechten" wie Pat Robertson, Tim LaHaye oder Jerry Falwell adaptiert.[550]

Die zionistischen Vorstellungen gewannen vor allem deshalb an Einfluss, weil die Eroberung Ostjerusalems und der übrigen Palästinensischen Gebiete 1967 die biblischen Verheißungen zu erfüllen schien. Damit konnte nicht nur die Korrektheit der eigenen Theologie bestätigt werden, mehr noch diente „Israel" als Referenzpunkt, der die Unfehlbarkeit der Bibel an sich bewies und damit zur Abgrenzung gegenüber liberalen Protestanten diente, die in der nach 1967 einsetzenden israelischen Besatzung der Palästinensischen Gebiete eine zunehmend kritischere Haltung gegenüber Israel einnahmen.[551]

John Hagee und Robert Jeffress, die beiden an der Botschaftseinweihung beteiligten Pastoren, knüpfen an diese Vorstellungen an, stellen dabei aber die politische Unterstützung Israels in den Fokus. Dies wird vor allem bei John Hagee deutlich, der 2006 die Organisation „Christians United for Israel" (CUFI) gründete, die das Ziel hat, Israel und das jüdische Volk zu unterstützen und zu verteidigen. Mit über sieben Millionen Mitgliedern ist sie die größte pro-israelische

---

548 Vgl. Durbin, *Righteous Gentiles*, 36 f.
549 Vgl. Lindsey, *Planet*, 42–58.
550 Vgl. Geldbach, „Dispensationalismus", 208–10.
551 Für Darby war allein Gott unfehlbar, die Bibel sah er als „inspiriert" an. Die Unfehlbarkeit der Bibel wurde zu Beginn des 20. Jahrhunderts wichtiges Merkmal der Fundamentalisten, die diese gegen die Evolution und für den Kreationismus behaupteten. Neben den Kreationismus trat nun „Israel" als Referenzpunkt, an dem die Evangelikalen die Unfehlbarkeit der Bibel zeigen und sich von „liberalen Protestanten" abgrenzen konnten, vgl. Geldbach, „Dispensationalismus", 202–07; Durbin, *Righteous Gentiles*, 40.

Organisation der USA.⁵⁵² Die Unterstützung Israels gründet sich bei Hagee in der Vorstellung eines „Kampfs der Zivilisationen"⁵⁵³, bei dem die arabische bzw. islamische Welt, allen voran ein nuklear bewaffneter Iran, die Vernichtung aller Christen und Juden – und damit auch Israels – und eine islamische Weltherrschaft anstrebe. Diese Vorstellung wurde insbesondere durch den 11. September 2001 und den anschließenden Krieg gegen den „Terror" genährt.⁵⁵⁴ Für Christen gelte es, Israel beizustehen, denn Gott selbst habe Israel errichtet.⁵⁵⁵ Israel wird damit als Teil der jüdisch-christlichen, „westlichen" Zivilisation verstanden, die islamistischen Gruppierungen sowie der spezifische Kontext des Konflikts in Israel-Palästina werden dehistorisiert.⁵⁵⁶ Eine palästinensische Existenz verleugnet Hagee:

> In Israel lebt die Mehrheit von ihnen [Menschen, die sich als Palästinenser identifizieren] im Gazastreifen und in dem Gebiet, das von den Medien als Westjordanland bezeichnet wird. [...] Das Land Israel hat niemals Palästinensern gehört. Niemals! [...] Es gibt keine palästinensische Sprache. Vor 1948 lebten die Menschen, die jetzt Palästinenser genannt werden, in Ägypten. Sie lebten in Syrien. Sie lebten im Irak. Sie zogen in das Land Israel, als sie im Krieg 1948 vertrieben wurden, welchen die arabischen Nationen anfingen, aber Israel besetzt kein Gebiet, welches diese Menschen jetzt Heimat nennen.⁵⁵⁷

Die Unterstützung Israels bleibt nicht bei bloßen Solidaritätsbekundungen stehen, sondern fordert aktiv deren politische Umsetzungen. So hat Hagee die Verlegung der Botschaft und die damit einhergehende Anerkennung Jerusalems als Hauptstadt Israels mehrfach öffentlich und auch gegenüber Trump persönlich gefordert. 2017 sei das Jahr des Umzugs, so Hagee, denn es sei „biblisches Timing mit absoluter Präzision", 100 Jahre nach der Balfour-Erklärung und 50 Jahre nach Israels Eroberung Ostjerusalems.⁵⁵⁸ Dass sich die biblischen Verheißungen im

---

552 Vgl. Press Release, „CUFI Crosses 7 Million Members as Washington Summit Welcomes U.S., Israeli Leaders," (08.07.2019).
553 Die Idee dieses Kampfs der Zivilisationen wurde maßgeblich von Samuel Huntington geprägt, auf dessen Buch (Samuel P. Huntington, *The Clash of Civilizations and the Remaking of World Order* (New York: Simon & Schuster, 1996)) Hagee explizit Bezug nimmt, vgl. John Hagee, *Jerusalem Countdown. A Prelude to War. Revised and Updated* (Lake Mary: FrontLine, 2007), 70.
554 Vgl. Hagee, *Countdown*, 1–79; John Hagee, *Earth's Final Moments* (Lake Mary: Charisma House, 2011), 23–31; John Hagee, *In Defense of Israel* (Lake Mary: FrontLine, 2007), 71–89.
555 Vgl. Hagee, *Countdown*, 232; Hagee, *Final Moments*, 92f.
556 Vgl. hierzu auch Durbin, *Righteous Gentiles*, 47–49.
557 Hagee, *Defense*, 58.
558 Vgl. Mark Martin, „,Biblical Timing of Absolute Precision'. John Hagee Praises Trump's Jerusalem Decision," *CBN* (10.12.2017).

heutigen Staat Israel erfüllen, macht Hagee auch in seinem Abschlussgebet bei der Botschaftseinweihung deutlich:[559]

> Wir danken dir für den Staat Israel, [...] der wächst und gedeiht dank deiner unendlichen Liebe für das jüdische Volk; es warst du, oh Herr, der die Vertriebenen aus allen Nationen sammelte, und sie wieder nach Hause gebracht hat, es warst du, der Staatlichkeit möglich gemacht hat, es warst du, der einen wundersamen Sieg in 1967 brachte, durch den Jerusalem [...] wieder geöffnet wurde [...].[560]

In Gott sieht Hagee den eigentlich Handelnden des Geschehens, in das aber Politiker eingreifen und seinen Willen ausführen können. So dankt Hagee abschließend auch Trump für seinen „Mut", die „vor 3.000 Jahren errichtete Wahrheit" anzuerkennen, nämlich die Wahrheit, „dass Jerusalem die ewige Hauptstadt des jüdischen Volkes ist und für immer sein wird"[561].

Die enge Liaison zwischen israelischer Regierung und Hagee scheint bei einer solchen Unterstützung Israels verständlich; Netanjahu bezeichnet die CUFI als wesentlichen Teil der nationalen Sicherheit Israels.[562] Bei näherer Betrachtung wirft dieses Bündnis jedoch Fragen auf. Zunächst einmal ist festzustellen, dass die evangelikale Unterstützung Israels – laut eigenem Bekunden –reinem Eigeninteresse dient. Sie begründet sich in der Vorstellung, dass wer in seinem Leben von Gott gesegnet werden wolle, Israel selbst segnen müsse.[563] Die Gründung Israels, die „Rückkehr" der Juden und die Einnahme Jerusalems dienen aus evangelikaler Sicht allein dem Zweck der nahenden Endzeit. Hagee verweist in seinem Abschlussgebet bei der Botschaftseinweihung auf diese Ausrichtung, indem er sagt, dass Jerusalem der Ort sei, an dem „der Messias kommen und sein Königreich errichten wird, das nie enden wird"[564]. Damit wählt er eine inklusive und für das Judentum anschlussfähige Formulierung, die wesentliche Details auslässt. Denn nach christlicher Vorstellung ist der Messias kein anderer als Jesus von Nazareth, eine Vorstellung, die vom Judentum abgelehnt wird. Gänzlich aus lässt Hagee in seinem Gebet die Zeitspanne vor dem Kommen des Messias, die er aber in zahlreichen Büchern beschreibt. Am Ende der Zeit stehen kriegerische Auseinandersetzungen, die in Israel und Jerusalem ihr Zentrum haben und in der Schlacht von Armageddon kulminieren, bei der – so Hagee's Auslegung von Offb 14,20 – eine

---

559 Pastor John Hagee Delivers Benediction at Opening of US Embassy in Jerusalem, Israel, *Hagee Ministries* (14.05.2018).
560 John Hagee Delivers Benediction.
561 John Hagee Delivers Benediction.
562 Vgl. https://www.cufi.org/impact/about-us/mission-and-vision/.
563 Vgl. Hagee, *Countdown*, 233–35; Hagee, *Final Moments*, 94–99; Hagee, *Defense*, 111–19.
564 John Hagee Delivers Benediction.

2 Die globale Auseinandersetzung um christlich-evangelikalen Zionismus — 171

Fläche von 200 Meilen und in der Höhe der Zäume der Pferde mit Blut bedeckt sein wird, sodass ein See menschlichen Bluts entsteht.[565] In Bezug auf das Judentum fokussiert Hagee auf der Frage, wie es gerettet – also zum Glauben an Jesus Christus geführt – werden kann. Er kommt zu dem Schluss, dass ganz Israel gerettet wird. Die Rettung findet jedoch erst nach der „Großen Trübsal" bei Jesu Wiederkehr statt,[566] sodass davon ausgegangen werden kann, dass auch die Zeit der „Großen Trübsal" für das Judentum und den Staat Israel vernichtendes Ausmaß haben wird – ein Umstand, den er – anders als Darby – in seinen Büchern nicht weiter ausführt.[567] Diese Lücke füllt Robert Jeffress: 144.000 Juden bekehrten sich zu Beginn der „Großen Trübsal". Diese Bekehrten würden zwar in dieser Zeit viele Heiden und Juden zum Glauben führen, allerdings würden sie einen hohen Preis für ihre Konversion zahlen. Für Millionen von Ungläubigen – darin eingeschlossen Juden – führt die „Große Trübsalszeit" zum Tod; ebenso wird ein Großteil des Planeten zerstört.[568]

Die zionistische Vorstellung Hagees und Jeffress' mündet in der Zerstörung Israels und bietet für das Judentum zwei Optionen: Entweder seine Vernichtung oder seine Bekehrung zu Jesus Christus als dem Messias. Können aus jüdischer Sicht die eschatologischen Vorstellungen des christlich-evangelikalen Zionismus als „Irrglaube" abgetan werden, so stellt der damit verbundene Wunsch, Juden zu bekehren, ein echtes Problem für den israelischen Staat mit seinem jüdischen Selbstverständnis dar. Dies zeigte bereits die Verabschiedung des Anti-Missions-Gesetzes 1977/78, das im zweiten Kapitel diskutiert wurde.

Mit Hagee und Jeffress sind die derzeit prominentesten Vertreter des christlich-evangelikalen Zionismus in den USA benannt. Dieser erfährt unter Evangelikalen in den USA insgesamt breite Zustimmung – Umfragen zufolge glauben 82 % der weißen Evangelikalen, dass Israel dem jüdischen Volk von Gott gegeben wurde.[569] Zionistische, endzeitliche Vorstellungen sind jedoch nicht nur in den USA einflussreich, sondern auch unter Evangelikalen weltweit. Dies spiegelt sich auch in der internationalen politischen Diskussion um Jerusalem als Israels Hauptstadt und die Verlegung von Botschaften wieder. Zionistisch geprägte Evangelikale in Guatemala, Paraguay, Honduras, Brasilien, Australien und den Philippinen haben ihre Regierung dahingehend beeinflusst, eine Botschaftsver-

---

[565] Vgl. Hagee, *Final Moments*, 108–11.
[566] Vgl. Hagee, *Countdown*, 225–28; Hagee, *Final Moments*, 111–13.
[567] Vgl. Hagee, *Final Moments*, 113.
[568] Vgl. Robert Jeffress, *Perfect Ending. Why Your Future Matters Today* (Brentwood [TN]: Worthy Publishing, 2014), 55 f.
[569] Vgl. Paul D. Miller, „Evangelicals, Israel and US Foreign Policy," *Survival. Global Politics and Strategy* 56:1 (2014): 7–24, 8 f.

legung anzustreben.⁵⁷⁰ Dominiert wird der globale Diskurs um christlich-evangelikalen Zionismus jedoch durch die US-amerikanischen Evangelikalen. Dies liegt nicht zuletzt auch am politischen und wirtschaftlichen Einfluss der USA. Während sich die USA angesichts Boykottandrohungen arabischer Länder unbeeindruckt zeigen und sie mit ihrem ständigen Sitz im Sicherheitsrat und damit einhergehendem Veto-Recht internationale rechtlich bindende Beschlüsse verhindern können, können sich wirtschaftlich schwächere Länder eine politische Isolation nicht erlauben. Auch darum blieb es, mit Ausnahme von Guatemala, bei den oben genannten Ländern lediglich bei einer Ankündigung der Botschaftsverlegung, die bis heute nicht umgesetzt wurde.⁵⁷¹

Unter Evangelikalen ist zwar eine mehrheitlich christlich-zionistische Einstellung zu beobachten, jedoch erfährt sie auch inner-evangelikale Kritik. So wurden auch in Bezug auf das Auftreten der evangelikalen Pastoren bei der Botschaftseinweihung in den USA aus dem evangelikalen Lager kritische Stimmen laut. Richard Mouwe, Professor am evangelikalen Fuller Theologischen Seminar, griff in einem Kommentar mit dem Titel „An meine lieben Evangelikalen: Was ihr in Jerusalem bejubelt, ist beschämend"⁵⁷² seine Glaubensbrüder Jeffress und Hagee an. Nicht nur hinterfragt er deren theologische Grundhaltung, sondern beklagt auch ihre politische Einseitigkeit:

> Es war für die evangelikalen Pastoren eine beschämende Sache, die Eröffnung der Botschaft in Jerusalem zu feiern, während ein paar Meilen entfernt die israelische Armee Dutzende palästinensische Demonstranten tötete, die gegen die israelische Politik demonstrierten. [...] Es ist beschämend, nicht nur, weil sie [die evangelikalen Pastoren] ihre Theologie nutzen, um den Umzug der Botschaft von Tel Aviv nach Jerusalem zu einer Sache von ‚ewiger' Bedeutung zu machen, sondern auch, weil sie sich weigern, die Netanjahu-Regierung zur Verantwortung zu ziehen für Israels Behandlung der Palästinenser, von denen selbst einige evangelikale Christen sind.⁵⁷³

Die Auseinandersetzung um Zionismus ist Teil einer breiteren Auseinandersetzung um ein angemessenes evangelikales Verhältnis zur Politik, die gar zur Frage nach evangelikaler Identität an sich führt. In den USA wurde diese Auseinandersetzung durch die Wahl Trumps neu entfacht. Teile des evangelikalen Spek-

---

570 Vgl. Noa Landau, „Evangelicals and Empty Promises. A Year After Trump's Embassy Move, Only One Country Has Followed U.S. to Jerusalem," *Haaretz* (14.05.2019).
571 Vgl. Landau, „Evangelicals and Empty Promises".
572 Vgl. Richard Mouw, „To My Fellow Evangelicals. What You're Cheering in Jerusalem Is Shameful," *RNS* (16.05.2018). Ähnliche Kritik äußerte Gary M. Burge, ehemaliger Professor am Wheaton College, anlässlich der Ankündigung der Botschaftsverlegung, vgl. Gary M. Burge, „You Can Be an Evangelical and Reject Trump's Jerusalem Decision," *The Atlantic* (06.12.2017).
573 Richard Mouw, „To My Fellow Evangelicals".

trums fühlen sich durch die mehrheitlich Trump-nahen Evangelikalen herausgefordert und erheben Widerspruch. Paradigmatisch steht hier der von Mark Labberton, Präsident des Fuller Theologischen Seminars, herausgegebene Sammelband „Still Evangelical?"[574]. In seinem Vorwort beschreibt Labberton die „Kluft" und die tiefen „Risse des Misstrauens" zwischen jenen Evangelikalen, für die die Wahl Trumps „einen spirituellen Sieg" bedeutete, und denjenigen, für die dieser Tag einer „Apokalypse"[575] gleichkam. Mit diesem Sammelband wehrt sich die Autorenschaft gegen eine Gleichsetzung von evangelikal und konservativ-republikanisch, beansprucht aber ganz aktiv den Namen „evangelikal" für sich und ihr Verständnis von Christsein. Damit setzt sie eine Gegenposition zu dem Trend jener liberaler Evangelikaler, die aufgrund der konservativ-republikanischen Vereinnahmung die Selbstbezeichnung „evangelikal" ablegen.[576] In seinem Vorwort versucht Labberton die Eigenbezeichnung „evangelikal" durch eine Kritik an einer verloren gegangenen Unterscheidung zwischen „evangelikal" und „fundamentalistisch" zu beanspruchen.[577] Während in den 1920er Jahren die Bezeichnung „evangelikal" wenig verbreitet war und eine Unterscheidung zwischen als „Modernisten" bezeichneten Progressiv-Liberalen und als „Fundamentalisten" bezeichneten Konservativen, Antimodernen vorherrschte,[578] verlor diese Unterscheidung ab den 1950er Jahren zunehmend an Bedeutung; die allgemeine Bezeichnung von „neu-evangelikal" bzw. „evangelikal" setzte sich durch.[579] Wenn in den Medien heute von „Evangelikalen" die Rede sei, so Labberton, seien eigentlich „Fundamentalisten" gemeint. Evangelikale seien Labbertons Meinung nach solche, die sich in der Kultur engagierten, bereit zur kritischen Selbstreflexion seien und die frohe Botschaft ins Zentrum stellten: die Nachfolge

---

[574] Mark Labberton, Hg., *Still Evangelical? Insiders Reconsider Political, Social and Theological Meaning* (Downers Grove: IVP Books, 2018); vgl. auch die Auseinandersetzung in dem Sammelband Mark A. Noll, David W. Bebbington und George M. Marsden, Hg., *Evangelicals. Who They Have Been, Are Now, and Could Be* (William B. Eerdmans: Grand Rapids, 2019).
[575] Mark Labberton, „Introduction," in *Still Evangelical? Insiders Reconsider Political, Social and Theological Meaning*, hg.v. Mark Labberton (Downers Grove: IVP Books, 2018), 1–17, 9.
[576] Julie Zauzmer und Sarah Pulliam Bailey, „After Trump and Moore. Some Evangelicals Are Finding Their Own Label Too Toxic to Use," *The Washington Post* (14.12.2017).
[577] Vgl. Labberton, „Introduction", 4 f.
[578] Vgl. George M. Marsden, *Fundamentalism and American Culture. The Shaping of Twentieth-Century Evangelicalism: 1870–1925* (Oxford u.a.: Oxford Univ. Press, 1982); Michael Hochgeschwender, „Der amerikanische Evangelikalismus bis 1950," in *Handbuch Evangelikalismus*, hg.v. Frederik Elwert, Martin Radermacher und Jens Schlamelcher (Bielefeld: transcript, 2017), 73–92, 86–89.
[579] Vgl. Stanley, *Global Diffusion*; Suarsana, „Ausbreitung".

Jesu Christi und die Nächsten- und Feindesliebe in Wort und Tat. Im gegenwärtigen „Evangelikalismus" sehe er aber dieses Evangelium gefährdet.[580]

Innerhalb des gegenwärtigen Evangelikalismus stellt Labberton, geprägt von seiner Präsidentschaft des größten und akademisch anspruchsvollsten evangelikalen Seminars in den USA mit internationaler Studierendenschaft, eine besonders gewichtige Stimme dar.[581] Seine Position brachte er auch bei einer Zusammenkunft von über 50 evangelikalen Führungspersonen im April 2018 im Wheaton College ein. Zu diesem hatte Doug Birdsall, der Ehrenvorsitzende der Lausanner Bewegung, eingeladen. Anlass des Treffens war die Teilnahme Trumps und Pences an der Trauerfeier für Billy Graham. Ihre Teilnahme hatte bei einigen Evangelikalen die ohnehin schon bestehende Sorge um eine zu große Nähe des Evangelikalismus zur rechten Politik und Trump verstärkt. Sie sahen nun das eigentliche Anliegen Grahams gefährdet und darum die Notwendigkeit, die gegenwärtige Lage des Evangelikalismus zu reflektieren. Dies war das Ziel dieser Zusammenkunft, die explizit nicht als „politisch" verstanden werden wollte.[582] In seiner Rede vor seinem evangelikalen Kollegium fand Labberton deutliche Worte: Das Evangelium Jesu Christi sei betrogen durch einen Evangelikalismus, der die eigene moralische und spirituelle Integrität verletze, es sei in eine Frohe Botschaft verwandelt worden, die *fake* ist. Seine Kritik richtete sich gegen eine evangelikale Legitimierung von Rassismus und weißer Vorherrschaft, Sexismus, Missbrauch von Macht und sozialer Ungerechtigkeit. Gegenüber seinen evangelikalen Geschwistern betonte er die gemeinsame Grundlage in dem „einen Herrn, einen Glauben, der einen Taufe, dem einen Gott und Vater von uns allen"[583]. Er warnte nachdrücklich davor „weiter so zu machen"[584], und rief zur Buße und zu persönlichem und systematischem Wandel auf. Damit versuchte Labberton eine alternative Neupositionierung des Evangelikalismus, die nicht bei allen Anwesenden gut ankam. Viele verließen die Zusammenkunft am zweiten Tag, weil sie ihnen zu stark gegen Trump gerichtet war. Eine geplante gemeinsame Stellungnahme, die „evangelikal" von seiner gegenwärtigen Anbindung an die rechte Politik gelöst und auf Christus und die Kirche fokussiert hätte, kam nicht zustande. Denn die verbleibende Teilnehmerschaft war sich uneinig, inwieweit eine Kritik an

---

580 Vgl. Labberton, „Introduction", 2.
581 Zu dieser Einschätzung kommt auch der Präsident von Sojourners, Jim Wallis, in seinem Bericht über das im folgenden beschriebene Treffen im April 2018, Jim Wallis, „From 1970s Chicago to 2018 Wheaton. A Timeline of Evangelical Backsliding," *Sojourners* (26.04.2018).
582 Vgl. Katelyn Beaty, „At a Private Meeting in Illinois, a Group of Evangelicals Tried to Save Their Movement From Trumpism," *The New Yorker* (26.04.2018).
583 Mark Labberton, „Political Dealing. The Crisis of Evangelicalism," *Fuller* (20.04.2018).
584 Labberton, Political Dealing.

sozialer Ungerechtigkeit, ein Stand mit den Verletzbaren und die Buße weißer Evangelikaler gegenüber farbigen Menschen nötig sei – vielen war dies zu „politisch".[585]

Eine Fortsetzung des Diskurses um evangelikale Identität und ihr Verhältnis zur „Politik" zeigt sich in der im Mai 2018 veröffentlichten Stellungnahme der National Association of Evangelicals (NAE). Von der kritischen Diskussion des Treffens im April ist hier jedoch wenig übrig. Vielmehr wird versucht, eine gemeinsame Identität, trotz aller Unterschiede, durch „spirituelle Überzeugungen"[586] – „der Autorität der Bibel, dem Heil durch Jesus Christus allein und dem täglichen Leben aus dem Glauben heraus"[587] – herbeizuführen. Eine explizite Positionierung zur Politik wird vermieden.[588]

Die skizzierte Auseinandersetzung zeigt, dass evangelikale Identität in den USA derzeit heftig umkämpft ist. Ausgelöst wurde diese Auseinandersetzung durch Trumps Wahl zum Präsidenten, zu der, wie bereits erwähnt, 80 % der weißen Evangelikalen beitrugen. Es geht bei dieser Auseinandersetzung um das Verhältnis zur „Politik". Einige, darunter Mark Labberton, sehen die Notwendigkeit zur Umkehr und einer Neupositionierung. Wie gespalten die Evangelikalen sind, zeigt sich nicht zuletzt in der Stellungnahme der NAE, die zu einer gemeinsamen Identität auf Grundlage der „spirituellen" Überzeugungen aufruft und jegliche „politische" Positionierung vermeidet. Bei der Auseinandersetzung um die evangelikale Identität geht es auch um die Beanspruchung des eigenen Erbes: Das Fuller Theologische Seminar, die NAE, die Zeitschrift *Christianity Today* und Billy Graham hatten in den 1950er Jahren „Evangelikalismus" in den USA entstehen lassen – durch ihre Verwendung von „evangelikal" kam es zu einer Auflösung der vorgängigen Unterscheidung zwischen „Modernisten" und „Fundamentalisten". Die Lausanner Bewegung hatte die evangelikale Bewegung global wirksam gemacht.[589] Grahams Beerdigung nun hatte den aktuellen Diskurs zugespitzt; Fuller mit seinem Präsidenten Labberton zeigt sich auf der progressiven Seite, begleitet von der kritischen Berichterstattung der *Christianity Today* und einer sozial und politisch ausgerichteten Lausanner Bewegung. Die NAE versucht eine vermittelnde Position, zeigt aber, wie schwierig diese gerade ist. Offen ist, wie sich der Diskurs weiterentwickeln wird. In der aktuellen Auseinandersetzung

---

585 Katelyn Beaty, „At a Private Meeting in Illinois".
586 NAE, „Statement. Evangelicals. Shared Faith in Broad Diversity," (22.05.2018).
587 NAE, „Statement".
588 Vgl. NAE, „Statement"; vgl. auch Sam Smith, „Trump Era Confusion on Evangelical Identity. NAE Makes Clarifying Statement," *The Christian Post* (23.05.2018).
589 Vgl. Stanley, *Global Diffusion*; Suarsana, „Ausbreitung".

erfahren insbesondere die Themen (Im)migration, Rassismus, Sexualität und soziale Gerechtigkeit kritischen Gegenwind.[590]

Kritische Stimmen zum dominierenden christlich-evangelikalen Zionismus finden sich hingegen kaum. Der Fokus der Auseinandersetzung um „Politik" unter Evangelikalen in den USA liegt auf innenpolitischen Themen. Damit bleiben führende evangelikale Zionisten wie John Hagee und Robert Jeffress, die beiden an der Botschaftseinweihung beteiligten Pastoren, weitgehend unhinterfragt stehen. Dies ist bemerkenswert, zumal diese beträchtlichen Einfluss auf die US-Außenpolitik haben. Offensichtlich ist, dass sich diese Politik nachteilig auf die Palästinenser und arabischsprachige Bevölkerung in Israel auswirkt. Dass es unter ihnen auch Christen und sogar Evangelikale gibt, wird von US-Amerikanischen Evangelikalen kaum wahrgenommen.

Im nächsten Abschnitt soll gezeigt werden, welche Haltungen in Israel und in den Palästinensischen Gebieten, wo sich die Auswirkungen des christlich-evangelikalen Zionismus unmittelbar bemerkbar machen, zum christlich-evangelikalen Zionismus eingenommen werden.

Israel und die Palästinensischen Gebiete

Evangelikale aus aller Welt werben auch in Israel selbst für ihre zionistischen Vorstellungen. Besonders ragt dabei die „Internationale Christliche Botschaft in Jerusalem"[591] (ICEJ) heraus, die in 83 Ländern vertreten ist und ihren Sitz in Jerusalem hat. Sie wurde dort 1980 gegründet, als Israel Ostjerusalem annektierte und die „weltlichen" Botschaften aus Protest ihren Sitz nach Tel Aviv verlegten.[592] Mit der jährlich stattfindenden Parade am Laubhüttenfest (Sukkot) mit Tausenden Teilnehmern aus aller Welt erregen sie große öffentliche Aufmerksamkeit hinsichtlich ihres Ziels, der „Rückkehr des jüdischen Volkes nach Israel"[593] – das

---

590 Vgl. hierzu auch die Initiative des konservativ-evangelikalen Pastors John MacArthur „Stellungnahme zu sozialer Gerechtigkeit und Evangelium", die von über 3.000 Evangelikalen unterzeichnet wurde, und die sich auf diese Themen fokussiert, „The Statement on Social Justice and the Gospel" (ohne Datumsangabe), abrufbar unter https://statementonsocialjustice.com/; zum evangelikalen Diskurs in den USA 2018 vgl. Napp Nazworth, „Evangelicals Debate Social Justice. Alliance with Trump," *The Christian Post* (15.12.2018).
591 Vgl. hierzu die Informationen auf der Website https://int.icej.org.
592 Vgl. https://int.icej.org/history; vgl. Aron Engberg, *Walking on the Pages of the Word of God. Self, Land, and Text Among Evangelical Volunteers in Jerusalem* (Leiden: Brill, 2019).
593 Vgl. https://de.icej.org/wir-ueber-uns.

heißt, Menschen jüdischen Glaubens dazu zu motivieren, ihre Heimatländer zu verlassen, um sich in Israel anzusiedeln.[594]

Auch unter evangelikalen Gastarbeitenden in Israel, etwa aus Lateinamerika oder den Philippinen, sind zionistische Vorstellungen präsent. Für sie bildet der Zionismus gar den Kern ihrer evangelikalen Identität, da sie durch ihn ihr Dasein in Israel sowohl sich selbst, als auch ihrem Gastland gegenüber begründen können. Ihre vorwiegende Arbeit in Privathaushalten, beispielsweise in der Betreuung von Kindern oder Alten, wird als Dienst am jüdischen Volk an sich interpretiert und damit als spirituell lohnender, gottgefälliger Dienst gesehen. Durch die persönliche Arbeit hoffen sie, ihre zumeist jüdischen Arbeitgeber vom christlichen Glauben zu überzeugen. Im globalen Netzwerk von Arbeitsmigranten genießen sie als Experten der jüdischen Praxis und Religion, und Kenner der hebräischen Sprache, einen hohen Status und können so als „Botschafter Zions"[595] christlich-zionistische Vorstellungsgehalte verbreiten.[596]

Besonderen Einfluss zeigt der christlich-evangelikale Zionismus auch im messianischen Judentum, wie es bereits im zweiten Kapitel angedeutet wurde. Die Etablierung einer eigenständigen Bewegung und die Durchsetzung des Namens „messianisches Judentum" ist in Israel in den 1970er und 1980er Jahren anzusiedeln. Zuvor gab es zwar einige als „hebräische Christen" bezeichnete christusgläubige Juden und Gemeinden, allerdings standen diese in enger Bindung zu ihren jeweiligen vornehmlich protestantischen Missionsgesellschaften und konnten schwer ein eigenes Profil ausbilden.[597] Die Ausbildung einer eigenständigen „messianisch-jüdischen" Identität ist eng verwoben mit dem aufgezeigten christlich-evangelikalen Zionismus: Der Sechstagekrieg 1967 wirkte als Katalysator für die Bewegung, der Sieg und die Eroberung der Palästinensischen Gebiete, insbesondere Jerusalems, wurden in eschatologischen Kategorien gedeutet. In der Folge entwickelte sich der Zionismus zu einem fundamentalen Bestandteil messianisch-jüdischer Theologie und Identität. Das Leben im Land Israel – und häufig die individuelle Rückkehr in das Land – sind integraler Teil des messia-

---

594 Vgl. https://feast.icej.org/about.
595 Rebeca Raijman und Adriana Kemp, „Consuming the Holy Spirit in the Holy Land. Evangelical Churches, Labor Migrants and the Jewish State," in *Consumption and Market Society in Israel*, hg.v. Yoram S. Carmeli und Kalman Applbaum (Oxford: Berg, 2004), 163–83, 177.
596 Vgl. Raijman und Kemp, „Consuming the Holy Spirit"; Adriana Kemp und Rebeca Raijman, „Christian Zionists in the Holy Land. Evangelical Churches, Labor Migrants, and the Jewish State," *Identities. Global Studies in Culture and Power* 10:3 (2003): 295–318; Claudia Liebelt, „On Sentimental Orientalists, Christian Zionists, and Working Class Cosmopolitans," *Critical Asian Studies* 40:4 (2008): 567–85.
597 Vgl. Rucks, *Messianische Juden*, 62–72; 110–22; 171–81; Munayer und Loden, *Enemy's Eyes*, 85–89.

nisch-jüdischen Glaubens. Das Leben im Verheißenen Land verstärkt das Verständnis von einer bleibenden Erwählung des jüdischen Volkes und dessen Rolle in der Verheißung der Erlösung von „ganz Israel".[598] Entgegen der früheren Anbindung an christliche Missionsgesellschaften betonen die ab den 1970er Jahren entstandenen eigenständigen „messianisch-jüdischen" Gemeinden verstärkt die Nähe und Kontinuität zum Judentum. Zugleich kam es zu einer Indigenisierung und Vernetzung untereinander, etwa in Form von Leitungskonferenzen (National Pastors' Conferences) und des aus diesen Konferenzen hervorgegangenen National Evangelistic Committee. Auch eigenes hebräisches Liedgut und Ausbildungszentren entstanden, allen voran die Bibelschule, die heute den Namen Israel College of the Bible trägt.[599] Wurde die Anzahl der Gemeinden Ende der 1980er Jahre auf 45 und die Anzahl der messianischen Jüdinnen und Juden auf 2.500 bis 3.000 geschätzt, fand das messianische Judentum in den folgenden Jahren enormen Zulauf. Dieser wurde begünstigt durch die jüdische Einwanderung aus der ehemaligen Sowjetunion nach 1990, aber auch aus Äthiopien.[600] 2013 wurde die Anzahl der messianischen Juden auf 10.000–15.000 und die Anzahl der Gemeinden auf über 200 geschätzt.[601] Damit gibt es zwei- bis dreimal so viele messianische Juden wie arabischsprachige Evangelikale in Israel, deren Zahl auf 5.000 geschätzt wird.[602]

Die evangelikal-israelische Liaison bleibt von jüdisch-israelischer Seite nicht ohne Kritik. Dies zeigte bereits das Zitat aus der israelischen, mehrheitlich jüdischen Zeitung *Haaretz* in der Einleitung. In der *Haaretz* wurde anlässlich der Verlegung und Einweihung der Botschaft mehrfach Kritik an der israelisch-evangelikal-zionistischen Liaison vorgebracht.[603]

Insgesamt ist die Kritik gegenüber dem christlich-evangelikalen Zionismus von israelisch-jüdischer Seite jedoch verhalten. Eine Ausnahme bildet da beispielsweise der jüdisch-israelische Journalist Gershom Gorenberg, der 2006, im

---

598 Munayer und Loden, *Enemy's Eyes*, 89, 94–96.
599 Vgl. Munayer und Loden, *Enemy's Eyes*; 90–94; Rucks, *Messianische Juden*, 235–48.
600 Rucks, *Messianische Juden*, 311–26.
601 Vgl. Munayer und Loden, *Enemy's Eyes*, 92f.
602 Vgl. Ajaj und Sumpter, „Introduction to the Convention", 38.
603 So wird beispielsweise gewarnt, dass die Evangelikalen in der Errichtung des Staates Israel nur eine Beschleunigung der Endzeit sähen, die ihrer Vision von Armageddon diene, gefolgt von Zerstörung und der Massenkonversion von Juden zum Christentum, vgl. Haaretz Editorial, „Israel's Unholy and Transient Alliance with U.S. Evangelicals," *Haaretz* (18.05.2018); vgl. auch die Warnung, dass Juden nur eine Interimsfunktion im christlichen Erlösungsprozess hätten und die Forderung, dass sich der Staat Israel von der (ein-)engen(-den) evangelikalen Umarmung befreie, vgl. Haaretz Editorial, „The Evangelical Bear Hug".

2 Die globale Auseinandersetzung um christlich-evangelikalen Zionismus — 179

Jahr der Gründung der CUFI, christlich-evangelikale Zionisten wie John Hagee kritisierte:

> Die Leute, die die Idee des christlichen Zionismus vertreten, sehen in Juden Schauspieler in einem christlichen Drama, das zur Endzeit führt [...]. Wahrer Zionismus, als eine jüdische Bewegung, ist eine Bewegung, die darauf zielt, Juden aus der mythologischen Welt zu lösen und sie zu wahren Handelnden in der Geschichte zu machen, die ihr Schicksal kontrollieren und aus pragmatischen Gründen handeln, die an das hier und jetzt gebunden sind. Also, was ‚christlicher Zionismus' genannt wird, ist tatsächlich sehr weit entfernt vom Zionismus.[604]

Die einzige Option für Juden sei, so Gorenberg weiter, zu sterben oder zu konvertieren. Das Judentum, kritisiert er, werde nicht als eigenständige Religion wahrgenommen. Nicht nur die defizitäre Wahrnehmung des Judentums, sondern auch die politischen Auswirkungen benennt Gorenberg: Die zionistischen Evangelikalen seien gegen Diplomatie und gäben einer militärischen Option den Vorrang, da sie Krieg und Konflikt erwarten und darin etwas Positives sähen. Der Frieden sei für sie nur eine Illusion. Darum hielten sie ihre Regierung auch davon ab, Friedensgespräche zu führen oder den Anspruch auf Land aufzugeben. Damit arbeiteten sie gegen die eigentlichen Interessen Israels und unterstützten es nicht, entgegen ihrem eigenen Anspruch.

Die ansonsten eher zurückhaltende Kritik seitens jüdischer Israelis am christlich-evangelikalen Zionismus kann damit begründet werden, dass die gemeinsamen politischen Interessen, wie etwa der Kampf gegen den Terror, überwiegen. Mit David Brog war sogar lange Zeit ein Jude Exekutivdirektor der CUFI. In seinen Publikationen versucht Brog, den christlich-evangelikalen Zionismus von potentiellen Missdeutungen zu befreien und diesen so für das Judentum anschlussfähig zu machen.[605]

Entgegen einer eher verhaltenen Kritik von jüdisch-israelischer Seite trägt die palästinensische Befreiungs- bzw. kontextuelle Theologie[606] eine umfassende

---

604 Gershom Gorenberg on Christian Zionism, *NPR. Fresh Air* (18.09.2006); vgl. hierzu Smith, *The Roots of Christian Zionism*, 23 f.; vgl. auch Gershom Gorenberg, *The End of Days. Fundamentalism and the Struggle for the Temple Mount* (Oxford u. a.: Oxford University Press, 2000).
605 Vgl. Max Blumenthal, Birth Pangs of a New Christian Zionism, *The Nation* (08.08.2006); David Brog, *Standing With Israel. Why Christians Support the Jewish State* (Lake Mary: Charisma House, 2006).
606 Während Ateeks Zugang meist als „Befreiungstheologie" verstanden wird, wird für das Al-Liqa' Zentrum und Rahebs Arbeit eher die Bezeichnung „kontextuell" favorisiert. Bei der Befreiungstheologie stünden politische und wirtschaftliche Fragestellungen im Vordergrund, bei der kontextuellen Theologie werde die kulturelle und lokale Komponente stärker betont, vgl. Uwe Gräbe, *Kontextuelle palästinensische Theologie. Streitbare und umstrittene Beiträge zum ökumenischen und interreligiösen Gespräch*. Missionswissenschaftliche Forschungen 9 (Erlangen: Er-

und eindeutige Kritik am christlich-evangelikalen Zionismus vor. Die palästinensische Theologie prägte sich in den Jahren 1987–1989 aus. In diesen Jahren wirkten unterschiedliche Ereignisse zusammen:[607] Erstens kam es während der ersten Intifada zu einer Besinnung auf die palästinensische Identität, was sich auch in der Theologie und in den Kirchen bemerkbar machte. In diese allgemeine Phase des „Abschüttelns" (dt. für Intifada) fiel zweitens die Wahl von Michel Sabbah zum ersten arabischsprachigen, römisch-katholischen Patriarchen von Jerusalem Ende Dezember 1987. Mit ihm rückten nun die Belange der arabischsprachigen Christen in den Vordergrund und es kam zu einer verstärkten Kooperation der Kirchenoberhäupter untereinander.[608] Drittens löste sich das seit 1983 bestehende, kontextuell-theologisch geprägte Zentrum Al-Liqa' 1988 vom Tantur Ecumenical Institute in Jerusalem und der damit verbundenen westlichen Anbindung los und ließ sich in Bethlehem nieder.[609] Einflussreich sind hier die Theologen Rafiq Khoury und der 2016 verstorbene Geries Sa'ad Khoury.[610] Viertens stieß Naim Ateek mit seiner Monographie „Recht, nichts als Recht"[611], die

---

langer Verlag für Mission und Ökumene, 1999), 173–95; Samuel J. Kuruvilla, *Radical Christianity in Palestine and Israel. Liberation and Theology in the Middle East* (London/New York: I.B. Tauris, 2013), 64–75, Nicole Patierno, „Palestinian Liberation Theology. Creative Resistance to Occupation," *Islam and Christian-Muslim Relations* 26:4 (2015): 443–64, 452.

607 Gräbe beschreibt vor der ersten Intifada drei Phasen als Vorläufer der palästinensischen Theologie (vor 1967, 1967–1975, 1983–1987), Gräbe, *Theologie*, 34–152; vgl. auch Harald Suermann, „Einleitung und Hinführung zur palästinensischen Theologie," in *Zwischen Halbmond und Davidstern. Christliche Theologie in Palästina heute*. Theologie der Dritten Welt 28, hg.v. Harald Suermann (Freiburg u.a.: Herder, 2001), 9–36, 17–24; Rafiq Khoury, „Palästinensische kontextuelle Theologie: Entwicklung und Sendung," in *Zwischen Halbmond und Davidstern. Christliche Theologie in Palästina heute*. Theologie der Dritten Welt 28, hg.v. Harald Suermann (Freiburg u.a.: Herder, 2001), 52–100, 73–85.

608 Zeichen hierfür sind u.a. die Stellungnahmen aller Kirchenoberhäupter beginnend 1988 anlässlich der ersten Intifada, vgl. Gräbe, *Theologie*, 143–48.

609 Vgl. Gräbe, *Theologie*, 120–24.

610 Vgl. Gräbe, *Theologie*, 120–40; Harald Suermann, Hg., *Zwischen Halbmond und Davidstern. Christliche Theologie in Palästina heute* 28 (Freiburg u.a.: Herder, 2001), 24–28. Vgl. auch das Grundsatzdokument des Al-Liqa' Zentrums, beschrieben als „Magna Charta der kontextuellen Theologie im Heiligen Land" (Khoury, „Theologie", 83), Al-Liqa'-Zentrum, „Theologie und Ortskirche im Heiligen Land," in *Zwischen Halbmond und Davidstern. Christliche Theologie in Palästina heute*, Theologie der Dritten Welt 28, hg.v. Harald Suermann (Freiburg u.a.: Herder, 2001), 38–51 sowie für weitere Publikationen des Al-Liqa'-Zentrums Suermann, Hg., *Halbmond*.

611 Auf Deutsch erstmals 1990 erschienen (Naim Stifan Ateek, *Recht, nichts als Recht! Entwurf einer palästinensisch-christlichen Theologie* [Fribourg/Brig: Edition Exodus, 1990]), im englischen Original 1989 (Naim Stifan Ateek, *Justice, and only Justice. A Palestinian Theology of Liberation* [Maryknoll [NY]: Orbis Books, 1989]). Weitere zentrale Werke sind Naim Stifan Ateek, *A Palestinian Christian Cry for Reconciliation* (Maryknoll [NY]: Orbis, 2008); Naim Stifan Ateek, *A Palestinian*

1988 veröffentlicht wurde, und seinem 1989 gegründeten befreiungstheologischen Zentrum Sabeel eine palästinensische „Befreiungs"-theologie an.

In den folgenden Jahren traten weitere palästinensische Theologen und Kleriker hinzu, darunter Mitri Raheb[612], Elias Chacour[613] und Munib Younan[614]. Weitere Institutionen entstanden, wie etwa das 1995 von Mitri Raheb gegründete International Center of Bethlehem.[615] Zu den palästinensischen Theologen zählen mit Yohanna Katanacho[616] und Munther Isaac[617] auch zwei evangelikale Theologen. Federführend innerhalb der palästinensisch-evangelikalen Theologie ist das Bethlehem Bible College mit seiner Konferenz „Christ at the Checkpoint" unter der Leitung von Munther Isaac, die seit 2010 alle zwei Jahre stattfindet. Ziel der Konferenz ist es, direkt in das Gespräch mit Evangelikalen aus aller Welt zu kommen und die vorherrschende zionistische Sicht zu hinterfragen.[618]

Trotz mancher Unterschiede lassen sich zentrale Gemeinsamkeiten der theologischen Entwürfe feststellen. Grundsätzlich wird eine palästinensische Identität angenommen, die sich durch Kritik an der israelischen Politik und ihrer theologischen Legitimierung kennzeichnet. Diese wird auch im 2009 veröffentlichten Kairos-Palästina-Dokument beschrieben, dem wohl bedeutendsten Text

---

Theology of Liberation. The Bible, Justice, and the Palestine-Israel Conflict (Maryknoll [NY]: Orbis, 2017).
612 Vgl. u. a. Mitri Raheb, *Ich bin Christ und Palästinenser. Israel, seine Nachbarn und die Bibel.* Gütersloher Taschenbücher 1307 (Gütersloh: Gütersloher Verlagshaus, 1994); Mitri Raheb, *Bethlehem hinter Mauern. Geschichten der Hoffnung aus einer belagerten Stadt* (Gütersloh: Gütersloher Verlagshaus, 2005); Mitri Raheb, *Christ-Sein in der arabischen Welt: 25 Jahre Dienst in Bethlehem. Gesammelte Aufsätze und Reden eines kontextuellen Theologen aus Palästina* (Berlin: AphorismA, 2013); Mitri Raheb, *Glaube unter imperialer Macht. Eine palästinensische Theologie der Hoffnung* (Gütersloh: Gütersloher Verlagshaus, 2014).
613 Vgl. u. a. Elias Chacour, *We Belong to the Land. The Story of a Palestinian Israeli who Lives for Peace and Reconciliation* (Notre Dame [IN]: University of Notre Dame Press, 2001); Elias Chacour, *Faith beyond Despair. Building Hope in the Holy Land* (London: Canterbury Press, 2008).
614 Vgl. u. a. Munib Younan, *Witnessing for Peace. In Jerusalem and the World* (Minneapolis [MN]: Fortress Press, 2003).
615 Vgl. Patierno, „Palestinian Liberation Theology", 451–54. Zum Vergleich der Institutionen Al-Liqa', Sabeel und ICB vgl. Samuel J. Kuruvilla, „Palestinian Theological Praxis in Context: An Analysis of the Approaches of Sabeel, Al-Liqa' and Diyar," in *The Invention of History. A Century of Interplay between Theology and Politics in Palestine*, hg.v. Mitri Raheb (Bethlehem: Diyar Publisher, 2011), 149–65.
616 Vgl. u. a. Yohanna Katanacho, *The Land of Christ. A Palestinian Cry* (Eugene [OR]: Pickwick 2013); Yohanna Katanacho, *Praying Through the Psalms* (London: Langham Global Library, 2018).
617 Vgl. u. a. Munther Isaac, *From Land to Lands, from Eden to the Renewed Earth. A Christcentred Biblical Theology of the Promised Land* (London: Langham Monographs, 2015).
618 https://bethbc.edu; https://christatthecheckpoint.bethbc.edu.

palästinensischer Theologie.⁶¹⁹ Es wurde von vierzehn palästinensischen Theologen, Klerikern und Laien unterschiedlicher Konfessionen verfasst, darunter auch der evangelikale Theologe Yohanna Katanacho. Zudem wurde es von allen dreizehn Jerusalemer Patriarchen und Kirchenoberhäuptern mit einem befürwortenden Brief versehen, in dem die Unterstützung des Dokuments ausgedrückt wird.⁶²⁰ Das Dokument nimmt eine einheitliche Beschreibung palästinensisch-christlicher Identität vor. Diese kennzeichnet sich durch die Kritik der Ungleichbehandlung der „Palästinenser" in Israel und durch den Widerstand gegen die israelische Besatzung der Palästinensischen Gebiete und deren theologischen Legitimierung:⁶²¹ „Westliche" Schriftauslegungen hinsichtlich Land und Verheißungen werden scharf kritisiert; sie machten das Evangelium zu einem „Vorboten des Todes", gewährten theologische Deckung für die Unterdrückung und bedrohten dadurch die Existenz der Palästinenser (Abs. 2.3.3, Abs. 6.1). Dagegen wird eine universale Auslegung von Landverheißungen betont. Das Land sei das Land Gottes, es habe darum einen den Kosmos umfassenden Auftrag zur Verwirklichung des Königreiches Gottes auf Erden (Abs. 2.3).

In die öffentliche Diskussion bringen sich die palästinensischen Theologen zu verschiedenen aktuellen politischen Ereignissen ein. So hat das palästinensisch-theologische Kairos-Netzwerk die Verlegung der US-Botschaft nach Jerusalem eindeutig verurteilt und den christlichen Zionismus zurückgewiesen.⁶²² Ebenso kritisierten die Jerusalemer Kirchenoberhäupter und Patriarchen in einer Stellungnahme die Verlegung der Botschaft.⁶²³ Auch unter arabischsprachigen Evangelikalen wurde Kritik laut. Die evangelikale jordanische Synode⁶²⁴ wies die Verlegung ebenso zurück wie Jack Sara, der Präsident des Bethlehem Bible Col-

---

619 Kairos Palestine, A Moment of Truth. A Word of Faith, Hope, and Love from the Heart of Palestinian Suffering (2009). Die folgenden Zitate sind eigene Übersetzungen aus der arabischen Version.
620 Vgl. Kairos Palestine. Dieser Brief sowie das Vorwort der Autoren „Unser Wort" fehlt in der deutschen Übersetzung, ist aber in der englischen und der arabischen Version vorhanden.
621 Vgl. Kairos Palestine, Abs. 4.2. Kritisiert werden die mit der Besatzung verbundenen Auswirkungen wie die Trennmauer, die Gazablockade und die Einschränkung der Religionsfreiheit, die Diskriminierung der Palästinenser in Israel sowie die Abwanderung von jungen Christen und Muslimen, vgl. Kairos Palestine, Abs. 1.
622 Vgl. Kairos Palestine, „Kairos Statement on Gaza and Jerusalem".
623 Vgl. Patriarchs and Heads of Local Churches in Jerusalem, „Letter to President Donald J. Trump," (06.12.2017).
624 Vgl. Come and See, „Al-maǧmaʻ al-kanāʼis al-inǧīlīya al-urdunīya yuṭālibu ar-raʼīs al-amrīkī bi l-ʻudūl ʻan naql as-sifāra al-isrāʼīlīya li l-quds [Die Vereinigung der evangelikalen jordanischen Kirchen fordert den amerikanischen Präsidenten zum Verzicht der Verlegung der israelischen Botschaft nach Jerusalem auf]" (09.12.2017).

lege, der eine Online-Petition initiierte.⁶²⁵ Auch von arabischsprachigen Evangelikalen aus Israel gab es kritische Stellungnahmen: Yohanna Katanacho wies Trumps Entscheidung und den christlich-evangelikalen Zionismus ebenso zurück wie Shadia Qubti – beide sind wohnhaft in Nazareth.⁶²⁶

Die Palästinensische Theologie beherrscht mit ihrer Behauptung einer palästinensischen Identität, einer Kritik an der Politik Israels und ihrer theologischen Legitimierung die öffentliche Wahrnehmung des arabischsprachigen Christentums in Israel und den Palästinensischen Gebieten. Dazu beigetragen hat maßgeblich das Kairos-Palästina-Dokument, das mit seiner pluralen Verfasser- und Unterstützergruppe eine hohe Repräsentation beansprucht. Damit suggeriert die palästinensische Theologie, dass eine palästinensische, zionismuskritische Identität die einzig „natürliche" Identität für die arabischsprachigen Christen ist. Jedoch ist die palästinensische Theologie selbst nicht nur Ausdruck einer palästinensischen Identität, sondern sie bewirkt diese auch. Palästinensische Theologie ist damit nicht sekundär aus einer palästinensischen Identität abzuleiten, sondern sie affiziert diese; das heißt palästinensische Theologie ist nicht lediglich vorrangig, sondern sie steht in Wechselwirkung mit palästinensischer Identität. Palästinensische Theologie ist damit auch performativ.

Die im ersten Kapitel angesprochene aramäische Bewegung hat bereits deutlich gemacht, dass unter arabischsprachigen Christen eine „palästinensische" Identität nicht unhinterfragt ist und es zu ihr Alternativen gibt. Der griechisch-orthodoxe Priester Gabriel Naddaf befürwortet, wie gezeigt, eine aramäische Identität und lehnt ein arabisches und palästinensisches Selbstverständnis ab. Naddafs pro-israelische Haltung ist in einem „christlichen Zionismus" eingebettet, der Naddafs Meinung nach immer schon mit dem „Zionismus des jüdischen Volkes"⁶²⁷ einherging. Christliche Zionisten, so Naddaf, würden „sensibel auf Gottes Wort reagieren", hätten „Gottes ewige Verheißungen an Israel verstanden und beteten und arbeiteten daran, einen jüdischen Staat zu ermöglichen"⁶²⁸. Von evangelikal-zionistischen Christen aus dem Ausland erhielt Naddaf

---

625 Jack Sara, „Evangelical Leaders to Take a Stand to Protect the Rights of the Palestinian People in the Holy Land". Vgl. auch Munther Isaac, https://muntherisaac.blogspot.com/2017/12/blog-post.html.
626 Yohanna Katanacho, „Evangelical Obsession with Israel. Is it Good for the Jews and the Arabs?" *Come and See* (09.12.2017); Yohanna Katanacho, „Mass Murder in Gaza," *Come and See* (15.05.2018); Yohanna Katanacho, „How to Respond to the Situation in Gaza as Christians?," *Come and See* (17.05.2018); Shadia Qubti, „What President Trump's Jerusalem Proclamation Means for Palestinians," *Christian Today* (11.12.2017).
627 Test the Spirits, 8.
628 Test the Spirits, 8.

Unterstützung. Die von John Hagee geführte CUFI preist Naddaf und sein Bemühen, die arabische Identität der Christen zugunsten einer griechischen oder aramäischen Identität zu überdenken[629]; Hagee spendete dem Recruitment Forum 2015 100.000 US-Dollar.[630] Eine weitere Zusammenarbeit bestand mit der amerikanisch-evangelikalen Laurie Cardoza-Moore und ihrer Organisation „Proclaiming Justice to the Nations".[631] Wie bereits im ersten Kapitel angesprochen, erfuhr Naddaf heftigen Gegenwind, vor allem von arabischsprachigen Christen. Naddaf ist aus der Öffentlichkeit verschwunden, auch das Christian Empowerment Center scheint es nicht mehr zu geben. Der Aufstieg und Fall Gabriel Naddafs zeigt damit auf, wie sehr die Identität der arabischsprachigen Christen umkämpft ist, dass es Alternativen zu einer palästinensischen Identität in Israel gibt, dass diese aber innerhalb des arabischsprachigen Christentums einen schwierigen Stand haben.

3 Die „Stille" der arabischsprachigen Evangelikalen in Nazareth

Handlungsmöglichkeiten angesichts eines zweifachen Dilemmas

Die vorigen Abschnitte zeigten einen christlich-evangelikalen Zionismus auf, der unter Evangelikalen weltweit verbreitet ist. Politisch einflussreich ist er besonders unter US-amerikanischen Evangelikalen; ihre politische Einflussnahme wirkt sich negativ auf die arabischsprachige Bevölkerung in Israel und den Palästinensischen Gebieten aus. Auch die arabischsprachigen Christen in Israel und den Palästinensischen Gebieten werden von zionistischen Evangelikalen nicht wahrgenommen oder – wie bei John Hagee gesehen – es wird eine palästinensische Existenz verleugnet. Sie passen nicht in das Konzept des christlich-evangelikalen Zionismus, der in „Israel" die Heimstätte des jüdischen Volkes und den Schauplatz zukünftiger endzeitlicher Ereignisse sieht. Israel wird dabei häufig als „Großisrael" verstanden, das sowohl Jerusalem – inklusive Ostjerusalem – als auch „Judäa" und „Samaria" – das Westjordanland – umschließt und damit Gebiete, die zu den Palästinensischen Gebieten zählen, nach internationalem Recht als von Israel militärisch besetzt gelten und gegen dieses Recht mit israelischen

---

629 Bildschirmfoto Facebook https://www.facebook.com/ChristiansUnitedforIsrael/posts/we-li ke-that-father-gabriel-naddaf-a-greek-orthodox-priest-has-issued-a-call-for/10152416978199814/.
630 Staff Writer, „23 Israeli Charities Receive $3.2 Million from John Hagee Ministries," *Breaking Israel News* (03.11.2015).
631 Staff Writer, „Evangelicals Buying into Anti-Israel ‚Fake Theology'. PJTN Leader Cardoza-Moore," *Breaking Israel News* (07.03.2017).

Siedlungen bebaut werden. Trotz dieser gegenwärtigen zionistischen Ausrichtung des Evangelikalismus verstehen sich die arabischsprachigen Evangelikalen in Israel aber als „evangelikal" – die Gründung der Convention of Evangelical Churches in Israel (CECI) 2005 war eine ganz bewusste Entscheidung für den Namen „evangelikal".

Die arabischsprachigen Evangelikalen stehen damit in einem Konflikt, den der palästinensisch-evangelikale Theologe Yohanna Katanacho in einem Kommentar anlässlich Trumps Ankündigung der Botschaftsverlegung mit dem Titel „Evangelikale Besessenheit mit Israel – ist sie gut für die Juden und Araber?"[632] beschreibt. Angesichts der endzeitlich ausgerichteten Haltung der amerikanischen Evangelikalen und der damit verbundenen Vorstellung von Gottes Vernichtung der Völker im Mittleren Osten seien die Evangelikalen im Mittleren Osten als politische Feinde des Staates Israels im „falschen Team"[633] und darum „Feinde Gottes"[634]. Für „palästinensische" Evangelikale spitze sich dieses Dilemma zu:

> Was können sie [die „palästinensischen Evangelikalen"] tun, um dem evangelikalen Gott zu gefallen? Sollen sie ihre Häuser verlassen, ihre Geschichte, ihre Kultur und ihren Ruf, ihren muslimischen und jüdischen Nachbarn zu dienen? Sollen sie ihre Nation betrügen, weil Palästinensischsein per Definition Sünde ist?[635]

In seiner Zurückweisung des christlich-evangelikalen Zionismus argumentiert Katanacho aus einer „palästinensischen" Perspektive, die aber, wie bereits Gabriel Naddaf und die aramäische Bewegung zeigten, unter arabischsprachigen Christen in Israel keine Selbstverständlichkeit ist. In einem weiteren Artikel mit dem Titel „Bin ich Palästinenser oder Israeli?"[636] geht Yohanna Katanacho auf diesen Konflikt um die nationale Identität ein. Er spricht von einem „Kampf"[637], die facettenreiche Identität der „palästinensischen Israelis" zu definieren. „Palästinensische Israelis" stünden vor der Frage: „Wer bin ich? Wie soll ich meine Identität verstehen?"[638]. Diese Frage stelle sich deshalb, weil die verschiedenen Identitäten in Konflikt miteinander seien:

---

632 Katanacho, „Evangelical Obsession with Israel".
633 Katanacho, „Evangelical Obsession with Israel".
634 Katanacho, „Evangelical Obsession with Israel".
635 Katanacho, „Evangelical Obsession with Israel".
636 Yohanna Katanacho, „Am I a Palestinian or Israeli?," *Come and See* (05.07.2014).
637 Katanacho, „Am I a Palestinian or Israeli?".
638 Katanacho, „Am I a Palestinian or Israeli?".

> Die palästinensische Identität kämpft gegen die israelische Identität, da beide miteinander wetteifern, die andere zu verleugnen. Einerseits versuchen einige Israelis, palästinensische Israelis zu israelisieren und die palästinensischen Eigenschaften zu beseitigen. Andererseits neigen einige Palästinenser dazu, jegliche Verbindung zum israelischen Staat abzulegen, und die Einzigartigkeit palästinensischer Israelis zu ignorieren. Der Kampf der Identitäten eskaliert als Genozid der Identitäten, als ob palästinensische Israelis eine Identität auf dem Altar der anderen opfern müssten.[639]

Arabischsprachige Evangelikale in Israel stehen also vor einem zweifachen Identitätskonflikt: Einerseits sind die arabischsprachigen Evangelikalen im „falschen Team", denn sie sind als „Araber" oder gar „Palästinenser" „Feinde Gottes". Andererseits stehen sie als Teil der arabischsprachigen Bevölkerung in Israel in einem „Kampf der Identitäten", in dem arabische, palästinensische, aramäische, israelische oder alternative Selbstverständnisse miteinander konkurrieren.

Welche Haltungen nehmen die arabischsprachigen Evangelikalen in diesem zweifachen Identitätskonflikt ein? Diese Frage soll im folgenden Teil des Kapitels diskutiert werden. Dabei wird zu fragen sein, wie zionistische Konzepte zurückgewiesen – wie bei Katanacho gezeigt –, aufgenommen oder umgedeutet werden. Bei diesen Fragen möchte die folgende Darstellung jedoch nicht stehen bleiben, da sie die unter arabischsprachigen Evangelikalen in Nazareth vorgefundenen Positionierungen nur unzureichend zu erklären vermag. Denn entgegen Yohanna Katanachos aktiver und deutlicher Kritik am und Zurückweisung des christlich-evangelikalen Zionismus herrscht, wie im Folgenden zu zeigen sein wird, unter arabischsprachigen Evangelikalen hinsichtlich des zweifachen Dilemmas eine Stille. Diese Stille soll nicht als eine bloße passive Akzeptanz oder Hinnahme des christlich-evangelikalen Zionismus verstanden werden, möglicherweise verbunden mit der Vorstellung von einem Unwillen zu handeln, einer Machtlosigkeit oder Ohnmacht angesichts des wirkmächtigen christlich-evangelikalen Zionismus.[640] Vielmehr sollen die spezifischen kulturellen und historischen Bedingungen und Strukturen, denen die Handlungsmöglichkeiten der arabischsprachigen Evangelikalen unterliegen, genau in den Blick genommen werden. Damit können das „evangelikale" Potential und die Bedeutung, Macht und Plausibilität des evangelikalen Diskurses für die arabischsprachigen Evangelikalen sichtbar gemacht werden. Dass „evangelikal" mehr zu bieten hat als der derzeit vorherrschende christlich-evangelikale Zionismus in seiner rechtskonservativen politischen Ausrichtung, zeigte bereits der vorige Teil dieses Kapitels: Mark Labberton, der Präsident des Fuller Seminars, präsentierte eine dezidierte sozialpolitische

---

639 Katanacho, „Am I a Palestinian or Israeli?".
640 Vgl. hierzu ausführlich die theoretischen Überlegungen in der Einleitung.

Ausrichtung des Evangelikalismus; mit Darbys Vorstellungen eines prämillenaristischen Dispensationalismus besteht eine evangelikale Vorgeschichte, durch die das endzeitliche Geschehen unpolitisch, in einer Separation von der Welt und mit einem Fokus auf der Entrückung, und nicht auf Israel, interpretiert werden kann.

Im Folgenden soll zunächst die Haltung zum christlich-evangelikalen Zionismus und die eigene nationale Identität in den evangelikalen Gemeinden und para-kirchlichen Einrichtungen in Nazareth dargestellt und kontextualisiert werden. Anschließend werden anhand einzelner, ausgewählter Interviews konkrete Positionierungen von arabischsprachigen Evangelikalen aus Nazareth ausgeführt.

Vermeidung der Auseinandersetzung in Gemeinden und para-kirchlichen Einrichtungen

Auf Donald Trumps Ankündigung im Dezember 2017, die US-Botschaft nach Jerusalem zu verlegen, und ihre tatsächliche Einweihung im Mai 2018 gab es, wie im vorigen Abschnitt beschrieben, Stellungnahmen des Kairos-Palästina-Netzwerks, der Jerusalemer Patriarchen und Kirchenoberhäupter oder auch der evangelikalen Synode in Jordanien. Mit Yohanna Katanacho und Shadia Qubti meldeten sich auch zwei arabischsprachige Evangelikale aus Israel kritisch mit Stellungnahmen zu Wort. Es gab jedoch keine Stellungnahme eines evangelikalen Zusammenschlusses. Weder die Convention of Evangelical Churches in Israel (CECI) noch die Association of Baptist Churches (ABC) noch irgendeine andere evangelikale Vereinigung, Gemeinde oder para-kirchliche Einrichtung äußerte sich zur Botschaftsverlegung, weder zurückweisend noch unterstützend. Diese „Stille" ist kein Zufall, sondern bewährte Strategie im Umgang mit dem zweifachen Dilemma. Dieses wird von arabischsprachigen Evangelikalen in Nazareth grundsätzlich vermieden.

Blickt man beispielsweise auf das Nazareth Evangelical College (NEC), fällt eine grundsätzliche Vermeidung einer Thematisierung auf. Die Website macht weder zu „Israel", noch zu „Palästina" oder „Zionismus" irgendwelche Aussagen. Damit steht das NEC in starkem Kontrast zum Bethlehem Bible College (BBC), mit dem es institutionell und personell verbunden ist. Das NEC wurde vom BBC zusammen mit der ABC und der CECI 2014 gegründet;[641] die Akkreditierung der

---

641 Vgl. https://www.nazcol.org/history/.

Studiengänge des NEC erfolgt durch das BBC.⁶⁴² Azar Ajaj, Yohanna Katanacho, Saleem Munayer, Munther Isaac und Jack Sara unterrichten an beiden Colleges.⁶⁴³ Beim BBC wird, wie im vorigen Abschnitt gezeigt, eine palästinensische, israel- und zionismuskritische Haltung vertreten, die durch die Christ-at-the-Checkpoint-Konferenzen deutlich in die Öffentlichkeit getragen werden. Bei diesen Konferenzen treten auch regelmäßig Lehrkräfte des NEC als Sprecher auf; mit Yohanna Katanacho beschäftigt das NEC einen palästinensischen Theologen als Studiendekan – dennoch ist von einer palästinensisch orientierten Haltung des NEC nach außen hin nichts wahrnehmbar.

Eine allgemeine Nicht-Thematisierung des zweifachen Dilemmas der arabischsprachigen Evangelikalen in Israel wird auch in den evangelikalen Gemeinden in Nazareth deutlich. In den von der Verfasserin besuchten Gottesdiensten, Bibelstunden, Gebetskreisen oder sonstigen Veranstaltungen des Gemeindelebens wurde weder über den christlich-evangelikalen Zionismus noch über die eigene nationale Identität gesprochen. Tagespolitische Ereignisse des palästinensisch-israelischen Konflikts wurden weitestgehend ignoriert; es fand beispielsweise kein Gebet für im Hungerstreik befindliche palästinensische Gefangene, wegen unverhältnismäßiger Polizeigewalt gegen arabischsprachige Israelis oder wegen von der israelischen Armee erschossenen palästinensischen Demonstranten in Gaza statt – Ereignisse, die während der Forschungsaufenthalte in den Medien breit diskutiert wurden und teilweise mit einem arabischen Generalstreik beantwortet wurden.⁶⁴⁴ Diese Beobachtung trifft auf alle Gemeinden und para-kirchlichen Einrichtungen zu.

Diese Vermeidung in den Gemeinden wird auch in zahlreichen Interviews angesprochen. Auf die Frage, ob das Thema „Israel" oder „Zionismus" in den Gemeinden diskutiert wird, entgegnet eine Person, man könne „nicht darüber lehren", weil man „attackiert" und „zurückgewiesen" werde, wenn man sagt, was man glaube.⁶⁴⁵ Die Person weist darauf hin, dass über die Thematik nicht gesprochen und gelehrt wird, und zwar deshalb, weil die eigene Position angegriffen würde. Dies indiziert, dass es zu dem Thema unterschiedliche Meinungen gibt und eine angespannte Gesprächssituation vorliegt. Ähnlich beschreibt die Situation eine weitere Person auf die Frage, ob diese Thematik in der Kirche erörtert werde: „Nein, ich würde liebend gerne darüber reden, aber einige Leute in der Kirche nicht"⁶⁴⁶. Der Wunsch, über die Thematik zu sprechen, wird ausgedrückt,

---

642 Vgl. https://www.nazcol.org/accreditation/.
643 Vgl. https://bethbc.edu/faculty/; https://www.nazcol.org/faculty-and-staff/.
644 Vgl. Einträge im Feldforschungstagebuch vom 03.05.2017; 21.05.2017; 22.05.2017.
645 Interview Nr. 52, 02.06.2017.
646 Interview Nr. 37, 16.05.2017.

und gleichzeitig die Unmöglichkeit dessen. Diese Unmöglichkeit wird von einer weiteren Person verstärkt. Sie weist darauf hin, dass die Kirche als solche keine Position ergreifen kann, und auch das Thema an sich lieber nicht angeht, weil ihre Mitglieder unterschiedlicher Meinung seien. Die Leute seien „gespalten", keine Kirche könne sagen „ich bin eine Zionistin oder nicht", die Ansicht über die Endzeit sei „eine persönliche Wahl".[647] Eine wieder andere Person beschreibt, wie die unterschiedlichen Haltungen der Gemeindemitglieder in dieser Frage zu Gemeindespaltungen führen. Sie befürwortet deshalb, anders als die zuvor genannten Personen, diese Thematik zu auszuklammern.[648]

Die „Israel"-Thematik wird in den zitierten Aussagen als ein zentrales Thema beschrieben, über das die Gemeindemitglieder und damit auch die Gemeinden unterschiedliche Meinungen haben, die aber nicht diskutiert werden können, was manche mit Bedauern, manche mit Wohlwollen feststellen. Wie kommt es aber dazu, dass die Haltung der anderen Gemeindeglieder bekannt ist, wenn doch die Thematik in den Gemeinden vermieden wird? Wieso erzeugt die Thematik trotz dieser Vermeidung eine Spaltung? Diese Fragen zeigen auf, dass die Vermeidungsstrategie ihre Grenzen hat – unterschiedliche Haltungen werden vor allem durch die im folgenden Kapitel zu besprechenden Organisationen Musalaha und HOPE in die Gemeinden hineingetragen. Zunächst aber soll die Plausibilität der Vermeidung nachgezeichnet und aufgezeigt werden, welche Bedingungen und Strukturen diese in Nazareth ermöglichen und erfordern und welche Positionierungen arabischsprachige Evangelikale in Nazareth hierzu genau einnehmen.

Der aufgezeigte Versuch, sich dem zweifachen Identitätskonflikt zu entziehen, lässt sich auch im Umgang mit der nationalen Identität unter den Nazarenern insgesamt beobachten. Paradigmatisch steht hierfür folgende Anekdote: Bei einem ihrer Besuche im offiziellen Tourismusbüro in Nazareth entdeckte die Verfasserin eine große israelische Flagge, die zusammengerollt und kaum sichtbar in der Ecke stand. Auf ihre Nachfrage bei einer Mitarbeiterin, was diese Flagge dort mache, entgegnete diese: Als israelische Behörde hätten sie eigentlich die Verpflichtung, die israelische Flagge an ihrer Fassade zu hissen. Da die Flaggen aber immer wieder geklaut werden, hätten sie diese jetzt erst gar nicht mehr aufgehängt.[649] Mit der fehlenden Flagge befindet sich das Tourismusbüro in bester Gesellschaft. Nirgends ist in Nazareth eine israelische Flagge zu sehen; dies steht der üblichen Praxis in Israel entgegen, überall, insbesondere zu Nationalfeiertagen wie dem Unabhängigkeitstag, israelische Flaggen zu hissen. Auch die

---

647 Interview Nr. 22, 10.04.2017.
648 Interview Nr. 59, 11.06.2017.
649 Vgl. Eintrag im Feldforschungstagebuch vom 20.05.2016.

Stadt Nof HaGalil (ehemals Natzerat Illit), die als jüdisch-israelische Stadt konzipiert wurde, grenzt sich mit überdimensionalen israelischen Flaggen von Nazareth ab. Die Erklärung der Mitarbeiterin, dass die Flaggen gestohlen werden, deutet daraufhin, dass die Markierung einer israelischen Nationalität in Nazareth nicht akzeptiert wird. Eine solche wird wohl auch von den Mitarbeitern im Tourismusbüro selbst nicht akzeptiert, denn diese hängen sie nicht im Büro auf, sondern verstecken sie in der Ecke. Gleichermaßen sind in Nazareth aber auch keine palästinensischen Flaggen zu sehen. In Nazareth, so zeigt das Beispiel der nicht vorhandenen Flaggen, wird vor einer öffentlichen Positionierung zur nationalen Identität zurückgewichen. Diese Vermeidung ist auch deshalb möglich, weil Nazareth eine rein arabische Stadt ist, die Verkehrssprache und die Unterrichtssprache in Schulen ist arabisch. Eine direkte Auseinandersetzung und Begegnung mit jüdischen Israelis findet nicht statt. Nationale und internationale Politik lässt sich zu einem gewissen Grad ausblenden. Ermöglicht wird dies nicht zuletzt dadurch, dass es kaum noch Demonstrationen in Nazareth gibt. Anders als in den 1970er Jahren, als Demonstrationen zum Tag des Landes oder am 1. Mai zahlreiche Teilnehmer hatten und einflussreich waren, finden diese heute nur noch geringen Zulauf; die Demonstration am Tag des Landes findet sogar nur noch überregional statt. Immer wieder vorkommende Aufrufe zum Generalstreik des „arabischen Sektors in Israel", die beispielsweise gegen unverhältnismäßige und brutale Polizeigewalt gegen die arabischsprachige Bevölkerung in Israel protestieren, wird teilweise nur zögerlich nachgekommen.[650] Die nationale Identität, so scheint es nach außen hin, spielt im Alltag keine Rolle; die Menschen gehen ihrem Leben und ihrer Arbeit nach, ziehen sich auf sich selbst zurück und verbringen Zeit mit ihren Familien. Doch immer wieder kommt es zu Ereignissen, in denen eine nationale Identifikation öffentlich zur Schau getragen wird: Das zeigen eindrucksvoll die Konzerte der Arab-Idol-Gewinner Mohammad Assaf (2014) und Yacoub Shaheen (2017), die als „Palästinenser" gewannen und deren Siege als „Palästinenser" in der ganzen arabischen Welt gefeiert werden, auch in Nazareth bzw. Nof HaGalil. Konzertbesucher trugen voller Begeisterung und Stolz palästinensische Symbole wie das schwarz-weiße Kufiyatuch und palästinensische Flaggen.[651]

Mag die ausgesprochene Stille gegenüber dem zweifachen Dilemma, gerade auch im Kontext von Nazareth, verständlich sein, so überrascht sie doch und zwar aus zweierlei Gründen. Erstens überrascht die Stille deshalb, weil die Thematik

---

650 Vgl. Einträge im Feldforschungstagebuch vom 22.05.2017; 07.06.2017.
651 Vgl. Ronni Shaked und Itamar Radai, „‚Arab Idol'. A Palestinian Victory, At Last," *Tel Aviv Notes* (30.04.2017); Interview Nr. 13, 08.08.2016.

insgesamt von hoher Bedeutung und Relevanz für die arabischsprachigen Evangelikalen in Israel ist – eine gänzliche Vermeidung lässt sich nicht realisieren. Der christlich-evangelikale Zionismus betrifft die arabischsprachigen Evangelikalen unmittelbar, es handelt sich nicht einfach nur um irgendein eschatologisches Konstrukt. Er beeinflusst die US-amerikanische Außenpolitik, die sich nachteilig auf die arabischsprachige Bevölkerung in Israel und in den Palästinensischen Gebieten auswirkt. Tagespolitische Ereignisse, für die die Verlegung der US-Botschaft nur ein Beispiel ist, drängen sich immer wieder auf, stellen das eigene Selbstverständnis in Frage und fordern eine (Neu-)Positionierung. Die Frage nach der nationalen Identität, die im Verhältnis mit dem Zionismus steht, ist ebenfalls eine, die die arabischsprachigen Evangelikalen unmittelbar betrifft und sich in unterschiedlichen Lebensbereichen vom Bildungssektor bis zum Militär niederschlägt. Zweitens steht die Stille im Gegensatz zur palästinensischen Theologie, deren zahlreiche Publikationen und Konferenzen Zeugnis dessen sind, dass das Thema von den arabischsprachigen Christen adressiert wird. Diese ausgewiesene Sprachfähigkeit scheint jedoch nicht unter allen Christen vorhanden zu sein. Für sie scheint es unmöglich, eine eigene Position zu beziehen, was angesichts der Komplexität des zweifachen Dilemmas nachvollziehbar ist.

Diese ohnehin schon bestehende Schwierigkeit, eine eigene Position einzunehmen, wird dadurch verkompliziert, dass es über diese Thematik eine weltweite Auseinandersetzung gibt, der viel Aufmerksamkeit zukommt, die politisch brisant und mitunter emotional stark aufgeladen ist. Ist es schwer genug, eine eigene Position zu entwickeln, scheint es praktisch undenkbar, diese dann auch noch öffentlich zu vertreten. Wollen arabischsprachige Evangelikale eine „palästinensische", zionismuskritische Position vertreten, stehen sie vor folgender Herausforderung: Die arabischsprachigen Evangelikalen in Israel stehen fast alle in historischer Verbindung zum US-amerikanischen Evangelikalismus, der, wie gezeigt, stark zionistisch geprägt ist. Der Großteil der arabischsprachigen Evangelikalen in Israel gehört der „Association of Baptist Churches" in Israel an, die aus der Mission der „Southern Baptist Convention" hervorgegangen ist – ihr gehören die beiden bei der Botschaftseinweihung aktiven Pastoren Robert Jeffress und John Hagee an. Diese repräsentieren zwar nicht die SBC, jedoch wartet auch die SBC selbst mit „Resolutionen" auf, in der sie die ausschließliche Unterstützung Israels bekräftigt und fordert.[652] Diese Verbindungen sind nicht nur historische Verbindungen, auch heute noch gibt es enge Kontakte oder Partnerschaften zwischen arabischsprachigen und US-amerikanischen evangelikalen Gemeinden und para-kirchlichen Einrichtungen. Eine den Zionismus ablehnende Position

---

652 Vgl. bspw. Southern Baptist Convention, „On Prayer and Support for Israel," (2016).

würde diese direkten Verbindungen erschweren oder gar kappen. Gerade auch im Hinblick darauf, dass die Convention of Evangelical Churches in Israel versucht, die volle Mitgliedschaft in der weltweiten evangelischen Allianz zu erhalten, damit in Konkurrenz zur zionistisch geprägten EAI steht und sich weltweite evangelikale Unterstützung für die Anerkennung als Religionsgemeinschaft in Israel erhofft, scheint hier eine Zurückhaltung plausibel. Wird ungeachtet dieser drohenden großen persönlichen, finanziellen oder strukturellen Einbußen eine palästinensische Position vertreten, sieht sich diese mit einer übermäßigen und vernichtenden Kritik konfrontiert, wie beispielsweise der gegenüber Jack Sara, Direktor des BBC, geäußerte Vorwurf, einen „Krieg" gegen amerikanische Evangelikale zu führen, deutlich macht.[653] Das zeigt auch die kirchlich-ökumenische Diskussion um das Kairos-Palästina-Dokument: Die Autorenschaft des Dokuments wird mit Vorwürfen des Antisemitismus, des Vertretens einer Nazi-Theologie, einer Diffamierung, Dämonisierung und Delegitimierung Israels überhäuft.[654] Gleichzeitig wird das Vertreten einer palästinensischen Position durch internationale Palästina-solidarische Christen erschwert, wie aus den Reihen von Kairos Palästina selbst deutlich wird. So bedauerte einer der Initiatoren und Autoren des Kairos-Dokuments in einem Interview, dass man es versäumt habe, die heimischen Geistlichen und Gemeinden zu erreichen und aus Kairos eine wirklich soziale Bewegung zu machen. Dies führt er nicht zuletzt auf die international solidarische Christenheit zurück, die mit Kairos ihre eigenen Ziele verfolge und das lokale Interesse aus den Augen verliere.[655]

Wollen die arabischsprachigen Evangelikalen in Israel andererseits eine pro-israelische, zionistische Position beziehen, stehen sie vor dieser Herausforderung: Nimmt man Gabriel Naddafs Aufstieg und Niedergang als Präzedenzfall, ist die pro-israelische, zionistische Position einerseits durch eine starke palästinensisch-arabische Öffentlichkeit konfrontiert, andererseits auch durch den israelischen Staat. Denn mit ihm teilt sie nicht, wie es auf den ersten Blick scheint, dieselben Ziele, sondern strebt dessen Zerstörung an. Mag aus jüdisch-israelischer Sicht der Gedanke eines bald nahenden Armageddon als Irrglaube abgetan werden, so stellt die Bekehrung der Juden, die in vielen christlich-evangelikalen zionistischen Konzepten angelegt und insbesondere von den im nächsten Kapitel zu zeigenden Organisationen konkret durchgeführt wird, ein echtes Problem dar.

---

653 Dexter Van Zile, „Why Has Jack Sara Declared War on American Evangelicals?," *The Times of Israel* (27.01.2018).
654 Vgl. bspw. Ekkehard W. Stegemann, „Die böse Saat geht auf," *AudiaturOnline* (31.01.2012); Ekkehard W. Stegemann und Wolfgang Stegemann, „Offener Brief an SEK und EKD," *AudiaturOnline* (04.06.2013).
655 Vgl. Interview Nr. 19, 11.06.2016.

Gabriel Naddaf ist von der Bildfläche verschwunden, dies liegt auch daran, dass der israelische Staat ihm seine anfänglich vollumfassende Unterstützung entzogen hat. Angesichts dieser komplexen Lage ist es plausibel, dass arabischsprachige Evangelikale in Israel keine (öffentliche) Position zu ihrem zweifachen Dilemma beziehen wollen oder können.

Positionierungen arabischsprachiger Evangelikaler (Gemeinden in Nazareth)

Die Strategie der Vermeidung schlug sich auch in den Gesprächen und Interviews mit den arabischsprachigen Evangelikalen nieder. Viele brachten die Thematik nicht selbst auf; wurden sie auf diese angesprochen, versuchten sie häufig, sie zu umgehen oder gaben ausweichende Antworten. Letztendlich wurden jedoch teils sehr konkrete Äußerungen getätigt – anders gesagt: Die Thematik vermeiden zu wollen, heißt nicht, keine Meinung zu haben; es heißt vielmehr, diese nicht vertreten zu können oder zu wollen oder diese zugunsten einer anderen Thematik zurückzustellen. Einige Evangelikale, vor allem solche, die unter den Evangelikalen als „zionistisch" gelten, waren auch nach mehreren Anfragen zu keinem Gespräch bereit. Diese „Stille" gilt es als eigenständige Artikulation wahrzunehmen. Dies betraf insbesondere die Leitung des House of Prayer and Exploits (HOPE), welches unter den Evangelikalen in Nazareth als zionistisch gilt und darum von vielen Evangelikalen abgelehnt wird.

Im Folgenden sollen vier exemplarische Positionierungen von arabischsprachigen Evangelikalen in Nazareth ausgeführt werden. Diese sind vorrangig in ihren Gemeinden und nicht zusätzlich noch in solchen Netzwerken, die einen expliziten Austausch mit dem christlich-evangelikalen Zionismus bzw. dem messianischen Judentum fördern, aktiv. Die Auswahl der Interviews ist dabei selektiv und beansprucht keine Repräsentativität. Dennoch scheint eine Differenzierung vonnöten, denn in der Offenen Brüdergemeinde wird, anders als in den übrigen evangelikalen Gemeinden in Nazareth, offen ein prämillenaristischer Dispensationalismus vertreten. Diese Lehre wird zwar von den meisten anderen Evangelikalen nicht geteilt, sorgt jedoch nicht für eine grundsätzliche Trennung, anders als bei HOPE. Aus diesem Grund sollen Positionierungen aus der Offenen Brüdergemeinde in der folgenden Darstellung gesondert behandelt werden, um zu sehen, wie genau dort der prämillenaristische Dispensationalismus gesehen wird und wie sich dies zur der beschriebenen Vermeidungsstrategie der Evangelikalen verhält.

Das Ehepaar Imm und Abu Bashir

Im Interview zögert das Ehepaar Imm und Abu Bashir[656] zunächst, sich zu seiner nationalen Identität, zu Israel als theologischer Größe und zu Israel als Staat mit seiner gegenwärtigen Politik zu äußern. Sie distanzieren sich und wollen keine Haltung einnehmen, was sie mit dem Bibelvers „Gebt dem Kaiser, was des Kaisers ist, und Gott, was Gottes ist" (Mt 22,21) begründen. Am Wichtigsten für sie sei, bei Jesus und stark im Glauben zu sein. Dann gehen sie aber auf Nachfrage doch auf verschiedene Aspekte ein. Über ihre nationale Identität geben sie sich unsicher: Sie könnten arabische, syrische oder aramäische Wurzeln haben, wer könne das schon sagen. Ein palästinensisches Selbstverständnis vertreten sie nicht. Auf „Israel" angesprochen, vertreten sie zunächst die Meinung, dass Israel eine hohe Lebensqualität und Religionsfreiheit biete und man Israel respektieren müsse. Dann aber fahren sie doch mit einer Kritik fort: Keiner möge, was Israel getan hat und bis heute immer noch tut. Aber in Israel sei es schwierig und gefährlich, die eigene Kritik öffentlich vorzutragen. Daher sagten sie lieber nichts. Damit begründet sich, neben der Erklärung, allein Gott bzw. Jesus stehe im Mittelpunkt, ihre anfängliche Zurückhaltung gegenüber einer Positionierung zu Israel. Eine besondere Bedeutung des Landes lehnen sie deshalb ab, weil das Land kein „Heiliges Land" sei, denn es sei voller Blut. Seit „sie" das Land 1948 „geöffnet" hätten, gäbe es keinen Frieden. Das Land habe keine Bedeutung, es sei egal, wo man bete.

Boulos

Boulos[657] bezeichnet sich selbst als christlicher Araber aus Israel. Arabischsein bedeutet für ihn, in eine bestimmte „Familie" und „Nation" hineingeboren zu sein. Positiv hervor hebt er den Reichtum in Kultur, Geschichte und Sprache, die Gastfreundschaft und die Art, wie Araber andere behandelten. „Wenn ich wählen könnte, würde ich wählen, ein Araber zu sein, ich meine, ich bin stolz auf [...] alles". Er kritisiert allerdings die negative Weltsicht auf die Araber. Ein palästinensisches Selbstverständnis lehnt er konsequent ab:

---

[656] Interview Nr. 8, 26.05.2016.
[657] Interview Nr. 52, 02.06.2017.

3 Die „Stille" der arabischsprachigen Evangelikalen in Nazareth —— 195

A: Und du nennst dich nicht Palästinenser?
B: Nein. Überhaupt nicht.
A: Wieso nicht?
B: Da ist NICHTS, da gibt es keine Verbindung. Wer ist Palästina für mich. Nichts.

Seine Ablehnung begründet er damit, dass Palästinenser schlechte Dinge machten. Ein aktives Engagement von gläubigen Christen in der Politik lehnt Boulos mit der Begründung ab, dass man dem Kaiser geben solle, was des Kaisers ist. Christsein und Engagement in der Politik gehe nicht zusammen. Dennoch fordert er, dass die Kirche sich stärker in der „Gesellschaft" engagiere, etwa in der Unterstützung von Familien. Konsequenterweise lehnt er dann auch „palästinensische Theologie" ab. Zwar müsse er nicht ertragen, was „sie" – die „Palästinenser" im Westjordanland – ertragen, jedoch findet er, dass „sie" ins andere Extrem gingen und nicht ausgewogen seien. Jesus sollte das Zentrum sein. Gegenüber „Israel" als theologischer Größe vertritt er eine eindeutige Meinung. Er lehnt die theologische Bedeutung Israels komplett ab, denn allein Jesus Christus stehe im Zentrum.

> Da ist nichts Besonderes am jüdischen Volk. Kein besonderer Plan, sie sind einfach wie irgendwer anders, und wenn sie erlöst werden wollen, dann müssen sie auf gleichem Wege erlöst werden. Im Alten Testament waren sie ein Werkzeug, sodass Christus kommt, und wenn Gott sie schützte oder benutzte, dann für Christus. Alle Prophezeiungen gelten Christus, nicht ihnen [...]. Jetzt sind wir in Christus. Jeder, der erlöst werden will, [wird] in Christus [erlöst].

Er bestärkt, dass das Land keine besondere Bedeutung habe: „Dies ist ein Land wie jedes andere Land, das Volk hier [ist] wie alle anderen Völker"; alles was zähle, ist „Christus [zu] kennen und an ihn [zu] glauben und durch ihn [...] Erlösung [zu] haben".

Damit vertritt Boulos eine ähnliche Position wie Imm und Abu Bashir. Alle drei weisen eine zionistische Legitimation Israels zurück und sehen in „diesem Land" keine besondere Bedeutung. Zudem geht aus beiden Interviews ein allgemein arabisches Selbstverständnis hervor, ein palästinensisches Selbstverständnis wird abgelehnt. Eine vertiefte Auseinandersetzung darüber findet nicht statt. Ein Bezug zur „Politik" wird in beiden Interviews zurückgewiesen mit der Begründung, der Fokus solle auf Jesus Christus liegen und man solle dem Kaiser geben, was des Kaisers ist. „Politik" steht in beiden Fällen in Bezug zum Israel-Palästina-Konflikt; ein Engagement für Familien hingegen ist für Boulos nicht „politisch". Als evangelikales Grundverständnis wird der Glaube an Jesus Christus genannt, Jesus Christus allein zähle; durch ihn werden eine Kritik und Zurückweisung des Zionismus ermöglicht. Diese Haltung wird, wie im Folgenden zu zeigen sein wird, trotz der Prägung durch den prämillenaristischen Dispensationalismus auch in ähnlicher Weise in der Offenen Brüdergemeinde vertreten.

Der prämillenaristische Dispensationalismus in der Offenen Brüdergemeinde

Auf Nachfrage bei der Leitung, wie die endzeitliche Ausrichtung der Offenen Brüdergemeinde zu verstehen sei, nennt diese das Buch „Bible Prophecy", das 1972 von C. Ernest Tatham veröffentlicht wurde.[658] Das Buch wurde vom Emmaus Bible College in Dubuque, Iowa, herausgegeben. Dieses College sorgt seit seiner Gründung 1941 für eine Vereinheitlichung der Lehre der Brüdergemeinden, die durch ihr kongregationalistisches Eigenverständnis sonst nur relativ lose miteinander verbunden sind. Nicht nur durch die Lehre vor Ort, sondern auch durch zahlreiche Fernstudienkurse prägt das Emmaus Bible College die Brüdergemeinden weltweit.[659] In Nazareth selbst unterhält die Emmaus-Bible-Gesellschaft ein Büro, das der Offenen Brüdergemeinde in Nazareth angeschlossen ist. Dort werden Bibelkurse, die vom Emmaus College konzipiert werden, und andere christliche oder evangelisatorische Literatur ins Arabische übersetzt, veröffentlicht und vertrieben, darunter die von Tatham verfassten Bibelprophezeiungen.

Tatham erläutert seinen prämillenaristischen Dispensationalismus in sehr schematischer Weise. Die Endzeit setzt seinen Vorstellungen zufolge ein mit der Entrückung der Kirche – gemeint sind die Gläubigen, tot und lebendig. Sie würden „heimlich, gezielt und plötzlich"[660] entrückt werden. Daraufhin folge eine Zeit des großen Unheils, die „Große Trübsal". Am Ende dieser Zeit werde Jesus wiederkehren, der dann sein 1000-jähriges Königreich errichten werde. Erst dann würden sich die Verheißungen gegenüber Israel, inklusive der Landverheißung, erfüllen. Bis dahin sei Israel jedoch „gefallen", „trostlos" und „verblendet"[661], denn die Juden hätten den wahren Messias zurückgewiesen und die „ultimative Sünde begangen, ihren Messias zu kreuzigen"[662]. Dieses „furchtbare nationale Verbrechen"[663] werde Gott sühnen. Das Volk Israel werde in der großen Trübsalszeit „eine furchtbare Zeit der göttlichen Bestrafung"[664] erleiden. Ein „Vorspiel" für den größten Abfall in ihrer Geschichte sieht Tatham in der „erstaunli-

---

658 Vgl. C. Ernest Tatham, *Bible Prophecy* (Dubuque [IA]: ECS Ministries, revised ed. 2015).
659 Vgl. https://www.emmaus.edu/history.
660 Hervorhebung im Original; Tatham, *Prophecy*, 35.
661 Tatham, *Prophecy*, 13 f.
662 Tatham, *Prophecy*, 15.
663 Tatham, *Prophecy*, 15.
664 Tatham, *Prophecy*, 17.

chen" Wiedererrichtung von Israel „als einer unabhängigen Nation in Teilen ihres alten Landes"[665]. Israel – die Juden – würden dann „den größten religiösen Betrüger – den Antichristen – zu ihrem Messias und König ernennen"[666]. Nur ein „Rest"[667], ein kleiner Teil der Juden, werde sich in dieser Zeit bekehren. Dieser Rest werde bis auf die letzte Person, die ihm angehört, verfolgt werden. Erst am Ende der „Großen Trübsal" werde ganz Israel errettet und die Verheißungen erfüllt werden.[668] Damit beschreibt Tatham einen prämillenaristischen Dispensationalismus in enger Tradition zu Darby, unterscheidet sich aber von den anderen beschrieben prämillenaristischen Dispensationalisten Lindsey, Jeffress und Hagee. Er nimmt eine recht nüchterne Beschreibung der Endzeit vor, die im Gegensatz zu einer sehr dramatisierten und aufrüttelnden Schreibweise der anderen Autoren steht. Dies mag daran liegen, dass bei Tatham der Ablauf der Endzeit klar in Gottes Hand liegt. Diese beginnt mit der Entrückung der Gläubigen, wann sie stattfindet, ist unklar, sie kann nicht beschleunigt oder durch die Menschen herbeigeführt werden. Auch deshalb sind für Tatham gegenwärtige politische Ereignisse keine Zeichen für die beginnende Endzeit, anders als bei Lindsey, Jeffress und Hagee. Zwar gehen diese ebenfalls von einer Entrückung aus, sie ist bei ihnen allerdings in den Hintergrund getreten. Eine Ausnahme bildet die Staatsgründung Israels, die allerdings nicht als ein siegreiches Moment Israels und positives, erfreuliches und wundervolles „Zeichen" der beginnenden Endzeit gesehen wird, sondern ein „Vorspiel" zur Endzeit darstellt und den weiteren Verfall Israels zeigt. Die Erfüllung der Verheißungen gegenüber Israel findet laut Tatham erst nach der „Großen Trübsal" statt; sie ist nicht Zeichen für die beginnende Endzeit. Tathams „Bible Prophecy" bildet das Referenzwerk für die arabischsprachigen Mitglieder der Offenen Brüdergemeinde in Nazareth hinsichtlich der Endzeit. Eine ihrer Leitungspersonen, Majid, nimmt darauf auch im Interview konkret Bezug.

Majid

Majid[669] versteht sich als palästinensischer Araber in Israel, sein nationales Selbstverständnis führt er jedoch zunächst nicht näher aus. Dies mag auch daran liegen, dass er, so scheint es auf den ersten Blick, der nationalen Identität an sich

---

665 Tatham, *Prophecy*, 15.
666 Tatham, *Prophecy*, 15.
667 Tatham, *Prophecy*, 17.
668 Vgl. Tatham, *Prophecy*, 9–14.
669 Interview Nr. 23, 11.04.2017.

keine Bedeutung zukommen lassen möchte. Als Christ bestehe die Zugehörigkeit zum Himmel: „Ich bin Christ [...]. Christen gehören allen Nationalitäten an. Dies ist meine Nationalität [...]. Ein Christ gehört zum Himmel". Der Fokus auf der himmlischen Zugehörigkeit bewirkt bei ihm jedoch nicht, wie man zunächst meinen könnte, eine Weltflucht, sondern dieser Fokus ist Teil seiner Zurückweisung einer pro-israelischen Haltung. Ein Christ, so die Meinung Majids, gehöre in den Himmel, daher habe er sich von einer pro-israelischen Haltung zu distanzieren. Eine solche Haltung nimmt Majid bei vielen Christen im Ausland wahr, die er bei Vortragsreisen unmittelbar erfährt und kritisiert: „Die israelische Militärmaschinerie zu unterstützen, oder die israelische Politik des Landraubs zu unterstützen, dafür bin ich nicht [...]". Dagegen vertritt er eine israelkritische Haltung und bringt seine Kritik deutlich zur Sprache. Es gebe in Israel ein Ungleichgewicht zwischen Arabern und Juden, beispielsweise beim Zugang zu Bildung. Er sympathisiert mit Palästinensern, deren Land gewaltsam genommen wird, die aus ihrem Land vertrieben und bei Widerstand erschossen werden. Diese israelkritische Haltung ist für ihn jedoch nicht ein Einnehmen einer „politischen Position", eine solche lehnt er strikt ab, sondern er bezeichnet diese Haltung als eine, die mit „den Unterdrückten sympathisiert" und für „Gerechtigkeit" ist. Seine endzeitlichen Vorstellungen sind sehr konkret. Sie knüpfen an diejenigen des oben dargestellten Lehrbuchs über biblische Prophezeiungen von Tatham an, auf welches er im Interview auch Bezug nimmt. Zuerst erfolge die Entrückung der Gläubigen, dann eine siebenjährige Trübsalszeit, woraufhin Jesus wiederkomme und sein Tausendjähriges Reich errichte. Den Fokus in seiner Darstellung legt Majid auf die Entrückung der Gläubigen. Diese könne jederzeit stattfinden. Darum sei es wichtig für ihn, bereit zu sein:

> Christus kommt bald. Vielleicht bevor du nach Hause gehst [...]. Ich denke, vielleicht jetzt. Während wir hier sitzen. Vielleicht in der nächsten Stunde. Wir erwarten ihn jederzeit. Aber es geht nicht darum, eine Zeit oder ein Datum festzusetzen, nein, es geht darum, bereit zu sein. Für sein Kommen. Das ist die wichtige und zentrale Sache. Ja.

Für Majid bedeutet „bereit zu sein" zu bekennen, ein Sünder zu sein, dass Jesus seine Sünde auf sich genommen habe am Kreuz und dass er der lebendige Herr sei. Israel taucht in seiner Darstellung der Endzeit nicht auf, der Fokus liegt allein auf der Entrückung. Diese finde überall gleichzeitig auf der Welt statt. Damit kann Majid zwar an die Position Tathams anknüpfen, nimmt diese jedoch nur selektiv auf, indem er die – bei Tatham ohnehin schon relativ unbedeutende – Rolle Israels ganz auslässt. Eine weitere Relativierung von Israels Rolle in der Endzeit zeigt sich auch bei den Übersetzungsarbeiten von Tathams „Bibelprophezeiungen", die Majid selbst anspricht. „Israel" werde durch Begriffe wie „die alte Nation", „Gottes Volk" oder einfach „sein Volk" ersetzt. Dies begründet Majid damit, dass es für die arabischen Christen in den umliegenden Ländern schwierig sei, „Israel" zu lesen, denn diese Länder stünden in Konflikt mit dem heutigen Staat Israel. Die Benutzung des Wortes „Israel" könne insbesondere bei den Mitarbeitern dort zu Problemen führen.

Abir

Abir[670] bezeichnet sich als arabische Palästinenserin. Ihre nationale Identität beschreibt sie allerdings nicht näher. Sie sei so geboren, und daran könne sie nichts ändern. Ähnlich wie Majid betont sie die himmlische Identität, allein diese zähle:

> Ob ich Jüdin oder Araberin bin oder was auch immer, ich habe [damit] nichts zu tun, [...] ich bin so geboren, ich werde so bleiben. Das ist es nicht, was für mich zählt. Aber zuerst bin ich Christin, ich bin Gläubige, und das war's. Ich habe eine Identität im Himmel und das war's.

Ihre himmlische Identität hält sie jedoch nicht davon ab, die gegenwärtige israelische Regierung zu kritisieren. Es gebe ein Ungleichgewicht zwischen Arabern und Juden in Israel, was sich auf dem Arbeitsmarkt und in Bildungsmöglichkeiten zeige. „Netanjahu", so sagt sie, „niemand mag ihn, und er ist SEHR falsch". Dennoch schränkt sie ihre Kritik ein, denn man müsse den Gesetzen folgen, denn „nichts entsteht, ohne dass Gott es zulässt". Man müsse dem Kaiser geben, was des Kaisers ist. Angesprochen auf die Endzeit antwortet Abir zurückhaltend und erklärt sie in eher groben Zügen. Die Endzeit beginne mit der Entrückung der Gläubigen, woraufhin eine siebenjährige Trübsal und dann ein 1000-jähriges Friedensreich folgten. Sie glaubt, dass Gott den Juden das Land gab, und sieht auch in ihrem Kommen in das Land, gemeinsam mit all dem gegenwärtigen Bösen auf der Welt, ein Zeichen der nahenden Endzeit. Ihre Zurückhaltung begründet Abir damit, dass sie dieses Thema „nicht gut studiert" habe, es „ein bisschen kompliziert" sei, sie „es nicht so gut verstehe" und „keine Lust, darüber zu diskutieren" habe. Diese Zurückhaltung steht entgegen ihrer sonst starken Bibelfestigkeit, die sie in anderen Themenbereichen, beispielsweise bei ihrer Meinung, die Frau solle in der Gemeinde nicht sprechen, vehement in die Argumentation einbringt. Andererseits möchte sie auch nicht näher darüber sprechen, da alles ungewiss sei und man als Mensch keine weiteren Voraussagen treffen solle, denn „nur der Herr weiß", wann die Entrückung stattfinde und damit das Ende der Zeit

---

670 Interview Nr. 43, 23.05.2017.

beginne. Wichtiger für sie ist es, über die Erlösung zu reden und Menschen zu retten. Denn Gott gebe den Gläubigen persönlichen Frieden. Darum fürchte sie sich weder vor persönlichen Schicksalsschlägen wie Krankheiten, noch vor Kriegen. Mit der Verheißung Gottes werde alles leichter; Gott stehe mit „ihnen", den Gläubigen.

Zusammenfassend lässt sich sagen, dass Tathams „Bible Prophecy" zwar einen prämillenaristischen Dispensationalismus beschreibt, aber Israel in diesem nur eine untergeordnete Rolle spielt; in gegenwärtigen politischen Ereignissen werden keine Zeichen der beginnenden Endzeit gesehen. Allein auf die Staatsgründung Israels wird Bezug genommen, diese aber als „Vorspiel" für den größten Abfall des jüdischen Volkes von Gott gewertet. Für die Gläubigen im Mittelpunkt steht ihre Entrückung, mit der die Endzeit einsetzt. Majid und Abir formulieren beide eine ähnliche Position, wobei Majid konkret auf Tathams Bible Prophecy Bezug nimmt, Abir jedoch sich mit ihrer Position zurückhält mit der Begründung, nicht ausreichend studiert zu haben. Dies weist darauf hin, dass letztlich auch in der Brüdergemeinde die Endzeit nur sehr selektiv thematisiert wird. Aufgenommen wird vor allem der Gedanke der Entrückung, was für Majid bedeutet, „bereit zu sein" und für Abir, „über die Erlösung zu reden und Menschen zu retten". Beide vertreten eine Israel-kritische Haltung und ein allgemein arabisch-palästinensisches Selbstverständnis. Beide relativieren dies jedoch, indem sie argumentieren, dass die wahre Zugehörigkeit zum Himmel bestehe. Majid nutzt diese Argumentation allerdings auch als Zurückweisung der pro-israelischen Einstellung vieler Christen im Ausland. Zugleich legt er Wert darauf, dass seine Kritik an Israel nicht als „politisch" verstanden wird. Abir relativiert ihre Kritik an Israel, in dem sie die Verantwortung Gott zuspricht und mit dem Ausspruch, „Gebt dem Kaiser, was des Kaisers ist, und Gott, was Gottes ist" versucht, sich einer weiteren Positionierung zu entziehen.

Damit wird deutlich, dass trotz der Prägung durch den prämillenaristischen Dispensationalismus Majid und Abir eine ähnliche Position vertreten wie Boulous und Imm und Abu Bashir. Als Ausweg aus dem von Katanacho beschriebenen zweifachen Dilemma betonen die Interviewten ihre himmlische Identität beziehungsweise legen den Fokus auf Jesus Christus und ihre persönliche Erlösung. Diese Haltung ist nicht etwa als eine Flucht vor der Welt zu verstehen, sondern als eine Kritik am wirkmächtigen christlich-evangelikalen Zionismus, der dadurch aktiv zurückgewiesen wird.

4 Fazit: Die himmlische Identität als Kritik am globalen christlich-evangelikalen Zionismus

Der globale Diskurs um den christlich-evangelikalen Zionismus, der in Israel Zeichen der bald einsetzenden Endzeit sieht, wird durch Evangelikale in den USA beherrscht. Dieses Denken stützt sich auf einen prämillenaristischen Dispensationalismus, wie er bereits von John Nelson Darby im 19. Jahrhundert vertreten wurde, wendet diesen aber auf politische Ereignisse an. Befördert wurde der christlich-evangelikale Zionismus in seiner heutigen Ausrichtung vor allem durch den Krieg 1967, durch den die Eroberung und Besatzung der Palästinensischen Gebiete – „Judäa", „Samaria" und „Jerusalem" – als Bestätigung der eigenen Theologie gewertet werden konnten. Donald Trumps Verlegung der US-Botschaft von Tel Aviv nach Jerusalem und die damit einhergehende Anerkennung von Jerusalem als Israels legitime Hauptstadt sorgte hier für eine weitere Bestärkung. Innerhalb des US-amerikanischen Evangelikalismus erhält der christlich-evangelikale Zionismus verhaltene Kritik; die Auseinandersetzung um eine einerseits politisch-rechte Vereinnahmung und eine andererseits sozialpolitische Ausrichtung des Evangelikalismus wird vor allem durch innenpolitische Themen bestimmt. Einflussreich ist der christlich-evangelikale Zionismus auch in Israel selbst, mit international tätigen Organisationen wie der ICEJ, die ihren Sitz in Jerusalem haben, oder unter Gastarbeitenden. Besonders wirksam ist er im messianischen Judentum, das sich erst in der Folge des Sechstagekriegs als eigenständige Bewegung ausprägte, und damit von Beginn an eng mit dem christlich-evangelikalen Zionismus verwoben ist. Seitens des israelischen Judentums erfährt der evangelikale Zionismus zwar Kritik, jedoch ist diese eher eine Randerscheinung, obwohl seine endzeitliche Vision die Bekehrung oder Vernichtung der Juden fordert. Zu groß sind jedoch die gemeinsamen politischen Interessen, wie etwa die Unterstützung von völkerrechtswidrigen israelischen Siedlungen in den Palästinensischen Gebieten. Im Kontext des lokalen, arabischsprachigen Christentums in Israel und den Palästinensischen Gebieten hingegen wird Kritik am christlich-evangelikalen Zionismus deutlich durch die palästinensische Befreiungs- bzw. kontextuelle Theologie vorgebracht. Diese Theologie beansprucht Repräsentativität für alle arabischsprachige Christen in Israel und den Palästinensischen Gebieten. Dabei verschleiert sie allerdings, dass sie nicht nur Ausdruck einer palästinensischen Identität, sondern auch Wirkung auf eine eben solche hat und damit performativ ist. Gabriel Naddaf und sein aramäisches, zionistisches und pro-israelisches Selbstverständnis zeigen hingegen, dass eine palästinensische, antizionistische Position unter arabischsprachigen Christen in Israel und den Palästinensischen Gebieten keine Selbstverständlichkeit ist.

Die Auseinandersetzung der arabischsprachigen Evangelikalen in Nazareth um den christlich-evangelikalen Zionismus ist bestimmt durch ihr zweifaches „Dilemma", das der palästinensisch-evangelikale Theologe Yohanna Katanacho beschreibt: Einerseits stehen die arabischsprachigen Christen im „falschen Team", denn sie sind als „Araber" oder gar „Palästinenser" „Feinde Gottes". Andererseits stehen sie als „Araber" oder „Palästinenser" in Israel in einem „Kampf der Identitäten", in dem ein arabisches, palästinensisches, aramäisches, israelisches oder alternatives Selbstverständnis miteinander konkurrieren. Hinsichtlich dieses „Dilemmas" herrscht in evangelikalen Gemeinden und para-kirchlichen Einrichtungen in Nazareth eine „Stille", die Auseinandersetzung wird vermieden. Diese Haltung wird in Anbetracht der aufgezeigten Strukturen und Bedingungen – der in Nazareth verborgenen nationalen Identität und des globalen Evangelikalismus – verständlich. Diese Vermeidungstendenz wird auch in den dargestellten Interviews deutlich; eine nationale Identität wird als unwichtig beschrieben und als „politisch" abgelehnt. Dagegen wird ein Fokus auf Jesus Christus, eine himmlische Identität, die persönliche Erlösung oder Entrückung gelegt. Diese Fokussierung scheint auf den ersten Blick als eine Flucht aus der Welt und als ein Wunsch, sich diesem Konflikt zu entziehen. Diese Haltung wird aber zur Ideologiekritik genutzt: Der bei Evangelikalen im Ausland wahrgenommene Zionismus wird damit radikal zurückgewiesen. Zudem wird das evangelikale Grundanliegen, der Glaube an Jesus Christus, der allein zählt und der allein die Erlösung bewirkt, eingefordert.

Ist diese Vermeidungsstrategie im Kontext Nazareths weitgehend möglich, wird sie durch para-kirchliche Einrichtungen, in denen es zur Auseinandersetzung mit dem zionistisch geprägten messianischen Judentum kommt, herausgefordert, wie das folgende Kapitel zeigen wird.

V Evangelikale Identität und messianisches Judentum

Die Auseinandersetzung um den christlich-evangelikalen Zionismus und die eigene nationale Identität kann, wie im vorigen Kapitel gezeigt, im Kontext von Nazareth weitgehend vermieden werden. Jedoch drängt sich diese den Gemeinden immer wieder auf, da Mitglieder oder auch Pastoren dieser Gemeinden in para-kirchlichen Einrichtungen aktiv sind, in denen es zur Auseinandersetzung mit dem zionistisch geprägten messianischen Judentum kommt. Einflussreich ist im Kontext von Nazareth einerseits die Organisation Musalaha – arabisch für Versöhnung –, die 1990 von dem arabischsprachigen Evangelikalen Saleem Munayer gegründet wurde, mit dem Ziel, „palästinensische" Evangelikale und messianische Juden zu versöhnen. Dieses Ziel soll durch die explizite Thematisierung des Konflikts, der eigenen Identität und Theologie erreicht werden. Andererseits ist in Nazareth das pfingstlich-charismatische House of Prayer and Exploits (HOPE) einflussreich. Seine Einbettung in der weltweiten Gebetsbewegung mit ihrem Zentrum, dem International House of Prayer in Kansas City (IHOPKC), und die Mitarbeit der Leitung von HOPE bei einem von Watchmen for the Nations veranstalteten Global Gathering zeigen eine zionistisch ausgerichtete, auf „Geistliche Kriegsführung" [engl. *spiritual warfare*] fokussierte Vorstellung von Versöhnung. Diese unterschiedlichen Ausrichtungen von Musalaha und HOPE lassen sich innerhalb zweier miteinander konkurrierender Strömungen des globalen Evangelikalismus kontextualisieren, die einerseits in einer sozial ausgerichteten Lausanner Bewegung, andererseits in einer sich davon abgrenzenden pfingstlich-charismatischen „Geistlichen Kriegsführung" greifbar werden. Im Folgenden wird zunächst auf die Lausanner Bewegung und die „Geistliche Kriegsführung" eingegangen. Anschließend werden Musalaha und HOPE mit ihren Zielen und Anliegen vorgestellt. Diesen werden dann sowohl Positionierungen von Evangelikalen, die in diesen Organisationen involviert sind, als auch konkrete Praktiken, die in den Veranstaltungen der Organisationen beobachtet wurden, gegenübergestellt. Dabei wird insgesamt zu diskutieren sein, welche zionistische Vorstellungen von den jeweiligen Netzwerken, Organisationen und Beteiligten vertreten werden, welche Vorstellungen abgelehnt, umgedeutet oder durch Alternativen zurückgewiesen werden.

1 Die Lausanner Bewegung und „Geistliche Kriegsführung": Mission und soziale Verantwortung im globalen Evangelikalismus

Die Lausanner Bewegung brachte seit ihrem ersten Kongress 1974 in Lausanne durch die Beteiligung von Evangelikalen aus aller Welt das Verständnis eines weltweit existierenden Evangelikalismus hervor; zugleich stellte sie die Frage nach sozialer Verantwortung und ihrem Verhältnis zur Mission in den Vordergrund. Die Frage, wie sich soziale Verantwortung und Mission zueinander verhalten, war innerhalb der Lausanner Bewegung von Beginn an umstritten. Während manche, allen voran John Stott, Autor der Lausanner Verpflichtung, den Aspekt der sozialen Verantwortung stärken wollten, betonten andere die Notwendigkeit einer Mission der „Unerreichten". Zu den frühen Kritikern einer sozialen Ausrichtung der Lausanner Bewegung zählte Charles Peter Wagner. Nach dem Lausanne-I-Kongress 1974 kritisierte Wagner, man habe Evangelisierung mit sozialer Aktion verwechselt.[671] Zu dieser Zeit war Wagner bereits Dozent am Fuller Theologischen Seminar in der Abteilung Weltevangelisierung. Ab 1982 unterrichtete er dort zusammen mit John Wimber den Kurs „Zeichen und Wunder". In diesem fand nicht nur eine theoretische Aneignung von Zeichen, Wundern und Exorzismen statt, sondern es wurden auch entsprechende Praktiken durchgeführt, die als Mittel zur Evangelisierung verstanden wurden. Schließlich gebot im Jahr 1987 die Seminarleitung von Fuller dem Kurs Einhalt: Zeichen und Wunder seien in Kirchen willkommen, aber nicht angebracht im akademischen Kontext von Fuller.[672]

Der Lausanne-II-Kongress 1989 in Manila versuchte zwar beide Missionsvorstellungen – eine sozial ausgerichtete Mission und eine allein auf die Evangelisation der Unerreichten ausgerichtete Mission – zu vereinen, verschärfte jedoch letztendlich die Polarisierung zwischen beiden Strömungen.[673] Angehörige letztgenannter Ausrichtung hatten sich bereits vor dem Kongress im Rahmen der Global Consultation on World Evangelization (GCOWE) in Singapur getroffen. Sie verfolgten die Vision einer „globalen Evangelisierung"[674], einer Umsetzung des Missionsbefehls und der Evangelisierung der ganzen Welt unter dem Slogan „eine

---

[671] Vgl. Stanley, *Global Diffusion*, 176.
[672] George M. Marsden, *Reforming Fundamentalism. Fuller Theological Seminary and the New Evangelicalism* (Grand Rapids: Eerdmans, 2. Aufl. 1995), 294.
[673] Vgl. Stanley, *Global Diffusion*, 151–80; Suarsana, „Ausbreitung", 100–03.
[674] Zit. nach René Holvast, *Spiritual Mapping in the United States and Argentina, 1989–2005. A Geography of Fear* (Leiden: Brill, 2009), 80.

Kirche für jedes Volk und das Evangelium für jedermann bis 2000"[675]. Diese Mission sollte primär durch das Gebet erreicht werden. Die Beziehung zwischen der GCOWE und Lausanne II war angespannt; das von der GCOWE ausgearbeitete Great Commission Manifesto fand keine Aufnahme in Lausanne II. Vertreter der von GCOWE angestrebten Ausrichtung konnten aber ihr Missionsverständnis in Workshops während des Lausanne-II-Kongresses einbringen. Diese Workshops, die unter anderem von Charles Peter Wagner und Tom White aus den USA, Omar Cabrera und Edgardo Silvoso aus Argentinien sowie Rita Cabezas aus Costa Rica ausgerichtet wurden, entfalteten unter anderem die Lehre der sogenannten „territorialen Geister" [engl. *territorial spirits*]. Diese basiert auf der Vorstellung, dass ganze Territorien, Nationen oder Ethnien besetzt wären und durch das fokussierte Gebet befreit werden müssten, um eine Evangelisierung zu erreichen. Ein solches Missionsverständnis war in Lausanne II nicht mehrheitsfähig. Schlussendlich wirkte die Lausanner Bewegung als ein Katalysator für die darauffolgende Konzeptualisierung einer „Geistlichen Kriegsführung" [engl. *spiritual warfare*], denn aus der Lausanner Bewegung heraus formierten sich verschiedene Netzwerke, die diesem Verständnis Raum boten und eine Vernetzung der verschiedenen Vertreter bewirkten. Zunächst ist als einflussreiche Bewegung die AD2000 & Beyond Movement zu nennen. Eine ihrer wichtigsten Abteilungen war das United Prayer Track, das von Wagner geleitet wurde, und das die Erstellung von spirituellen Landkarten [engl. *spiritual mapping*] förderte, in denen der Einfluss der territorialen Geister und der Missionsbedarf verzeichnet wurden.[676] In der Folge von Lausanne II entstand zudem das Netzwerk „Geistliche Kriegsführung", das mit seinem Untertitel „Eine Post-Lausanne-II-Gruppe, die in Manila strategisch geleitete geistliche Kriegsführung studierte"[677] selbst den Bezug zu Lausanne II herstellte. Zu ihren Mitgliedern zählten Tom White, Cindy Jacobs, Charles Kraft und Edgardo Silvoso.[678] Spielte anfänglich die Erstellung spiritueller Landkarten, in denen „dämonisierte Bereiche" verzeichnet wurden, eine große Rolle, verschob sich die „Geistliche Kriegsführung" in jüngerer Zeit hin zu einem „Fürbitt-Akti-

---

675 Zit. nach Holvast, *Mapping*, 80.
676 Weitere Abteilungen des United Prayer Tracks waren „Spiritual Mapping Division" unter Otis, „Reconciliation Division" unter Dawson und „Strategic-Prayer Evangelism Division" unter Silvoso, vgl. Holvast, *Mapping*, 82.
677 Zit. nach Holvast, *Mapping*, 82.
678 Vgl. Holvast, *Mapping*, 80–82; Charles Peter Wagner, *Warfare Prayer. How to Seek God's Power and Protection in the Battle to Build His Kingdom* (Ventura [CA]: Regal, 1992), 39–45; John Weaver, *The New Apostolic Reformation. History of a Modern Charismatic Movement* (Jefferson, North Carolina: McFarland & Company, 2016), 70–80.; vgl. Giovanni Maltese, *Pentekostalismus, Politik und Gesellschaft in den Philippinen*. Religion in der Gesellschaft 42 (Baden-Baden: Ergon, 2017), 508 Anm. 38.

vismus" [engl. *intercessory activism*], wie im weiteren Verlauf bei dem International House of Prayer in Kansas City (IHOPKC) zu sehen sein wird.[679]

Das Konzept der „Geistlichen Kriegsführung" bildete die Grundlage für die sogenannte Neue Apostolische Reformation (NAR) – eine Bewegung, deren Eigenständigkeit in der Forschung umstritten ist, aber von ihren Anhängern mit Nachdruck behauptet wird.[680] Den Namen „Neue Apostolische Reformation" prägte der 2016 verstorbene C. Peter Wagner, der als einer der Begründer der Bewegung gilt. Für ihn zeige die NAR den radikalsten Wandel seit der evangelischen Reformation, Kirche zu sein. Dieser Wandel schlage sich in einer besonderen Art kirchlichen Lebens nieder. „Reformatorisch" sei die Bewegung deshalb, weil sie an weltweitem Einfluss der evangelischen Reformation gleichkomme; „apostolisch" sei sie deshalb, weil die entscheidende Veränderung die apostolische Führung ist, und „neu", weil „apostolisch" bereits durch zahlreiche andere Bewegungen besetzt sei, wie beispielsweise in Deutschland durch die „Neuapostolische Kirche", mit der die NAR jedoch keine Verbindung hat. Wagner nennt sieben zentrale Bereiche der NAR: Er befürwortet eine Apostolische Leitung (1) und ein prophetisches Amt (2); Apostel und Propheten bildeten mit Evangelisten, Pastoren und Lehrern – letztere drei seien seiner Meinung nach allgemein in der Leitungsfunktion anerkannt – die Kirchenleitung. Propheten und Apostel glichen sich dabei wechselseitig an. Der Dominionismus (3), benannt nach dem Herrschaftsauftrag in der Schöpfungsgeschichte, versuche, Gottes Königreich auf Erden mit Wohlstand und Frieden für alle zu verwirklichen. Die Theokratie (4) strebe danach, in den sogenannten „sieben Bergen" – Religion, Familie, Bildung, Regierung, Medien, Kunst und Unterhaltung sowie Wirtschaft – eine Umgebung zu schaffen, aus der der Segen und der Wohlstand des Königreichs Gottes in alle Bereiche der Gesellschaft fließe. Gott offenbare sich uns heute noch (5), seine Offenbarungen seien nicht mit der Bibel beendet. Die Offenbarungen müssten jedoch in Einklang mit der Bibel stehen. Zudem gebe es übernatürliche Zeichen und Wunder (6). Zuletzt spricht er davon, dass die NAR von freien Strukturen geprägt sei und es keine feste Leitung gebe (7).[681]

Derartige Vorstellungen von Mission als „Geistlicher Kriegsführung" spielten bei dem dritten und jüngsten Kongress der Lausanner Bewegung in Kapstadt 2010 keine Rolle. Vielmehr wurde die Verschränkung von sozialer Verpflichtung und

---

679 Vgl. Weaver, *New Apostolic Reformation*, 98, 130, 138.
680 Vgl. zur Diskussion Holvast, *Mapping*, 157–59.
681 Vgl. C. Peter Wagner, The New Apostolic Reformation Is Not a Cult, 24.08.2011, Charisma News; vgl. Charles Peter Wagner, Hg., *The New Apostolic Churches* (Ventura [CA]: Regal Books, 1998), 17–25; Charles Peter Wagner, *Churchquake! How the New Apostolic Reformation is Shaking up the Church As We Know it* (Ventura [CA]: Regal, 1999), 33–53.

Evangelisation verstärkt fokussiert und in dem Begriff der „integralen Mission" wiedergegeben.[682] Dieser wird in der Kapstadt-Verpflichtung folgendermaßen bestimmt:

> Integrale Mission ist die Verkündigung und praktische Umsetzung des Evangeliums. Dies bedeutet nicht einfach, dass Evangelisation und soziales Engagement parallel erfolgen sollten. Vielmehr hat unsere Verkündigung bei integraler Mission soziale Konsequenzen, weil wir Menschen zu Liebe und Umkehr in allen Lebensbereichen aufrufen. Ebenso hat unser soziales Engagement evangelistische Konsequenzen, da wir die umwandelnde Gnade Jesu Christi bezeugen. Die Welt zu ignorieren ist Verrat am Wort Gottes, das uns zum Dienst in der Welt beauftragt. Wenn wir das Wort Gottes ignorieren, haben wir der Welt nichts zu geben.[683]

Vor diesem Horizont der sozialen Verantwortung bekennt die Erklärung, sich durch eine christliche „Komplizenschaft [...] in einigen der destruktivsten Kontexte ethnischer Gewalt und Unterdrückung"[684] schuldig gemacht zu haben. Zu diesen Kontexten wird neben dem „Holocaust gegen die Juden", der „Apartheid" und vielen anderen Kontexten auch das „Leiden der Palästinenser"[685] genannt.

Innerhalb dieser zwei miteinander konkurrierenden Vorstellungen von Evangelikalismus und Mission, der integralen Mission und der „Geistlichen Kriegsführung", können die im Folgenden zu zeigenden para-kirchlichen Einrichtungen Musalaha und HOPE verortet werden. Musalaha steht für ein sozial ausgerichtetes Verständnis; HOPE liegt das Verständnis einer „Geistlichen Kriegsführung" zu Grunde. Bei Musalaha und HOPE liegt jedoch der Fokus auf Israel und Palästina, anders als bei der Lausanner Bewegung, die die soziale Verantwortung für die ganze Welt betonte, und anders als bei der „Geistlichen Kriegsführung", die die Evangelisierung der ganzen Welt in den Vordergrund stellt.

---

682 Vgl. Michael Herbst, „Von Lausanne nach Kapstadt: Der dritte Kongress für Weltevangelisation in Kapstadt 2010 im Kontext der ‚Lausanner' Geschichte und Theologie," in *Von Lausanne nach Kapstadt. Der dritte Kongress für Weltevangelisation*, hg.v. Birgit Winterhoff, Michael Herbst und Ulf Harder (Neukirchen-Vluyn: Neukirchener Aussaat, 2012), 16–42, 16–27.
683 Abs. I.10.B der Kapstadt-Verpflichtung in Aufnahme einer Formulierung des Micha-Netzwerkes.
684 Abs. II.B.2.A der Kapstadt-Verpflichtung.
685 Abs. II.B.2.A der Kapstadt-Verpflichtung.

2 Versöhnung und Gerechtigkeit durch Konfliktthematisierung

Die Organisation Musalaha versucht mittels Dialoges und expliziter Thematisierung des Konfliktes eine Versöhnung arabischsprachiger Evangelikaler aus Israel und den Palästinensischen Gebieten mit messianischen Juden zu erreichen. Dieses Anliegen wird seit 2013 durch die Lausanner Initiative für Versöhnung in Israel-Palästina (LIRIP) unterstützt, die zugleich die palästinensische Sichtweise erstmals auf der globalen Ebene des Evangelikalismus sichtbar macht. Die in Musalaha beziehungsweise in der LIRIP[686] beteiligten interviewten arabischsprachigen Evangelikalen aus Nazareth verorten sich, wie im Folgenden auszuführen sein wird, sehr stark in der von Musalaha / LIRIP angestrebten Ausrichtung; eine solche wird aber durch die Praxis der Musalaha-Frauengruppe in Nazareth hinterfragt.

Musalaha

Die Organisation Musalaha wurde 1990 von Salim Munayer gegründet mit dem Ziel, Israelis und Palästinenser zu versöhnen. Die Teilnehmer sind im Regelfall messianische Juden und arabischsprachige Evangelikale aus Israel und den Palästinensischen Gebieten. Hinzu kommt ein Programm, das den Dialog zwischen Muslimen, Juden und Christen anstrebt. Geleitet wird Musalaha neben dem Direktor Munayer von einem Kreis arabischsprachiger Evangelikaler aus Israel und den Palästinensischen Gebieten sowie messianischer Juden aus Israel.[687] Der Sitz von Musalaha ist in Jerusalem; die Programme, die speziell für Frauen, Jugendliche, junge Erwachsene und Familien in Form von Konferenzen, Seminaren und Sommerfreizeiten angeboten werden, finden aber überregional statt. Im Zentrum der unterschiedlichen Programme steht ein Curriculum, das Musalaha selbst entwickelt hat.[688] Bei diesem Curriculum geht es darum, die eigene Identität in historischer Perspektive offenzulegen und darüber in Austausch zu kommen. Der Fokus auf der Identität gründet sich in dem Verständnis, dass diese eine Hauptquelle des Konflikts ist. Die Artikulation, das gegenseitige Zuhören und die Anerkennung der jeweils anderen Position stellen den ersten Schritt zur Versöhnung

---

[686] Manche der Interviewten sind sowohl bei Musalaha als auch der Lausanner Initiative beteiligt, andere nur bei entweder Musalaha oder der Initiative. Um ein gewisses Maß der Anonymität der Beteiligten zu wahren und aufgrund der engen Verbundenheit der beiden Organisationen sind die Positionen hier zusammengefasst.
[687] http://www.musalaha.org/recognition-1.
[688] Vgl. http://www.musalaha.org/models-of-reconciliation/.

dar. Diese Art der Konfliktbewältigung und eine jeweilige palästinensisch-christliche wie auch messianisch-jüdische Sicht darauf werden in zahlreichen von der Musalaha-Leitung herausgegebenen Büchern veröffentlicht.[689]

Musalaha arbeitet mit einigen Organisationen und Netzwerken zusammen, darunter die Evangelische Weltallianz, die Lausanner Bewegung und das Fuller Theologische Seminar.[690] Die Lausanner Bewegung ist es auch, die mittels der Lausanner Initiative für Versöhnung in Israel-Palästina (LIRIP) das Bemühen von Musalaha in den Fokus des globalen Evangelikalismus rückt.

Die Lausanner Initiative für Versöhnung in Israel-Palästina (LIRIP)

Die Lausanner Initiative für Versöhnung in Israel-Palästina (LIRIP) ging aus einem der zentralen Kongressthemen, der Versöhnung, aus Lausanne III hervor. Die Initiative wird auch von der Langham-Partnerschaft unterstützt – ihr Gründer ist John Stott, Verfasser der Erklärung von Lausanne I und Befürworter einer sozialen Ausrichtung (s. o.). Im Juni 2013 wurde LIRIP als Projekt von den Direktoren der Lausanner Bewegung anerkannt, 2015 fand das erste Treffen in Zypern statt.[691] Seither folgte jedes Jahr je ein weiteres Treffen. Die Treffen werden jeweils von 24 bis 30 Teilnehmern besucht, unter ihnen arabischsprachige Evangelikale aus Israel und den Palästinensischen Gebieten sowie messianische Juden aus Israel, darunter eine große Anzahl der an Musalaha Beteiligten, sowie internationale Gläubige. In den ersten beiden Jahren stand die Initiative unter dem Vorsitz von Munther Isaac und Richard Harvey, seit 2017 steht sie unter dem Vorsitz von Botrus Mansour, einem arabischsprachigen Evangelikalen aus Nazareth, und Lisa Loden, einer messianischen Jüdin. Ziel der Initiative ist es, messianische Juden, insbesondere die in Israel lebenden, und „palästinensische" Christen zusammenzubringen. Diese seien beide Jünger Jesu, ihre Beziehung zueinander sei aber belastet durch radikale Unterschiede in der Wahrnehmung von Geschichte, dem Verständnis der Bibel, der theologischen Interpretation ihres Landes und der

---

689 Vgl. u. a. Salim Munayer und Lisa Loden, *The Land Cries Out. Theology of the Land in the Israeli-Palestinian Context* (Eugene [OR]: CASCADE Books, 2012); Munayer und Loden, *Enemy's Eyes*; Salim J. Munayer, *Seeking and Pursuing Peace. The Process, the Pain, and the Product* (Jerusalem: Musalaha, Ministry of Reconciliation, 1998); Salim J. Munayer, *Journey through the Storm. Musalaha and the Reconciliation Process* (Jerusalem: Musalaha, Ministry of Reconciliation, 2011).
690 Vgl. http://www.musalaha.org/recognition-1.
691 Vgl. Christopher Wright, „Introducing the Larnaca Statement," (25.02.2016).

politischen Zugehörigkeiten. Im Fokus der Initiative stehe das gegenseitige Zuhören, das gemeinsame Gebet, das Bibelstudium und die Gemeinschaft.[692]

2016 veröffentlichte die Initiative nach ihrem zweiten Treffen eine Stellungnahme, die als „Larnaka-Stellungnahme"[693] bezeichnet wird, benannt nach ihrem Entstehungsort auf Zypern. Mit ihr wollen die Teilnehmer des Treffens die biblischen und ethnischen Grundlagen schaffen, wie sie sich als Jünger Jesu gegenüber ihren Unstimmigkeiten verhalten sollen.[694] Darin kommt erstmals auf globaler evangelikaler Ebene die palästinensische Haltung neben der messianisch-jüdischen zur Sprache, sie fordert damit die bisher gängige zionistische Ansicht heraus:

Viele messianische Juden sehen in der Rückkehr der Juden in das Land und in der Gründung des Staates Israel ein Zeichen der Treue Gottes zu seinem Volk Israel. Viele sehen Israels Kontrolle über die Gebiete als notwendig an, um Sicherheit zu gewährleisten und zukünftige Ausschreitungen zu vermeiden, und manche sehen es als Teil von Gottes Verheißung, Israel groß zu machen, und sehen den Militärdienst als eine Pflicht für ihr Land.[695]	Viele palästinensische Christen sehen die Präsenz der christlichen Kirche in ihrem Land als ein Zeugnis der Treue Gottes und die Gründung des Staates Israel als eine Katastrophe für ihr Volk an. Sie sehen das palästinensische Flüchtlingsproblem, den Mangel an Gleichberechtigung in Israel, die andauernde Besatzung und die Ausweitung der Siedlungen auf palästinensischem Land als illegal und ungerecht an. Sie sehen es als überlebenswichtig und ihre Pflicht an, Widerstand gegenüber diesen Ungerechtigkeiten auf friedlichem, legalem und gewaltfreiem Weg zu leisten.[696]

In der Stellungnahme bekräftigen die Teilnehmer das Streben, trotz dieser unterschiedlichen Sichtweisen, nach Einheit und verpflichten sich dazu, einander zuzuhören, voneinander zu lernen, sowohl den eigenen wie auch den anderen Standpunkt kritisch und respektvoll zu hinterfragen und auf eine inklusive, verbindende Auffassung hinzuarbeiten. Aufgrund dieser Stellungnahme, die der palästinensischen Position ebenso Raum gibt wie der messianisch-jüdischen, wurde die Lausanner Initiative heftig kritisiert. Einige der an ihr Beteiligten wurden persönlich angefeindet. Dies dürfte der Grund sein, wieso es in den folgenden Jahren keine weiteren Stellungnahmen mehr gab. Lediglich Pressemitteilungen wurden veröffentlicht, aus denen hervorgeht, dass die Initiative seither

---

692 Vgl. Wright, „Introducing the Larnaca Statement".
693 The Larnaca Statement, Januar 2016, abrufbar unter: https://www.lausanne.org/content/larnaca-statement.
694 Vgl. Wright, „Introducing the Larnaca Statement".
695 The Larnaca Statement, Abs. 3.1.
696 The Larnaca Statement, Abs. 3.1.

auf einem niederschwelligeren Level agiert und den persönlichen Austausch sowie die Gemeinschaft in den Vordergrund stellt.[697]

Positionierungen arabischsprachiger Evangelikaler (Musalaha / LIRIP)

Bei Musalaha und der Lausanner Initiative ist eine Reihe von arabischsprachigen Evangelikalen aus Nazareth involviert, zum Teil auch in Leitungsfunktion. Im Folgenden werden die Positionen von drei bei Musalaha bzw. der Lausanner Initiative beteiligten arabischsprachigen Evangelikalen aus Nazareth dargestellt. Darin beschreiben sie ihre nationale Identität als arabisch-palästinensisch, teilweise mit Distanz zu einer israelischen Staatsbürgerschaft oder gar mit deren Ablehnung. Ihr arabisch-palästinensisches Selbstverständnis ist die Motivation für die Beteiligung an Musalaha und / oder der Initiative. Den evangelikalen bzw. messianisch-jüdischen Zionismus weisen sie zurück, ebenso kritisieren sie die gegenwärtige zionistische Ausrichtung des messianischen Judentums mit seinen Auswirkungen auf den arabischsprachigen Evangelikalismus in Israel.

Elias

Für Elias[698] bilden sowohl sein palästinensisches Selbstverständnis als auch sein evangelikaler Glaube die Motivation zur Teilnahme an der Lausanner Initiative bzw. Musalaha. Als jemand, der „in eine arabisch-palästinensische Familie, die in Israel lebt", hineingeboren wurde, sieht er seine eigene Existenz als „Gottes Ruf" und „Gottes Auftrag", diesem „speziellen Volk" – den Palästinensern – zu helfen, die aufgrund der „ganzen Angelegenheit" – „Israel und dem Land" – vernachlässigt würden. Seinen Auftrag sieht er in zweifacher Weise: Einerseits sei es sein Ruf, Leute im „Westen" und an anderen Orten über ihre Existenz zu informieren, andererseits sei es wichtig für ihn, eine Stimme in der eigenen Gemeinschaft zu sein darüber, „was unsere Identität sein sollte und welche Positionen wir ergreifen sollten". Diese „Position" entspricht bei ihm einer palästinensischen und

---

697 Vgl. Come and See, „Messianic Jews and Palestinian Christians Envision Reconciliation," (08.02.2015), Come and See; Press Release, „Palestinian Christians and Messianic Jews Issue Larnaca Statement," (25.02.2016); Wright, „Introducing the Larnaca Statement"; Come and See, „Palestinian Christians and Messianic Jews Share Reconciliation Journeys," (01.03.2017); Come and See, „Lausanne Initiative on Reconciliation in Israel-Palestine. 2018 Press Release/Report," (22.02.2018).
698 Interview Nr. 12, 01.06.2016.

israelkritischen Haltung. Palästinensisch heißt für ihn „spezielle Bräuche", „Angewohnheiten" und einen „Dialekt" zu haben. Er versteht sich als Teil des palästinensischen Volkes; alles, was dem palästinensischen Volk passiere, beeinflusse auch ihn. Seine israelkritische Haltung zeigt sich in dem wiederholt vorgebrachten Vorwurf, als arabische Israelis nicht gleich den jüdischen Israelis behandelt zu werden. Außerdem kritisiert er, dass Israel die arabische Bevölkerung „ausquetschen", „teilen und erobern" wolle. Aufgrund der Vorstellung, dass diese palästinensische und israelkritische Position ein Auftrag und Ruf Gottes ist, beansprucht er, ein Segen zu sein – ein Segen für seine Gemeinschaft, seine Kirche, für alle arabischen Palästinenser und für Israel: „Ich möchte auch ein Segen für Israel sein, also das ist, wie ich mich selbst sehe". Damit nimmt er das evangelikal-zionistische Motiv nach Gen 12,3 auf, ein Segen für Israel zu sein, deutet es aber um: Für ihn ist es nicht eine Israel unterstützende, sondern eine israelkritische Haltung, die ein Segen für Israel ist.

Die Auseinandersetzung und Begegnung mit dem messianischen Judentum sind für ihn persönlich nicht einfach, denn „wenn du diesen Glauben hast, dass dieses Land nur für die Juden ist, Araber keinen Platz dort haben, [...] [dann] beeinflusst [es] mich, es beeinflusst mein Volk". Dennoch stellt er sich dieser Herausforderung. Für seinen Glauben und seine evangelikale Identität spielt das Land keine Rolle, anders als im messianischen Judentum, das seiner Meinung nach die Theologie des Landes Israels zu einem „Glaubensgrundsatz" erhoben habe. Es gebe Glaubensgrundsätze wie „Dreieinigkeit, die Bibel als inspiriertes Wort Gottes, den Heiligen Geist", aber „die Theologie des Landes Israel" zähle da nicht dazu. In Anbetracht dieser Differenz in der Landfrage schätze er die Larnaka-Stellungnahme. Denn dort werde festgehalten, dass trotz dieser Differenz der jeweils andere als „Bruder" akzeptiert und die „Haltung zum Land [...] kein Hindernis sein [wird] in unserer Gemeinschaft und wechselseitigen Unterstützung".

Mit seiner Haltung sieht sich Elias im arabischsprachigen Evangelikalismus in Israel zunehmend isoliert. Er kritisiert, dass die Mehrheit der Evangelikalen ihre palästinensische Identität zur Seite lege. Er stellt fest, dass zionistische und pfingstlich-charismatische Strömungen immer mehr unter den Evangelikalen an Einfluss gewinnen. Angesichts dieser Lage bringt er seine Frustration und Ohnmacht zum Ausdruck. Er ist fassungslos, dass die „Erschießungen" palästinensischer Demonstranten bei den Protesten anlässlich des 70. Jahrestages der Nakba und der US-amerikanischen Botschaftseinweihung die Mehrheit der Evangelikalen kalt lasse. Seiner Meinung nach sei es die Rolle der Kirchenführer, aufzustehen und etwas zu sagen.[699]

Reem

Aufgewachsen in Nazareth, hatte Reem[700] wenig bis keinen Kontakt mit messianischen Juden oder mit arabischsprachigen Christen aus den Palästinensischen Gebieten. Dies änderte sich mit ihrem Engagement bei Musalaha. Durch den Kontakt mit arabischsprachigen Christen aus dem Westjordanland bildete sich ihr palästinensisches Selbstverständnis heraus. Palästinensisch bedeute für sie „die kulturelle und soziale Verbindung zu […] dem Volk" und „die Anerkennung […] meines Erbes, meiner Sprache, meines Akzents, meiner kulturellen Tradition". „Palästinensisch" beinhalte zudem auch das gemeinsame Streben nach politischer Selbstbestimmung als Volk. Zwischen den Palästinensern in Israel und denen in den Palästinensischen Gebieten sehe sie keinen Unterschied, es gebe „kein uns und sie, wir sind ein Volk". Es sei „eine Illusion, dass wir denken, dass wir besser behandelt werden […] oder dass wir […] in einer besseren Situation leben als sie". Es sei dasselbe, lediglich gebe es „verschiedene Arten der Diskriminierung". Ein israelisches Selbstverständnis vertritt sie trotz ihrer israelischen Staatsbürgerschaft nicht. Dies liege an der Definition des israelischen Staates von „israelisch", denn „israelisch [ist] mit Jüdischsein verbunden und […] ich fühle nicht, dass es mich repräsentiert".

Ihre Mitarbeit bei Musalaha bewirkte nicht nur die Ausprägung einer palästinensischen Identität, sondern machte sie auch mit messianisch-jüdischer, zionistischer Theologie vertraut, die für sie bis dahin keine Rolle spielte. Diese Begegnung stellte ihr bisheriges evangelikales Selbstverständnis in Frage; sie war ein „Schock", den sie ausführlich thematisiert: „Als ich anfing, mit messianischen Juden zu arbeiten, plötzlich kam dieses ganze Ding über Dispensationalismus und Land und ich dachte: Worüber REDEN sie?". Sie hingegen „wuchs auf mit der Frage, wie sehr mich Jesus liebt und dass er für mich starb, was ist dieses Land, und Israel, und, […] das Zweite Kommen […]. Es war purer Schock". Sie führt ihre Erfahrung aus:

---

699 Vgl. zum letzten Abschnitt auch Interview Nr. 20, 05.04.2017 und Nr. 70, 21.05.2018.
700 Interview Nr. 42, 23.05.2017.

> [...] plötzlich bist du verschiedenen Bibelinterpretationen ausgesetzt, und du denkst dir: Warte, du siehst das, was 1948 geschah, ist Gottes Hand, denn [...] er brachte sein erwähltes Volk hierher auf Kosten meines Volkes? Und ich soll dazu HALLELUJAH sagen? [...] WIE BITTE? Und die Leute waren ÜBERZEUGT, [...] und es sind Leute, mit denen du eine Beziehung geformt hast [...] und plötzlich sagen sie: HIER, lies das, da steht es.

Diese Bibelinterpretation macht für sie keinen Sinn. Ihren Widerspruch führt sie folgendermaßen aus:

> Wie kann, wie kann der Gott, der sagt, dass er mich so liebt, so viel Schmerz erlauben? [...] ES machte EINFACH keinen Sinn und ich kann es noch immer nicht richtig theologisch erklären, aber ich muss auch nicht. [...] Denn es passt einfach nicht zu dem Jesus oder Gott, an den ich glaube. Und ich habe gewählt, an ihn zu glauben.

Durch die Rede messianischer Juden von ihrer Erwählung habe Reem sich lange Zeit minderwertig gefühlt. Verstanden habe sie nicht, wie man falsche Taten dadurch entschuldigen kann, dass man sagt, es war Gott, oder man sei erwählt. Dann aber habe sich ihr eigenes Selbstverständnis formiert. Für sie stehen Jesus und das Kreuz im Mittelpunkt ihres Glaubens, der wiederum über ihrer nationalen Identität steht.

> So wie ich die Bibel lese, ist das KREUZ im Zentrum des Glaubens, es ist Jesus, der alles abstreift [...] und mir die Gnade gibt [...] Ja, ich bin Palästinenserin, aber [...] meine Zugehörigkeit gilt meinen Brüdern und Schwestern in Christus, ob sie messianische Juden sind oder mit muslimischem Hintergrund, sie [...] sind meine erste Gemeinschaft. Denn [...] wenn mein Fokus am Kreuz ist, ist alles andere sekundär.

Ebenso ist für ihren Glauben die Frage nach Gerechtigkeit zentral. Für sie kommt „die persönliche Beziehung mit Jesus [dort] zum Leben", wo die Begegnung mit „den Armen" und „Unterprivilegierten" stattfindet. Für sie steht der Glauben, in dessen Zentrum das Kreuz steht, über ihrer palästinensisch-nationalen Identität. Daher betreffe die Hinterfragung ihrer palästinensischen Identität nicht ihren Glauben. Anders sei dies bei den messianischen Juden. Bei ihnen stehe „der Bund im Zentrum ihres Glaubens". Messianisches Judentum sei „mit dem Jüdischen verbunden", es sei „verbunden mit [...] der Erwählung und dem Dasein [...] hier im Land". Wenn man ihr Jüdischsein hinterfrage, hinterfrage man ihren Glauben. Dies mache es für die messianischen Juden so schwierig, in den Dialog mit palästinensischen Christen zu treten. Einer, der sein komfortables Haus in den USA verlassen und alles verkauft habe, um Gottes Ruf zu folgen, um in das Land zu kommen, sodass der Messias kommt, werde in seiner Existenz erschüttert, wenn er erfährt, dass dies „nicht absolut wahr ist, dass es nicht von Gott errichtet wurde, sondern von sündigen Menschen, dass es Mord gab".

Heute sehe sie keine Bereitschaft der messianischen Juden, auf die arabischsprachigen Evangelikalen zuzugehen und ihr eigenes Selbstverständnis zu hinterfragen. Ihre nationale Identität sei für sie wichtiger als ihre religiöse. Sie hat sich aufgrund dieser Erfahrungen aus Musalaha zurückgezogen, ist aber ratlos, was die Alternativen sein könnten. Gewaltsamen Widerstand lehnt sie ab, der Dialog bringe ihrer Erfahrung nach nichts, über die Effektivität wirtschaftlicher Maßnahmen ist sie sich unsicher. Sie hofft, durch öffentliche Stellungnahmen etwas zu erreichen. Keine Lösung sieht sie jedenfalls in Gebets- und Lobpreisveranstaltungen. Einerseits begründet sich ihre Ablehnung solcher Veranstaltungen in einer grundlegenden Kritik an der evangelikalen Vorstellung einer innigen Beziehung mit Gott, durch die Probleme gelöst werden. Christsein sei mehr als „dein Gefühl für die Nähe zu Gott", das durch ein „spirituelles, romantisiertes Bild von Gott" geprägt ist und mitunter durch „dieses emotionale Element in der Musik" erzeugt werde. Christsein sei „etwas Größeres als das", denn es „ist nicht nur zwischen dir und Gott, es ist zwischen dir und anderen und wie du sie behandelst oder wie du andere sie behandeln lässt". Hingegen fordert sie, unterschiedliche Wege des Handelns zu nutzen. Gebet sei ein wichtiges Element, aber nicht der einzige Weg. Andererseits kritisiert sie, dass derartige Gebetsveranstaltungen die wahre Problematik verschleierten, was langfristig nicht aufrechtzuerhalten sei. Gebetsveranstaltungen bewirkten, dass Araber und Juden sich durch gemeinsamen Lobpreis und arabischen und hebräischen Gesang als eine Einheit fühlten. Aber es sei „nur eine Illusion, also es FÜHLT sich gut an, es ist wie eine Droge". Sie hätten ihren Glauben vereinfacht, „dass er eine Droge wird, [...] dass es sich gut anfühlt", dass man denkt: „Das muss Jesus sein". Aber, fragt Reem, „was ist im nächsten Krieg [...], was werden Christen zueinander sagen, übereinander, das fühlt sich nicht gut an, ist das dann der Teufel, oder was ist es dann?". Diese Realität sei nicht zu vermeiden. Reems Meinung nach gebe es Platz für Gebetstreffen, aber sie kompensierten nicht die „harte Arbeit", die zu tun ist, um richtige Brücken zu bauen und einander zu verstehen.

Hatem

Hatem[701] versteht sich selbst als Palästinenser. Palästinensisch bevorzuge er vor arabisch; es gebe viele Araber, aber Palästinenser sei spezifisch: „Palästinensisch [ist] jemand, der zu Palästina gehört. Zu dem Land. Hier. Das ist palästinensisch. Nationalität". Ein israelisches Selbstverständnis lehnt er konsequent ab. Er sei

---

701 Interview Nr. 35, 16.05.2017.

„hier" in eine palästinensische Familie hineingeboren, und er sei „gezwungen, [...] einen israelischen Pass zu haben, denn ich habe keinen anderen, keiner fragt mich, ob ich einen anderen will". Dies mache ihn aber nicht zum Israeli. Auch sei er gezwungen, Hebräisch zu lernen, er könne „nicht nein sagen zur hebräischen Sprache", denn ohne sie könne er „nichts machen".

Ersten Kontakt mit dem messianischen Judentum habe er durch eine Evangelisationsarbeit erhalten. Anfangs habe er geglaubt, sie hätten denselben Glauben, sie seien wie Brüder. Nach einiger Zeit stellte er aber fest, dass sie in Bezug auf das Land einen anderen Glauben hatten. Als er seinen eigenen Standpunkt öffentlich machte, brach der Kontakt ab, er verlor persönliche Freunde, aber auch Kontakt zu Diensten und Ämtern und damit auch Einkommensmöglichkeiten. Hatem vertritt die Meinung, dass nach Jesus und seinem Tod am Kreuz niemand mehr das Recht auf das Land habe, weder die Juden, noch er selbst, noch irgendwer. Auch hätten die Juden keine Sonderrolle in Gottes Heilsplan mehr. Gott habe den alten Bund beendet, indem er seine Hände immer weiter öffnete und alle in seinen neuen Bund miteinschloss. Als Jesusgläubiger sieht er sich als „jüdisch" im „spirituellen Sinn" an und bezeichnet diejenigen, die nicht an Jesus glaubten, als „Heiden". Das Land – er bezeichnet es durchgängig als „Palästina" – habe Gott „ihnen" – gemeint sind wohl die Palästinenser – gegeben, um es zu teilen. Er verweist auf die Flüchtlingskrise in Europa 2015 und meint, dass so, wie Deutschland seine Grenzen für Flüchtlinge öffnete, auch er sein Land teilen will. Er wolle sein „Land öffnen, ich will Palästina für das jüdische Volk öffnen, dass sie hierherkommen". Es gehe dabei um „das Minimum, das Jesus uns aufgetragen" habe: „Hilf den Fremden, hilf denen, die Probleme haben". Diese Nächstenliebe und Gastfreundschaft würden aber nicht respektiert, vielmehr verdreht und in göttliche Angelegenheiten verwandelt. Es sei nicht so, dass er der gute Mann sei, der die Türen für die Juden geöffnet habe. Sondern es gelte die jüdische Perspektive: „Ich bin der mächtige Mann, der reiche Mann, der Göttliche, der kontrolliert, und du [Palästinenser] hast es nicht verdient".

Seine Kritik richtet sich zunächst gegen den Zionismus als politische Bewegung. Man habe die zionistische Idee genutzt, um politische Ziele zu verfolgen, und sei erfolgreich damit gewesen. England habe den Juden Palästina gegeben, keiner habe die Palästinenser gefragt, er und seine Familie würden den Preis zahlen. Als politische Bewegung könne er den Zionismus nachvollziehen. Was er aber nicht im Geringsten nachvollziehen könne, ist der – wie er es nennt – „spirituelle Zionismus". „Mein Problem ist es", so sagt er, „wenn du Jesus in die Story bringst und meinen Glauben beeinflusst". Er vergebe den Juden, dass sie das Land genommen hätten, und er sei jederzeit bereit, sein eigenes Haus mit einem Juden zu teilen, wenn dieser Unterbringung benötige. Aber er kann nicht akzeptieren, dass messianische Juden die Landnahme göttlich legitimieren, denn dies widerspricht seinem Glauben:

> [...] bitte, bitte, sage nicht, dass derselbe Jesus, den ich kenne, dir gesagt hat, dir als einer jüdischen Person, zu kommen und mein Land zu nehmen. [...] Denn ich, ich lebe mit ihm [Jesus] nun, ungefähr 40 Jahre, [...] ich kenne seine Liebe, ich kenne seine Ehrlichkeit, ich kenne seine Gerechtigkeit, ich kenne seine Richtung, ich kenne sein Herz für mich als seinen Sohn.

Der „spirituelle" Zionismus – also eine religiöse, christliche Legitimierung des Zionismus – beißt sich mit seinem Verständnis von Jesus und seinem Glauben an ihn. Er lehnt den „spirituellen" Zionismus vehement ab, er sei schlecht für die Bibel, für Jesus selbst und für die Kirche. Wenn Juden das Land nehmen wollten, sollten sie es „politisch" machen, nicht „spirituell", nicht als eine „christliche Botschaft".

Für das messianische Judentum in Israel ist Hatems Meinung nach das Land Israel und der Staat zu einem Kernpunkt ihrer religiösen Identität geworden, ohne die es nicht einmal mehr Jesus verstünde. Jesus werde nicht mehr „ohne politische Angelegenheit" gepredigt; alle ihre Predigt sei „über Jesus und das Land, Jesus mit Israel". Dies mache ihn traurig und er hoffe, dass sie nicht eines Tages einen Teil des Landes verlieren werden. Es sei sehr schwierig für ihn, nicht nur, dass sie so tief in dieser Theologie sind, sondern dass sie jeden bekämpften, der nicht daran glaube. Man bewege sich von der Hauptsache Jesus weg hin zu nicht wichtigen Dingen, von den friedlichen Dingen hin zu den problematischen Dingen, vom Ort, wo alle einen gemeinsamen Grund zum Leben finden, Jesus, zu einem Ort, wo es nur Streit gibt, der Frage nach Israel, was in Israel geschah und was die Zukunft bietet. Es werde jedes Jahr schlimmer und beeinflusse zunehmend auch die evangelikalen Kirchen, die über dieses Thema gespalten sind. Es gebe nicht mehr nur „wir und die Messianischen", sondern „wir und wir und die Messianischen". Ohne innere Einheit werde die evangelikale Kirche immer schwächer. Der Zionismus sei für die Evangelikalen deshalb attraktiv, weil sie dadurch mächtiger würden, mehr Geld erhielten und berühmter würden. Den Erfolg des Zionismus sieht Hatem aber auch „spirituell" begründet. Wer die Bibel wirklich verstehe, wer einen aufrichtigen Glauben habe, wer Jesus folge, der sei „voller Glück mit Jesus" und „erfüllt", der brauche nichts und niemand Anderes. Es sei Kult und Häresie, das Zentrum sei nicht mehr Jesus, man nehme Ideen und mache sie größer und größer. Man bewege sich weg von der Bibel und behaupte, Gott habe einem etwas offenbart oder ein Engel habe zu einem gesprochen. Insofern sei der Weg zurück zur Bibel die einzige Möglichkeit, sich wieder zu vereinen. Dennoch habe er nicht viel Hoffnung. Etwas Großes müsse geschehen, um einen Wandel herbeizuführen, denn, so Hatem, die Evangelikalen hätten in den letzten fünf Jahren ihren Verstand verloren. Seine Frustration und Hoffnungslosigkeit gehen so weit, dass er in Erwägung zieht, die Convention of Evangelical Churches in Israel zu verlassen, denn er will nicht mit den Zionisten in Verbindung gebracht werden.

Die Musalaha-Frauengruppe in Nazareth

Die angesprochenen Spannungen zwischen messianischem Judentum und den arabischsprachigen Evangelikalen machen sich auch in der Arbeit einer Frauengruppe von Musalaha bemerkbar. In dieser Frauengruppe treffen sich arabischsprachige evangelikale Frauen und messianische Jüdinnen aus Nazareth und Umgebung seit 2014 regelmäßig, ungefähr alle zwei Monate, zu Gemeinschaft und Gebet. Aufgrund der Erfahrungen, die eine für die Frauengruppe verantwortliche Person früher bei Musalaha gemacht hat, wird das von Musalaha vorgeschlagene Curriculum in der Frauengruppe nicht beachtet. In ihrer früheren Gruppe, so berichtet die Leitungsperson im Interview, wäre der Konflikt sofort entbrannt, sobald sie begonnen hätten, ihre „Herzen zu öffnen und zu sprechen". Nach und nach hätten die Mitglieder die Gruppe verlassen, bis sich die Gruppe schließlich ganz auflöste. Darum habe die Leitungsperson nun mit ihrer jetzigen Frauengruppe nicht den Fokus auf das von Musalaha vorgeschlagene Curriculum gelegt, auch wenn sie dieses sowie das Sprechen und Hören über die Identität und den Konflikt an sich für wichtig halte. Wichtiger sei für sie aber eine andere Seite, und zwar Gemeinschaft und Gebet.

> Aufgrund meiner Erfahrung aus der Gruppe [...] sagte ich: Es ist gut, im Gebet vereint zu sein. [...] Denn das Gebet ist das Einzige, was uns wirklich helfen kann, uns zu öffnen. [...] Und [...], lieber als [...] zu kommen und zu kämpfen und zu reden: Dies ist mein Land, dies ist nicht euer Land, ihr habt uns herausgeworfen, was auch immer, dieser ganze Kampf, der da ist – es ist [besser], über Jesus und Gott zu reden und miteinander zu beten und sich zu vereinen, denn wenn du die himmlische Sprache sprichst, gemeinsam, weißt du, wirst du deine Unterschiede vergessen, du vergisst deine Verletzungen, [...] nicht dass du vergisst, aber [...] du spürst, dass Gott deine Wunden heilen wird auf diese Art.

Eine gute Mischung aus Gebet und Gemeinschaft findet die Frauengruppe in Gebetsspaziergängen, die bereits in mehreren Städten stattfanden. An einem Gebetsspaziergang in Akko konnte die Verfasserin im Mai 2016 teilnehmen. Das von der verantwortlichen Person geschilderte Konzept kommt gut an. An dem Gebetsspaziergang mit vorigem Lobpreisteil und späterem Mittagessen nahmen über 20 Frauen teil, sowohl arabischsprachige Evangelikale aus Israel wie auch messianische Jüdinnen. Eine Teilnehmerin sagte ganz explizit, dass sie nur daran teilnehme, weil das übliche Curriculum von Musalaha nicht thematisiert werde. Ihrer Meinung nach werde es, so stehe es in der Bibel, Gerechtigkeit in diesem Land nie geben, sondern erst im Himmel. Von daher möchte sie sich auf Jesus fokussieren. Die in Akko gesammelten Gebetsanliegen, die bei dem Spaziergang aufgegriffen werden sollten, vermieden auch alle eine Thematisierung des gegenwärtigen Konflikts. Sie bezogen sich auf eher allgemeine Probleme wie Drogenkonsum von Jugendlichen und stellten das Anliegen der Bekehrung der Bewohner in den Vordergrund. Handzettel, die über Jesus berichteten, wurden an Passanten verteilt, in Briefkästen geworfen oder an Scheibenwischer parkender Autos gesteckt.[702] Mit dieser Ausrichtung wird das eigentliche Konzept Musalahas und seine Praktikabilität in Frage gestellt.

Versöhnung und Gerechtigkeit durch Konfliktthematisierung: Chancen und Herausforderung

Die Organisation Musalaha hat die Versöhnung zwischen arabischsprachigen Evangelikalen und messianischen Juden zum Ziel. Diese möchte sie durch die explizite Thematisierung des Konflikts und der eigenen Identität erreichen. Musalaha steht mit evangelikalen Organisationen wie dem Fuller Theologischen Seminar und der Lausanner Bewegung in Partnerschaft, die inzwischen für eine sozialpolitische Ausrichtung des Evangelikalismus mit einer ambivalenten Beziehung zur pfingstlich-charismatischen Bewegung stehen. Die Lausanner Bewegung ist es auch, die gemeinsam mit der Langham-Partnerschaft im Rahmen der Lausanner Initiative für Versöhnung in Israel-Palästina dem palästinensischen Standpunkt auf der Ebene des globalen Evangelikalismus erstmals Raum gibt.

Reem, Hatem und Elias, die an Musalaha und der Lausanner Initiative beteiligten Interviewpartner, befürworten diese Ausrichtung; für sie ist ihr palästinensisches und evangelikales Selbstverständnis Motivation zur Beteiligung an den Organisationen und ihrer Versöhnungsarbeit. Bei ihrem Glauben stehen Jesus und das Kreuz (Reem, Hatem), Einsatz für die Unterdrückten und Armen (Reem), sowie Liebe und Hilfe gegenüber Fremden und Ressourcenteilung (Hatem) im Mittelpunkt. Damit verorten sie sich in einer sozialen Ausrichtung des Evangelikalismus, die von der Lausanner Bewegung geprägt ist. Eine Theologie des Landes spielt für sie in ihrem Glauben keine Rolle. Insofern wird auch keine eigene, alternative Land-Theologie vorgetragen. Reem nimmt zu dieser Lücke

---

702 Vgl. Eintrag im Feldforschungstagebuch vom 28.05.2016.

konkret Stellung: „Ich kann es noch immer nicht richtig theologisch erklären, aber das muss ich auch nicht [...], denn es passt einfach nicht zu dem Jesus oder Gott, an den ich glaube". Dieser Glaube, so Hatem, biete volles Glück und Erfüllung, der nichts Weiteres braucht. Die Landthematik aber drängt sich den arabischsprachigen Evangelikalen durch das messianische Judentum auf. Durchgängig wird der Zionismus zurückgewiesen, denn er kollidiert mit dem eigenen Glaubensverständnis und der Gottesvorstellung. Es ist für sie unvorstellbar, dass der Gott, an den zu glauben sie gewählt haben (Reem), der Jesus, der sie liebt und den sie seit langer Zeit kennen (Hatem), das Unrecht gegenüber dem palästinensischen Volk rechtfertigt. Die Begegnung mit dem messianischen Judentum wird als zunehmend schwierig empfunden, da, so die allgemeine Meinung, der Zionismus immer zentraler für die messianisch-jüdische Identität werde. Angesichts dieser Entwicklung stellt die Larnaka-Stellungnahme eine Ausnahme dar, denn dort wurden die unterschiedlichen Meinungen festgehalten und zugunsten einer gemeinsamen Solidarität als nicht trennend gewertet. Die beschriebene Zunahme des Zionismus im messianischen Judentum in Israel wirkt sich in jüngster Zeit auch auf die arabischsprachigen Evangelikalen in Israel aus. Die in diesem Zusammenhang angebotenen Gebetsveranstaltungen werden als alternative Begegnungsform von messianischen Juden und arabischsprachigen Christen abgelehnt. In Anbetracht dieser Entwicklung drücken sie insgesamt eine hohe Frustration und Ausweglosigkeit aus. Umso mehr wird das Vertreten der eigenen, umkämpften Position als Glaubensfrage oder Auftrag und Ruf Gottes (Elias) empfunden. Die Strategien variieren: Reem und Hatem ziehen sich eher aus der direkten Zusammenarbeit zurück, Hatem erwägt gar einen Austritt aus der CECI; Reem geht eher in die Offensive durch öffentliche Stellungnahmen. Elias hingegen versucht eine vermittelnde Position, um der weiteren Aufspaltung unter den arabischsprachigen Evangelikalen entgegenzusteuern.

Die beschriebene Frontstellung mit dem messianischen Judentum führt jedoch auch bei Musalaha selbst zu einer Aufgabe des Musalaha-eigenen Curriculums: Die Frauengruppe in Nazareth und Umland legt ihren Fokus allein auf Gebet und Gemeinschaft. Scheinen sie damit auf den ersten Blick die eigentlichen Ziele von Musalaha zu verraten, wird bei näherem Hinsehen deutlich, dass sie Teile dessen, was Elias, Reem und Hatem fordern, umsetzen. Sie verleugnen nicht, dass es einen Konflikt und Ungerechtigkeit gibt, jedoch lassen sie diesen und die Frage nach dem Land – die ja für Elias, Reem und Hatem eigentlich auch keine Bedeutung hat – zurück und stellen – was Elias, Reem und Hatem fordern – Jesus in das Zentrum ihrer Gebete und Praxis und hoffen auf Gottes Wirken und Heilung. Damit zeigen sie, dass die im vorigen Kapitel als „Vermeidung", „Stille" und „Entzug" beschriebene Haltung auch im ganz konkreten Zusammensein zwischen arabischsprachigen Evangelikalen und messianischen Jüdinnen zum Tragen kommt; Jesus Christus und das Gebet, die „himmlische Sprache", bieten hier die gemeinsame Grundlage. Eine solche Haltung deutet sich letztlich auch bei LIRIP an, bei der es nach der ersten Stellungnahme zu keiner weiteren kam und sich der Fokus in den weiteren Treffen auf persönlichen Austausch und Gemeinschaft verschob.

3 Gebet und innige Gottesbeziehung statt Konfliktthematisierung

Im Mittelpunkt der Kritik von den an Musalaha und der Lausanner Initiative beteiligten Evangelikalen am zunehmenden zionistischen Einfluss auf das evangelikale Feld und der Veranstaltung von Gebetstreffen, die den Konflikt und die palästinensische Position verleugneten, steht das pfingstlich-charismatische, auf „Geistliche Kriegsführung" ausgerichtete House of Prayer and Exploits (HOPE) in Nazareth. Eine zionistische Einordnung des Gebetshauses ergibt sich durch seine Verortung innerhalb der weltweiten Gebetsbewegung mit ihrem Zentrum, dem International House of Prayer in Kansas City (IHOPKC), und der Beteiligung der Leitungspersonen von HOPE an dem von Watchmen for the Nations ausgerichteten Global Gathering. Denn bei IHOPKC und Watchmen for the Nations liegen der Fokus auf Israel, einem zionistisch geprägten messianischen Judentum und einer eschatologischen Ausrichtung. Der messianische Jude Asher Intrater ist sowohl bei IHOPKC und Watchmen for the Nations ein beliebter Sprecher. Beide Organisationen weisen historische Verbindungen auf;[703] 2018 feierten sie durch ein „Convergence"-Treffen ihre Einheit.[704] Im Folgenden soll zunächst das Internationale Gebetshaus in Kansas City und Watchmen for the Nations mit seinen Global Gatherings dargestellt werden. Anschließend wird auf HOPE in Nazareth eingegangen und diskutiert, welche Vorstellungsgehalte geteilt und welche umgedeutet, ergänzt oder zurückgewiesen werden.

---

703 Das National House of Prayer in Kanada ist durch Watchmen for the Nations entstanden, vgl. Marci McDonald, *The Armageddon Factor. The Rise of Christian Nationalism in Canada* (Toronto: Random House of Canada, 2011), 137–39.
704 Vgl. https://watchmen.org/past/convergence2018.

Das International House of Prayer in Kansas City (IHOPKC)

Das Internationale House of Prayer in Kansas City (IHOPKC) wurde 1999 von Mike Bickle ebendort gegründet. Es ging aus der von Bickle geleiteten Kansas City Fellowship hervor, welche in den 1990er Jahren Teil der Vineyard-Bewegung war. Die Vineyard-Bewegung wurde von John Wimber initiiert, einem Freund und Kollegen Wagners, und wird als wichtiger Bereich der New Apostolic Reformation (NAR) bezeichnet.[705] 1996 verließ Bickle die Vineyard Bewegung aufgrund einer seiner Meinung nach dort abnehmenden Bedeutung von Prophetie und Fürbitte. Kurz zuvor wurde die Toronto Airport Vineyard Church aus dem Vineyard-Netzwerk ausgeschlossen; sie besteht seither als Toronto Airport Christian Fellowship fort. Grund für den Ausschluss war der „Toronto-Segen", bei dem Mitglieder der Kirche Bellen, Lachen und andere Praktiken als Manifestationen der Ausgießung des Heiligen Geistes werteten; dies wurde nicht allgemein akzeptiert.[706]

Auf Prophetie und Fürbitte liegt nun der Fokus bei IHOPKC. In Bickles eschatologischem Denken führen Christen als „Fürbitt-Gebetskrieger" [engl. *intercessory prayer warriors*] das Ende der Welt herbei. Hierbei kämpfen sie in einem eschatologischen Anbetungskrieg im Gebetshaus Jesu gegen das Gebetshaus Satans.[707] Mike Bickle übernimmt zentrale Themen der NAR: den Fürbittaktivismus, die „Geistliche Kriegsführung", die eschatologische Ausrichtung, in der die Kirche eine siegreiche Rolle einnimmt, und den Fokus auf Geistgaben inklusive Prophetie. Dennoch grenzt er sich in einem Statement 2011 stark von der NAR ab, insbesondere weist er den Gedanken einer als Dominionismus bezeichneten christlichen Weltherrschaft und die Eigenbezeichnung als Apostel zurück.[708] Bickles Abgrenzung von der NAR ist im Kontext seiner Teilnahme und Mitwirkung an einer Gebetsveranstaltung für den Präsidentschaftskandidaten Rick Perry zu sehen. Die NAR rückte in den Fokus der medialen Aufmerksamkeit und zog beißende Kritik auf sich, die bis heute anhält: Die NAR sei „Amerikas eigene Taliban", die eine theokratisch-christliche Herrschaft der USA erreichen wolle, sie sei ein Kult, ein Wolf im Schafspelz, sie klinge fast wie biblisches Christentum, sei aber eine antibiblische Fälschung.[709]

---

705 Vgl. Stanley, *Global Diffusion*, 207.
706 Vgl. Weaver, *New Apostolic Reformation*, 134–36; Stanley, *Global Diffusion*, 205–08.
707 Vgl. Weaver, *New Apostolic Reformation*, 137.
708 Vgl. What is IHOPKC's Stance on the New Apostolic Reformation? (https://www.ihopkc.org/press-center/faq/ihopkc-part-new-apostolic-reformation/#).
709 Vgl. u. a. Paul Rosenberg, „America's Own Taliban," *Aljazeera* (28.07.2011); Forrest Wilder, „Rick Perry's Army of God," *Observer* (03.08.2011); Duane Townsend, „The Christian New Apostolic Reformation. Wolves in Sheep Clothing," *Medium* (02.07.2018).

In Kansas City fühlen sich Zehntausende Gläubige dem Gebetshaus angehörig, in der dort angeschlossenen Bibelschule mit Musik- und Medieninstitut sind Tausende Studenten eingeschrieben. In dem Gebetshaus wird rund um die Uhr, das ganze Jahr hindurch gebetet und Gottesdienst gefeiert. Mitarbeiter und Studenten verpflichten sich dabei zu je 25 Stunden Gottesdienst in der Woche. Die Gottesdienste bzw. Gebete können jederzeit per Livestream aus der ganzen Welt verfolgt werden. Weltweit sind unzählige Gebetshäuser nach dem Vorbild von IHOPKC entstanden; Bickle selbst beziffert sie auf 20.000.[710] Mit ihnen steht das IHOPKC jedoch nicht in festen partnerschaftlichen Verbindungen, es handelt sich eher um ein sehr loses Netzwerk.[711]

In der eschatologischen Ausrichtung und „Geistlichen Kriegsführung" von IHOPKC nimmt Israel, anders als in dem zuvor gezeigten Verständnis einer „Geistlichen Kriegsführung" von Charles Peter Wagner und Kollegen, eine zentrale Rolle ein. Es gibt ein eigenes „Israelmandat" mit täglich festgelegten Gebetszeiten für Israel – für kein anderes Thema gibt es sonst feste Gebetszeiten. Auch Konferenzen mit Israel im Fokus werden abgehalten, auf denen bislang unter anderem auch die messianischen Juden Asher Intrater und Daniel C. Juster als Redner auftraten. IHOPKC verweist auf seiner Website auf vier messianisch-jüdische Gebetshäuser in Jerusalem. Das arabischsprachige Gebetshaus in Nazareth, das bislang einzige arabischsprachige Gebetshaus in Israel, findet keine Erwähnung – wohl deshalb, weil es bei der eschatologischen Ausrichtung keine Rolle spielt und nicht in das Konzept von Israel als einem jüdischen Staat passt.[712] Bei IHOPKC geht man von einem – wie es dort genannt wird – „historischen" Prämillenarismus aus. Am Ende der Zeit herrscht für dreieinhalb Jahre eine gewaltsame, kriegerische Zeit der „Großen Trübsal", in der der Antichrist regiert. Vor dieser Zeit werden die Gläubigen nicht entrückt – so sieht es der prämillenaristische Dispensationalismus vor, der im vorigen Kapitel bei Darby, Lindsey, Hagee, Jeffress und der Offenen Brüdergemeinde in Nazareth beschrieben wurde –, sondern die siegreich betende Kirche steht als Braut Jesu an dessen Seite und erlebt eine ihrer schönsten Stunden, in denen Wunder geschehen und sich übernatürliche Prophezeiungen offenbaren. Nach der „Großen Trübsal" kehrt

---

710 Vgl. Mike Bickle, „Session 4. Biblical Signs of the Times Related to Israel".
711 Vgl. Weaver, *New Apostolic Reformation*, 134 f.
712 Die vier messianisch-jüdischen Gebetshäuser in Israel sind Succat Hallel, Jerusalem House of Prayer for All Nations, Jerusalem Prayer Tower und Mishkan Elohai, vgl. https://www.ihopkc.org/israelmandate/prayer-for-israel/.

Jesus zurück und die Gläubigen werden entrückt.[713] Für die nahende Endzeit werden folgende Zeichen ausgemacht: Die Rückkehr der Juden in ihr Heimatland, die Wiedererrichtung des Staates Israel – ein „dramatisches, radikales, überwältigendes und überzeugendes Zeichen"[714] – und die Gewinnung der jüdischen Kontrolle über Jerusalem. Ebenso werden das Hinarbeiten auf die Wiedererrichtung des Tempels, die Einführung von Sabbatgesetzen und der Hebräischen Sprache sowie die Etablierung einer Armee als Zeichen genannt. Die Erlösung Israels gilt als weiteres Zeichen. Hierfür werden die messianische Bewegung und die weltweite Gebetshausbewegung, die für Israels Erlösung betet, als wichtige Wegbereiter gesehen. Weitere Zeichen sind die zunehmende arabische Feindschaft, wachsender Hass gegen Israel und Antisemitismus, sowie die steigende Gefahr durch islamistische Terroristen. In der „Großen Trübsal" herrscht der Antichrist, ein „dämonischer, Adolf Hitler ähnlicher Mann, aber weitaus mächtiger"[715]. Israel wird mit ihm einen Bund schließen, weil er ihr Vertrauen gewinnt, indem er Frieden im Mittleren Osten verspricht, den Weg zur Errichtung des dritten Tempels ebnet und finanzielle Sicherheit ermöglicht, indem er Jerusalem zu einem wirtschaftlich bedeutenden Zentrum macht. Für die Juden (aber auch für Heiden) hat die „Große Trübsal" ein vernichtendes Ausmaß, das von Bickle nicht einheitlich beschrieben wird. Einerseits meint er, dass einige übernatürlich geschützt werden, während andere fliehen. Wieder andere würden sich dem Antichristen zuwenden, getötet oder gefangen genommen werden. Andererseits sagt er, dass zwei Drittel der Juden getötet, ein Drittel gerettet werden. Jesu Wiederkunft findet erst dann statt, wenn Israels Führung – gemeint ist damit wohl die politische Führung des Staates Israels – Buße tut und Jesus bittet, ihr König zu sein. Eine komplette Konversion des jüdischen Volkes für Jesu Wiederkehr ist damit nicht nötig. Die Rolle der „Heiden" ist es, in ihrer Vollheit (Röm 11) die Juden eifersüchtig zu machen. Sobald Jesus kommt, werden alle Juden befreit und erlöst.[716]

Deutlich wird, dass mit dieser zionistischen Ausrichtung im Gegensatz zum prämillenaristischen Dispensationalismus Jerusalem und Israel in seiner territorial-geographischen Dimension zwar weiterhin wichtig sind, sich der Fokus aber mehr auf das Judentum verlegt, das, zumindest in Teilen, bekehrt werden muss,

---

713 Vgl. Statement of Faith (https://www.ihopkc.org/about/statement-of-faith/); What is IHOPKC's Stance on the New Apostolic Reformation?; Mike Bickle, „Quick Facts and Terminology Related to the End Times".
714 Mike Bickle, „Session 4. Biblical Signs of the Times Related to Israel".
715 Mike Bickle, „Session 4. Biblical Signs of the Times Related to Israel".
716 Vgl. Mike Bickle, „Session 4. Biblical Signs of the Times Related to Israel"; vgl. auch Mike Bickle, „100 Most Frequently Asked Questions about the End Times".

um das Ende der Zeiten herbeizuführen. Damit nimmt Bickle eine eindeutige Positionierung zur Judenmission vor, die Hagee zur Wahrung eines kooperativen Verhältnisses mit Israel und dem Judentum zu vermeiden versucht. Der Fokus auf Evangelisierung begründet sich auch darin, dass die Gläubigen nicht vor Beginn der „Großen Trübsal" entrückt werden, sondern dass die Kirche als Braut Jesu an seiner Seite einem glorreichen Ende entgegensieht und Gewalt und Schrecken der „Großen Trübsal" nicht fürchten muss.

Watchmen for the Nations und die Global Gatherings

Während arabischsprachige Christen, wie beschrieben, bei IHOPKC keinen konzeptionellen Ort haben, wird ihnen bei Watchmen for the Nations eine konkrete Rolle zugedacht und sie werden aktiv eingebunden. Watchmen for the Nations – benannt nach Jes 62,2, „Oh Jerusalem, ich habe Wächter über deine Mauern bestellt, die den ganzen Tag und die ganze Nacht nicht mehr schweigen sollen" – wurde in den 1990er Jahren von Bob Birch in Vancouver gegründet. 1995 veranstaltete er ein erstes „Gathering of the Nations", bei dem ausgewählte Vertreter eingeladen wurden, um für das kanadische Vergehen an den „first nations" Buße zu tun. 1998, nach Birchs Tod, übernahm David Mohsen Demian, ein aus Ägypten stammender Chirurg, die Leitung und führte die Gatherings in eine politischere Richtung. Nach der Versöhnungsveranstaltung „La Danse" zwischen englisch- und französischsprachigen Kanadiern lag sein Hauptziel in der Versöhnung in Israel. Denn es ist, so Demian, der Antisemitismus, der Kanada davon abhalte, Gottes „Bestimmung" nachzukommen und Einheit in Kanada entstehen zu lassen. Kanadas Hauptvergehen liege laut Demian in der kanadischen Abweisung eines Schiffes mit jüdischen Flüchtlingen 1939. Aufgrund dessen veranstaltete Demian 2000 ein Versöhnungsdinner, bei dem ein Nachkomme des kanadischen Verantwortlichen stellvertretend die anwesenden Überlebenden des Flüchtlingsschiffes um Vergebung bat. Dieser Aktion folgte eine Reise Demians gemeinsam mit 500 Christen nach Yad Vashem, wo Demian den Oberrabbiner im Namen des kanadischen Volkes um Vergebung bat. Jährlich gibt es weltweit mehrere Global Gatherings. Insbesondere in Asien, vor allem in Hongkong und China, sind diese dort als „Homecoming Gatherings"[717] bezeichneten Treffen äußerst einflussreich.[718]

---

717 https://www.asiagathering.hk.
718 Vgl. Weaver, *New Apostolic Reformation*, 217–21; McDonald, *Armageddon*, 132–39.

Im November 2016 fand ein Global Gathering in Jerusalem statt, an dem das offizielle Leitungsgremium von HOPE und weitere Mitglieder teilnahmen.[719] Es diente dem Ziel, arabischsprachige Christen und messianische Juden zu versöhnen, was wiederum zur Herbeiführung der Endzeit dienen sollte. Anders als bei den bisherigen Darstellungen des evangelikalen Zionismus, sei es der prämillenaristische Dispensationalismus oder der von IHOPKC geprägte Prämillenarismus ohne vorige Entrückung der Gläubigen, haben hier die arabischsprachigen Christen eine konkrete Funktion in der Endzeit. Die Darbietung der Versöhnung gleicht einem Drama in mehreren Akten. Eine voll ausgestattete Bühne mit Licht und Ton und eine riesige, mit bergiger Landschaft angestrahlte Leinwand dienen als Kulisse. Zur Versöhnung werden messianische Juden und arabische Christen auf die Bühne geholt, die sich in einem Halbkreis auf der Bühne positionieren. Einige von ihnen werden dann, stellvertretend nicht nur für die anwesenden, sondern für *alle* messianischen Juden und arabischen Christen, das Wort ergreifen. Der Rest erscheint auf den ersten Blick als Statisten, ihm kommt aber, genau wie dem „Publikum", das aus mehreren Hundert Christen überwiegend chinesischer Herkunft besteht, eine aktive Rolle als Fürbeter zu. Das Geschehen findet in englischer Sprache statt und wird laut hörbar simultan ins Chinesische übersetzt. Als Regisseur fungiert David Demian, der, selbst ägyptischer Herkunft, zeitweise auch die Rolle des arabischen Christen einnimmt.

Zusammengefasst geschieht die Versöhnung durch die Wiederherstellung von Gottes Plan, der durch einen Fluch gebrochen wurde und durch den „Feind" – gemeint ist Satan – bislang verhindert wurde. Die Versöhnung wiederum verfolgt ein konkretes Ziel. Sie will eine Erweckung der Ägypter bzw. Araber erreichen, durch deren „Ganzheit" (Röm 11,25) das jüdische Volk eifersüchtig wird, wodurch eine Erweckung unter dem jüdischen Volk stattfindet, die – und das ist das finale, eigentliche Ziel – zum Anbrechen der Endzeit führt. In dieser Logik haben also nicht nur „Israel" oder die „Juden" eine konkrete Rolle im Hinblick auf die Endzeit, die biblisch begründet wird, sondern auch die Ägypter – die pars pro toto für die Araber stehen. Auch die ägyptisch-arabische Rolle wird biblisch legitimiert, und zwar im Rückgriff auf die Erzählung von Abraham und Sara, Saras ägyptischer Magd Hagar, und den beiden Söhnen Abrahams, dem von Hagar geborenen Ismael und dem Jahre später von Sara geborenen Isaak. In der biblischen Erzählung konnten Abraham und Sara lange Zeit keine Kinder bekommen, sodass Abraham, auf Saras Wunsch hin, mit der Magd Hagar einen Sohn zeugte, Ismael.

---

[719] Von dem Gathering wurden Videoaufnahmen gemacht, die im Internet abrufbar sind. Die folgende Beschreibung bezieht sich auf „Session 6" ab 2:18: https://livestream.com/watchmen/JGG/videos/141506232.

3 Gebet und innige Gottesbeziehung statt Konfliktthematisierung — 227

Hagars Schwangerschaft missfiel Sara, und sie demütigte Hagar und jagte sie davon. In die Wüste geflohen, erschien Hagar Gott, der sie aufforderte, zu ihrer Herrin zurückzukehren und sich unter ihrer Hand zu demütigen (Gen 16,9b). Hagar scheint daraufhin zurückzukehren – die biblische Erzählung lässt diese Notiz aus. Später berichtet sie jedoch, dass Sara Hagar erneut in die Flucht schlägt, und zwar deshalb, weil Sara um das Erbe ihres eigenen, inzwischen geborenen Sohnes Isaak fürchtet. Diesen hatte Gott Sara und Abraham verheißen, zugleich bestimmte Gott auch das Verhältnis zwischen den beiden Söhnen: Mit Isaak will Gott einen „ewigen Bund für seine Nachkommen" aufrichten; Ismael soll hingegen gesegnet und fruchtbar sein (Gen 17,19–20).

Für David Demian, der die weltweite Christenheit als „Familie" versteht, symbolisiert der biblische Abraham mit seiner Frau Sara und deren Magd Hagar die Ur-Familie. Die Flucht Hagars vor ihrer Rolle als „unterwürfige Dienerin" oder „Magd" gilt es rückgängig zu machen und den heilen Zustand dieser Ur-Familie, die harmonisch miteinander in einem Zelt wohnte, wiederherzustellen.

Auf der Bühne spricht zunächst Asher Intrater, einer der gegenwärtig prominentesten Vertreter des messianischen Judentums in Israel. Er bittet um Vergebung für seinen Stolz gegenüber den arabischen Christen, dass er lange Zeit dachte, ohne sie auszukommen. Anschließend spricht eine Frau, die die arabische Christenheit repräsentiert. Sie richtet ihr Wort zunächst an zwei junge arabische Leute, aus denen ihrer Aussage zufolge am Tag zuvor vom Heiligen Geist bewegt Verzweiflung ausbrach. Sie weinten aus Schmerz über die Trennung, abgeschnitten zu sein von der „Familie". Sie bat die beiden, stellvertretend für die junge Generation, um Vergebung. Deren Schmerz führte sie darauf zurück, dass die arabischen Christen nicht ihre von Gott zugewiesene Rolle einnahmen, was sie wiederum auf Hagars Flucht vor Sara zurückführte. Im Hinblick auf die angestrebte Versöhnung ruft sie mit tränenerstickter Stimme:

> Hagar, erinnere deinen Platz, [...] dein Platz ist bei Sara. [...] Wirst du deine Position als Dienerin akzeptieren? Und ich bin hier, um zu meinen jüdischen Brüdern und Schwestern zu sagen: Wir akzeptieren diesen Platz! Wir akzeptieren diesen Platz, den ihr gestern gesehen habt, als wir die Arme unserer jüdischen Brüder erhoben, die die Krone trugen. [...] Wir wollen unser Vertrauen erneut auf den Herrn setzen. Und glauben, dass er uns erhört hat [...]. Wir müssen nicht mehr weinen, wir müssen nicht mehr unseren Schmerz vorbringen, [...] denn unser Vertrauen ruht auf dem Herrn, er hat uns erhört.[720]

Der Ausruf der arabischen Frau wird durch eine messianische Frau beantwortet: „Wir erkennen das Weinen und den Schmerz, den ihr tragt, an [...]. Es tut uns leid,

---

[720] Ab 2:44:50.

dass wir versucht haben, euch mundtot zu machen."⁷²¹ David Demian fasst zusammen: Bei der Einnahme der Rolle einer Dienerin handle es sich nicht um die Frage, wer höher oder weniger hoch steht, es gehe schlicht darum, die Bestimmung und die von Gott vorhergesehene Rolle einzunehmen, so David Demian. „Ismael ist ein gesegneter Sohn", ruft David Demian in die Menge, „wir wollen aber anerkennen, dass Isaak deine Verheißung ist, Isaak ist die Verheißung, Isaak ist die Verheißung!"⁷²² Besiegelt wird die Versöhnung mit einer Fußwaschung, wobei nicht nur die ägyptische Frau der messianisch-jüdischen Frau die Füße wäscht, sondern auch umgekehrt. Die vollzogene Versöhnung bzw. Wiederherstellung der Einheit ist Voraussetzung für die Erweckung Ägyptens. Das bereits vor der Fußwaschung ausgesprochene Gebetsanliegen Demians nach einer Erweckung Ägyptens, einer „Ernte" in Ägypten, der Entfernung der Wolke und Gottes Kommen auf einer „schnellen Wolke", um die Götzen Ägyptens beben zu lassen, kulminiert nun in einem von der gesamten Halle vorgebrachten Gebet. „Öffne die Tore [...]. Lass den Wind des Geistes wehen, sodass die mächtige Armee sich erheben kann"⁷²³, ruft David Demian. Wiederholt betet die gesamte Halle minutenlang in ohrenbetäubender Lautstärke, in der die einzelnen Laute nicht auszumachen sind, begleitet von Fanfaren, dass sich der „Geist der Erweckung" in Ägypten ausgieße. Asher Intrater mischt sich in das Gebet ein: „[...] ich möchte, dass wir Millionen von Ägyptern zum Glauben an Yeshua kommen sehen, ich will eine Erweckung des Heiligen Geistes in Ägypten sehen, die jetzt beginnt"⁷²⁴. Nach erneutem minutenlangem Gebet der Halle meldet sich Andraos Abu Ghazaleh aus der Leitung von HOPE in Nazareth zu Wort und bekräftigt die vorgenommene Versöhnung als „Bund":

> Wir stehen heute hier nicht als Opfer, weil ihr unseren Platz als Araber einnehmt. Dies ist keine politische Angelegenheit, dies ist Gottes Herzensanliegen, das Herzensanliegen des Vaters. Dies ist das Königreich. Also kommen wir zu euch, weil wir eure Einladung annehmen. Wir wollen in einen Bund mit euch gehen.⁷²⁵

Im Fürbittgebet zeigt sich die Funktion der Chinesen, die von Gott bestimmt ist, wie auch die der Ägypter bzw. Araber und Juden. Die einzigartige Rolle der Chinesen, den „Weisen aus dem Morgenland", bestehe laut Demian darin, die Kirche vom Ende der Erde zurück nach Jerusalem im endzeitlichen Geschehen anzu-

---

721 Ab 2:50:27.
722 Ab 3:05:13.
723 Ab 3:20:12.
724 Ab 3:25:30.
725 Ab 3:34:00.

führen.⁷²⁶ Die Chinesen haben Demian zufolge die Fähigkeit, die Söhne Ismaels und die Söhne Isaaks gleichermaßen zu lieben und dahin zu gehen, wo die „westliche Kirche" nicht hingehen kann. Sie können den ganzen Leib in einer Familie zusammenbringen.

Die Konzeption des Global Gatherings als Gebetsveranstaltung und die vorgebrachten Inhalte und die Rhetorik können im Kontext der „Geistlichen Kriegsführung" interpretiert werden. Die gesamte Halle wird in das Fürbittgebet eingeschlossen. So soll die Versöhnung zwischen arabischsprachigen Christen und messianischen Juden vollzogen und in der weiteren Folge eine Erweckung Ägyptens bewirkt werden. Deutlich wird das Element der stellvertretenden Fürbitte. Nach dieser Vorstellung kann eine Person, eine „geistliche Fürbeterin" [engl. *spiritual intercessor*], stellvertretend für ihr Gebiet oder Volk, die Fürbitte vorbringen, und zwar auch für vergangene Sünden – Kreuzzüge, Kriege, Sklaverei. Diese stellvertretende Fürbitte gründet auf dem Konzept der „identifikatorischen Buße" [engl. *identificational repentance*], bei der eine Person für eine Gruppe (Religion, Familie, Nation), mit der sie sich identifiziert, durch persönliches Gebet um Vergebung bittet.⁷²⁷ Eine Araberin oder Ägypterin – wichtig scheint hier auch die geschlechtliche Zuordnung – kann also heute für das Fehlverhalten der „ägyptischen" Hagar und für das gesamte ägyptische bzw. arabische Volk Buße tun, ebenso eine messianische Jüdin stellvertretend für das jüdische „Volk". Dabei sind gerade die Bezeichnung und das Selbstverständnis als „messianische Jüdin" interessant. Sie erklären sich durch ein weiteres Konzept, nämlich das der „Insiderbewegung" [engl. *insider movement*]. Nach diesem Missionskonzept sollen sich zum christlichen Glauben Gekommene nicht von ihrer alten Religion abwenden, sondern in ihr bleiben. Dieses Konzept war insbesondere für die Mission unter den „native Americans" wirkungsvoll,⁷²⁸ ist aber für das „messianische Judentum" äußerst relevant. Denn nur ein messianischer „Jude" kann stellvertretend für das jüdische Volk sprechen und Vergebung für dieses bitten. Ein „hebräischer Christ", was eine alternative Bezeichnung wäre, kann dies nicht. Durch diese Konzeptionalisierung nimmt die „Geistliche Kriegsführung" großen Einfluss auf das messianische Judentum und hat mit Asher Intrater – Teilnehmer am Global Gathering – und Daniel C. Juster starke Vertreter.⁷²⁹ Zwar liegt der „Geistlichen Kriegsführung" der Gedanke einer „spirituellen DNA" zugrunde, die eine neue Identität bewirkt, wie im Falle des Global Gatherings die Identität einer

---

726 http://www.asiagathering.hk/sharings/the-road-from-asia-to-jerusalem/.
727 Vgl. Weaver, *New Apostolic Reformation*, 185.
728 Vgl. Weaver, *New Apostolic Reformation*, 202–06.
729 Vgl. Weaver, *New Apostolic Reformation*, 213–17.

„Familie".⁷³⁰ Diese „spirituelle DNA" und der Fokus auf die spirituelle Dimension führen jedoch nicht dazu, dass national-ethnische Grenzen überwunden werden. Vielmehr werden diese, wie im Versöhnungsgeschehen mit Hagar und Sara deutlich wurde, verstärkt, obgleich auf ambivalente Weise, wie das Beispiel der Fußwaschung zeigt. Nationen, Ethnien und Religionen werden bestimmte, von Stereotypen geprägte Rollen zugewiesen und biblisch bzw. als „Gottes Bestimmung" legitimiert.

Das House of Prayer and Exploits (HOPE) in Nazareth

Das House of Prayer and Exploits (HOPE) wurde 2004 durch eine Initiative von Rania Sayegh in Nazareth nach dem Vorbild von IHOPKC gegründet. Mit IHOPKC steht HOPE lose in Verbindung, gelegentlich besuchen Leitungspersonen des Gebetshauses in Nazareth die Missionsbasis oder Konferenzen von IHOPKC, um sich dort inspirieren zu lassen.⁷³¹ In ihrer Gründung wurde Rania Sayegh durch den langjährigen Pastor der Lokalen Baptistengemeinde Andraos Abu Ghazaleh und seine Frau Margaret unterstützt.⁷³² Alle drei werden auf der Homepage als Leitung genannt.⁷³³ Sie waren bei dem oben dargestellten Global Gathering involviert; nicht zuletzt deshalb gelten sie in Nazareth als „zionistisch". Alle drei waren jedoch auch nach mehrfachen Anfragen zu keinem Interview bereit. Neben diesem offiziellen Leitungsgremium engagieren sich noch weitere junge Erwachsene in einem erweiterten Leitungsteam, mit zwei von ihnen wurden Interviews geführt. Ihren Angaben zufolge wurden die Gebetstreffen zunächst nur von sehr wenigen Personen besucht, ab 2011 erhielten sie weiteren Zuwachs. Anklang fanden die Treffen insbesondere unter Jugendlichen. Durch Jugendkonferenzen der Association of Baptist Churches (ABC), in deren Leitung auch HOPE-Leitungspersonen aktiv sind, wurde diese Entwicklung verstärkt.⁷³⁴ 2016 fand HOPE weiteren Zulauf, während der Forschungsaufenthalte im Frühsommer 2017 und 2018 wurden die Gebetstreffen am Freitagabend von ca. 30–40 Jugendlichen besucht. Angeleitet wurden die Treffen von jeweils unterschiedlichen Personen.

---

730 Vgl. Weaver, *New Apostolic Reformation*, 170–77.
731 Vgl. Interview Nr. 47, 30.05.2017: „also das Glaubenssystem basiert wirklich auf dem internationalen House of Prayer". Youssef (Interview Nr. 60, 12.06.2017) verbrachte einige Zeit bei IHOPKC in den USA „um zu sehen, wie es sein sollte".
732 Vgl. Interview Nr. 59, 11.06.2017.
733 Vgl. http://www.hope-nazareth.org/index.php?option=com_content&view=article&id=89&Itemid=57.
734 Vgl. Interview Nr. 59, 11.06.2017.

Die Gebetstreffen von HOPE finden in der Wohnung von Rania Sayegh im Stadtteil Khanuq statt. Das Hauptzimmer ist mit im Rechteck angeordneten Stühlen und einem Klavier ausgestattet. Neben dem Hauptzimmer gibt es eine Küche, in der sich die Teilnehmer während der gesamten Treffen Heißgetränke zubereiten können, Toiletten und separate Räume, die aber im Regelfall nicht genutzt werden. Diese intime, private Wohnzimmeratmosphäre mit überschaubarer Teilnehmerzahl, ohne Bühne, Band, Licht und Ton steht in Kontrast zu den Gebetstreffen von IHOPKC. Ein weiterer Unterschied besteht darin, dass es bei HOPE kein durchgehendes Gebet gibt, sondern sich die Gruppe zu einem Gebetstreffen pro Woche am Freitagabend trifft. Hinzu kommen einige Gebetsstunden pro Tag, die von je einem jungen Erwachsenen aus dem erweiterten Leitungsteam nach Plan übernommen werden. Gelegentlich findet von Freitag auf Samstag ein 24-Stunden-Gebet statt.

Als Ziel von HOPE wird auf der Website genannt, „Gebetskrieger [...] aufstehen zu lassen, auszurüsten und zu mobilisieren"[735]. Damit werden Vokabular und Vorstellungsgehalte einer „Geistlichen Kriegsführung" sichtbar; anders als am IHOP in Kansas City wird bei HOPE in Nazareth eine Verortung innerhalb der Neuen Apostolischen Reformation greifbar. Die Verortung zeigt sich zunächst darin, dass die Leiterin Rania Sayegh als Prophetin, der ebenfalls in der offiziellen Führung genannte Andraos Abu Ghazaleh als Apostel bezeichnet wird – Ämterbezeichnungen, die Mike Bickle für sich und IHOPKC zurückweist. Explizit gemacht wird die Verbindung zur NAR durch ein übergroßes Bild im Gebetsraum mit dem Titel „New Apostolic Reformation".[736] Dieses zeigt zugleich eine Anknüpfung an zionistische Vorstellungsgehalte an. Auf dem Bild ist eine weiß gekleidete Frau mit Schwert und Schlüsselbund zu sehen, die sich von einer Weltkugel emporhebt. Gerahmt wird sie beiderseits von Engeln, links von der US-amerikanischen Flagge, an deren Ende ein christliches Kreuz steckt, und einem Adler, der einen riesigen Schlüssel in seinen Krallen trägt, und rechts von einer israelischen Flagge, an deren Ende ein jüdischer Stern steckt, und einer Friedenstaube. Im Hintergrund ist die Freiheitsstatue abgebildet. Das Bild, so lässt sich interpretieren, zeigt, wie sich die Kirche als Braut Jesu in den Himmel erhebt, geleitet von den USA als christlicher Nation, die die Freiheit und den Schlüssel zur Macht hat, und Israel, der jüdischen, friedensstiftenden Nation. Weitere Gegenstände und Gemälde mit israelisch-jüdischer bzw. alttestamentlicher Symbolik, die durch die NAR eine spezielle Deutung erfahren, springen ins Auge: ein siebenarmiger

---

735 http://www.hope-nazareth.org.
736 Das Bild wurde von Leslie Young Marks gezeichnet und ist in ihrer „Visual Praise Gallery of Fineart" online abrufbar unter folgendem Link: https://www.visualpraise.com/store/p9/ACALL TOAPOSTOLICREFORMATIONBYLESLIEYOUNGMARKS.html.

Leuchter (Menora), ein Schafshorn (Schofar), Bilder mit Löwenköpfen, Pfeil und Bogen sowie Flaggen.

Im Gegensatz zu diesem offensichtlichen Bezug zu zionistisch-eschatologischen Vorstellungsgehalten fehlt auf der Website jegliche Positionierung zu Israel oder der von Watchmen for the Nations favorisierten Rolle der arabischsprachigen Christen. Zwar wird von Gottes Zweck, Bestimmung und Zukunft für das arabische Volk gesprochen, welches aber, anders als bei Watchmen for the Nations, wenig konkretisiert wird. Allgemein wird von einer „Erweckung unter unserem Volk" gesprochen, aus dem dann alle Völker Gottes Ruhm und mächtige Taten erblicken. „Israel" wird nur an einer Stelle genannt – das „Land von Israel" –, ansonsten wird versucht, eine Benennung von „Israel" oder „Palästina" zu vermeiden. Es wird allgemein als „im Land", „in diesem Land, „unsere Städte und unser Land", „unser Volk" gesprochen. Anders als bei IHOPKC mit seinem Israel-Mandat gibt es auf der Website von HOPE zu „Israel" und seiner Bedeutung für die Endzeit oder zur Versöhnung mit messianischen Juden keinen Hinweis.[737] Diese Tendenz zu offenen, inklusiven Formulierungen, die Raum für Deutung lassen und eine konkrete Positionierung zu Israel vermeiden, setzt sich in den freitäglichen Gebetstreffen fort.

Im Zentrum der Gebetstreffen stehen weder Israel noch die Endzeit, sondern das Streben nach einer persönlichen, innigen Gottesbeziehung, in der Gott unmittelbar erfahren wird und durch die die Gläubigen mit Gottes Geist erfüllt werden. Dieses Thema wird auf unterschiedlichen Ebenen spürbar. Die Struktur des gesamten Gebetstreffens bzw. Gottesdiensts weist Formen auf, die dem Anliegen einer innigen Gottesbeziehung dienen sollen. Sie ist liturgisch sehr frei gestaltet und stark individuell geprägt. Gebet, Lieder und Ansprachen wechseln sich scheinbar spontan ab. In Ansprachen werden Beispiele einer solchen Gottesbeziehung genannt, in Gebeten werden der Wunsch und das Streben danach ausgedrückt. In Lobpreisliedern, die häufig dem gängigen evangelikalen arabischsprachigen Liedgut entstammen, wird Gott gepriesen und angebetet, häufig werden einzelne Verse meditativ wiederholt. Als „Lobpreis mit Gott" bezeichnet, werden auf „göttliche" Eingebung Akkorde am Klavier gespielt, während manche dazu improvisierend singen, andere laut einzelne Verse aus der Bibel zitieren. Manche praktizieren, kaum hörbar, Zungengebet (Glossolalie). Währenddessen knien manche, andere stehen mit hocherhobenen Armen oder sitzen. Zu zweit oder in Kleingruppen werden persönliche Gebetsanliegen vorgebracht und individuelle Fürbittgebete formuliert, unter anderem auch für die Gabe des Zungengebets. Aufgrund dieser persönlich gemachten positiven Erfahrung mit der in-

---

[737] http://www.hope-nazareth.org.

3 Gebet und innige Gottesbeziehung statt Konfliktthematisierung — 233

tensiven Gottesbeziehung wird diese auch für andere, unter anderem Muslime, gewünscht und für eine Erweckung gebetet. Ein damit verbundenes eschatologisches Ziel ist aber, anders als bei Watchmen for the Nations oder IHOPKC, nicht feststellbar, vielmehr soll diese Gottesbeziehung allein der persönlichen Erfüllung dieser Menschen dienen.

Das Gebet dient nicht nur der persönlichen Gottesbeziehung, sondern es wird auch versucht, durch das Gebet die Politik zu beeinflussen. Es wird für das Ende des unnötigen Tötens von Kindern in Syrien gebetet, für die Weisheit der israelischen Politiker und für eine Zurückhaltung der Medien mit dem Anliegen, dass sie bestehende Konflikte nicht verschärfen. An diesen teils konkret formulierten Gebetsanliegen zeigt sich eine politische Informiertheit, die entgegen einer auf den ersten Blick wahrgenommenen Weltfremdheit steht. Zugleich handelt es sich um ein relativ allgemeines Fürbittgebet, das wenig mit Dämonenvertreibung oder der Bekehrung einer Nation zur Lösung des Problems – wie etwa beim Global Gathering – zu tun hat. Die Bitte um Weisheit für Israels Politiker und eine Zurückhaltung der Medien birgt zugleich eine indirekte Kritik, da von einer gegenwärtig defizitären Weisheit der Politiker ausgegangen wird. Abgesehen von der „Weisheit für Israels Politiker" wird aber sonst Israel nicht thematisiert. Das Gebet bleibt recht allgemein, lediglich für Weisheit wird gebetet. Auch in Liedern spiegelt sich die vorsichtige Benennung ähnlich wie auf der Website wider. Es wird um Gottes Anwesenheit „in unserem Land, auf unserem Boden, in unserem Volk" gesungen. Diese Formulierungen sind inklusiv; dabei kann jede Person „unser" so bestimmen, wie es ihr beliebt. Werden zum Lobpreis Fahnen geschwungen, dann weiße, neutrale Fahnen – anders als beim Global Gathering, bei dem verschiedene Nationalflaggen geschwungen werden. Auch die beschriebenen, als zionistisch geltenden Einrichtungsgegenstände werden in den Gebetstreffen nicht thematisiert oder verwendet. Eine Begegnung mit messianischen Juden findet bei den freitäglichen Treffen von HOPE, anders als bei IHOPKC oder dem Global Gathering, nicht statt.[738] Dass so wenig Fokus auf Israel und dem Zionismus liegt mag auch darin begründet sein, dass die offizielle Leitung bei den Treffen selbst kaum persönlich anwesend ist. Eine Fokussierung auf die innere Gottesbeziehung und die Ambivalenz in der Israel-Thematik wird auch in den Interviews mit den an HOPE beteiligten Evangelikalen aus Nazareth deutlich, die im folgenden Abschnitt beschrieben werden.

---

738 Vgl. zu den freitäglichen Gebetstreffen die Einträge im Feldforschungstagebuch vom 27.05. 2017 (in Bezug auf 26.05.2017), 10.06.2017 (in Bezug auf 09.06.2017) und 12.05.2018 (in Bezug auf 11.05.2018).

Positionierungen arabischsprachiger Evangelikaler (HOPE)

Carol

Carol[739] ist eine der Führungspersonen bei HOPE. Für sie steht die lebendige Beziehung zu Gott im Zentrum. Es geht ihr um „neue Wege", die Gottesbeziehung zu erfahren, die „alten Wege" reichten nicht aus. Die alten Wege – das seien „Regeln, Regeln, Regeln", die neuen Wege beinhalteten eine „spirituelle Dimension". Diese spirituelle Dimension sei es, durch die man dem Glauben näherkomme. Für sie bedeutet diese Dimension, „einfach alles beiseite[zu]lassen und [zu] versuchen, meinen Verstand abzuschalten, etwas Abnormales zu haben, [...] dem Übernatürlichen gegenüber offen zu sein". Es gehe darum, „einfach das Fleisch und den Verstand und die menschliche Angst hinter sich [zu] lassen und [...] alles in die Führung des Heiligen Geistes [zu] geben". Ausdruck dieser spirituellen Dimension seien emotionale Artikulationen wie Weinen oder Lachen oder das Zungengebet, die auch bei HOPE praktiziert werden. Gerade die Jugend, für die die Welt viele Ablenkungen und Versuchungen bereithalte, sei nur durch diese spirituelle Dimension und nicht durch den Verstand zu erreichen. Damit kritisiert sie die gegenwärtige Praxis vieler evangelikaler Gemeinden, die versuchten, auf den „alten Wegen" die Jugend zu erreichen. Diese spirituelle, übernatürliche Erfahrung müsse aber ihrer Meinung nach biblisch fundiert sein, die Bibel stehe an erster Stelle. Ebenso hält sie es für wichtig, den Verstand nicht komplett auszuschalten, sondern ihn zu nutzen, denn es könne sonst „in spirituellen Dingen" zu Täuschungen kommen. Dahingehend betont sie zudem die Notwendigkeit, die Aussagen ihres Pastors oder anderer Führungspersonen und gegebene Dogmen kritisch zu hinterfragen und anhand des „Wort Gottes, was das Heiligste ist", zu überprüfen.

Diese Ausgerichtetheit auf Gott und die von außernatürlichen Erfahrungen geprägte Gottesbeziehung, beschrieben als „neuer Weg", sind zu verstehen als ihre Strategie, das Dilemma der arabischsprachigen Evangelikalen in Israel zu vermeiden. Sie selbst beschreibt die „Identitätskrise" und bringt zum Ausdruck, wie sehr sie diese belastet und schmerzt:

> Ich denke, es existiert keine Identitätskrise in der Welt (lacht) außer dieser hier, darum liegt in den Kirchen ein Fokus auf [...] unserer himmlischen Identität. [...] Wir sagen, unsere Identität ist himmlisch [...]. Wir können nicht einfach sagen, dass wir Palästinenser sind. Denn wir sind es nicht. Denn die palästinensische Gemeinschaft im Westjordanland hält uns

---

[739] Interview Nr. 59, 11.06.2017.

nicht für Palästinenser und wir können nicht sagen, dass wir Israelis sind, denn Israel hält uns nicht für Israelis.

Zwar versteht sie sich als Israeli und Palästinenserin, versuche aber eine Positionierung zu umgehen. Sie gibt ihre Herkunft daher gerne mit „Heiliges Land" oder „Nazareth" an, um einen „Standpunkt zu Israel-Palästina" zu vermeiden. Keine eigene Nationalität zu haben schmerzt sie, und sie ist eifersüchtig auf alle anderen Länder, die bei Weltmeisterschaften die Fahne ihrer jeweiligen Nation schwingen lassen können. Trotz ihrer Versuche sei eine Vermeidung einer Positionierung aber nicht möglich, da sich das Thema immer wieder aufdränge. Sie werde ständig unter einen „Titel" gestellt, also in Schubladen gesteckt, was sie als sehr schmerzhaft empfindet. Auch im Gebetshaus selbst sei das Thema präsent. Die Gründerin und Leiterin Rania Sayegh vertrete offen die Meinung, dass „Israel Teil von Gottes Plan" sei. Zudem hätten die vielen Gegenstände und Bilder, die sie als „GESCHENKE von vielen Nationen an das Gebetshaus" bezeichnet, sie, genau wie viele andere Jugendliche auch, anfangs sehr gestört. Sie sei nicht an den Anblick einer israelischen oder amerikanischen Flagge gewohnt gewesen und habe, wie andere Jugendliche auch, gedacht, dass es „ein israelischer Ort, ein zionistischer Ort" sei. Diese pro-israelisch-zionistische Zuweisung versuche sie zu übersehen, „die politischen Standpunkte sind dir [im Gebetshaus] egal, du gehst darüber hinweg und legst den Fokus auf Gott". Auch die Jugendlichen, die sich zunächst an den Bildern und Gegenständen im Gebetshaus störten, wären jetzt Teil des Gebetshauses und darüber hinweg, denn „der Herr bricht alle Differenzen". Die Vermeidung der Thematisierung Israels legt sie auch den Kirchen und insbesondere den Führungspersonen nahe. Sie findet, dass dieses Thema nur spalte und reine Zeitverschwendung sei und von der wirklichen Priorität, der Gewinnung von Seelen, abhalte.

> Ja, also wir HABEN eine Rolle auf dieser Erde und [...] diese Rolle ist, Seelen zu erreichen [...]. Denn was zählt sind nicht die 80 Jahre hier [auf Erden], [...] einfach Freiheit für das palästinensische Land zu bringen, darum geht es nicht. Wir haben eine Ewigkeit. Also, ich denke, wer sich mehr auf die irdischen Dinge fokussiert, nimmt unseren Fokus von der Ewigkeit. Und Menschen sind verloren um uns herum.

Der Auftrag der Gewinnung von Seelen betreffe die ganze Welt, wie sie mit Bezug auf den Missionsbefehl aus Mt 28,19 ausführt, es gehe nicht nur um die Mission von Juden, die sie als „DIESE Gruppe Menschen" beschreibt.

Obwohl sie eigentlich die Vermeidung der Thematik befürwortet, setzt sie sich doch bei ihrem Pastor und anderen Führungspersonen für eine grundsätzliche und sachliche Behandlung ein, da das Thema ohnehin nicht gänzlich vermieden werden könne, es ließe sich „nicht einfach ignorieren und ignorieren und ignorieren". Dadurch hätten alle die Möglichkeit, sich umfassend damit auseinanderzusetzen.

Auch in ihrer Zuflucht zu Gott stößt sie auf einen Konflikt. Sie versteht sich als „stolze Palästinenserin", und beschreibt die Flucht von Teilen ihrer Großfamilie im Krieg 1948 in den Libanon. Sie kritisiert die Politik in Israel als „weit weg von Gott" und als „rassistischste Regierung auf Erden". Zugleich glaubt sie an einen gerechten und gnädigen Gott, der weder blind noch taub sei und alle liebe, Israelis und Palästinenser. Diese Kritik an Israels Politik aus palästinensischer Perspektive und die Vorstellung von einem gerechten und gnädigen Gott kollidieren mit einem „Plan Gottes für Israel". Mit diesem Widerspruch habe sie lange Zeit gehadert, bis sie sich für Gottes Plan öffnete:

> Ich erinnere mich, ich saß mit dem Herrn und fragte ihn danach, und ich kam zu dem Punkt, zu sagen, dass Herr, wenn dieses Land Teil deines Plans ist, also Israel hier zu haben, [...] vergebe ich Israel. Und ich empfange deinen Plan. Lehre mich, was richtig ist und was – als ich zu diesem Punkt kam, spürte ich: Okay, etwas in mir zerbrach. Denn ich hasste Israel einfach, ich hasste es einfach, Hebräisch in den Straßen Nazareths zu hören.

Dieses Unverständliche in Gottes Verantwortung zu geben und ihm die Leitung zu übertragen, ermöglichte ihr, die gegebene Situation zu ertragen. Eine feste Position zu „Gottes Plan" möchte sie aber nicht beziehen und gibt sich unentschlossen. Das Kommen der Juden in das Land könnte etwas „Übernatürliches" sein oder es könnte „natürlich so sein, weil sie so clever sind". Es könnte Gottes Verheißung sein, und „wenn ja, dann wird er sie halten, denn Gott hält seine Verheißungen". Zudem schließt ihre Offenheit gegenüber Gottes Plan eine Relativierung ein. Die Relativierung betrifft zunächst eine heutige Bedeutungslosigkeit des Landes als „materieller Segen", der nicht „spirituell" sei. Dann stellt Carol aber auch die Erbschaft der Verheißung in Frage, indem sie fragt, ob alle Juden hier wirklich Juden im Sinne von Nachkommen Isaaks seien, und geht sogar soweit, dass sie sich selbst als potentieller Nachkomme Isaaks als Erbin der Verheißung sieht.

Khalil

Als Khalil[740] vor zwei Jahren das erste Mal zu HOPE ging, war er nach seinem Schulabschluss von Depressionen und einer ungewissen Zukunft geplagt. Er wusste nicht, was er mit seinem Leben anfangen sollte. Bei HOPE fand er dann

---

740 Interview Nr. 47, 30.05.2017.

Zuflucht bei Gott. Er habe erkannt, dass er ohne Gott nicht leben könne, denn „Leben ist kein Leben ohne Gott". Er habe Buße getan und sich ab dem Moment, wo er seine Hand nach Hilfe zu Gott ausstreckte, frei gefühlt. Das sei der Moment gewesen, in dem er wiedergeboren wurde. Diese Wiedergeburt wurde ein paar Wochen später durch die Taufe im Heiligen Geist komplettiert. Durch den Heiligen Geist, der in ihm wie in einem Tempel wohne, empfange er Offenbarungen und könne in Frieden leben. HOPE sei für ihn wie eine Familie, hier könne er sich öffnen, anders als in der arabischen Kultur sonst üblich, und seine Probleme offen diskutieren und dafür beten, ohne sich zu schämen.

Die Bestimmung seiner nationalen Identität versteht er als „politisch", und er mag es nicht, „politisch" zu sein. Er macht deutlich, dass er einen „Kampf" habe, mit einem „Palästinenser" als Vater – er kommt aus Ramallah – und seiner israelischen und arabischen Identität. Während er im Hinblick auf sein nationales Selbstverständnis eher vage bleibt, ist er bei der Frage, inwieweit das Kommen der Juden in „das Land" als Zeichen Gottes zu sehen ist, eindeutig: Die Juden, so Khalil, hätten die Verheißung verwirkt, da sie Gottes Gebote nicht folgten. Er sieht nichts Spezielles in diesem Land, er versteht nicht, wieso Juden hierherkommen sollten, wenn sie doch auch woanders einen Platz haben. Die Verheißung für das jüdische Volk sei nicht das Land, sondern „dass sie den Messias akzeptieren sollten". Er relativiert die Bedeutung des Landes weiter mit der Begründung, dass Jesus auch woanders gewirkt und Wunder vollbracht haben könnte. In der „Rückkehr der Juden in ihr Land" sieht er kein Zeichen der anbrechenden Endzeit. Ein solches Zeichen sieht Khalil vielmehr in der seiner Meinung nach weltweit zunehmenden Christenverfolgung. Das Ende der Zeit setze dann ein, wenn sich die Juden zu Jesus bekehrten. In der Verfolgung dieses Ziels könnten die Heiden, also auch die arabischsprachigen Christen, eine wichtige Rolle einnehmen, denn sie machten die Juden mit ihrem Glauben eifersüchtig. Ein „politisches" Ende des Israel-Palästina-Konflikts sieht Khalil nicht. Dieser höre erst in der Endzeit auf.

Youssef

In dem Gespräch mit Youssef[741], einer der Leitungspersonen von HOPE, dreht sich alles um die arabische Identität. Zu ihr vertritt er unterschiedliche, teils konträre Positionen. Zunächst beschreibt er, wie er im Ausland tätig war, um ein Bewusstsein für die Existenz arabischsprachiger Christen zu schaffen. Die US-amerikanischen Kirchen, so Youssef, hätten eine „nur-jüdische Theologie" im

---

741 Interview Nr. 60, 12.06.2017.

Blick. Es ginge jedoch nicht nur um die bloße Existenz, sondern auch um das arabische „Stück", ihren Teil im Königreich Gottes. Entsprechend der Vorstellung von David Demian von Watchmen for the Nations beschreibt Youssef die Rolle der Araber, das „Volk Gottes" zur Eifersucht zu treiben (Röm 9–11). Das Volk Gottes, das seien seiner Meinung nach die Nachkommen Isaaks, die Juden. Er selbst sei Nachkomme Ismaels, aber nicht in einer physischen Art, sondern spirituell. Als Christen seien sie der „adoptierte Sohn". Er kritisiert die häufig vorgenommene Gegenüberstellung zwischen „ihnen" (den Juden) und „uns" (den Arabern) und strebt nach deren Überwindung. Ziel sei die Einheit zwischen Arabern und Juden in Israel, die Einheit und Vollendung, die Überwindung und Vergebung von Schmerz. Damit strebt er einerseits eine Überwindung jeglicher nationalen Identität an. Zugleich aber drückt er den Wunsch nach einer positiven Wahrnehmung der arabischen Identität aus: in der Kirche, der Braut Jesu, kämen die verschiedenen Nationen zusammen. Sie sei eine „corporate identity". Die Unterschiede sollten seiner Meinung nach gefeiert werden.

Dieses Schwanken zwischen einer besonderen Rolle der Araber und damit einer Stärkung der arabischen Identität einerseits, andererseits ihrer Überwindung und der Aufhebung jeglicher Nationalität bis hin zur Einforderung einer positiven Wahrnehmung der arabischen Identität lässt sich dahingehend begründen, dass Youssef selbst ein negatives Bild arabischer Identität hat. Denn in seiner konkreten Arbeit mit jungen Männern in Nazareth sieht er die arabische Identität in Spannung zur Kultur des Königreichs Gottes. Die arabische Kultur sei beeinflusst vom Bösen, das Königreich Gottes sei hingegen eine Kultur der Liebe. Der negative Einfluss der arabischen Kultur zeige sich darin, dass Leute nach außen hin immer eine Maske aufsetzten und vorgäben, unfehlbar zu sein. Man dürfe nicht schwach oder müde sein, Emotionen und Scham dürften nicht gezeigt werden. Eine solche Einstellung halte sie aber davon ab, eine „spirituelle Person" zu sein. Er arbeite daher dafür, die arabische Kultur abzulegen und die Männer ins Königreich zu bringen. Letztendlich löst er die Bedeutung einer „ethnischen" Identität völlig auf: Ein ethnischer Hintergrund zähle nur hier auf Erden, und mache dich zu dem, was du bist. Nicht jedoch vor Gott. Dort gebe es weder Jude noch Grieche. Hier auf der Erde sei alles nur temporär; es gelte, sich auf die Ewigkeit zu fokussieren.

Für ihn ist es wichtig, zu Israel zu stehen. Das heißt für ihn, dass Gott „diesem Land" die Verheißungen gegeben hat; zu ihnen gilt es zu stehen. Diese interpretiert er jedoch inklusiv: Wenn es „your people" heiße – er macht sich den Umstand zunutze, dass im Englischen ein Plural zu „people" ungeläufig ist – sei nicht nur das jüdische Volk gemeint, sondern alle Völker, die jeher im Land lebten. Die Verheißungen gälten daher allen Völkern, die dort lebten. Trotz dieser Relativierung sieht er in der Staatsgründung Israels und dem Kommen der Juden eine göttliche Intervention. Diese Wahrnehmung schließt dennoch eine Kritik an Israel nicht aus: Gott sei der Gott der Gerechtigkeit, er werde das palästinensische Volk nicht vernachlässigen, er sieht die Ungerechtigkeit.

Gebet und innige Gottesbeziehung statt Konfliktthematisierung: Chancen und Herausforderung

Dem International House of Prayer in Kansas City (IHOPKC) und dem von Watchmen for the Nations ausgerichteten Global Gathering, die beide innerhalb der pfingstlich-charismatischen „Geistlichen Kriegsführung" verortet werden können, liegen die Vorstellung einer dualistischen Welt zugrunde, in der die Mächte Jesu und Satans im Kampf stehen. Diesen Kampf gilt es als Kirche, als Braut Jesu, mit dem Mittel der „Geistlichen Kriegsführung" zu bestreiten. Als siegreiche Kirche wird sie, so die Vorstellung, in der Endzeit agieren. Voraussetzung dafür ist eine starke Kirche, bestehend aus Gläubigen, die eine innige Beziehung mit Gott führen. Herbeigeführt wird die Endzeit durch die Bekehrung der Juden. Damit rückt „Israel" als Staat und Land im Vergleich zu einem prämillenaristischen Dispensationalismus in den Hintergrund. Während bei IHOPKC die arabischsprachige Christenheit keinen konzeptionellen Ort hat, die arabische Feindschaft gegenüber Israel gar als Zeichen für die nahende Endzeit gewertet wird, erhält sie beim Global Gathering eine aktive, wenn auch untergeordnete Rolle als Dienerin am jüdischen Volk. Das Gebetshaus in Nazareth nimmt zentrale Motive auf, jedoch weist es bezüglich Israel ambivalente Züge auf. Während die Ausstattung des Gebetshauses eine zionistische Verortung deutlich macht, weisen die Außendarstellung auf der Website und die freitäglichen Gebetstreffen eine inklusivere Sprache auf. Im Fokus steht vielmehr die intensive Gottesbeziehung, die aber weniger als bei IHOPKC oder dem Global Gathering einem eschatologischen Ziel dient.

Diese Fokussierung auf die innere Gottesbeziehung zeigt sich auch in den Interviews mit den an HOPE beteiligten Evangelikalen aus Nazareth – Carol, Khalil und Youssef. Für Khalil und Carol steht im Mittelpunkt ihrer Beteiligung an HOPE eine innige Gottesbeziehung, die oberflächlich betrachtet als Tendenz zur Weltflucht gedeutet werden könnte. Bei Gott lösen sich die bestehenden persönlichen Probleme auf, seien es Depressionen (Khalil), die Vermeidung des Konflikts um nationale Identität (Carol) oder die eigene, konfliktbelastete arabische Identität (Youssef). Indem sie das Anliegen, sich diesem Konflikt zu entziehen, ausgerechnet bei HOPE umsetzen, drehen sie die offensichtliche zionistische Orientierung von HOPE subversiv um. Eine Distanz zum Zionismus gelingt dadurch, indem – so Carol – die zionistische Ausstattung als „Geschenke" bezeichnet wird, mit denen sie selbst nichts zu tun haben und für die sie nicht verantwortlich sind. Gleichzeitig wird diese Distanzierung jedoch herausgefordert, da ihnen von außenstehenden Evangelikalen allein aufgrund ihrer Anwesenheit in HOPE eine zionistische Haltung zugeschrieben wird. Dieses „Schubladendenken" kritisiert Carol; sie fordert daher eine Vermeidung der Thematisierung.

Mit der Ausrichtung auf eine innige Gottesbeziehung, die Erfüllung durch den Heiligen Geist (Khalil) oder der „neuen spirituellen Dimension" (Carol), machen die Interviewten eine pfingstlich-charismatische Ausrichtung deutlich, die aber nicht die gängige Rhetorik der „Geistlichen Kriegsführung" oder der NAR, wie sie von IHOPKC und Watchmen for the Nations vorgebracht werden, aufnimmt. Zwar meint Carol, dass durch diese Gottesbeziehung und das Gebet eine Transformation des Bestehenden stattfindet, eine Aufnahme des Gedankens einer „Geistlichen Kriegsführung" erfolgt allerdings nicht explizit. Die Jenseitsausrichtung ist eher individuell-persönlich geprägt, eine eschatologische Vorstellung findet sich nicht. Dies zeigt sich auch bei Carols Verständnis von der Missionierung der Welt, die dem individuellen Seelenheil und nicht dem endzeitlichen Zweck dienen soll. Eine Sonderrolle hat Israel hier nicht; damit kommt eher ein solches Verständnis einer Weltmission zum tragen, das auch für die Vertreter der „Geistlichen Kriegsführung" nach Lausanne II, Charles Peter Wagner, Tom White und Andere, einflussreich war.

Zu ihrem nationalen Selbstverständnis nehmen die Interviewten verschiedene Positionierungen vor. Während Carol sich israelisch-palästinensisch versteht, tendiert Khalil zu einer eher allgemein arabisch-israelischen Haltung, die sich bei Youssef, der seine nationale Identität nicht konkret anspricht, auch vermuten lässt. Deutlich wird aber, dass alle Interviewten eine Thematisierung ihres nationalen Selbstverständnisses lieber vermeiden würden. Ähnliches zeigt sich bei Carol auch in Bezug auf ihre Position zum Land. Sie möchte keine konkrete Position beziehen, gibt sich letzten Endes jedoch offen gegenüber Gottes Plan und denkt über eine übernatürliche Dimension des Kommens des jüdischen Volkes nach Israel nach. Youssef argumentiert in ähnlicher Weise: Die Gründung des Staates Israel und das Kommen der Juden sei eine göttliche Intervention, und Gott gab diesem Land die Verheißung. Jedoch finden sich sowohl bei Carol als auch bei Youssef Relativierungen. Für Carol ist das Land nur materieller Segen; allein der spirituelle Segen zähle aber. Sie selbst schließt sich als „Sohn Isaaks" als Trägerin der Verheißung mit ein; zugleich lehnt sie ab, „Sohn Ismaels" zu sein. Youssef relativiert die Landverheißung an Israel dadurch, dass er meint, die Verheißungen gälten und galten allen Völkern, die je in Israel lebten – damit eingeschlossen sind dann auch die Palästinenser bzw. die arabischsprachige Bevölkerung in Israel. Eine gänzliche Ablehnung einer zionistischen Sicht bringt

Khalil hervor. Seiner Meinung nach haben die Juden ihren Anspruch auf das Land verwirkt; das Land hat keine Bedeutung mehr.

Insgesamt zeigt sich, dass Vorstellungsgehalte, die von IHOPKC und den Watchmen for the Nations im Kontext der „Geistlichen Kriegsführung" vertreten werden, auch für die Interviewten von HOPE einflussreich sind, aber nur selektiv aufgenommen und größtenteils zurückgewiesen oder umgedeutet werden. Entgegen der unter Evangelikalen in Nazareth allgemein verbreiteten Meinung, HOPE-Angehörige seien Zionisten, wurde eine solche Haltung von keiner der interviewten Personen vertreten. Vielmehr geht es ihnen um eine innige Gottesbeziehung, die durch eine besondere Form der pfingstlich-charismatischen Praxis erreicht wird. In diesem Ziel unterscheiden sie sich gar nicht so sehr von den Musalaha-Angehörigen, wie es auf den ersten Blick scheint.

4 Radikalisierung, Aufbrechen und Grenzen der „Stille" in evangelikalen Gemeinden und para-kirchlichen Einrichtungen

Die arabischsprachigen Evangelikalen, die bei Musalaha bzw. LIRIP und HOPE aktiv sind, sind nicht nur Teil der genannten para-kirchlichen Einrichtungen, sondern auch Mitglieder oder teils sogar Pastoren von evangelikalen Kirchengemeinden in Nazareth. Ihr jeweiliges durch die para-kirchlichen Einrichtungen mitgeprägtes Verständnis von „evangelikal" bringen sie in die Gemeinden ein. Hierdurch, und besonders auch durch die ihnen zugeschriebene Haltung, entstehen in den Gemeinden neue bzw. verstärken sich bestehende Konflikte und Spannungen. Dies soll im Folgenden an der Lokalen Baptistengemeinde und der Fellowship of Christian Students in Israel (FCSI) gezeigt werden.

Lokale Baptistengemeinde

Zur Zeit der Forschungsaufenthalte war der Pastor der Lokalen Baptistengemeinde Andraos Abu Ghazaleh,[742] der wie beschrieben auch Gründungsmitglied und Teil der offiziellen Leitung von HOPE ist und aktiv am Global Gathering beteiligt war. Er wird als Apostel bezeichnet und ist eine der Figuren, die eine pfingstlich-charismatische Ausrichtung der arabischsprachigen Evangelikalen ab den 1990er Jahren vorangebracht hat. Evangelikale mit einem palästinensischen

---

[742] Abu Ghazaleh beendete seine Pastorentätigkeit in der Gemeinde Ende 2019.

Selbstverständnis sehen in ihm einen „Zionisten" – ein solches Verständnis geschieht vor allem durch die Einordnung in den Netzwerken von HOPE und Watchmen for the Nations, das heißt durch Zuschreibung. Denn in der Lokalen Baptistengemeinde nimmt er keine zionistische Positionierung ein – er vermeidet jegliche Aussage in diese Richtung. Dies hat einen guten Grund: Dort besuchen zwar auch andere HOPE-Anhänger die Gemeinde, aber eben auch Evangelikale mit einem palästinensischen Selbstverständnis und einer zionismuskritischen Haltung wie der Theologe Yohanna Katanacho oder Botrus Mansour, aktueller Vorsitzender von LIRIP. Die Thematik zu vermeiden, ist für Pastor Andraos in dieser Gemeinde die einzige Überlebensstrategie; immer wieder gibt es Kritik an ihm, seine Wiederwahl als Pastor steht immer wieder auf der Kippe. Die Gemeinde ist über Andraos Abu Ghazaleh als Pastor gespalten; Sitzungen des Gemeindevorstands und vermittelnde Gespräche konnten in diesem Konflikt bislang keine nachhaltige Klärung herbeiführen. Ein solcher Zugang zur Konfliktlösung wird von Andraos Abu Ghazaleh grundsätzlich abgelehnt. Er spitzt die in den vorigen Abschnitten beschriebene Vermeidung derart zu, dass sie eine Tendenz zur Fundamentalisierung aufweist. Diese Haltung verschärft wiederum die Kritik seiner Gegner. Diese Dynamik soll anhand von drei Gottesdienstbesuchen beschrieben werden. In einer Predigt am 2. April 2017 etwa forderte er ein Gemeinschaftsgebet, dieses müsse für die Kirche die erste Priorität sein, durch dieses komme der Heilige Geist und bewirke eine Übereinstimmung der Gläubigen; das Gebetstreffen der Gemeinde stehe vor dem Vorstandstreffen der Gemeinde. Ein Vorstandstreffen sollte einberufen werden, um durch eine sachliche und inhaltliche Diskussion bestehende Probleme in der Gemeinde zu klären. Ein entnervtes Mitglied – das in seiner grundsätzlichen Haltung der Haltung der im vierten Kapitel beschriebenen Imm und Abu Bashir sowie Boulus entspricht und selbst stark für die Vermeidung des Konfliktes ist – kritisierte nach dem Gottesdienst, Pastor Andraos solle die Bibel auslegen, nicht seine Meinung verbreiten; wenn er wolle, dass man zum Gebetstreffen komme, solle er das einfach sagen, ohne Verse der Bibel zu entreißen, um sein Anliegen zu rechtfertigen.[743] Am 23. April 2017 predigte Andraos Abu Ghazaleh darüber, dass allein der Glaube zähle. Dieser werde allein durch den Heiligen Geist bewirkt. Glaubenszweifel dürften nicht geäußert werden, sagte er mit Verweis auf Zacharias, den der Engel Gabriel verstummen ließ, weil er ihm nicht glauben wollte. Glaubenszweifel schwächten Gottes Macht. In schwierigen Situationen solle man nicht denken, sondern glauben; Gottes Logik sei nicht die menschliche Logik, daher müssten die

---

743 Vgl. Eintrag im Feldforschungstagebuch vom 02.04.2017.

Gemeindeglieder ihre Logik ablegen.⁷⁴⁴ Nach einem Gottesdienst am 11. Juni 2017, bei dem nicht Andraos Abu Ghazaleh, sondern in seinem Auftrag ein Kirchenältester predigte, nahm die Kritik des oben genannten Mitglieds zu: Jeden Sonntag adressiere man als Predigt verpackt Gemeindefragen, man fühle sich wie ein Kind, dem man sagt, was es tun soll oder nicht. Die Kanzel sei für das Evangelium, für die Probleme solle man sich zusammensetzen und diese besprechen.⁷⁴⁵ Letztendlich führte diese Situation das Mitglied dazu, für eine gewisse Zeit den sonntäglichen Gottesdiensten, die es sonst regelmäßig besuchte, wie auch anderen Gemeindeveranstaltungen fernzubleiben und seinen evangelikalen Glauben allein in seinem Haus mit seiner Bibel und im stillen Gebet zu Gott auszuleben. Hier zeigt sich eine radikale Zuspitzung des Entzugs aus dieser Welt und aus den bestehenden Konflikten, es ist sozusagen die Vermeidung der Vermeidung, die für dieses Mitglied die einzig mögliche Haltung ist.

Fellowship of Christian Students in Israel (FCSI)

Einen hierzu alternativen Weg versucht die Studierendenorganisation Fellowship of Christian Students in Israel (FCSI)⁷⁴⁶ einzuschlagen. Am 6. Mai 2017 veranstaltete die FCSI in Zusammenarbeit mit dem Nazareth Evangelical College (NEC) in Nazareth einen Studientag für die arabischsprachigen Studierenden zum Thema „Der Gläubige und die Gesellschaft" [ar. *al-mu'min wa l-muǧtamaʿ*]. Die beiden Vortragenden waren der aus Bethlehem bzw. Beit Sahour angereiste Munther Isaac, Direktor der Christ-at-the-Checkpoint-Konferenz, und der in Nazareth ansässige palästinensische Befreiungstheologe Yohanna Katanacho, Studiendekan am NEC. In ihren Vorträgen ging es, wie es bereits der Titel der Veranstaltung ankündigte, um die allgemeine Frage nach sozialer Verantwortung des Christseins, um die Frage nach der Verwirklichung des Königreiches auf Erden. Eine dezidierte Thematisierung des Konflikts wurde vermieden. Eine für den Studientag verantwortliche Person war unsicher, wie die Vorträge und der Studientag angenommen würden, schließlich sei der Studientag nicht „ausgeglichen" – eine Ansicht, die sich vor allem dadurch erklärt, dass die Redner als „palästinensisch" gelten. Der Studientag war jedoch gut besucht, die Studierenden waren aufmerksam, stellten interessierte Fragen und machten sich Notizen;

---

744 Vgl. Eintrag im Feldforschungstagebuch vom 25.04.2017 (mit Bezug auf den 23.04.2017).
745 Vgl. Eintrag im Feldforschungstagebuch vom 11.06.2017.
746 Die FCSI ist Teil der International Fellowship of Evangelical Students (IFES), vgl. hierzu http://en.fcsi.ws/; https://ifesworld.org/en/region/mena/ und die ausführliche Beschreibung im Anhang.

in der Pause drückten sie ihre Begeisterung aus und sagten, dass sie so etwas noch nie gehört hätten.[747] Damit zeigt sich, dass unter Evangelikalen durchaus das Bedürfnis, der Wunsch und eine Bereitschaft vorliegen, sich kritisch mit ihrer diesseitigen Existenz und ihrer Rolle in der Welt auseinanderzusetzen. Dieser Auseinandersetzung wird jedoch kaum Raum geboten. Genau an der Studierendenorganisation macht die oben zitierte HOPE-Anhängerin Carol ihre Kritik fest: Hier gehe es um „alte Wege" der Religion und den Verstand, die nicht ausreichten, um Gott zu erfahren, es brauche den Heiligen Geist, um spirituell zu wachsen.[748]

Die Arbeit der FCSI in Israel besteht nicht nur unter arabischsprachigen Studierenden, sondern auch unter hebräischen (messianisch-jüdischen) und internationalen Studierenden. Insgesamt gibt es neun arabischsprachige, fünf hebräische und fünf internationale Studierendengruppen. Diese treffen sich an ihren Hochschulorten jeweils separat, einmal im Jahr wird jedoch eine gemeinsame „Konferenz" veranstaltet. Zu ihr werden üblicherweise auch einige arabischsprachige Studierende aus dem Westjordanland eingeladen, für die extra für diese Veranstaltung eine ansonsten schwer erhältliche Einreisegenehmigung beantragt wird.[749] Die Organisation dieser Konferenzen ist jedes Jahr eine Herausforderung, da unterschiedliche sprachliche Gewohnheiten, Lobpreispraxis, Theologie und vieles mehr zusammengebracht werden müssen. 2015[750] verließen die zwei eingeladenen arabischsprachigen Studierenden aus dem Westjordanland die gemeinsame Konferenz, nachdem ein messianisch-jüdischer Mitarbeiter von der FCSI auf Hebräisch ein Gebet formulierte. Allein das Hören der hebräischen Sprache war für sie in diesem Kontext nicht erträglich.[751]

Die Konferenz, die für den 18. bis 20. Mai 2017 geplant war, wurde kurzfristig abgesagt, „aus internen Gründen"[752], wie es in einer kurzen Stellungnahme hieß. Tatsächlich gab es Kritik an der Auswahl der Sprecher – die Wichtigkeit, „ausgeglichen" aufzutreten, wurde bereits bei dem zwei Wochen zuvor stattgefundenen Studientag ausgedrückt. Die abgesagte Konferenz wurde durch einen Campingausflug ersetzt, bei dem es um ein Zusammensein ohne inhaltlichen Input ging; auf dem Programm standen Lobpreis, Gebet, ein Grillabend, eine Wanderung und der Besuch einer Tropfsteinhöhle.[753] An diesem Alternativprogramm

---

747 Vgl. Eintrag im Feldforschungstagebuch vom 06.05.2017.
748 Vgl. Interview Nr. 59, 11.06.2017.
749 Vgl. Interview Nr. 32, 11.05.2017.
750 Die interviewte Person spricht im Mai 2017 von einer Konferenz „vor eineinhalb Jahren", vgl. Interview Nr. 32, 11.05.2017.
751 Vgl. Interview Nr. 32, 11.05.2017.
752 Im Arabischen: „li-asbāb dāḫilīya"; vgl. Bildschirmfoto Facebook.
753 Vgl. Eintrag im Feldforschungstagebuch vom 20.05.2017.

übte die oben zitierte Musalaha-Anhängerin Reem Kritik: Die FCSI würde damit ihre Ziele und Visionen verraten.[754] An dem Ausflug nahmen überwiegend arabischsprachige Studierende Teil, gefolgt von internationalen Studierenden. Messianisch-jüdische Studierende waren kaum anzutreffen. Obwohl es zwei- oder dreimal so viele messianische Juden wie arabischsprachige Evangelikale gibt, sind messianisch-jüdische Studierende kaum bei der FCSI, insbesondere den gemeinsamen Konferenzen, aktiv. Sie können auf ein großes alternatives Angebot, das speziell auf sie ausgerichtet ist, sie nicht aus ihrer Komfortzone reißt und noch dazu kostengünstig oder -frei verfügbar ist, zurückgreifen.[755] Anders als bei der gemeinsamen Konferenz 2015 gab es keine arabischsprachigen Studierenden aus dem Westjordanland.[756]

Die beiden Veranstaltungsformate und die jeweilige Kritik zeigen, unter welchem Druck die FCSI steht und wie schwierig es derzeit ist, arabischsprachige, messianisch-jüdische und internationale Evangelikale zusammenzubringen. Eine für die FCSI verantwortliche Person fasst es folgendermaßen zusammen: „was auch immer wir tun, irgendwer ist nicht glücklich"[757].

Die bisherige Darstellung versuchte, die Gemeinschaft, das Gebet und den Fokus auf Jesus Christus als eine Ideologiekritik plausibel zu machen. Diese Interpretation soll jedoch nicht überstilisiert werden. Denn, wie die beschriebenen Herausforderungen bei der FCSI zeigen, unterliegen auch die jeweilige Frömmigkeitspraxis, die Sprache des Gebets, die Vorstellung von Jesus – für die Evangelikalen „Christus" oder „Jesus", für die messianischen Juden „Messias" oder „Yeshua" – und das ganz normale Zusammensein kulturellen Bedingungen und Strukturen. Selbst die Praxis des Zungengebets, das wohl die eindrücklichste Transzendierung darstellt, ist kulturell verschieden. Gebet und Gemeinschaft heißt nicht gleich, dass Friede herrscht.

5 Fazit: Die Universalität und Transzendenz christlicher Identität als Mittel der Konfliktbewältigung und Ideologiekritik

In diesem Kapitel wurden zwei para-kirchliche Einrichtungen in den Blick genommen, die beide in der Auseinandersetzung mit dem zionistisch geprägten

---

754 Vgl. Eintrag im Feldforschungstagebuch vom 02.04.2017.
755 Vgl. Interview Nr. 29, 08.05.2017.
756 Vgl. Eintrag im Feldforschungstagebuch vom 20.05.2017.
757 Interview Nr. 32, 11.05.2017.

messianischen Judentum stehen. Sie fallen einerseits durch eine pro-palästinensische Ausrichtung (Musalaha) und andererseits eine zionistische Ausrichtung (HOPE) auf. Entgegen dieser scheinbar konträren Ausrichtung sind unter den Angehörigen und in den Veranstaltungen der Organisationen Gemeinsamkeiten zu beobachten. Die Musalaha-Frauengruppe, die freitäglichen Gebetstreffen und die HOPE-Angehörigen versuchen eine Thematisierung des Zionismus und der eigenen nationalen Identität zu vermeiden. Damit bedienen sie die gängige Strategie der übrigen evangelikalen Gemeinden und para-kirchlichen Einrichtungen in Nazareth, die im vorigen Kapitel beschrieben wurde. Eine klare zionistische Position wurde an keiner Stelle vertreten; vielmehr wurde eine solche relativiert oder gar abgelehnt. Manche vertreten ein eher allgemein ausgerichtetes arabisch-israelisches Selbstverständnis, andere ein palästinensisches. Auch darin unterscheiden sich die HOPE-Angehörigen und die Frauengruppe von Musalaha nicht von den meisten anderen Evangelikalen in Nazareth. Allein die interviewten Musalaha-Angehörigen lehnen die Strategie der Vermeidung ab. Für sie ist es wichtig, über das nationale Selbstverständnis, die Land-Theologie und die Gerechtigkeit zu sprechen. In ihren dann geäußerten spezifischen Haltungen unterscheiden sie sich aber doch gar nicht so sehr von den anderen Evangelikalen. Zwar bringen sie ein dezidiert palästinensisches Selbstverständnis vor und weisen einen christlich-evangelikalen Zionismus entschieden zurück, jedoch finden sich solche Positionierungen auch bei den anderen Evangelikalen, inklusive der HOPE-Angehörigen.

Die Musalaha-Frauengruppe will Gemeinschaft praktizieren, was sie durch Gebet – die „himmlische Sprache" – schafft. Sie löst sich vom Musalaha-Curriculum ab, das eine explizite Thematisierung des Konflikts und der Identität fordert, da es nicht funktioniert; das Fehlen weiterer Stellungnahmen von LIRIP zeigt, dass auch die Initiative mit der expliziten Thematisierung an ihre Grenzen gestoßen ist. Die Grenzen sind vor allem auch dadurch gesetzt, dass der Konflikt derart ideologisch aufgeladen ist und ein sinnvoller Umgang nicht möglich scheint. Mit Gebet und Gemeinschaft hintergeht die Frauengruppe jedoch nicht das, was die Musalaha-Angehörige fordern, sondern setzt – zumindest teilweise – ihre Forderungen um: Jesus Christus steht im Zentrum, das Land spielt keine Rolle. Genau darum geht es auch bei HOPE. Die HOPE-Angehörigen verfolgen das Ziel einer innigen Gottesbeziehung, die durch eine spezifische pfingstlich-charismatische Ausrichtung hergestellt wird; das Zungengebet transzendiert die weltlichen Unterschiede. Die Unterschiede bestehen also viel weniger darin, wie zionistisch oder wie palästinensisch jemand ist, sondern es geht im Kern um eine verschieden gelebte Frömmigkeit und ein verschiedenes Verständnis von „evangelikal", das sich einerseits zwischen einer sozialen und politischen Ausrichtung und andererseits einer pfingstlich-charismatischen Ausrichtung unterscheiden lässt – die beiden Ausrichtungen wurden innerhalb des globalen Evangelikalismus in Form der Lausanner Bewegung einerseits und der „Geistlichen Kriegsführung" andererseits kontextualisiert. Doch auch hier lässt sich das evangelikale Feld in Nazareth nicht einfach in zwei Lager aufteilen; allein die HOPE-Angehörige Carol zeigt, wie wichtig für ihr Verständnis von „evangelikal" die „neue spirituelle Dimension" und ein „gerechter Gott" ist.

Insgesamt geht es den Angehörigen von HOPE im Kern um eine Aktualisierung der evangelikalen Grundanliegen, wie sie im dritten Kapitel ausgeführt wurden. Carol beschreibt eine vom Heiligen Geist erfüllte Spiritualität und die „neuen Wege", die bei HOPE bestritten werden, um eine intensive Gottesbeziehung aufzubauen; auch die freien Gottesdienstformen sollen genau dem dienen. Die Gewinnung von Seelen, die Carol und Khalil thematisieren, bedient ebenfalls ein klassisches evangelikales Motiv; dieses soll aber nicht durch eine Tür-zu-Tür-Mission, sondern durch Gebet erreicht werden. Zudem findet sich eine Erweiterung des Gedankens eines Priestertums aller Gläubigen, denn bei HOPE sind gerade auch Jugendliche und Frauen in Führungspositionen mit besonderen Rollen aktiv – Rania Sayegh als Prophetin, Margaret Abu Ghazaleh als spirituelle Mutter –, deren Engagement hochgeachtet wird. Die sonst vertretene Meinung, eine Frau dürfe in der Gemeinde nicht sprechen – die im Übrigen auch von der Musalaha-Anhängerin Reem stark kritisiert wird –, ist dort hinfällig. Damit ist ausgerechnet HOPE als Teil der globalen Gebetshausbewegung, die aufgrund ihrer zionistischen Ausrichtung keine oder nur eine untergeordnete Existenz arabischsprachiger Evangelikaler anerkennt, ein Ort, an dem arabischsprachigen Evangelikalen egalitäre Partizipation möglich ist. Patriarchale Strukturen, die die anderen arabischsprachigen evangelikalen Gemeinden in Nazareth prägen, werden bei HOPE überwunden. HOPE kann damit als eine innerevangelikale Reformbewegung gewertet werden, die die gegenwärtige dominante Praxis der evangelikalen Gemeinden in Nazareth in Frage stellt.

Eine sinnvolle Auseinandersetzung über den Identitätskonflikt, so scheint es, ist kaum möglich. Dies liegt an den Strukturen und Bedingungen des globalen Evangelikalismus, den die arabischsprachigen Evangelikalen in Nazareth durch ihre Stille und Vermeidung kritisieren. Innerhalb dieser fordern sie ein evangelikales Grundanliegen ein: Der Glaube an Jesus Christus, der allein Erlösung bewirkt. Die Betonung einer himmlischen Identität ist nicht als eine apolitische Weltflucht zu sehen, sondern als Kritik an einer Ideologie, die sowohl von palästinensischer wie auch von israelischer Seite aufgezwängt wird. Die arabischsprachigen Evangelikalen in Nazareth widersetzen sich durch ihre Haltung einer beidseitigen Vereinnahmung und versuchen, eine neue Realität zu schaffen. Damit betonen sie nicht nur eine Transzendenz christlicher Identität, sondern auch deren Universalität. Diese positive Füllung der Stille darf jedoch nicht darüber hinwegtäuschen, dass es sich bei der Stille häufig auch um ein Zum-Schweigen-Bringen handelt, und dass diese Stille zur Fundamentalisierung und zu Spaltungen in den evangelikalen Gemeinden führen kann, wie am Beispiel der Lokalen Baptistengemeinde und der FCSI gezeigt wurde.

Fazit: Evangelikal als Kritik

Arabischsprachige Evangelikale in Israel stehen in einem komplexen Identitätskonflikt: Sie sind israelisch, aber nicht jüdisch; arabisch und palästinensisch, aber nicht muslimisch; christlich, aber nicht traditionell-christlich, sondern evangelikal. Die vorliegende Studie untersuchte diesen Identitätskonflikt im Kontext von Nazareth mittels ethnographischer qualitativer Forschungsarbeit. Nazareth ist nicht nur die Stadt mit der größten arabischsprachigen und der größten christlichen Bevölkerung in Israel, sondern auch ein Zentrum der Evangelikalen: Von den geschätzt 5.000 arabischsprachigen Evangelikalen in Israel leben circa zehn bis zwanzig Prozent in Nazareth und den umliegenden Ortschaften. Insgesamt gibt es dreizehn evangelikale Gemeinden im Ballungsgebiet Nazareth. Auch ein Großteil der para-kirchlichen Einrichtungen hat seinen Sitz in Nazareth.

Dass über die arabischsprachigen Evangelikalen in Israel bislang kaum etwas bekannt war, kann erstens darauf zurückgeführt werden, dass sie als nicht anerkannte Religionsgemeinschaft ein Schattendasein abseits der großen Kirchen führen. Ihre Gemeinderäume liegen oft in Privatwohnungen oder im Industriegebiet und sind in der Öffentlichkeit kaum wahrnehmbar. Zweitens beherrscht der christlich-evangelikale Zionismus die Sichtweise von Israel und „evangelikal". Er sieht in Israel die Heimstätte des jüdischen Volkes – dass es dort Christen und sogar auch Evangelikale gibt, wird von der christlich-zionistischen Sichtweise verschleiert. Drittens vermag der in Israel populäre Minderheitendiskurs die mehrschichtige und spannungsreiche Identität der arabischsprachigen Evangelikalen in Israel nicht zu erschließen. Arabischsprachige Evangelikale werden als „evangelikale" Minderheit innerhalb einer „christlichen" Minderheit innerhalb einer „arabischen" Minderheit gesehen. Dabei werden die verschiedenen Kategorien – „evangelikal", „christlich", „arabisch" – häufig unhinterfragt vorausgesetzt und es bleibt unklar, was diese überhaupt aussagen sollen. Die arabischsprachigen Evangelikalen stoßen sich mit ihrer mehrschichtigen Identität an diesen Kategorien und verweisen damit auf Problemlagen, die sonst kaum in den Blick genommen werden. Damit eröffnet die Untersuchung ihres Identitätskonflikts neue Perspektiven für die Erforschung religiöser und nationaler Identität in Israel an sich.

Es war ein Anliegen dieser Studie, die vorhandene Komplexität einzufangen. Sie knüpft dabei an poststrukturalistisch geprägte, postkoloniale Theorien zur Identitätsbildung an. Identität wird im Sinne von Stuart Hall als kulturelle Identität verstanden, die einen historischen Ort hat und sich nur in der konkreten Artikulation ausdrückt. „Evangelikal", „christlich", „arabisch" usw. sind damit keine vorgängigen, übergeschichtlichen Kategorien, sondern haben eine Geschichte und sind stets Veränderungen unterworfen. Die sich daraus ergebende historische Herangehensweise ist durch einen genealogischen Ansatz bestimmt, der in der Gegenwart seinen Ausgangspunkt hat und die Kontingenz aller geschichtlichen Ereignisse betont.

Mit diesem Zugang lieferte die vorliegende Studie zunächst eine grundlegende Bestimmung des Evangelikalismus in Israel: „Evangelikal", im Arabischen *inǧīlī*, entstand in Israel durch die Gründung der Convention of Evangelical Churches in Israel (CECI) 2005, zu der sich die Association of Baptist Churches (ABC), die Offene Brüdergemeinde, die Assemblies of God und die Kirche des Nazareners sowie zahlreiche para-kirchliche Institutionen zusammenschlossen. Ziel des Zusammenschlusses war, in Israel offiziell als Religionsgemeinschaft anerkannt zu werden. Der Zusammenschluss der genannten Gruppierungen und ein gemeinsames Selbstverständnis als Evangelikale waren keine Selbstverständlichkeit, da unter ihnen seit ihrer Entstehung in Palästina / Israel Anfang bzw. Mitte des 20. Jahrhunderts vor allem ein denominationales Eigenverständnis vorlag. Erst seit den 1990er Jahren entwickelte sich durch die Loslösung von Missionsstrukturen ein gemeinsames, verbindendes Verständnis unter den Gemeinden. Diese Entwicklung wurde begleitet durch eine vereinheitlichende Frömmigkeitspraxis, die pfingstlich-charismatisch geprägt ist und letztendlich zum Zusammenschluss in Form der CECI führte. Die Wahl des Namens „evangelikal" sollte der CECI dem Ziel dienen, sich in weltweite evangelikale Netzwerke einzuschreiben und Unterstützung für die eigenen Anliegen zu erhalten. Eine solche Unterstützung wird jedoch im Kontext des arabischsprachigen Christentums in Israel durch zwei Herausforderungen, die durch den globalen Evangelikalismus gestellt werden, limitiert. Erstens ist bzw. war das Ziel der CECI die Anerkennung als Religionsgemeinschaft. Die damit einhergehenden rechtlich-institutionellen Aspekte stehen in Spannung zu dem evangelikalen Selbstverständnis, das den persönlichen Glauben und das persönliche Heil in den Vordergrund stellen will. Zweitens rückt der christlich-evangelikale Zionismus das Anliegen arabischsprachiger Evangelikaler in den Hintergrund, die durch ihn kaum oder gar nicht wahrgenommen werden. Diese beiden Herausforderungen, das in Israel vorherrschende Verständnis von einer Religionsgemeinschaft als einer Rechtsgemeinschaft mit den damit einhergehenden sozialen, ethnischen und politischen Aspekten und der christlich-evangelikale Zionismus, werden im Sinne Saba Mahmoods als konkrete historische und kulturelle Bedingungen und Strukturen verstanden, innerhalb derer Handlungsfähigkeit [engl. *agency*] besteht sowie die Bedeutung und Macht des evangelikalen Diskurses plausibel sind.

Diese theoretische Herangehensweise bewirkte eine kritische Betrachtung des Religions- und Christentumsverständnisses in Israel als einer der beiden historischen und kulturellen Bedingungen, innerhalb derer die Evangelikalen handlungsfähig sind. Die besondere Bedeutung der Religionen in Israel besteht heute vor allem darin, dass die Religionsgemeinschaften grundsätzlich verantwortlich für die Angelegenheiten des Personenstands sowie des Familien- und Erbrechts sind, zum Beispiel Eheschließung und -scheidung, Unterhaltspflicht und Vormundschaft. Es gibt zwar eine zunehmende alternative säkulare Rechtsprechung, allerdings bleiben das Recht auf Eheschließung und -scheidung den Religionsgemeinschaften vorbehalten. Die Zugehörigkeit zu einer anerkannten Religionsgemeinschaft ist darum für alle Israelis notwendig. Dieses Verwaltungsprinzip wird in der israelischen Öffentlichkeit jedoch kaum hinterfragt. Dies liegt auch daran, dass der israelische Staat vorgibt, lediglich den Status quo der britischen Mandatsherrschaft fortzuführen, die wiederum ebenfalls behauptete, die bestehenden „Millet"-Regelungen – Regelungen zu den nicht-muslimischen Religionsgemeinschaften – aus osmanischer Zeit fortzuführen. Dabei hat das heute vorherrschende Religions- und Christentumsverständnis in Israel eine Vorgeschichte, die entscheidende Transformationen aufweist. Die vorliegende Untersuchung arbeitete heraus, dass im osmanischen Reich Christen und Juden als „Schutzbefohlene" zwar besondere Rechte und Pflichten hatten und dem Oberhaupt ihrer jeweiligen Religionsgemeinschaft unterstanden, der Vereinbarungen mit dem osmanischen Herrscher traf. Dabei hatten die Religionsgemeinschaften jedoch keine ausschließliche Zuständigkeit, in Streitfragen wurden auch allgemeine, osmanisch-muslimische Gerichte konsultiert. Es war erst die britische Mandatsherrschaft, die die Religion zum primären und ausschließlichen Identifikationsrahmen der Bevölkerung machte, denn für die Briten war Religion, ähnlich wie Ethnie in Afrika oder Kaste in Indien, ein Mittel, um die Bevölkerung aufzuteilen und zu regieren. Somit kann von einer Neuerfindung des Millet-Systems gesprochen werden. Die wohl bedeutendste britische Neuerung war dabei die Gleichstellung der Muslime als Millet. Allgemein osmanische Gerichte, zu denen zuvor auch Christen und Juden Zugang hatten, wurden dadurch zu muslimisch-religiösen Gerichten. Das Personenstandsrecht sowie familien- und erbrechtliche Angelegenheiten wurden nun ausschließlich innerhalb der jeweiligen Religionsgruppe verhandelt, die Zugehörigkeit zu einer anerkannten Religionsgemeinschaft wurde damit unumgänglich. Rechtsunsicherheit entstand unter anderem für solche Christen, deren Kirchen als Religionsgemeinschaften nicht offiziell anerkannt waren. Insgesamt wurden die politischen Handlungsmöglichkeiten auf die Religionsgemeinschaften beschränkt, womit Minderheiten geschaffen wurden. Eine solche Politik – die Aufteilung der Bevölkerung entsprechend der religiösen Zugehörigkeit – setzte der israelische Staat fort. Dies zeigt sich unter anderem in der bevorzugten Behandlung von Christen im Krieg 1947/1948, in der Beibehaltung eines „Ministeriums für religiöse Angelegenheiten" anstelle des „Ministeriums für die Angelegenheiten der Minderheiten", in der Anerkennung einer drusischen Religionsgemeinschaft 1957 und in der Einführung der aramäischen Identität 2014. Religion in Israel hat also heute eine rechtliche, soziale, politische und ethnische Dimension und beschreibt primär eine äußere Zugehörigkeit, die rechtlich unumgänglich ist und unabhängig von einer inneren Überzeugung besteht.

Dieses Verständnis hat sich weitgehend unhinterfragt festgesetzt und wird auch in Nazareth greifbar. War Nazareth zu Beginn des 19. Jahrhunderts noch ein unbedeutendes Dorf, entwickelte es sich bis ins 20. Jahrhundert zu einer „christlichen" Stadt. Grund hierfür war die Attraktivität Nazareths als Heimatstadt Jesu für die christliche Mission und Pilger, durch die zahlreiche kirchliche Institutionen entstanden. Ebenfalls bildeten sich religiös homogene Stadtviertel heraus, die die Kirchengebäude, Friedhöfe, Institutionen wie Schulen und Krankenhäuser sowie Wohnhäuser der Mitglieder der jeweiligen Religionsgemeinschaften beheimateten. Die Bedeutung Nazareths für die Weltchristenheit war es auch, die Nazareth im Krieg 1948 verschont bleiben ließ. Bis heute liegt die Schulbildung hauptsächlich in der Hand der kirchlichen Gemeinschaften, es gibt nur zwei weiterführende öffentliche Schulen. Durch ihren enormen Landbesitz verfügen die kirchlichen Gemeinschaften über hohe Einnahmen und bieten neben dem Schul- auch ein umfangreiches Vereinswesen an, welches zunächst für die eigenen Mitglieder und bei freier Kapazität auch für die übrige Bevölkerung offensteht. Damit entfalten die Religionsgemeinschaften eine soziale, aber auch politische Bedeutung. Dies wird vor allem in der orthodoxen Religionsgemeinschaft deutlich, der größten christlichen Religionsgemeinschaft in Nazareth. Im orthodoxen Rat, der die orthodoxe Religionsgemeinschaft vor Ort leitet, engagieren sich auch solche Orthodoxe, die atheistisch und gleichzeitig in der kommunistischen Partei aktiv sind. Obwohl sie sich für eine säkular-nationale Option einsetzen, sind sie Mitglied des orthodoxen Rats, eben weil dieser nach der Stadtverwaltung das zweitwichtigste politische Gremium der Stadt ist. Damit bestärken sie, entgegen ihrem säkular-nationalen Interesse, die Bedeutung und Relevanz der Religionsgemeinschaften.

Die Zugehörigkeit zu einer Religionsgemeinschaft in Israel ist heute also rechtlich notwendig, sie allein bewirkt das Christ- bzw. Muslim- und Jüdischsein und entfaltet soziale, politische, ethnische und frömmigkeitsspezifische Wirkung. Von diesem Verständnis grenzen sich die arabischsprachigen Evangelikalen in Israel stark ab. Im Kern ihres Selbstverständnisses steht der Glaube an Jesus Christus, dessen Tod am Kreuz und seine Auferstehung. Allein dieser Glaube bewirkt nach evangelikalem Verständnis die Erlösung des Menschen; dieser Glaube ist es, der einen Menschen zum Christen macht. Aus dem Grundsatz des Christseins allein aus Glauben leiten sich weitere evangelikale Prinzipien ab, die in Abgrenzung zu dem vorherrschenden Christentums- und Religionsverständnis in Nazareth formuliert werden: Die Kirche ist die Gemeinschaft der Gläubigen, keine sozial-rechtliche Institution; die Bibel ist die alleinige Autorität in Glaubensfragen, nicht die Tradition; Jesus allein vermittelt das Heil, nicht Maria oder andere Heilige. Diese an sich reformatorischen Grundanliegen von sola fide, sola gratia, solus Christus und sola scriptura entfalten im Kontext des Evangelikalismus in Nazareth eine besondere Bedeutung: Mit diesen Prinzipien versuchen die Evangelikalen eine Kritik und Alternative zum vorherrschenden Religions- und Christentumsverständnis zu bieten und die mit diesem einhergehenden Problematiken zu transzendieren. In dem Identitätskonflikt ist das Einzige, was frei zu wählen ist, der Glaube; „Religion" wird abgelehnt, denn „Religion ist nicht Glaube". Trotz kritischer Haltung nehmen die Evangelikalen das vorherrschende Verständnis von Religion und Christentum in Nazareth zumindest in Teilen auf. Dies zeigt einerseits, wie einflussreich dieses ist und dass es größtenteils unhinterfragt fortbesteht, und macht andererseits ein lokal-spezifisches Verständnis von Evangelikalismus sichtbar. Am deutlichsten zeigt sich die Aufnahme dieses Verständnisses darin, dass die Evangelikalen die angestrebte Anerkennung als Religionsgemeinschaft als Teil ihres Religionsverständnisses formulieren. Anders als jüdisch-säkulare Organisationen, die eine Einführung der zivilen Eheschließung fordern, hinterfragen die Evangelikalen trotz ihrer kritischen Haltung das bestehende Prinzip der Verwaltung der Personenstandsangelegenheiten durch die Religionsgemeinschaften nicht grundsätzlich. Vielmehr ist dieses sozial-rechtliche Religionsverständnis Teil ihres evangelikalen Selbstverständnisses, ja mehr noch: Der Evangelikalismus in Israel entstand erst durch den Zusammenschluss von Baptisten, Assemblies of God, Kirche des Nazareners und Offener Brüdergemeinde zur CECI mit dem Ziel, die Anerkennung als Religionsgemeinschaft zu erlangen.

Der zweite zentrale Bereich, der die Identität der arabischsprachigen Evangelikalen in Israel bedingt, ist der christlich-evangelikale Zionismus, der in Israel die Heimstätte des jüdischen Volkes sieht und die Existenz einer arabischsprachigen Bevölkerung in Israel verdrängt oder gar verleugnet. Der christlich-evangelikale Zionismus ist weltweit verbreitet, politisch aber vor allem in den USA einflussreich, wie das Beispiel der Verlegung der US-Botschaft von Tel Aviv nach Jerusalem 2018 darlegte. Der zugrunde liegende prämillenaristische Dispensationalismus erfuhr durch den Sechstagekrieg 1967 eine neue Bedeutung: Der Sieg und die Gewinnung der jüdisch-israelischen Kontrolle über die Palästinensischen Gebiete wurden als Wiedererrichtung des israelischen Staates gedeutet, die biblischen Verheißungen damit auf gegenwärtige politische Ereignisse angewendet. Israel wurde also zum zentralen Referenzpunkt, der die Unfehlbarkeit der Bibel an sich bewies. In Israel ist der christlich-evangelikale Zionismus vor allem im messianischen Judentum einflussreich, welches sich erst in der Folge des Sechstagekriegs als eigenständige Bewegung ausprägte und damit von Beginn an eng mit dem christlich-evangelikalen Zionismus verwoben war. Deutliche Kritik kommt hingegen von der palästinensischen Befreiungstheologie, die mit ihrer palästinensischen Sichtweise Repräsentativität für alle arabischsprachigen Christen in Israel und den Palästinensischen Gebieten beansprucht, dabei aber verschleiert, dass sie nicht nur Ausdruck einer palästinensischen Identität ist, sondern auch Wirkung auf eine eben solche hat und damit performativ ist.

Angesichts des christlich-evangelikalen Zionismus stehen die arabischsprachigen Evangelikalen in Israel vor einem zweifachen Dilemma: Einerseits sind sie, wie der evangelikale Theologe Yohanna Katanacho aus Nazareth es ausdrückt, im „falschen Team", denn sie sind als Araber oder gar Palästinenser „Feinde Gottes". Andererseits stehen sie als Teil der arabischsprachigen Bevölkerung in Israel in einem „Kampf der Identitäten", in dem arabische, palästinensische, israelische, aramäische oder alternative Selbstverständnisse miteinander konkurrieren. Wie die Untersuchung aufzeigte, versuchen die Evangelikalen im Kontext von Nazareth die Auseinandersetzung zu vermeiden. Eine nationale Identität wird als unwichtig beschrieben und als „politisch" abgelehnt. Hingegen wird ein Fokus auf Jesus Christus und die persönliche Erlösung bzw. Entrückung gelegt. Eine solche Haltung war auch in der Begegnung mit dem messianischen Judentum feststellbar, insbesondere in der zionistisch geprägten, pfingstlich-charismatischen Gebetshausbewegung. Anstelle einer Konfliktthematisierung legen Angehörige des House of Prayer and Exploits (HOPE) in Nazareth den Fokus auf das Gebet und eine innige Gottesbeziehung. Die Organisation Musalaha und die Lausanner Initiative für Versöhnung in Israel-Palästina (LIRIP) hingegen versuchen, den Konflikt um die nationale Identität explizit zu thematisieren und damit Gerechtigkeit und Versöhnung zu erwirken, stoßen dabei an Grenzen und greifen daher dann auch – wie das Beispiel der Frauengruppe demonstrierte – auf die Mittel des Gebets und inniger Gottesbeziehung zurück. Damit hintergeht die Frauengruppe jedoch nicht die eigenen Ideale, sondern setzt, zumindest in Teilen, ihr Anliegen um: Jesus Christus steht im Zentrum.

In beiden großen Auseinandersetzungen – der Auseinandersetzung mit dem vorherrschenden Religions- und Christentumsverständnis einerseits und dem christlich-evangelikalen Zionismus andererseits – betonen die arabischsprachigen Evangelikalen den persönlichen Glauben, ihre Erlösung bzw. Entrückung und ihre himmlische Identität. Eine öffentliche, kritische Positionierung bildet die Ausnahme, hingegen herrscht eine Stille vor. Diese Haltung erscheint auf den ersten Blick als eine apolitische Weltflucht. Jedoch ist die Betonung einer himmlischen Identität, so die zentrale These dieser Studie, als Kritik sowohl an dem vorherrschenden Religions- und Christentumsverständnis als auch an einer beidseitigen Ideologisierung des Konflikts um Israel, der durch theologische Debatten befeuert wird, zu sehen. Die arabischsprachigen Evangelikalen in Nazareth widersetzen sich durch ihre Haltung einer Vereinnahmung und versuchen, eine neue Realität zu schaffen. Damit betonen sie nicht nur die Transzendenz christlicher Identität, sondern auch deren Universalität.

Anhang

1 Verzeichnis der Interviews

Nr	Datum	Ort	Pseudonym
1	18.05.2016	Jerusalem	
2	19.05.2016	Nazareth	
3	24.05.2016	Nazareth	
4	25.05.2016	Nazareth	
5	25.05.2016	Nazareth	
6	26.05.2016	Natzerat Illit[758]	
7	26.05.2016	Nazareth	Michel und Laila
8	26.05.2016	Nazareth	Imm und Abu Bashir
9	28.05.2016	Nazareth	Pierre
10	31.05.2016	Nazareth	
11	31.05.2016	Nazareth	
12	01.06.2016	Nazareth	Elias
13	08.06.2016	Bethlehem	
14	08.06.2016	Beit Sahour	
15	09.06.2016	Bethlehem	
16	09.06.2016	Beit Sahour	
17	10.06.2016	Bethlehem	
18	10.06.2016	Bethlehem	
19	11.06.2016	Beit Sahour	
20	05.04.2017	Nazareth	Elias
21	05.04.2017	Nazareth	
22	10.04.2017	Natzerat Illit	
23	11.04.2017	Nazareth	Majid
24	13.04.2017	Nazareth	
25	17.04.2017	Nazareth	
26	17.04.2017	Nazareth	
27	19.04.2017	Nazareth	
28	03.05.2017	Bethlehem	
29	08.05.2017	Nazareth	
30	09.05.2017	Nazareth	
31	10.05.2017	Nazareth	
32	11.05.2017	Nazareth	
33	12.05.2017	Nazareth	
34	15.05.2017	Nazareth	Shadi
35	16.05.2017	Yaffa	Hatem
36	16.05.2017	Nazareth	
37	16.05.2017	Natzerat Illit	

---

758 Natzerat Illit wurde 2019 in Nof HaGalil umbenannt.

https://doi.org/10.1515/9783110734515-010

Fortsetzung

Nr	Datum	Ort	Pseudonym
38	17.05.2017	Nazareth	
39	17.05.2017	Nazareth	
40	18.05.2017	Nazareth	
41	22.05.2017	Nazareth	
42	23.05.2017	Nazareth	Reem
43	23.05.2017	Nazareth	Abir
44	23.05.2017	Nazareth	
45	24.05.2017	Nazareth	
46	26.05.2017	Nazareth	
47	30.05.2017	Natzerat Illit	Khalil
48	30.05.2017	Natzerat Illit	
49	31.05.2017	Nazareth	
50	31.05.2017	Nazareth	
51	01.06.2017	Nazareth	Firas
52	02.06.2017	Nazareth	Boulos
53	06.06.2017	Netanja	
54	06.06.2017	Netanja	
55	07.06.2017	Rameh	
56	08.06.2017	Nazareth	
57	09.06.2017	Nazareth	
58	09.06.2017	Natzerat Illit	
59	11.06.2017	Kufr Kanna	Carol
60	12.06.2017	Natzerat Illit	Youssef
61	09.05.2018	Natzerat Illit	
62	10.05.2018	Nazareth	
63	11.05.2018	Nazareth	
64	11.05.2018	Nazareth	
65	14.05.2018	Natzerat Illit	
66	16.05.2018	Jerusalem	
67	17.05.2018	Haifa	
68	18.05.2018	Nazareth	
69	19.05.2018	Natzerat Illit	
70	21.05.2018	Nazareth	Elias

2 Beschreibung der evangelikalen Kirchengemeinden und para-kirchlichen Einrichtungen in Nazareth

Im Folgenden werden die evangelikalen Kirchengemeinden und para-kirchlichen Einrichtungen in Nazareth beschrieben. Die Darstellung untergliedert sich dabei in Mitglieder der Convention of Evangelical Churches in Israel (CECI), in mit der CECI „befreundete" Kirchengemeinden beziehungsweise para-kirchliche Einrichtungen und weitere Kirchengemeinden beziehungsweise para-kirchliche Einrichtungen. Die Angaben beziehen sich auf den Untersuchungszeitraum der Arbeit von 2016 bis 2018, vor allem aber auf den Hauptforschungsaufenthalt von März bis Juni 2017. Ihnen liegen sowohl eigene Beobachtungen, Aussagen der Leitungspersonen und allgemein verfügbare Informationen wie Beschreibungen auf den jeweiligen Websites zugrunde.

2.1 Kirchengemeinden

2.1.1 Kirchengemeinden der CECI
2.1.1.1 Baptistische Gemeinden

Evangelikal-Baptistische Kirche [al-inğīlīya al-maʿmadānīya] („Mutterkirche")

Die Evangelikal-Baptistische Kirche entstand 1912 und ist damit die älteste evangelikale Gemeinde. Das heutige Kirchengebäude der Evangelikal-Baptistischen Kirche, meist „Mutterkirche" genannt, wurde 1926 errichtet. 1991 wurde es grundlegend erneuert. Es ist nach wie vor im Eigentum der Southern Baptist Convention in den USA. Die Kirche bildet zusammen mit der neben ihr gelegenen Baptistenschule das Zentrum baptistischer Präsenz in Nazareth, zentral gelegen an der Hauptstraße „Paulus der Sechste", nahe dem Marienbrunnen. Von außen und innen ist die Kirche als Kirchengebäude wahrnehmbar. Außen weist ein großer Schriftzug am Eingangstor auf den Namen der Kirche hin, das Gebäude ist freistehend, es gibt einen Glockenturm, zum Eingangsportal gelangt man über ein paar Stufen. Innen bestehen die Sitzreihen aus massiven Sitzbänken, nach vorne hin zum Altarraum abgestuft. Dort steht in der Mitte ein Rednerpult, davor ein kleiner Tisch, im Hintergrund steht ein Kreuz. Seitlich gibt es ein Klavier, mit dem die im Gottesdienst gesungenen Lieder begleitet werden. Pastor der Gemeinde ist seit 1960 Fouad Sachnini. Nach eigenen Angaben engagierte er sich bereits vor seinem offiziellen Beginn als Pastor in der Gemeinde und unterrichtete an der Baptistenschule die Bibel und leitete Andachten. Er studierte am baptistischen Seminar in der Schweiz in Rüschlikon, wo er 1958 seinen Abschluss machte.

Aufgrund seines hohen Alters – er ist über 90 Jahre alt – gab es in den vergangenen 20 Jahren verschiedene Anläufe, einen Nachfolger einzusetzen, die jedoch scheiterten. Nach Angaben von Fouad Sachnini hat die Gemeinde 65–70 Mitglieder und 35–40 Gottesdienstbesucher. Bei den von der Verfasserin besuchten Gottesdiensten betrug die Anzahl der Gottesdienstbesucher um die 20 Personen, die meisten davon waren ältere Personen. Der Gottesdienst findet sonntags um 10 Uhr statt. Die Aktivitäten der Gemeinde beschränken sich auf den sonntäglichen Gottesdienst und die parallel stattfindende Sonntagsschule für Kinder. Die Gestaltung des Gottesdienstes ist anders als bei den meisten anderen baptistischen bzw. evangelikalen Gemeinden. So gibt es nicht wie dort üblich einen längeren Lobpreisblock zu Beginn, bei dem die Liedtexte an die Wand projiziert werden, sondern die Lieder werden jeweils zwischen den anderen Bestandteilen des Gottesdiensts – Lesung, Abkündigung, Gebet, Predigt, Kollekte, Gebet – aus einem Gesangbuch gesungen. Ein weiterer Unterschied besteht darin, dass die Predigt in Hocharabisch vorgelesen wird, wohingegen in allen anderen Gemeinden die Predigt in der Umgangssprache frei oder halbfrei vorgetragen wird. Das Abendmahl wird einmal im Monat gefeiert.

Neues Leben [al-ḥayā al-ǧadīda]

Von der „Mutterkirche" spaltete sich 1991 die Kirche „Neues Leben" ab. Zunächst traf sich die Gemeinde in Privathäusern, seit einiger Zeit nutzt sie nun die untere Etage des Nazareth Evangelical College (NEC) im sogenannten amerikanischen Viertel. Der relativ kleine Raum – er bietet ca. 70 Sitzplätze – ist bestuhlt: Vorne steht, ähnlich wie in der „Mutterkirche", ein Rednerpult, davor ein kleiner Tisch. Rechts daneben befinden sich zwei Keyboards, mit denen die Lieder begleitet werden. Pastor der Gemeinde ist Suhail Saad. Wie er im Interview mitteilte, erlangte er in seiner Jugend in seinem Heimatort Turʿan Zugang zu den Baptisten durch seinen späteren Schwiegervater George Lati. Im Alter von 28 Jahren wurde er bekehrt. Vor seinem Dienst in der Gemeinde war Suhail Saad als Lehrer an einer öffentlichen Schule tätig, ist dort nun aber pensioniert. Nach seiner Bekehrung absolvierte er ein Bachelorstudium am nachmaligen NEC. In jüngster Zeit belegte er, wie einige andere arabisch-evangelikale Pastoren in Nazareth, am messianisch-jüdischen Israel College of the Bible (ICB) einen Masterstudiengang. Die durchschnittliche Anzahl der Gottesdienstbesucher betrug während der Teilnahmen der Verfasserin um die 30–40 Personen aller Generationen, von denen viele miteinander verwandt sind. Nicht zuletzt deshalb hat der Gottesdienst einen recht familiär-intimen und lebhaften Charakter, der auch beim anschließenden Kaffeetrinken zum Ausdruck kommt. Auch hier bestehen die Aktivitäten der Gemeinde ausschließlich im Gottesdienst und der Sonntagsschule für Kinder, beides findet am Samstagabend um 19 Uhr statt. Grund für die Gottesdienstzeit abweichend vom Sonntagmorgen ist hier, wie bei anderen Kirchen im Folgenden auch, dass viele der Gemeindeglieder am Sonntag arbeiten müssen, am Freitagabend oder Samstag aber frei haben. Der Gottesdienst beginnt in der Regel – und das ist eine Besonderheit – mit einem gemeinsamen Gebet des Vater Unser, woraufhin Lobpreis, Psalmgebet und kurze Auslegung dazu folgen. Die Lieder werden mit dem Projektor an die Wand geworfen und von Keyboards begleitet. Eine weitere Besonderheit ist das Einbeziehen der Kinder in den Gottesdienst, die ein kleines Lied oder Ähnliches vortragen, bevor sie dann mit dem Segen der Gemeinde in ihre separate „Sonntagsschule" ziehen. Anschließend folgen die Predigt, ein Lied und ein Abschlussgebet mit Fürbitten, die auch nach dem formalen Abschluss des Gottesdienstes auf Wunsch individuell fortgesetzt werden. Das Abendmahl wird einmal im Monat gefeiert.

Lokale Baptistenkirche [al-ma'madānīya al-maḥalīya]

Die Lokale Baptistenkirche spaltete sich 1994 von der „Mutterkirche" aufgrund von Fouad Sachninis nicht erfolgtem Rücktritt ab. Seither feiert sie ihren Gottesdienst in der Aula der anliegenden Baptistenschule. Mit der Abspaltung folgte ein Großteil der alten Gemeinde in die neu gegründete Lokale Baptistenkirche, vor allem die jüngere Generation und alle vier damaligen Diakone. Diese übernahmen in der Folge die Gemeindeleitung. In den ersten Jahren gab es unterschiedliche Pastoren, von 2013 bis Ende 2019 war es Andraos Abu Ghazaleh, der auch schon von 1998–2001 die Gemeinde leitete. Andraos Abu Ghazaleh wuchs in Jordanien auf, wohin seine Familie 1948 aus dem dann entstehenden Israel geflohen war. Gemeinsam mit seiner Frau, deren Eltern ein ägyptisch-amerikanisches Missionarspaar sind, und ihren Kindern lebte er auch für eine gewisse Zeit in den USA. In der Gemeinde ist Andraos Abu Ghazaleh aufgrund seiner pfingstlich-charismatischen Haltung, die auch immer wieder in Gottesdiensten und Predigten durchdringt, und aufgrund seiner aktiven Mitarbeit in zionistischen Netzwerken wie HOPE umstritten. Die Gemeinde ist unter den Baptisten, vielleicht auch unter allen Evangelikalen insgesamt, die mitgliederstärkste. Eine zentrale Stellung nimmt sie auch deshalb ein, da viele Führungspersonen aus dem evangelikalen Spektrum, darunter der Direktor der Baptistenschule Botrus Mansour, der Direktor für Öffentlichkeitsarbeit am NEC, Azar Ajaj, und der Theologe und Studiendekan des NEC, Yohanna Katanacho, Mitglieder in dieser Gemeinde sind. Die Gemeinde ist auch Anzugspunkt für Besuchsgruppen aus dem Ausland, für die sie eine Simultanübersetzung mit Kopfhörern anbietet. Die Gottesdienste werden durchschnittlich von 90–100 Personen aller Generationen besucht. Parallel zum Gottesdienst findet eine Sonntagsschule statt. Außerdem gibt es freitags ein Jugendtreffen, mittwochs ein Gebetstreffen und ein- bis zweimal im Monat dienstags ein Frauentreffen sowie in unregelmäßigen Abständen Veranstaltungen für Männer. Damit hat die Gemeinde ein relativ breites Angebot, das auch intensiv genutzt wird. Der Gottesdienst findet sonntags um 10.30 Uhr statt. Einmal im Monat gibt es Abendmahl, dann beginnt der Gottesdienst mit dem Abendmahl als abgeschlossene, separate Einheit bereits um 10.00 Uhr vor dem eigentlichen Gottesdienst. Dies ist eine Besonderheit, üblicherweise wird das Abendmahl sonst gegen Ende des Gottesdienstes in diesen integriert. Ansonsten unterscheidet sich der Gottesdienstablauf nicht wesentlich von den anderen baptistischen Gottesdiensten, wie er bereits anhand der Kirche „Neues Leben" skizziert wurde: Nach dem Psalmgebet mit kurzer Auslegung folgt ein Lobpreisblock – die Lieder werden mit unterschiedlichen Instrumenten begleitet, darunter Klavier, Violine, Schlagzeug –, dann die Predigt, Gebet, Lied und Abkündigungen. Im Anschluss gibt es Kaffee, auch hier verweilen die Menschen für einige Zeit im Gespräch.

Der gute Hirte [*kanīsa ar-rāʿī aṣ-ṣāliḥ*]

Die Kirche „Der gute Hirte" wurde 2011 von Afeef Saba gegründet, der der Gemeinde als Pastor vorsteht. Die Kirche liegt im Stadtteil Khanuq, an der Straße Richtung Haifa. Das Gebäude ist ein freistehendes einstöckiges Haus, umgeben von ähnlichen Häusern, die als Wohnhäuser oder Läden genutzt werden. Mit einem Schild vor dem Haus wird auf die Nutzung als Kirche und ihren Namen hingewiesen. Afeef Saba wuchs eigenen Angaben zufolge in einer baptistischen Familie auf und entschied sich im Alter von achtzehn Jahren für Jesus. Er brachte sich Grundkenntnisse der Theologie und Gemeindeleitung vorwiegend selbst bei und nahm an kleineren theologisch-biblischen Kursen in Zypern und in der Schweiz teil. Vor der Gemeindegründung war er in unterschiedlichen Bereichen innerhalb des evangelikalen Spektrums tätig. So wirkte er über zehn Jahre in der Baptistengemeinde in Kana als Gemeindeleiter und war zuletzt auch als potentieller Nachfolger Fouad Sachninis für vier Jahre in der „Mutterkirche" tätig. Nachdem er dort seinen Dienst beendete, initiierte er zahlreiche Hauskirchen in Nazareth und Umgebung. Schließlich gründete er diese Kirche, auch auf Zureden befreundeter Christen in den USA, die ihn und die Kirche „Der gute Hirte" nun finanziell unterstützen. Laut Afeef Saba hat die Kirche rund 80 Mitglieder, während der Besuche der Verfasserin waren es meist um die 40–50 Gottesdienstteilnehmer, die meisten eher älter. Neben dem Gottesdienst am Sonntagmorgen wird auch ein Jugendtreffen am Dienstagabend von Ibrahim, Diakon der Gemeinde, angeboten. Dieser leitet mit seiner Gitarre auch den Lobpreisblock, mit dem der Sonntagsgottesdienst anfängt. Unterstützt wird er dabei von anderen Instrumenten, darunter Keyboard, Schlagzeug und Trommel. Anschließend folgen Predigt und Gebet. Beendet wird jeder Gottesdienst mit dem Lied „This is the day".

Haus Jesu der König [*kanīsa bait Yasūʿ al-malik*]

Die fünfte und letzte Baptistengemeinde in Nazareth selbst ist die Kirche „Haus Jesu der König". Wie Salim Shalash, ihr Gründer und Pastor, im Interview mitteilte, entwickelte sie sich aus einem Gebetstreffen ab 2009 und zog schließlich 2013 in die jetzigen Räumlichkeiten ein. Die Kirche befindet sich im Industriegebiet im Süden Nazareths, in der Nähe des Einkaufszentrums „Big Fashion". Das Gebäude ist ein zweigeschossiges Haus, das im Erdgeschoss den Gottesdienstraum, eine Küchenecke und Toiletten bereithält, im Obergeschoss einen Raum für die Sonntagsschule und das Büro des Pastors. Salim Shalash wurde seinen eigenen Angaben zufolge in den 1990er Jahren bekehrt und besuchte dann zunächst die Kirche des Nazareners und brachte sich später in der Gemeinde „Neues Leben" ein. Erwerbstätig war er vor seinem Pastorendasein in der Tourismusbranche und als Polizist. Er absolvierte ein Bachelor-Studium am NEC und in jüngster Zeit zwei Masterstudiengänge – in Bibelwissenschaft und in Gemeindeleitung – am messianisch-jüdischen ICB. Laut Saleem Shalash hat die Gemeinde 105 Mitglieder, in den Gottesdiensten seien davon ca. 60–70 Personen. Während der Besuche der Verfasserin waren es meist um die 40–50 Personen unterschiedlichen Alters. Die Gemeinde führt verschiedene Missionseinsätze in Nazareth und Umgebung durch, bestehend aus der Ausgabe von Essenspaketen, (Weihnachts-)Besuchen in Krankenhäusern und Altersheimen, sowie der Verteilung von Kalendern mit Bibelversen und CD-Audiobibeln. Der Gottesdienst findet freitagabends statt. Der Ablauf ähnelt dem der anderen baptistischen Gemeinden. Im Lobpreis wird Salim Shalash unterstützt von Youssef Simaan. Teilweise werden die Lieder mit dem Keyboard begleitet, oft wird die Begleitmusik aber auch vom Computer abgespielt. Zum Abschluss des Gottesdienstes bietet Salim Shalash individuelle Fürbittgebete an, bei denen er auch oft ein koptisches Handkreuz und Salbe hinzuzieht. Die Kollekte wird nicht, wie in anderen Gemeinden häufig üblich, mit einem Säckchen oder Teller eingesammelt, sondern es steht hierfür eine Box am Ausgang bereit. Unterstützt wird die Gemeinde ferner durch die Organisation International Christian Embassy Jerusalem und durch eine norwegische Organisation, deren Name der Verfasserin nicht bekannt ist.

Baptistenkirche Nof HaGalil (bis 2019 Natzerat Illit) [*al-maʿmadānīya*]

Die Baptistenkirche in Nof HaGalil (bis 2019 Natzerat Illit) entwickelte sich nach Angaben ihres Pastors Rajai Samawi vor etwa zehn Jahren aus einem Hauskreis, der vor allem von Mitgliedern der Lokalen Baptistengemeinde besucht wurde. Inzwischen haben sie als Gottesdienstraum ein Stockwerk eines Privathauses in Nof HaGalil angemietet, auf dem Weg nach Reineh. Man habe sich bewusst für Nof HaGalil entschieden, so Rajai Samawi, da sowohl er mit seiner Familie als auch die Mitglieder der Gemeinde dort lebten. Rajai Samawi stammt aus Jordanien, seine Frau aus Nazareth. In Jordanien war Rajai Samawi bereits Pastor einer Gemeinde der Assemblies of God. Parallel zu der Gemeindeleitung, die für Rajai Samawi nur eine kleine Nebentätigkeit ist, leitet er die Organisation „Zurück nach Jerusalem", die das Evangelium auf sozial-karitative Weise verkünden will, in jüngster Zeit vor allem unter Flüchtlingen aus Syrien in Griechenland und auch in Deutschland. Nach Angaben von Rajai Samawi hat die Gemeinde 30–40 Mitglieder, während des Besuches der Verfasserin waren es rund 20 Teilnehmer. Darunter sind vor allem Familien. Die Gemeinde hat, noch mehr als die Kirche „Neues Leben", einen familiär-persönlichen Charakter. Der Gottesdienst findet freitagabends statt. Auch hier ähnelt der Gottesdienstablauf dem der anderen baptistischen Gemeinden.

Baptistenkirche Yaffa [al-maʿmadānīya]

Die Geschichte der Baptistenkirche in dem an Nazareth angrenzenden Ort Yaffa reicht zurück in die aktive Zeit der amerikanisch-baptistischen Missionare in den 1960er Jahren. Damals wurde das Gebäude, das an der Durchgangsstraße nach Haifa liegt, als Kindergarten errichtet. Noch immer ist es im Eigentum der Southern Baptist Convention. Ende der 1980er, Anfang der 1990er Jahre wurde laut dem heutigen Pastor Bishara Deep das Gebäude zur Kirche umfunktioniert, die zunächst von dem Pastor Imad Khoury geleitet wurde. Nach Imad Khoury habe es verschiedene Verantwortliche gegeben, die Kirchengemeinde lag zwischenzeitlich fast brach. Die Association of Baptist Churches (ABC) habe Bishara Deep 2012 als Pastor in der Gemeinde eingesetzt. Dies ist eine Besonderheit, da wie bereits beschrieben viele Gemeinden sich selbst gründen bzw. Pastoren von sich aus eigenständig werden. Wie Bishara Deep im Interview mitteilte, besuchte er in seiner Jugend die Baptistenschule und entschied sich im Alter von 18 Jahren für Jesus. Nach seinem Schulabschluss führte er einen Laden und war für einige Jahre nicht in einer Kirchengemeinde aktiv. Dies änderte sich ab 1996, fortan besuchte er die Lokale Baptistengemeinde und brachte sich dort ein. 2007 entschied er sich, Vollzeit-Pastor zu werden und absolvierte ein Bachelorstudium am NEC. Die Gemeinde besteht aus vorwiegend sozial schwächeren Mitgliedern, die meist erst vor kurzem zum Glauben gefunden haben, darunter auch solche muslimischen Ursprungs. Der Gottesdienst wird durchschnittlich von 30 Personen besucht, der wöchentlich stattfindende Bibelkreis (mittwochs) und Frauenkreis (donnerstags) circa von jeweils 10–15 Personen. Der Gottesdienst findet Sonntagmorgen statt, sein Ablauf ähnelt dem der anderen baptistischen Gemeinden.

2.1.1.2 Assemblies of God [kanīsa ǧamāʿāt Allah]

Die Kirchengemeinde Assemblies of God besteht laut ihrem Leiter Anaan Najjar seit 25–30 Jahren. Seit Mitte der 2000er Jahre befindet sie sich in ihren jetzigen Räumlichkeiten, in der Nähe der neuen maronitischen Verkündigungskirche, auf dem Weg nach Ilut, im unteren Stockwerk des Wohnhauses von Anaan Najjar. Die Leitung hat Anaan Najjar nach eigenen Angaben seit 2016 inne. Sie ist formal keine eigenständige Gemeinde, sondern Teil der Assemblies of God in Haifa. Im Forschungszeitraum gab es jedoch Bemühungen, unabhängig zu werden. Anaan Najjar hat seinen Angaben zufolge zu Beginn der 1990er Jahre zum Glauben gefunden und ließ sich taufen. In den vergangenen Jahren hat er am NEC ein Bachelor- und Masterstudium absolviert. Der Gottesdienst – und darauf beschränken sich auch die Aktivitäten der Gemeinde – findet Freitagabend statt. Er wird von ungefähr 10–15 Personen besucht, von denen die meisten zu Anaan Najjars Familie gehören. Außer seinen Töchtern sind es vor allem ältere Personen, die den Gottesdienst besuchen. Der Gottesdienstablauf entspricht dem der baptistischen Gemeinden. Die Lobpreismusik wird vom Band abgespielt. Es findet jeden Sonntag Abendmahl statt.

2.1.1.3 Kirche des Nazareners [an-nāṣrī al-inǧīlīya]

Das Kirchengebäude der Evangelikalen Nazarenerkirche liegt am südlichen Ende der Hauptstraße Nazareths „Paulus der Sechste". Das Land wurde in den 1950er Jahren von ausländischen Missionaren erworben, 1961 wurde die Kirche errichtet. Von außen ist das Gebäude als Kirchengebäude wahrnehmbar. Innen gibt es neben dem großen Gottesdienstraum, der mit Bankreihen aus Massivholz bestückt ist, auch weitere kleinere Versammlungsräume und ein Büro für den Pastor. Der Pastor der Gemeinde ist seit 2000 Nizar Toumeh. Nach seinen Angaben waren in den Jahren zuvor dort unterschiedliche Pastoren tätig, sowohl lokale wie auch ausländische. Nizar Toumeh bekehrte sich im Alter von neunzehn Jahren und ließ sich taufen. Er arbeitete in verschiedenen, nicht mit der Kirche unmittelbar in Verbindung stehenden Bereichen und absolvierte über vier Jahre Intensivkurse in Zypern. Von 1990 bis 2000 war er Pastor der Kirche des Nazareners in Jerusalem und vervollständigte in dieser Zeit seine Studien am Bethlehem Bible College. 2014 nahm er an dem ersten Masterstudiengang für arabische und messianisch-jüdische Pastoren des ICB teil. Neben dem Sonntagsgottesdienst gibt es wöchentlich eine Jugendgruppe (samstags), ein Gebetstreffen (mittwochs) und ein

Frauentreffen (jeden zweiten Donnerstag). Der Gottesdienst wird von rund 100 Menschen besucht, unterschiedlich in Alter und Herkunft. Nizar Toumeh spricht von 200 Mitgliedern. Auch hier unterscheidet sich der Gottesdienst in Ablauf und Gestalt nicht wesentlich von dem der Baptistengemeinden. Ein Unterschied besteht darin, dass Nizar Toumeh während des abschließenden Gebets bzw. Liedes durch die Reihen geht, um individuell für die Menschen zu beten.

2.1.1.4 Kirche der christlichen Brüder [kanīsa al-iḫwa al-masīḥīya] (Offene Brüdergemeinde)

Die Kirche der christlichen Brüder, meist „Offene Brüdergemeinde" genannt, steht in der Tradition der Plymouth Brethren. Ihre Anfänge in Nazareth reichen zurück in die 1930er Jahre. Damit ist sie nach der Evangelikal-Baptistischen Kirche, der Mutterkirche, die zweitälteste evangelikale Gemeinde in Nazareth. Das mehrstöckige Gebäude liegt unmittelbar oberhalb des YMCA, direkt angrenzend an das Nazareth Village in Nazareth. Es beherbergt einen großen Gottesdienstraum, weitere Versammlungsräume sowie Gästezimmer und Büroräume der Organisation Emmaus. Der Gottesdienstraum enthält neben Holzbänken ein massives Rednerpult und einen kleinen Tisch, es gibt – im Gegensatz zu den anderen bereits skizzierten Gemeinden – kein Kreuz. George Khalil steht als „Bruder" der Gemeinde seit 1985 vor. Laut seinen Aussagen war seine Mutter bereits in der Offenen Brüdergemeinde aktiv, durch sie wuchs er in die Gemeinde hinein. Als junger Mann arbeitete er 1975 bei einem Missionseinsatz in ganz Israel bei der Organisation Operation Mobilisation mit. 1985 absolvierte er eine einjährige Ausbildung bei den Brethren in den USA. Die Tätigkeit als Gemeindevorstand führt George Khalil nur ehrenamtlich aus, hauptberuflich leitet er die an die Brüdergemeinde angeschlossene Organisation Emmaus, deren Hauptaufgabe in der Erstellung von Bibelstudien besteht. Neben dem Gottesdienst am Sonntagmorgen wird in der Gemeinde dienstags ein Bibelkreis für Frauen angeboten. Dieser wird von circa 15 Frauen, die zum Großteil anderen Gemeinden angehören, besucht. Der Gottesdienst wird durchschnittlich von 20 Personen besucht. Der Gottesdienst unterscheidet sich sehr von den anderen bisher skizzierten Gottesdiensten. Von 10 bis 11 Uhr gibt es das sogenannte Vortreffen, bei dem das Abendmahl gefeiert wird. Dabei werden Weinkelch und ein ganzes Brot herumgereicht, von dem die Teilnehmerinnen und Teilnehmer trinken bzw. sich ein Stück abbrechen. Das Abendmahl wird jede Woche gefeiert und ist das Zentrum des Gottesdienstes. Daran teilnehmen dürfen nur Mitglieder der Gemeinde und solche, die der Gemeinde als „born again" bekannt sind. Zu Beginn der zweiten Versammlung, die unmittelbar an die Vorversammlung anschließt, gibt es ein paar Lieder moderner Lobpreisart, die auch mit der Gitarre begleitet werden.

Ansonsten werden die Lieder im Verlauf beider Versammlungen ohne instrumentale Begleitung aus dem Gesangbuch gesungen. Damit sind die Lieder, wie auch der gesamte Gottesdienst, weit weniger lebhaft als die bisher skizzierten Gottesdienste der Baptisten, der Assemblies of God und der Kirche des Nazareners. Ein weiterer Unterschied besteht in der Rolle der Frauen. Frauen haben während der Treffen ein Kopftuch zu tragen, Frauen und Männer müssen aber nicht – anders als bei der gleich zu skizzierenden „Geschlossenen Brüdergemeinde" – getrennt sitzen. Während des Gottesdienstes dürfen Frauen nicht sprechen, d.h. keine Bibellesungen, Gebete oder Predigten vornehmen. Zwar sind auch bei den anderen bereits skizzierten Gemeinden Pastorinnen nicht vorgesehen, allerdings haben Frauen dort die Möglichkeit, sich auch in Form von Gebeten oder Bibellesungen am Gottesdienstgeschehen zu beteiligen.

2.1.2 Befreundete Kirchengemeinden der CECI

Kirche der Brüder [*kanīsa al-iḫwa*] (Geschlossene Brüdergemeinde)

Die Kirche der Brüder, auch Geschlossene Brüdergemeinde genannt, entstand 1988/1989 als Hausgemeinde im Haus von Youssef Ajaj, der heute zusammen mit Ehab Ilaimi als „Bruder" der Gemeinde vorsteht. Ehab Ilaimi zufolge schloss sich die Gemeinde 1993 mit der Brüdergemeinde in Reineh, ein an Nazareth angrenzendes Dorf, zusammen. Vor einiger Zeit wechselten sie in die jetzigen Räumlichkeiten. Für ihre Gottesdienstzwecke mieten sie ein Stockwerk eines recht großen Gebäudes in einem Wohnviertel. Neben einem Gottesdienstraum gibt es weitere Versammlungsräume, eine Küche und Sanitäranlagen. Im Gottesdienstraum sind Stühle in zwei Blöcken aufgestellt – eine Seite für die Männer, die andere für die Frauen. Vorne befindet sich nur ein Rednerpult, kein Kreuz, Altar, Tisch oder dergleichen. Beide Gemeindevorsteher sind in anderen Bereichen beruflich tätig und erfüllen ihre Aufgabe in der Gemeinde nur ehrenamtlich. Ehab Ilaimi besuchte laut eigenen Angaben als Kind und Jugendlicher die Baptistische Schule. Während einer Freizeit im Baptist Village akzeptierte er seinen Aussagen zufolge im Alter von 14 Jahren den Herrn und fand Anschluss in der baptistisch-evangelikalen Mutterkirche. Seit 1990 besuchte er die neu entstandene Brüdergemeinde, 1991 schloss er sich ihr offiziell an. Eine besondere theologische Ausbildung haben beide Brüder nicht. Begründet wird dies mit dem Selbstverständnis der Brüdergemeinde, dass jeder Christ, der die Gabe zum Reden hat, sprechen sollte. Die Gottesdienste werden von ungefähr 30–50 Personen besucht, darunter viele Familien. Die Brüdergemeinde hat ein recht umfangreiches Gemeindeprogramm. Sonntagabend findet das Brotbrechen statt. Dieses wird ähnlich wie bei der Offenen Brüdergemeinde (Brot am Stück, Weinkelch) praktiziert. Zugelassen sind jedoch nur Mitglieder der eigenen Gemeinde. Mittwochs findet ein weiteres Treffen statt, am Freitag ein Bibelstudium, am Samstag „Sonntagsschule" und Jugendtreffen. Neuerdings findet auch einmal im Monat ein Frauentreffen statt. Die Veranstaltungen am Freitag und Sonntag sind sich sehr ähnlich: Zu Beginn werden Lieder gesungen. Dabei schlägt ein Mann aus der Gemeinde, der sich dazu berufen fühlt, ein Lied vor, das dann aus einem Gesangbuch a cappella gesungen wird. Zwischendurch herrscht für einige Sekunden oder Minuten Stille oder ein anderes Gemeindemitglied spricht ein Gebet. Nach einiger Zeit wird ein biblischer Text verlesen, der anschließend von einem oder mehreren Brüdern ausgelegt wird. Während des Gottesdienstes sitzen Frauen und Männer getrennt. Weiterhin gestaltet sich die Rolle der Frauen im Gottesdienst ähnlich wie bei der Offenen Brüdergemeinde: Frauen bedecken ihr Haar mit einem Tuch. Hierzu besteht jedoch, wie die Gemeindevorsteher betonen, kein Zwang, sondern eine Frau kann sich auch entscheiden, den Kopf unbedeckt zu lassen. In den Gottesdiensten dürfen Frauen nicht sprechen. Während die Gottesdienste sehr ruhig wirken, herrscht nach ihrem Ende ein lebhaftes Miteinander mit Kaffee, kleinen Speisen und intensiven Gesprächen. Die Ausgaben für Miete und andere Unterhaltskosten der Gemeinde werden laut Ehab Ilaimi durch Spenden der Mitglieder generiert.

2.1.3 Weitere evangelikale Kirchengemeinden

Gemeinde Christi / Church of Christ [kanīsa al-masīḥ]

Die Gemeinde Christi liegt an einer Abzweigung der Hauptstraße „Paulus der Sechste", kurz vor dem Aufstieg nach Nof HaGalil, in der Nähe der St.-Josef-Schule. Dort unterhält die Kirchengemeinde ein kleines, zweistöckiges Gebäude. Im Obergeschoss wohnten früher die Missionare, im Erdgeschoss befinden sich der Gottesdienst- und ein weiterer Versammlungsraum sowie das Büro des Pastors. Entstanden ist die Gemeinde in den 1960er Jahren. Maurice Jadon steht der Gemeinde seit 1990 als Pastor vor. Er ist der erste einheimische Pastor, zuvor übernahmen diese Aufgabe Missionare aus den USA. Maurice Jadon bekehrte sich eigenen Angaben zufolge 1971 durch eine Gruppe US-Amerikaner, die mit der Gemeinde Christi in Verbindung stand, und ließ sich taufen. Seither besuchte er diese Kirche, war aber in einem anderen Bereich beruflich tätig. Ab 1988 konnten, so Maurice Jadon, aufgrund einer israelischen Gesetzesänderung keine Missionare mehr geschickt werden. In der Folge absolvierte er eine Ausbildung an der Sunset School of Preaching in Texas, die er im Juni 1990 abschloss. Die Kirche hat

Maurice Jadon zufolge 40 Mitglieder, bei dem Gottesdienstbesuch der Verfasserin waren es 20 Teilnehmer, vor allem aus der älteren Generation. Donnerstags wird ein Bibelkreis angeboten, sonntagmorgens findet der Gottesdienst statt. Dieser ähnelt dem der Brüdergemeinden. Lieder werden ohne instrumentale Begleitung aus einem Gesangbuch gesungen. Das Abendmahl findet jede Woche statt. Unterstützt wird die Kirche durch die Broadway Church of Christ in Lubbock/Texas.

Kirche des Heiligen Geistes [al-kanīsa al-rūḥ al-muqaddis] (Christian Royal Ministries International)

Die Kirche des Heiligen Geistes, auch Christian Royal Ministries International genannt, wurde ungefähr 2001 von Judi Haddad gegründet, der bis heute Pastor dieser Kirche ist. Sie liegt etwas versteckt im Industriegebiet von Nof HaGalil, in der Nähe des Einkaufszentrums „Merkaz Mazon". Die Gemeinde hat dort große Räumlichkeiten angemietet, bestehend aus einem Gottesdienstraum, verschiedenen anderen Versammlungsräumen, einem Büro für den Pastor, Küche und Sanitäranlagen. Judi Haddad, von Beruf Zimmermann, besuchte von 1986 bis 2000 die Evangelikal-Baptistische Mutterkirche, und ging nach einem kurzen Aufenthalt in Kanada für ungefähr ein Jahr in die Kirche des Nazareners. Von dort aus gründete er seine Gemeinde, die zunächst recht klein war und andere Räumlichkeiten nutzte. Später erfolgte der Umzug in die jetzigen Räumlichkeiten. Die Gottesdienste werden in der Kirche des Heiligen Geistes von ungefähr 70–80 Personen unterschiedlichen Alters und Herkunft besucht. Der Gottesdienst findet am Freitagabend statt, zudem gibt es weitere Treffen. Der Charakter des Gottesdienstes unterscheidet sich stark von den zuletzt beschriebenen Gottesdiensten der Brüdergemeinden und Church of Christ, geht aber auch über die beschriebenen Gottesdienste der Baptisten, der Assemblies of God und der Kirche des Nazareners hinaus. Sein Ablauf ähnelt dem der letztgenannten mit Lobpreis, Gebet und Predigt. Die Musik und der Gesang sind jedoch besonders lebhaft, die Band besteht u. a. aus Schlagzeug, Bongos, Bass, Gitarre, Saxophon und Laute. Die Liedtexte werden häufiger als in den anderen Gemeinden wiederholt, dabei stehen eigentlich alle Gottesdienstbesucher, manche hüpfen oder tanzen und recken teilweise ihre Arme in die Luft. Andere praktizieren das Zungengebet. Während des Lobpreises geht Judi Haddad durch die Reihen und praktiziert „Slaying in the Spirit". Dabei berührt er einzelne Gemeindeglieder an der Stirn, spricht ein paar Worte und pustet sie an, bevor sie, das Bewusstsein verlierend, zu Boden sinken und von anderen Gemeindemitgliedern vor dem Aufprall auf dem Boden aufgefangen und zu Boden gelegt werden. Eine derartige Praxis ist in den anderen Kirchengemeinden in Nazareth nicht üblich.

2.2 Para-kirchliche Einrichtungen

Im Folgenden werden die para-kirchlichen evangelikalen Einrichtungen vorgestellt. Mit Ausnahme von drei para-kirchlichen Einrichtungen – Musalaha, Bethlehem Bible College und Israel College of the Bible – haben alle nachfolgend genannten ihren Sitz oder ihren Arbeitsschwerpunkt in Nazareth. Die drei Einrichtungen wurden deshalb hinzugezogen, da sie für die Evangelikalen in Nazareth einflussreich sind.

2.2.1 Para-kirchliche Einrichtungen der CECI

Nazareth Evangelical College (NEC) [kullīya an-nāṣra al-inğīlīya]
https://www.nazcol.org

Das Nazareth Evangelical College (NEC) entstand 2014 durch den Zusammenschluss des Nazareth Evangelical Theological Seminary und Galilee Bible College.[759] Es wurde von drei Partnern gegründet: der ABC, dem Bethlehem Bible College (BBC) und der CECI.[760] Geleitet wird das College von folgenden Personen: Yohanna Katanacho (Dekan), Nabeel Samara (Direktor der Verwaltung), Azar Ajaj (Direktor für Öffentlichkeitsarbeit), Pierre Tannous (Dekan der Studierenden) und Philip Sumpter (Direktor für Internationales Studierendenprogramm). Diese, sowie weitere Personen, gestalten auch die Lehre am College.[761] Am NEC können derzeit zwei Studiengänge absolviert werden: ein Bachelor in Biblischen Studien (Biblical Studies) und ein Master in Leitung und christlicher Dienst (Leadership and Christian Ministry). Seine Akkreditierung erhält das College durch das BBC, und dieses seine wiederum durch die Middle East Association for Theological Education (MEATE), die Asia Theological Association (ATA) und die Palästinensische Autonomiebehörde.[762] Neben den Kursen für die eingeschriebenen Studierenden bietet das College auch einmalige Veranstaltungen, wie zum Beispiel Studientage, für die breitere Öffentlichkeit an. Die meisten Studierenden sind bereits in evangelikalen Gemeinden und Organisationen tätig und absolvieren die Studiengänge berufsbegleitend. Am NEC oder einer seiner Vorgängerinstitutio-

---

759 Das Galilee Bible College wurde in den 1990er Jahren von den Assemblies of God in Haifa gegründet, das Nazareth Evangelical Theological Seminary wurde 2007 von der ABC an demselben Ort gegründet, an dem heute das NEC ist.
760 Vgl. https://www.nazcol.org/history/.
761 https://www.nazcol.org/faculty-and-staff/.
762 https://www.nazcol.org/accreditation/.

nen, dem NETS, haben eine Vielzahl der Pastoren in Nazareth studiert. Auch an der Partnereinrichtung, dem BBC, haben einige studiert. Neuerdings haben auch einige einen Masterstudiengang am Israel College of the Bible (ICB) absolviert (zu BBC und ICB siehe unten).

Baptistenschule Nazareth [al-madrasa al-maʿmadānīya fī an-nāṣra]
http://www.baptist.co.il

Die Baptistenschule (Nazareth Baptist School) ist eine der zentralsten Einrichtungen für Baptisten und Evangelikale in Nazareth heute. Ihre Anfänge reichen zurück in die 1940er Jahre, als amerikanisch-baptistische Missionare an ein Waisenhaus eine Schule anschlossen. 1960 wurde ein neues Schulgebäude eingeweiht, das damals 200 Schülerinnen und Schüler beherbergte. Im Laufe der Jahre entwickelte sich die Schule zu ihrer jetzigen Größe. Lange Zeit wurde die Schule von amerikanischen Direktoren geleitet und durch die Baptist Convention in Israel (BCI) finanziert. Aufgrund der langjährigen amerikanischen Dominanz wird die Schule im Volksmund bis heute auch „amerikanische Schule" genannt. 1991 zogen sich die amerikanischen Baptisten personell und finanziell vollständig zurück; die Schule musste sich umorientieren und ist seither beim israelischen Bildungsministerium registriert, wodurch Teile der Unterhaltskosten der Schule vom Staat übernommen werden können. Sie gilt, wie viele andere kirchliche Schulen auch, als „anerkannt aber nicht öffentlich". Daneben bestehen weitere Partner der Schule: BCI, ABC, CECI, Lokale Baptistengemeinde, Israel Education Forum und Friends of Nazareth. Seit 2004 ist der Direktor Botrus Mansour. Die Schule, die vom Kindergarten bis zur Hochschulreife („K-12") reicht, ist eine der besten Schulen in ganz Israel und nicht zuletzt deswegen bei Familien in Nazareth äußerst beliebt. Damit ist die Schule ein wichtiges Aushängeschild für die Baptisten in Nazareth. Neben den Standardfächern werden verpflichtend für alle Schüler die Fächer Bibel und Andacht [engl. *Chapel*] unterrichtet. Die Warteliste für die Schule ist lang, bevorzugt werden Kinder von Absolventen, Geschwister von aktuellen Schülerinnen und Schülern und Kinder Evangelikaler. Mit derzeit 2.000 Schülern sind die Räumlichkeiten an ihren Grenzen, die Schule arbeitet an der Errichtung eines großen Neubaus am Rande von Nazareth.

Child Evangelism Fellowship (CEF) [ǧāmʿīya tabšīr al-aulād]

Die Child Evangelism Fellowship (CEF) wurde in Israel von dem amerikanischen Ehepaar King begonnen. 1966 legte die Organisation ihren Sitz nach Nazareth, um dort unter arabischen Christen zu arbeiten. Zuvor sollte die Arbeit die CEF unter Juden etabliert werden, diese Arbeit fruchtete jedoch nicht. Der heutige Leiter Fadi

Ramadan wurde von dem Ehepaar King als Nachfolger vorbereitet und übernahm nach ihrem Weggang als Direktor die Leitung. Der Hauptarbeitsschwerpunkt liegt auf arabischsprachigen christlichen Kindern. Die CEF versteht sich dabei als eine Einrichtung, die kirchenverbindend tätig ist und auch kirchenferne Kinder erreichen möchte. Sie arbeitet überregional, neben Nazareth unter anderem in den Orten Tur'an, Eilaboun, Shfa 'Amr, Haifa, Tiberias, Reineh, Kufr Kanna und Yaffa. Die in den jeweiligen Gemeinden bestehende Kinder- und Jugendarbeit unterstützt sie, indem sie Gruppenleiter fortbildet, Material anbietet und auch mit ihren eigenen Mitarbeitern die bestehenden Teams der Gemeinden bei Veranstaltungen wie Sommerfreizeiten verstärkt. Darüber hinaus bietet sie mit dem Good News Club ein eigenes Programm für die Kinder an. Vor Ort kooperiert die CEF mit folgenden Einrichtungen: dem Nazareth Hospital, der Arab Israeli Bible Society, Life Agape und Operation Mobilisation (OM) in Haifa. International ist sie eingebunden in das globale CEF-Netzwerk.

Musalaha [Muṣālaḥa]
http://www.musalaha.org

Musalaha, zu Deutsch Versöhnung, wurde 1990 von Salim Munayer gegründet, der bis heute ihr Direktor ist. Ihr Sitz ist in Jerusalem, viele der Veranstaltungen finden jedoch überregional statt. In Nazareth ist Musalaha auch durch eine Frauengruppe präsent, die sich in regelmäßigen Abständen im Norden trifft, mit einer hohen Beteiligung von Frauen aus Nazareth. Ihre Koordinatorin Iman Hanna lebt in Nazareth. Ziel von Musalaha ist es, Israelis und Palästinenser auf Grundlage des christlichen Glaubens miteinander zu versöhnen. Diese sind im Regelfall messianische Juden und arabischsprachige Evangelikale in Israel und in den Palästinensischen Gebieten. Im Zentrum steht dabei ein Curriculum, das Musalaha selbst entwickelt hat. Das angebotene Programm wird speziell für Frauen, Jugendliche, junge Erwachsene und Familien in Form von Konferenzen, Seminaren und Sommerfreizeiten angeboten.

Emmaus Bible Ministry [ma'had 'imwās]
http://www.emmausnazareth.net/about/

Das Emmaus Bible Ministry in Nazareth wurde in den 1960er Jahren durch Harry L. Medrow, dem damaligen Missionar und Leiter der Offenen Brüdergemeinde in Nazareth, gegründet. Es ist Teil des internationalen Emmaus-Netzwerks, das die Unterweisung in der biblischen Schrift mittels Lehrmaterial und Bibelkursen zum Ziel hat. Nach dem Tod Medrows 1964 hatte das Bible Ministry in Nazareth zunächst keine kontinuierliche Präsenz und Aktivität. Seit 1985 wird das Emmaus

Bible Ministry in Nazareth von George Khalil geleitet. Dieses ist heute das zentrale Büro für Emmaus in der arabischsprachigen Welt. Von Nazareth aus werden christliche Bücher und Bibelkurse – meist aus dem Englischen – ins Arabische übersetzt, das Layout gestaltet und dann in die Nachbarländer entweder als Druckvorlage oder bereits als gedrucktes Buch weiterverteilt. Zum Bestand gehören mittlerweile über 40 Bücher. In Nazareth wird ein Emmaus-Bibelkurs für Frauen rege besucht. Zudem bietet Emmaus auch Kurse im Internet an.

Rückkehr nach Jerusalem [al-'auda ilā urūšalīm]

Gründer und Leiter der Organisation Rückkehr nach Jerusalem ist Rajai Samawi. Bis ungefähr 2010 war Rückkehr nach Jerusalem ein Teil der Organisation Life Agape (s. u.), die Rajai Samawi bis dahin leitete. Ein Hauptarbeitsschwerpunkt von Rückkehr nach Jerusalem ist die Arbeit unter – vornehmlich syrischen – Flüchtlingen. Zunächst arbeitete die Organisation in Jordanien, nun vor allem in Griechenland, der Türkei und in Deutschland. Hierbei steht die Verkündigung des Evangeliums im Fokus, die sowohl in Worten wie auch in Taten geschieht. Die Organisation vermittelt unterschiedliche Teams aus Israel und anderen Ländern, die beispielsweise Flüchtlinge medizinisch versorgen oder für diese kochen. Auch aus Nazareth nehmen Evangelikale immer wieder an diesen Missionseinsätzen Teil.

Fellowship of Christian Students in Israel (FCSI) [rābiṭa aṭ-ṭulāb al-ğāmiʿīn]
www.fcsi.ws

In den 1970er Jahren entwickelten sich vereinzelte Studierendengruppen, die sich dann zur Fellowship of Christian Students in Israel (FCSI) zusammenschlossen. 1987 vereinigte sich die FCSI mit der International Fellowship of Evangelical Students (IFES). Geleitet wird die FCSI seit 2018 von der Generalsekretärin Rasha Saba. Sie folgt Zahir Hadad nach, der die Organisation seit 2002 leitete. Das Hauptbüro liegt in Nazareth, weiterhin gibt es einen Mitarbeiter für die hebräischen Studierenden in Ashdod und eine Freiwillige für die internationalen Studierenden in Beersheba. Eine Besonderheit der Organisation FCSI ist, dass sie sowohl unter arabischsprachigen Evangelikalen wie auch messianischen Juden arbeitet. Die Hochschulgruppen sind dabei jedoch meist nicht gemischt; an den jeweiligen Hochschulorten gibt es elf arabischsprachige und fünf hebräischsprachige Gruppen, darüber hinaus fünf internationale Gruppen. Überregional finden allerdings mehrmals im Jahr Konferenzen und Freizeiten statt, bei denen die unterschiedlichen Gruppen zusammenkommen. Diese werden meist von über 100 Studierenden besucht.

Grace Ministry / Christian Holy Land Foundation (CHLF)
http://www.chlf.org

Die Christian Holy Land Foundation (CHLF) ist eine Organisation, die in den USA (Noblesville, IN) registriert ist und von dort geleitet wird mit dem Ziel, arabischsprachige Evangelikale in Israel zu unterstützen. Dies geschieht in Form der kontinuierlichen finanziellen Unterstützung von sechs Pastorenpaaren in ganz Galiläa sowie von Veranstaltungen wie Muttertag und Jugendkonferenzen. Die Anfänge der CHLF reichen zurück in die 1980er Jahre. Damals kooperierte die Foundation mit George Awwad, bis zu dessen Tod 2003. Seit 2005 besteht die Zusammenarbeit in heutiger Form. In Israel wird das Team geleitet von Salim Hanna. Durch die CHLF sollen Menschen erreicht werden, die bisher nicht in die Kirche gehen. Sie versteht sich darum als para-kirchliche Einrichtung. Ein Kernanliegen ist die geistliche, individuelle Betreuung und Seelsorge von Gläubigen, die nach Meinung von Salim Hanna in größeren Gemeinden oft zu kurz kommt. In Israel ist CHLF unter den arabischen Evangelikalen als Grace Ministry [ḫidma an-niʿma] bekannt.

Arab Israeli Bible Society [dār al-kitāb al-muqaddas]
http://www.aibible.org

Die Arab Israeli Bible Society ist Teil des internationalen Netzwerks der United Bible Societies. Seit dem 19. Jahrhundert war die Bibelgesellschaft in Israel / Palästina aktiv, aber erst 2008 kam es zu einer Neustrukturierung: In Nazareth wurde die Arab Israeli Bible Society eingerichtet, neben einer Israeli Bible Society in Jerusalem, deren Schwerpunkt unter den jüdischen Israelis liegt, und einer in den palästinensischen Gebieten. Geleitet wird die Arab Israeli Bible Society von Dina Katanacho. Ziel der Bibelgesellschaft ist es, die Bibel zugänglich zu machen, sowohl durch die Verteilung der biblischen Schrift wie auch im erweiterten Sinn durch Unterweisung. In diesem Rahmen bietet die Gesellschaft Veranstaltungen wie einen Bibelwettbewerb an und spielt dabei auch eine wichtige ökumenische Rolle.

Life Agape [ḥayā al-maḥabba]
https://www.cru.org

Die Organisation Life Agape wird von Samir Butrus geleitet. Sie ist Teil des weltweiten Netzwerks Campus Crusade for Christ. Aufgrund der Kreuzfahrerzeit ist der Name „Crusade" unter den arabischen Christen wenig beliebt, daher heißt die Organisation in Israel Life Agape. Anders als in anderen Teilen der Welt liegt in

Israel der Fokus der Arbeit von Campus Crusade for Christ nicht auf Studierenden. Vielmehr liegt der Schwerpunkt auf der Evangelisierung, vor allem von Muslimen. Samir Butrus arbeitet hierbei mit 20 lokalen Mitarbeitern sowie Gruppen aus dem Ausland – vornehmlich Deutschland, anderen europäischen Ländern, den USA und Südafrika – zusammen. Gemeinsam besuchen sie Dörfer und unterhalten sich auf Einladung von Dorfbewohnern mit diesen über ihren christlichen Glauben.

2.2.2 Befreundete para-kirchliche Einrichtungen der CECI

House of Prayer and Exploits (HOPE) [bait aṣ-ṣalā wa ʿaẓāʾim Allah]

Das House Of Prayer and Exploits (HOPE) begann 2004 durch die Initiative von Rania Sayegh, angeleitet vom damaligen Pastor der Lokalen Baptistenkirche, Andraos Abu Ghazaleh, und seiner Frau Margerete. Zunächst wurden die Treffen nur von sehr wenigen Personen besucht. 2011 entwickelten sich diese zu Jugendtreffen weiter, und durch Jugendkonferenzen, etwa der ABC, wuchs die Teilnehmerzahl an. Etwa 2016 fand HOPE weiteren Zulauf, im Frühjahr 2017 wurden die Gebetstreffen von ca. 40 – vorwiegend jungen – Menschen besucht. Die Treffen finden in einer Wohnung statt, die Rania Sayegh gehört und auf deren Familiengrundstück liegt. Sie liegt im Stadtteil Khanuq. Im Hauptzimmer sind Stühle im Rechteck aufgebaut, die Wände sind lebhaft dekoriert mit Bildern und Gegenständen, oft Geschenke von anderen Gläubigen aus dem Ausland, darunter Pfeil und Bogen, Bilder von Löwen, ein Tierhorn, Nationalflaggen. Neben dem Hauptzimmer gibt es eine Küche, in der man sich während der gesamten Treffen Heißgetränke zubereiten kann, Toiletten und separate Räume, letztere werden aber für gewöhnlich nicht genutzt. Die Treffen finden Freitagabend, ca. 19.30 bis 23.30 Uhr statt. Der Ablauf der Gebetstreffen variiert stark. Zu den Elementen eines Gebetstreffens zählen Lobpreis, auch als „Gottesdienst mit Gott" bezeichnet, Gebete und Ansprachen. Geleitet werden die Treffen von unterschiedlichen Personen, darunter Rania Sayegh, Margerete Abu Ghazaleh und Luna Matar. Frauen kommen hier grundsätzlich dieselben Funktionen und Rollen zu wie Männern, anders als in den bereits erwähnten Kirchen. Neben den freitäglichen Treffen gibt es gelegentlich 24-Stunden-Gebetstreffen oder auch unter der Woche am Tag für einige Stunden Gebetszeiten. Zur Zeit der Forschungsaufenthalte bestand die Hoffnung, diese Gebetszeiten auszuweiten.

Nazareth Hospital [mustašfā an-nāṣra]
https://nazhosp.com

Die Geschichte des Nazareth Hospital, auch English Hospital genannt, reicht zurück bis 1861. Der Arzt Pacradooni Kaloost Vartan, ausgebildet von der Edinburgh Medical Missionary Society (EMMS), initiierte eine Arzneimittelausgabe und das Krankenhaus. In den folgenden Jahren entwickelte es sich zu einer beachtlichen Größe: 1871 gab es bereits 18 Betten, 1904 erwarb die EMMS gut 10 Hektar Land (25 Acres), auf denen 1912 und 1921 neue Gebäude errichtet wurden. Heute ist das Nazareth Hospital das größte Krankenhaus in Nazareth mit rund 150 Betten, 500 Angestellten und vielen verschiedenen Abteilungen, darunter Orthopädie, Chirurgie und Entbindungsstation. Zudem unterhält das Krankenhaus eine angeschlossene Ausbildungseinrichtung für Krankenschwestern (Nazareth Academic School of Nursing). Die EMMS ist nach wie vor Trägerin des Krankenhauses. Sie hat sich 2001 in EMMS International und EMMS Nazareth aufgeteilt, letztere hat sich 2010 in Nazareth Trust umbenannt. Geschäftsführer des Nazareth Trust ist Richard Mayhew. Zum Nazareth Trust gehört ferner seit 2015 das Nazareth Village (s. u.). Das Krankenhaus behandelt Patienten und beschäftigt Personal unabhängig ihrer religiösen Zugehörigkeit. Die seelsorgerliche Betreuung im Krankenhaus wird jedoch von Evangelikalen übernommen. Viele Evangelikale sehen in der geistlichen Betreuung das Herz des Krankenhauses und unterstützen den Besuchsdienst durch ehrenamtliche Mitarbeit. Der zuständige Pastor ist Suhail Bathish.

2.2.3 Weitere evangelikale para-kirchliche Einrichtungen

Nazareth Village [qarya an-nāṣra]
http://www.nazarethvillage.com

Das Nazareth Village ist ein Freiluftmuseum für Touristen und Pilger, gelegen unterhalb des Nazareth Hospitals. Touristen sollen auf dem Gelände, auf dem u. a. eine Synagoge sowie eine Wein- und Olivenpresse nachgebaut wurden, das Nazareth aus Jesu' Zeit nacherleben können. Das Nazareth Village bildet heute, neben der römisch-katholischen Verkündigungsbasilika und der griechisch-orthodoxen Verkündigungskirche, das wichtigste Besichtigungsziel in Nazareth für Reisegruppen. Nach einigen Ausgrabungen, Nachforschungen und Planungen wurde das Nazareth Village 2000 eröffnet. Es ist, wie das Nazareth Hospital auch, Teil des Nazareth Trust. Viele arabischsprachige Evangelikale arbeiten in der Verwaltung, als Gruppenführer oder Statisten im Village. Auch einige messianische Juden arbeiten als Gruppenführer. Direktorin des Nazareth Village ist Maha Sayegh.

Freie Methodisten

Die Freien Methodisten bestehen erst seit wenigen Jahren in Nazareth und Israel. Sie wurden von Nabeel Samara gegründet, der sie auch heute leitet. Insgesamt gibt es Nabeel Samara zufolge in seinem Team fünf Pastoren – darunter eine Pastorin –, die insgesamt fünfzehn Hauskirchen leiten. Die Freien Methodisten sind zwar mit anderen Evangelikalen in Kontakt – so ist etwa Nabeel Samara am NEC tätig, viele seiner Pastoren haben auch dort studiert – jedoch wurden die Freien Methodisten gerade auch in Konkurrenz zu den anderen Evangelikalen gegründet. Wie Nabeel Samara im Interview mitteilte, war er früher bei der Kirche des Nazareners tätig, fand aber nach seiner Rückkehr aus den USA, wo er ein Masterstudium und später auch ein Promotionsstudium absolvierte, keine erneute Anstellung dort. Diese Spannung wurde u. a. durch die Ordination von Ibtisam Daniel – der ersten Pastorin im Nahen Osten – erheblich vergrößert. Zwei Treffen der Pastorin Ibtisam hat die Verfasserin besucht. Dort nahmen zwischen fünf und zehn Frauen teil, nach einem kurzen Lobpreisblock gab es einen kleinen Input von Ibtisam Daniel. Im Zentrum stand der Austausch mit den anderen Teilnehmerinnen über Fragen des Glaubens und des Alltags.

Bethlehem Bible College (BBC) [*kullīya bait laḥm al-kitāb al-muqaddas*]
https://bethbc.edu

Das Bethlehem Bible College (BBC) wurde in den 1980er Jahre von Bishara Awad initiiert. Wurden zunächst Abendkurse von Missionaren unterrichtet, erweiterte sich das College schnell. 1990 erfolgte der Umzug an den heutigen Ort, die Räumlichkeiten wurden seither kontinuierlich erweitert und renoviert. Zudem expandierte das College, 2007 in Form des Galilee Bible College in Nazareth, einige Jahre später mit einem Ableger in Gaza. Seit 2012 ist Jack Sara der Präsident des BBC, das er zusammen mit einem Board of Trustees leitet. Es wird ein umfangreiches Studienprogramm angeboten. Es umfasst neben Biblischen Studien und christlichem Dienst auch Reiseleitung und Medien. Die Kurse werden durch die Middle East Association for Theological Education (MEATE) und das Palästinensische Ministerium für Höhere Bildung akkreditiert. Darüber hinaus sind zahlreiche weitere Einrichtungen mit dem BBC verbunden, darunter die sozialkaritative Shepherd Society, eine öffentliche Bibliothek und Sommerfreizeiten für Kinder. Nach außen hin besonders einflussreich ist die alle zwei Jahre stattfindende Konferenz Christ at the Checkpoint, bei der die internationale evangelikale

Gemeinschaft mit Vorträgen und Begleitprogramm sich mit der palästinensischen Situation auseinandersetzt. Zudem gibt es ein Gästehaus und ein Freiwilligenprogramm. Einige Pastoren aus Nazareth haben am BBC studiert. Eine weitere Verbindung ergibt sich durch die enge Zusammenarbeit zwischen dem NEC und dem BBC.

Israel College of the Bible (ICB)
https://college.oneforisrael.org
http://israelcollege.com

Die Anfänge des Israel College of the Bible (ICB) reichen zurück in die 1990er Jahre. Zu dieser Zeit gab es aber teilweise finanzielle Schwierigkeiten und keine kontinuierliche Arbeit. Dies änderte sich mit der neuen Leitung von Erez Soref 2006. Unter ihm entwickelte sich das ICB zu seiner heutigen Form. Wurden zuvor vor allem Kurse für internationale Studierende angeboten, liegt nun der Schwerpunkt auf der Ausbildung israelischer, messianischer Juden. Es ist das einzige hebräischsprachige Bible College in Israel. 2010 wurden Räumlichkeiten in Netanya erworben, die bis heute genutzt werden. Das College ist Teil von One for Israel, einer Organisation, die zum Zentrum die Evangelisierung von Juden hat. Neben dem College unterhält sie den Radiosender Agape und bietet Evangelisierungsreisen und humanitäre Hilfe an. Das ICB ist hauptsächlich aus dem Ausland finanziert, die Studierenden zahlen im Regelfall – anders als am NEC und BBC – keine Studiengebühren. Im College angebotene Kurse sind Biblische Studien (BA und MA) sowie Seelsorge (Counseling; MA). Zudem gibt es Studienkurse in Bibel und Theologie, Online-Kurse und Studienreisen, an denen auch internationale Studierende teilnehmen können, die nicht nach einem formalen Abschluss streben. Akkreditierung erfahren die Studiengänge durch die Asia Theological Association und die European Evangelical Accrediting Association. 2014 fand der erste Masterstudiengang für arabische Evangelikale und messianische Juden gemeinsam statt. Er wurde im Folgejahr erneut angeboten. Unter den arabischen Teilnehmern sind auch einige arabische Pastoren und Führungspersonen aus Nazareth. Nach Aussagen des Studiendekans sind ca. 35% der Studierenden am ICB Araber.

Literaturverzeichnis

Aagaard, Johannes. *Mission Konfession – Kirche. Die Problematik ihrer Integration im 19. Jahrhundert in Deutschland (2 Bände)*. Lund: Gleerups, 1967.
Ajaj, Azar. „Evangelicals in Western Asia. Greater Syria (Israel, Palestine, Syria, and Lebanon), Jordan, and Iraq." In *Evangelicals around the World. A Global Handbook for the 21st Century*, hg. v. Brian C. Stiller, Todd M. Johnson, Karen Stiller und Mark Hutchinson, 353–59. Nashville (TN): Thomas Nelson, 2015.
Ajaj, Azar. „Nazareth Evangelical Theological Seminary. The First Six Years." In *Arab Evangelicals in Israel*, hg. v. Azar Ajaj, Duane Alexander Miller und Philip Sumpter, 65–73. Eugene (OR): Pickwick, 2016.
Ajaj, Azar. „The Challenge of Being Called Palestinian Evangelicals," *Come and See* (23.06.2018) (http://www.comeandsee.com/view.php?sid=1361).
Ajaj, Azar und Philip Sumpter. „An Introduction to the Convention of Evangelical Churches in Israel (CECI)." In *Arab Evangelicals in Israel*, hg. v. Azar Ajaj, Duane Alexander Miller und Philip Sumpter, 35–51. Eugene (OR): Pickwick, 2016.
Al Qass Collings, Rania, Rifat Odeh Kassis und Mitri Raheb, Hg. *Palestinian Christians in the West Bank. Facts, Figures and Trends*. Bethlehem: Diyar Publisher, 2012.
Al-Liqa'-Zentrum. „Theologie und Ortskirche im Heiligen Land." In *Zwischen Halbmond und Davidstern. Christliche Theologie in Palästina heute*. Theologie der Dritten Welt 28, hg. v. Harald Suermann, 38–51. Freiburg u. a.: Herder, 2001.
Ariel, Yaakov. *Evangelizing the Chosen People. Missions to the Jews in America, 1880–2000*. Chapel Hill u. a.: University of North Carolina Press, 2000.
Associated Press. „Ousted Patriarch Behind Locked Doors in Jerusalem," (07.01.2011) (https://www.jpost.com/National-News/Ousted-patriarch-behind-locked-doors-in-Jerusalem).
Ateek, Naim Stifan. *Justice, and only Justice. A Palestinian Theology of Liberation*. Maryknoll (NY): Orbis Books, 1989.
Ateek, Naim Stifan. *A Palestinian Christian Cry for Reconciliation*. Maryknoll (NY): Orbis, 2008.
Ateek, Naim Stifan. *A Palestinian Theology of Liberation. The Bible, Justice, and the Palestine-Israel Conflict*. Maryknoll (NY): Orbis, 2017.
Ateek, Naim Stifan. *Recht, nichts als Recht! Entwurf einer palästinensisch-christlichen Theologie*. Fribourg/Brig: Edition Exodus, 1990.
Baker, Dwight L. *Baptists Golden Jubilee. 50 Years in Palestine – Israel. A Short Commemorative History*. Auf Schreibmaschine verfasstes Manuskript: 1961.
Balleine, George Reginald. *A History of the Evangelical Party in the Church of England*. London: William Clowes and Sons, 1951.
Barkey, Karen. *Empire of Difference. The Ottomans in Comparative Perspective*. Cambridge u. a.: Cambridge University Press, 2008.
Barron, J. B. *Report and General Abstracts of the Census of 1922*. Jerusalem: Greek Covenant Press, 1922.
Beaty, Katelyn. „At a Private Meeting in Illinois, a Group of Evangelicals Tried to Save Their Movement From Trumpism," *The New Yorker* (26.04.2018) (https://www.newyorker.com/news/on-religion/at-a-private-meeting-in-illinois-a-group-of-evangelicals-tried-to-save-their-movement-from-trumpism).
Bebbington, David W. *Evangelicalism in Modern Britain. A History from the 1730s to the 1980s*. London: Unwin Hyman, 1989.

Bentwich, Norman. „The Legislation of Palestine." *Journal of Comparative Legislation and International Law* 8:1 (1926): 9 – 20.
Bergunder, Michael. „Art. Definitions." In *Brill's Encyclopedia of Global Pentecostalism Online*, hg. v. Michael Wilkinson, Conny Au, Jörg Haustein und Todd M. Johnson, Brill, 2019.
Bergunder, Michael. „Art. History." In *Brill's Encyclopedia of Global Pentecostalism Online*, hg. v. Michael Wilkinson, Conny Au, Jörg Haustein und Todd M. Johnson, Brill, 2019.
Bergunder, Michael. „The Cultural Turn." In *Studying Global Pentecostalism. Theory and Methods*, hg. v. Allan Anderson, Michael Bergunder, André Droogers und Cornelis Van der Laan, 51 – 73. Berkely: University of California Press, 2010.
Bergunder, Michael. „Der ‚Cultural Turn' und die Erforschung der weltweiten Pfingstbewegung." *Evangelische Theologie* 69:4 (2009): 245 – 69.
Bergunder, Michael. „Umkämpfte Historisierung. Die Zwillingsgeburt von ‚Religion' und ‚Esoterik' in der zweiten Hälfte des 19. Jahrhunderts und das Programm einer globalen Religionsgeschichte." In *Wissen um Religion: Erkenntis – Interesse. Epistemologie und Epistemie in Religionswissenschaft und Interkultureller Theologie*, hg. v. Klaus Hock, 47 – 131. Leipzig: Evangelische Verlagsanstalt, 2020.
Bergunder, Michael. „Was ist Religion? Kulturwissenschaftliche Überlegungen zum Gegenstand der Religionswissenschaft." *Zeitschrift für Religionswissenschaft* 19:1/2 (2012): 3 – 55.
Bickle, Mike. „100 Most Frequently Asked Questions about the End Times" (https://mikebickle.org/articles/pdfs/100_Most_Frequently_Asked_Questions_about_the_End_Times.pdf).
Bickle, Mike. „Quick Facts and Terminology Related to the End Times" (https://ihopkcorg-a.akamaihd.net/platform/IHOP/273/799/20130829B_Quick_Facts_and_Terminology_Related_to_the_End_Times.pdf).
Bickle, Mike. „Session 4. Biblical Signs of the Times Related to Israel" (https://ihopkcorg-a.akamaihd.net/platform/IHOP/615/827/20160212_Biblical_Signs_of_the_Times_Related_To_Israel_study_notes_KBST04.pdf).
Blumenthal, Max. „Birth Pangs of a New Christian Zionism," *The Nation* (08. 08. 2006) (https://www.thenation.com/article/archive/birth-pangs-new-christian-zionism/).
Botschaft des Staates Israel in Berlin. „Israel erkennt aramäische Minderheit als eigenständige Nationalität an," (18. 09. 2014) (http://www.botschaftisrael.de/2014/09/18/israel-erkennt-aramaeische-minderheit-als-eigenstaendige-nationalitaet-an/).
Braude, Benjamin. „Foundation Myths of the *Millet* System." In *Christians and Jews in the Ottoman Empire. The Functioning of a Plural Society. Volume I: The Central Lands*, hg. v. Benjamin Braude und Bernard Lewis, 69 – 88. New York/London: Holmes & Meier Publishers, 1982.
Brog, David. *Standing With Israel. Why Christians Support the Jewish State*. Lake Mary: Charisma House, 2006.
Brown, Lauretta. „Priest to UN: Israel is ‚Only Safe Place' for Christians in Middle East," *CNS News* (03. 11. 2014) (https://www.cnsnews.com/news/article/lauretta-brown/priest-un-israel-only-safe-place-christians-middle-east).
Bunton, Martin. „Inventing the Status Quo: Ottoman Land-Law during the Palestine Mandate, 1917 – 1936." *The International History Review* 21:1 (1999): 28 – 56.
Burge, Gary. „You Can Be an Evangelical and Reject Trump's Jerusalem Decision," *The Atlantic* (06. 12. 2017) (https://www.theatlantic.com/international/archive/2017/12/evangelical-trump-jerusalem-embassy/547643/).

Burge, Gary. *Whose Land? Whose Promise? What Christians Are Not Being Told about Israel and the Palestinians.* Cleveland: Pilgrim Press, 2003.
Calder, Mark D. *Bethlehem's Syriac Christians. Self, Nation and Church in Dialogue and Practice.* Piscataway (NJ): Gorgias Press, 2017.
Calder, Mark Daniel. „Palestinian Christians. Situating Selves in a Dislocated Present." In *Routledge Handbook of Minorities in the Middle East*, hg. v. Paul S. Rowe, 100–14. Abingdon: Routledge, 2018.
Campos, Michelle U. *Ottoman Brothers. Muslims, Christians, and Jews in Early Twentieth-Century Palestine.* Stanford (CA): Stanford Univ. Press, 2011.
Chacour, Elias. *Faith beyond Despair. Building Hope in the Holy Land.* London: Canterbury Press, 2008.
Chacour, Elias. *We Belong to the Land. The Story of a Palestinian Israeli who Lives for Peace and Reconciliation.* Notre Dame (IN): University of Notre Dame Press, 2001.
Cohen, Arieh. „Ireneos I is Still the Greek Orthodox Patriarch, Says Israeli Government," *AsiaNews* (24.04.2006) (http://www.asianews.it/news-en/Ireneos-I-is-still-the-Greek-Orthodox-Patriarch,-says-Israeli-government-5975.html).
Cohen, Ariel. „Israeli Greek Orthodox Church Denounces Aramaic Christian Nationality," *The Jerusalem Post* (28.11.2014) (http://www.jpost.com/Christian-News/Israeli-Greek-Orthodox-Denounce-Move-to-Differentiate-Christians-from-Arabs-376493).
Cohen, Ben. „Israeli Priest Gabriel Nadaf Confident of Greater Christian Recruitment Into IDF (Interview)," (21.11.2014) (http://www.algemeiner.com/2014/11/21/israeli-priest-gabriel-nadaf-confident-of-greater-christian-recruitment-into-idf-interview/).
Cohen, Raymond. *Saving the Holy Sepulchre. How Rival Christians Came Together to Rescue Their Holiest Shrine.* Oxford: Oxford Univer. Press, 2008.
Cohen-Hattab, Kobi. *Historical-Geography of Pilgrimage and Tourism in Nazareth since the End of the Ottoman Era.* Proceedings of the Second International Seminar on Tourism Management in Heritage Cities, 2000.
Colbi, Saul P. *A History of the Christian Presence in the Holy Land.* Lanham (MD)/London: University Press of America, 1988.
Come and See. „*Al-ittifāqīya širāka farīda baina al-maǧāmiʿ al-inǧīlīya fī al-urdun wa al-arāḍī al-muqaddasa* [Vereinbarung der besonderen Partnerschaften zwischen der Evangelical Convention in Jordanien und dem Heiligen Land]," (15.11.2017) (www.comeandsee.com/ar/post/2847256).
Come and See. „*Al-maǧmaʿ al-kanāʾis al-inǧīlīya al-urdunīya yutālibu ar-raʾīs al-amrīkī bi l-ʿudūl ʿan naql as-sifāra al-isrāʾīlīya li l-quds* [Die Vereinigung der evangelikalen jordanischen Kirchen fordert den amerikanischen Präsidenten zum Verzicht der Verlegung der israelischen Botschaft nach Jerusalem auf]" (09.12.2017) (http://www.comeandsee.com/ar/post/2853029).
Come and See. „Lausanne Initiative on Reconciliation in Israel-Palestine. 2018 Press Release/Report," (22.02.2018) (http://www.comeandsee.com/view.php?sid=1348).
Come and See. „Messianic Jews and Palestinian Christians Envision Reconciliation," (08.02.2015) (http://www.comeandsee.com/view.php?sid=1258).
Come and See. „Palestinian Christians and Messianic Jews Share Reconciliation Journeys," (01.03.2017) (http://www.comeandsee.com/view.php?sid=1327).
Come and See. „Rev. Andrew Abu Ghazaleh Leaves Israel," (27.06.2001) (http://www.comeandsee.com/view.php?sid=126).

Cornish, Francis Warre. *The English Church in the Nineteenth Century. Part I.* London: Macmillan, 1910.
Dallah, Ǧirīs. *Al-intiʿāš.* Beirut: Dār an-našr al-maʿmadānīya, 1987.
Davison, Roderic H. *Reform in the Ottoman Empire 1856–1876.* Princeton (NJ): Princeton Univ. Press, 1963.
Dumper, Michael. „The Christian Churches of Jerusalem in the Post-Oslo Period." *Journal of Palestine Studies* 31:2 (2002): 51–65.
Dumper, Michael. „Church-State Relations in Jerusalem since 1948." In *The Christian Heritage in the Holy Land*, hg. v. Anthony O'Mahony, Göran Gunner und Kevork Hintlian, 266–87. London: Scorpion Cavendish, 1995.
Dumper, Michael. „Faith and Statecraft. Church-State Relations in Jerusalem after 1948." In *Palestinian Christians. Religion, Politics and Society in the Holy Land*, hg. v. Anthony O'Mahony, 56–81. London: Melisende, 1999.
Durbin, Sean. *Righteous Gentiles. Religion, Identity, and Myth in John Hagee's Christians United for Israel.* Leiden: Brill, 2019.
Eisler, Jakob, Hg. *Deutsche in Palästina und ihr Anteil an der Modernisierung des Landes.* Abhandlungen des Deutschen Palästina-Vereins 36. Wiesbaden: Harrassowitz, 2008.
Emmet, Chad F. *Beyond the Basilica. Christians and Muslims in Nazareth.* Chicago/London: The University of Chicago Press, 1995.
Engberg, Aron. *Walking on the Pages of the Word of God. Self, Land, and Text Among Evangelical Volunteers in Jerusalem.* Leiden: Brill, 2019.
Feldman, Jackie und Amos S. Ron. „American Holy Land. Orientalism, Disneyzation, and the Evangelical Gaze." In *Orient – Orientalistik – Orientalismus. Geschichte und Aktualität einer Debatte*, hg. v. Burkhard Schnepel et al., 151–76. Bielefeld: transcript, 2011.
Firro, Kais M. *The Druzes in the Jewish State. A Brief History.* Leiden u. a.: Brill, 1999.
Fisher, Linford D. „Evangelicals and Unevangelicals. The Contested History of a Word, 1500–1950." *Religion and American Culture. A Journal of Interpretation* 26:2 (2016): 184–226.
Fitzgerald, Frances. *The Evangelicals. The Struggle to Shape America.* New York u. a.: Simon & Schuster, 2017.
Foucault, Michel. „Nietzsche, die Genealogie, die Historie." In *Von der Subversion des Wissens*, hg. v. Walter Seitter, 69–90. Frankfurt a. M.: Fischer Taschenbuch Verlag, 1987.
Frantzman, Seth J., Benjamin W. Glueckstadt und Ruth Kark. „The Anglican Church in Palestine and Israel. Colonialism, Arabization and Land Ownership." *Middle Eastern Studies* 47:1 (2011): 101–26.
Galli, Mark und Yehiel Poupko. „Too Many Jews and Israelis See White Evangelicals as One-dimensional Messianic Caricatures," *Haaretz* (21. 07. 2019) (https://www.haaretz.com/opinion/on-jews-and-israel-white-evangelicals-aren-t-one-dimensional-messianic-caricatures-1.7538783).
Geldbach, Erich. „Der Dispensationalismus." *Theologische Beiträge* 42 (2011): 191–210.
Ghanem, As'ad. „The Palestinian Minority in Israel. The ‚Challenge' of the Jewish State and its Implications." *Third World Quarterly* 21:1 (2000): 87–104.
Ghanem, As'ad. „The Palestinians in Israel. Political Orientation and Aspirations." *International Journal of Intercultural Relations* 26:2 (2002): 135–52.
Goldenberg, Tia und Arrej Hazboun. „Israel Honors Priest Who Promotes Arab Army Enlistment," (11. 05. 2016) (https://apnews.com/241d63f7c4084ba99da2c6660a84f1ae).

Gorenberg, Gershom. On Christian Zionism, *NPR. Fresh Air* (18. 09. 2006) (https://www.npr.org/templates/story/story.php?storyId=6097356&t=1570096308097).
Gorenberg, Gershom. *The End of Days. Fundamentalism and the Struggle for the Temple Mount.* Oxford u. a.: Oxford University Press, 2000.
Gräbe, Uwe. *Jerusalem, Muristan – und andere Wege in Nahost. Grenzgänge und Begegnungen im politischen und religiösen Spannungsfeld.* Berlin: LIT, 2018.
Gräbe, Uwe. *Kontextuelle palästinensische Theologie. Streitbare und umstrittene Beiträge zum ökumenischen und interreligiösen Gespräch.* Missionswissenschaftliche Forschungen 9. Erlangen: Erlanger Verlag für Mission und Ökumene, 1999.
Grass, Tim. *Gathering to His Name. The Story of Open Brethren in Britain and Irleand.* Glasgow: Paternoster, 2006.
Gryboski, Michael. „Palestinian Authority Officially Recognizes Evangelical Group," *Christian Post* (12. 11. 2019) (https://www.christianpost.com/news/palestinian-authority-officially-recognizes-evangelical-group.html).
Günzel, Angelika. *Religionsgemeinschaften in Israel. Rechtliche Grundstrukturen des Verhältnisses von Staat und Religion.* Tübingen: Mohr Siebeck, 2006.
Haaretz Editorial. „Israel's Unholy and Transient Alliance with U.S. Evangelicals," *Haaretz* (18. 05. 2018) (https://www.haaretz.com/opinion/editorial/israel-s-unholy-and-transient-alliance-with-u-s-evangelicals-1.6097404).
Haaretz Editorial. „The Evangelical Bear Hug," *Haaretz* (09. 07. 2019) (https://www.haaretz.com/opinion/editorial/the-evangelical-bear-hug-1.7482828).
Hagee, John. *Earth's Final Moments.* Lake Mary: Charisma House, 2011.
Hagee, John. *In Defense of Israel.* Lake Mary: FrontLine, 2007.
Hagee, John. *Jerusalem Countdown. A Prelude to War. Revised and Updated.* Lake Mary: FrontLine, 2007.
Haiduc-Dale, Noah. *Arab Christians in British Mandate Palestine. Communalism and Nationalism, 1917–1948.* Edinburgh: Edinburgh University Press, 2015.
Halbfinger, David M., Isabel Kershner und Declan Walsh. „Israel Kills Dozens at Gaza Border as U. S. Embassy Opens in Jerusalem," *The New York Times* (14. 05. 2018) (https://www.nytimes.com/2018/05/14/world/middleeast/gaza-protests-palestinians-us-embassy.html).
Halevi, Masha. „The Politics Behind the Construction of the Modern Church of the Annunciation of Nazareth." *The Catholic Historical Review* 96:1 (2010): 27–55.
Hall, Stuart. „Kulturelle Identität und Diaspora." In *Rassismus und kulturelle Identität. Ausgewählte Schriften 2*, hg. v. Ulrich Mehlem, Dorothee Bohle, Joachim Gutsche, Matthias Oberg und Dominik Schrage, 26–43. Hamburg: Argument Verlag, 1994.
Hänsel, Lars. „Christen in Israel. Komplexe Identität zwischen Religion und Nation." *KAS Auslandsinformation* 12 (2010): 36–55.
Hanselmann, Siegfried. *Deutsche evangelische Palästinamission. Handbuch ihrer Motive, Geschichte und Ergebnisse.* Erlanger Taschenbücher 14. Erlangen: Verl. der Ev.-Luth. Mission, 1971.
Hatuqa, Dalia. „Holy Land for Sale," *Foreign Policy* (07. 01. 2019) (https://foreignpolicy.com/2019/01/07/holy-land-for-sale/).
Herbst, Michael. „Von Lausanne nach Kapstadt: Der dritte Kongress für Weltevangelisation in Kapstadt 2010 im Kontext der ‚Lausanner' Geschichte und Theologie." In *Von Lausanne nach Kapstadt. Der dritte Kongress für Weltevangelisation*, hg. v. Birgit Winterhoff, Michael Herbst und Ulf Harder, 16–42. Neukirchen-Vluyn: Neukirchener Aussaat, 2012.

Hochgeschwender, Michael. „Der amerikanische Evangelikalismus bis 1950." In *Handbuch Evangelikalismus*, hg. v. Frederik Elwert, Martin Radermacher und Jens Schlamelcher, 73–92. Bielefeld: transcript, 2017.

Holvast, René. *Spiritual Mapping in the United States and Argentina, 1989–2005. A Geography of Fear*. Leiden: Brill, 2009.

Horenczyk, Gabriel und Salim Munayer. „Acculturation Orientations Toward Two Majority Groups: The Case of Palestinian Arab Christian Adolescents in Israel." *Journal of Cross-Cultural Psychology* 38:1 (2007): 76–86.

Hovel, Revital. „Prosecution Closes Case of Sexual Allegations Against Prominent Israeli Arab Priest," *Haaretz* (05.10.2018) (https://www.haaretz.com/israel-news/.premium-case-of-sexual-allegations-against-prominent-israeli-arab-priest-closed-1.6531686).

Huntington, Samuel P. *The Clash of Civilizations and the Remaking of World Order*. New York: Simon & Schuster, 1996.

Isaac, Munther. *From Land to Lands, from Eden to the Renewed Earth. A Christ-centred Biblical Theology of the Promised Land*. London: Langham Monographs, 2015.

Israeli, Raphael. *Christianophobia. The Persecution of Christians under Islam*. Eugene, Oregon: Wipf & Stock, 2016.

Israeli, Raphael. *Green Crescent over Nazareth. The Displacement of Christians by Muslims in the Holy Land*. London/Portland (OR): Frank Cass, 2002.

Jeffress, Robert. *Perfect Ending. Why Your Future Matters Today*. Brentwood (TN): Worthy Publishing, 2014.

Johnston, Lori. „Trump's Evangelical Advisory Board Violates the Law, Advocacy Group Argues in New Filing," *The Washington Post* (30.08.2018) (https://www.washingtonpost.com/gdpr-consent/?destination=%2fnews%2facts-of-faith%2fwp%2f2018%2f08%2f30%2ftrumps-evangelical-advisory-board-violates-the-law-advocacy-group-argues-in-new-filing%2f%3f&utm_term=.77c1cf0e4b5f).

Kairos Palestine. „Kairos Statement on Gaza and Jerusalem" (https://www.kairospalestine.ps/index.php/resources/statements/kairos-statement-on-gaza-and-jerusalem).

Kairos Palestine. A Moment of Truth. A Word of Faith, Hope, and Love from the Heart of Palestinian Suffering (2009) (https://www.kairospalestine.ps/sites/default/files/English.pdf).

Kanaaneh, Rhoda. „Embattled Identities. Palestinian Soldiers in the Israeli Military." *Journal of Palestine Studies* 32:3 (2003): 5–20.

Kanaaneh, Rhoda Ann. *Surrounded. Palestinian Soldiers in the Israeli Military*. Stanford (CA): Stanford University Press, 2009.

Kanaaneh, Roda Ann. *Birthing the Nation. Strategies of Palestinian Women in Israel*. Berkeley: University of California Press, 2002.

Katanacho, Yohanna. „Am I a Palestinian or Israeli?," *Come and See* (05.07.2014) (http://www.comeandsee.com/view.php?sid=1227).

Katanacho, Yohanna. „Evangelical Obsession with Israel. Is it Good for the Jews and the Arabs?" *Come and See* (09.12.2017) (http://www.comeandsee.com/view.php?sid=1339).

Katanacho, Yohanna. „How to Respond to the Situation in Gaza as Christians?," *Come and See* (17.05.2018) (http://www.comeandsee.com/view.php?sid=1358).

Katanacho, Yohanna. „Mass Murder in Gaza," *Come and See* (15.05.2018) (http://www.comeandsee.com/view.php?sid=1357).

Katanacho, Yohanna. *The Land of Christ. A Palestinian Cry*. Eugene (OR): Pickwick 2013.

Katanacho, Yohanna. *Praying Through the Psalms*. London: Langham Global Library, 2018.
Katz, Itamar und Ruth Kark. „The Greek Orthodox Patriarchate of Jerusalem and its Congregation. Dissent over Real Estate." *Int. J. Middle East Stud.* 37 (2005): 509–34.
Kawar, Saleem Bishara. *Signs and Wonders in Rabbath-Ammon. Being an Account of Divine Visitations in Amman, Trans-Jordan 1933*. Jordan: 1973.
Kedourie, Elie. „Religion and Politics." In *The Chatham House Version and Other Middle-Eastern Studies*, hg. v. Elie Kedourie, 317–50. London: Weidenfeld and Nicolson, 1970.
Kemp, Adriana und Rebeca Raijman. „Christian Zionists in the Holy Land. Evangelical Churches, Labor Migrants, and the Jewish State." *Identities. Global Studies in Culture and Power* 10:3 (2003): 295–318.
Khoury, Rafiq. „Palästinensische kontextuelle Theologie: Entwicklung und Sendung." In *Zwischen Halbmond und Davidstern. Christliche Theologie in Palästina heute*. Theologie der Dritten Welt 28, hg. v. Harald Suermann, 52–100. Freiburg u. a.: Herder, 2001.
Kirchhoff, Markus. „Deutsche Palästinawissenschaft im letzten Viertel des 19. Jahrhunderts. Die Anfänge und Programmatik des Deutschen Vereins zur Erforschung Palästinas (avec résumé français)." In *Europäer in der Levante. Zwischen Politik, Wissenschaft und Religion (19.–20. Jahrhundert)*. Pariser historische Studien 53, hg. v. Dominique Trimbur, 31–55. München: Oldenbourg, 2004.
Kirchner, Anna. „Evangelical, Charismatic and Pentecostal in Israel. Local Politics and Global Relevance." *PentecoStudies* 18:1 (2018): 20–39.
Knoblauch, Hubert. *Qualitative Religionsforschung. Religionethnographie in der eigenen Gesellschaft*. Paderborn u. a.: Schöningh, 2003.
Kreider, Roy H. *Land of Revelation. A Reconciling Presence in Israel*. Scottdale (PA): Herald Press, 2004.
Kuruvilla, Samuel J. „Palestinian Theological Praxis in Context: An Analysis of the Approaches of Sabeel, Al-Liqa' and Diyar." In *The Invention of History. A Century of Interplay between Theology and Politics in Palestine*, hg. v. Mitri Raheb, 149–65. Bethlehem: Diyar Publisher, 2011.
Kuruvilla, Samuel J. *Radical Christianity in Palestine and Israel. Liberation and Theology in the Middle East*. London/New York: I.B. Tauris, 2013.
Kurzewitz, Nora Kim. *Gender und Heilung. Die Bedeutung des Pentekostalismus für Frauen in Costa Rica*. Bielefeld: transcript, 2020.
Labberton, Mark. „Introduction." In *Still Evangelical? Insiders Reconsider Political, Social and Theological Meaning*, hg. v. Mark Labberton, 1–17. Downers Grove: IVP Books, 2018.
Labberton, Mark. „Political Dealing. The Crisis of Evangelicalism," *Fuller* (20.04.2018) (https://www.fuller.edu/posts/political-dealing-the-crisis-of-evangelicalism/).
Labberton, Mark, Hg. *Still Evangelical? Insiders Reconsider Political, Social and Theological Meaning*. Downers Grove: IVP Books, 2018.
Labberton, Mark. „Political Dealing. The Crisis of Evangelicalism," *Fuller* (20.04.2018) (https://www.fuller.edu/posts/political-dealing-the-crisis-of-evangelicalism/).
Landau, Noa. „Evangelicals and Empty Promises. A Year After Trump's Embassy Move, Only One Country Has Followed U. S. to Jerusalem," *Haaretz* (14.05.2019) (https://www.haaretz.com/israel-news/.premium.MAGAZINE-a-year-after-trump-s-embassy-move-only-one-country-has-followed-u-s-to-jerusalem-1.7227246).
Lanier, Chandler. *Can These Bones Live?* Hagerstown (MD): Fairmont Books, 2000.

Liebelt, Claudia. „On Sentimental Orientalists, Christian Zionists, and Working Class Cosmopolitans." *Critical Asian Studies* 40:4 (2008): 567–85.
Lindsey, Hal. *The Late Great Planet Earth.* Grand Rapids: Zondervan, 1970.
Lückhoff, Martin. *Anglikaner und Protestanten im Heiligen Land. Das gemeinsame Bistum Jerusalem (1841–1886).* Wiesbaden: Harrassowitz, 1998.
Lybarger, Loren D. „For Church of Nation? Islamism, Secular-Nationalism, and the Transformation of Christian Identities in Palestine." *Journal of the American Academy of Religion* 75:4 (2007): 777–813.
Mack, Merav. „Christian Palestinian Communities in Israel. Tensions between Laity, Clergy and State." In *Sacred Space in Israel and Palestine*, hg.v. Marshall J. Breger, Yitzhak Reiter und Leonard Hammer, 284–310. London: Routledge, 2012.
Mack, Merav. „Orthodox and Communist: A History of a Christian Community in Mandate Palestine and Israel." *British Journal of Middle Eastern Studies* 42:4 (2015): 384–400.
Mahmood, Saba. *Politics of Piety. The Islamic Revival and the Feminist Subject.* Princeton: Princeton University Press, 2012.
Mahmood, Saba. *Religious Difference in a Secular Age. A Minority Report.* Princeton u. a.: Princeton University Press, 2016.
Maltese, Giovanni. *Pentekostalismus, Politik und Gesellschaft in den Philippinen.* Religion in der Gesellschaft 42. Baden-Baden: Ergon, 2017.
Maltese, Giovanni, Judith Bachmann und Katja Rakow. „Negotiating Evangelicalism and Pentecostalism. Global Entanglements, Identity Politics and the Future of Pentecostal Studies." *PentecoStudies* 18:1 (2019): 7–19.
Mansour, Bader. *A Brief Summary of Baptist History in the Holy Land: 1911–2011* (http://baptist.org.il/baptistdata/en-events/d/0/0/ev107/files/100-Years-of-Baptist-Witness-in-the-Holy-Land.pdf).
Mansour, Bader. „Christian Schools in Israel are in Danger of Being Shut Down," *Come and See* (09.09.2015) (http://www.comeandsee.com/view.php?sid=1295).
Mansour, Bader. „End of Strike at Christian Schools in Israel," *Come and See* (27.09.2015) (http://www.comeandsee.com/view.php?sid=1296).
Mansour, Bader. „When Billy Graham Visited Israel," (28.02.2018) (http://www.baptist.org.il/news/post/173/When-Billy-Graham-Visited-Israel-%E2%80%93-Bader-Mansour).
Mansour, Botrus. „Declaration from Arab Academics in Support of Arab Private Schools," *Come and See* (06.09.2015) (http://www.comeandsee.com/view.php?sid=1294).
Mansour, Johnny, Hg. *Arab Christians in Israel. Facts, Figures and Trends.* Bethlehem: Diyar Publisher, 2012.
Manṣūr, Asʿad. *Tārīh an-Nāṣira min aqdam azmānihā ilā ayyāminā al-ḥāḍira.* Ägypten: 1924.
Marsden, George M. „Evangelical and Fundamental Christianity." In *The Encyclopedia of Religion V*, hg.v. Mircea Eliade, 190–97. 1987.
Marsden, George M. *Fundamentalism and American Culture. The Shaping of Twentieth-Century Evangelicalism: 1870–1925.* Oxford u. a.: Oxford Univ. Press, 1982.
Marsden, George M. *Reforming Fundamentalism. Fuller Theological Seminary and the New Evangelicalism.* Grand Rapids: Eerdmans, 2. Aufl. 1995.
Martin, Mark. „‚Biblical Timing of Absolute Precision'. John Hagee Praises Trump's Jerusalem Decision," *CBN* (10.12.2017) (https://www1.cbn.com/cbnnews/israel/2017/december/biblical-timing-of-absolute-precision-john-hagee-praises-trumps-jerusalem-decision).

Martin, William. *With God on our Side. The Rise of the Religious Right in America*. New York: Broadway Books, 2005.
Masters, Bruce Alan. *Christians and Jews in the Ottoman Arab World. The Roots of Sectarianism*. New York: Cambridge University Press, 2001.
Mayring, Philipp. *Qualitative Inhaltsanalyse. Grundlagen und Techniken*. Weinheim/Basel: Beltz, 11. Aufl. 2010.
McDonald, Marci. *The Armageddon Factor. The Rise of Christian Nationalism in Canada*. Toronto: Random House of Canada, 2011.
McGahern, Uta. *Palestinian Christians in Israel. State Attitudes towards non-Muslims in a Jewish State*. Durham Modern Middle East and Islamic World Series 22. London/New York: Routledge, 2011.
Mdanāt, Suhail. *Ruī Witmān – min takrīs šāb... ilā tārīḫ šaʿb*. Beirut: Dār an-našr al-maʿmadānīya, 1995.
Melhem, Ahmad. „Palestinians Push to End Greek ‚Occupation' of Patriarchate," *Al-Monitor* (20.01.2015) (https://www.al-monitor.com/pulse/originals/2015/01/arab-orthodox-accuse-patriarch-selling-church-land-israel.html).
Miller, Duane Alexander. „Christ Church (Anglican) in Nazareth. A Brief History with Photographs." *St Francis Magazine* 8:5 (2012): 696–703.
Miller, Paul D. „Evangelicals, Israel and US Foreign Policy." *Survival. Global Politics and Strategy* 56:1 (2014): 7–24.
Mills, E. *Census of Palestine 1931. Volume II*. Alexandria: Messrs. Whitehead Morris Limited, 1933.
Morris, Benny. *The Birth of the Palestinian Refugee Problem, 1947–1949*. Cambridge u. a.: Cambridge Univ. Press, 1987.
Mouw, Richard. „To My Fellow Evangelicals. What You're Cheering in Jerusalem Is Shameful," *RNS* (16.05.2018) (https://religionnews.com/2018/05/16/to-my-fellow-evangelicals-what-youre-cheering-in-jerusalem-is-shameful/).
Munayer, Salim J. *Journey through the Storm. Musalaha and the Reconciliation Process*. Jerusalem: Musalaha, Ministry of Reconciliation, 2011.
Munayer, Salim J. *Seeking and Pursuing Peace. The Process, the Pain, and the Product*. Jerusalem: Musalaha, Ministry of Reconciliation, 1998.
Munayer, Salim und Lisa Loden. *The Land Cries Out. Theology of the Land in the Israeli-Palestinian Context*. Eugene (OR): CASCADE Books, 2012.
Munayer, Salim und Lisa Loden. *Through my Enemy's Eyes. Envisioning Reconciliation in Israel-Palestine*. Milton Keynes (UK): Paternoster, 2014.
Naddaf, Gabriel. Test the Spirits. A Christian Guide to the Anti-Israel Boycott Movement (BDS), 2015 (http://eldarinn.com/CEC/BOOK_BDS_02_EN_WEB.PDF).
NAE. „Statement. Evangelicals. Shared Faith in Broad Diversity," (22.05.2018) (https://www.nae.net/sharedfaith/).
Nazworth, Napp. „Evangelicals Debate Social Justice. Alliance with Trump," *The Christian Post* (15.12.2018) (https://www.christianpost.com/news/the-christian-posts-top-10-news-stories-of-2018.html?page=3).
Newberg, Eric Nelson. *The Pentecostal Mission in Palestine. The Legacy of Pentecostal Zionism*. Eugene (OR): Pickwick, 2012.
Noll, Mark A., David W. Bebbington und George M. Marsden, Hg. *Evangelicals. Who They Have Been, Are Now, and Could Be*. William B. Eerdmans: Grand Rapids, 2019.

O'Mahony, Anthony. „Christian Presence in Modern Jerusalem. Religion and Politics in the Holy Land." *Evangelical Quarterly* 78:3 (2006): 257–72.
O'Mahony, Anthony. „Palestinian Christians. Religion, Politics and Society, c. 1800–1948." In *Palestinian Christians. Religion, Politics and Society in the Holy Land*, hg. v. Anthony O'Mahony, 9–55. London: Melisende, 1999.
O'Mahony, Anthony. „The Religious, Political and Social Status of the Christian Communities in Palestine c. 1800–1930." In *The Christian Heritage in the Holy Land*, hg. v. Anthony O'Mahony, Göran Gunner und Kevork Hintlian, 237–65. London: Scorpion Cavendish, 1995.
Pappe, Ilan. *Die ethnische Säuberung Palästinas*. Frankfurt a. M.: Westend, 2009.
Pappe, Ilan. *Die Idee Israel. Mythen des Zionismus*. Hamburg: LAIKA, 2015.
Pappe, Ilan. *A History of Modern Palestine. One Land, Two People*. Cambridge/New York/Port Melbourne: Cambridge University Press, 2. Aufl. 2004.
Parker, J. Fred. *Mission to the World. A History of Missions in the Church of the Nazarene through 1985*. Kansas City: Nazarene Publishing House, 1988.
Patierno, Nicole. „Palestinian Liberation Theology. Creative Resistance to Occupation." *Islam and Christian-Muslim Relations* 26:4 (2015): 443–64.
Patriarchs and Heads of Local Churches in Jerusalem. „Letter to President Donald J. Trump," (06.12.2017) (https://www.lpj.org/posts/heads-local-churches-send-letter-to-president-donald-trump-regarding-status-of-jerusalem-5e47035f86bab.html).
Peled, Alisa Rubin. *Debating Islam in the Jewish State. The Development of Policy Toward Islamic Institutions in Israel*. Albany (NY): State University of New York Press, 2001.
Peled, Alon. *A Question of Loyalty. Military Manpower Policy in Multiethnic States*. Itahaca (NY)/London: Cornell University Press, 1998.
Porat, Ido Ben. „New Nationality for Christians: Aramaean," *Israel National News* (17.09.2014) (http://www.israelnationalnews.com/News/News.aspx/185214#.VkGr8ChY5ll).
Press Release. „CUFI Crosses 7 Million Members as Washington Summit Welcomes U. S., Israeli Leaders," (08.07.2019) (https://www.cufi.org/cufi-crosses-7-million-members-as-washington-summit-welcomes-us-israeli-leaders/).
Press Release. „Palestinian Christians and Messianic Jews Issue Larnaca Statement," (25.02.2016) (https://www.lausanne.org/news-releases/larnaca-statement-press-release).
Prince, Derek. *The Last Word on the Middle East*. Grand Rapids: ChosenBooks, 1982.
Pulliam Bailey, Sarah. „Photo Surfaces of Evangelical Pastors Laying Hands on Trump in the Oval Office," *The Washington Post* (12.07.2017) (https://www.washingtonpost.com/news/acts-of-faith/wp/2017/07/12/photo-surfaces-of-evangelical-pastors-laying-hands-on-trump-in-the-oval-office/).
Qubti, Shadia. „What President Trump's Jerusalem Proclamation Means for Palestinians," *Christian Today* (11.12.2017) (https://www.christiantoday.com/article/what-president-trumps-jerusalem-proclamation-means-for-palestinians/121108.htm).
Rabinowitz, Dan. *Overlooking Nazareth. The Ethnography of Exclusion in Galilee*. Cambridge Studies in Social and Cultural Anthropology 105. Cambridge: Cambridge Univ. Press, 1997.
Rabinowitz, Dan. „Strife in Nazareth. Struggles over the Religious Meaning of Place." *Ethnography* 2:1 (2001): 93–113.
Raheb, Mitri. *Bethlehem hinter Mauern. Geschichten der Hoffnung aus einer belagerten Stadt*. Gütersloh: Gütersloher Verlagshaus, 2005.
Raheb, Mitri. *Christ-Sein in der arabischen Welt: 25 Jahre Dienst in Bethlehem. Gesammelte Aufsätze und Reden eines kontextuellen Theologen aus Palästina*. Berlin: AphorismA, 2013.

Raheb, Mitri. *Glaube unter imperialer Macht. Eine palästinensische Theologie der Hoffnung.* Gütersloh: Gütersloher Verlagshaus, 2014.

Raheb, Mitri. *Ich bin Christ und Palästinenser. Israel, seine Nachbarn und die Bibel.* Gütersloher Taschenbücher 1307. Gütersloh: Gütersloher Verlagshaus, 1994.

Raheb, Mitri. „Zur Demographie der Christen in Palästina/Israel. Zahlen und Fakten." In *Verwurzelt im Heiligen Land. Einführung in das palästinensische Christentum*, hg. v. Ulrike Bechmann und Mitri Raheb, 28–35. Frankfurt a. M.: Josef Knecht, 1995.

Raheb, Viola, Hg. *Latin American with Palestinian Roots.* Bethlehem: Diyar, 2012.

Raijman, Rebeca und Adriana Kemp. „Consuming the Holy Spirit in the Holy Land. Evangelical Churches, Labor Migrants and the Jewish State." In *Consumption and Market Society in Israel*, hg. v. Yoram S. Carmeli und Kalman Applbaum, 163–83. Oxford: Berg, 2004.

Register, Ray G. Jr. *Galilee Wanderings. 39 Years Assigned to the Holy Land.* GlobalEdAdvance Press, 2016.

Reichle-Zeller, Liesel. „Johannes Zeller (1830–1902). Missionar in Nazareth und Jerusalem" (http://www.martinszeller-verband.de/index.php?cat_id=1130&element_id=1268&aSe=0).

Reuters. „Aramaic Israelis Seek to Revive Endangered Language of Jesus," *The Jerusalem Post* (09.11.2014) (http://www.jpost.com/Christian-News/Aramaic-Israelis-seek-to-revive-endangered-language-of-Jesus-381229).

Robins, Walker. „The Forgotten Origins of the Southern Baptist Convention's Near East Mission. W. A. Hamlett's Month in the Holy Land." *Baptist History & Heritage* 2017 (Summer): 20–31.

Robson, Laura. *Colonialism and Christianity in Mandate Palestine.* Austin: University of Texas Press, 2011.

Rodogno, Davide. *Against Massacre. Humanitarian Interventions in the Ottoman Empire, 1815–1914. The Emergence of a European Concept and International Practice.* Princeton: Princeton University Press, 2012.

Rose, Lena. „Geometries of ‚Global' Evangelicalism." *Global Networks* (2018): 1–15.

Rosenberg, Paul. „America's Own Taliban," *Aljazeera* (28.07.2011) (https://www.aljazeera.com/indepth/opinion/2011/07/20117259426336524.html).

Rouhana, Nadim und Asad Ghanem. „The Crisis of Minorities in Ethnic States. The Case of Palestinian Citizens in Israel." *International Journal of Middle East Studies* 30:3 (1998): 321–46.

Rouhana, Nadim N. und Nimer Sultany. „Redrawing the Boundaries of Citizenship. Israel's New Hegemony." *Journal of Palestine Studies* 33:1 (2003): 5–22.

Rowden, Rebecca. *Baptists in Israel. The Letters of Paul and Marjorie Rowden. 1952–1957.* Nashville (TN): Fields Publishing, 2010.

Rucks, Hanna. *Messianische Juden. Geschichte und Theologie der Bewegung in Israel.* Neukirchen-Vluyn: Neukirchener Theologie, 2014.

Sa'di, Ahmad H. „Trends in Israeli Social Science Research on the National Identity of the Palestinian Citizens of Israel." *Asian Journal of Social Science* 32:1 (2004): 140–60.

Sabella, Bernard. „Socio-Economic Characteristics and Challenges to Palestinian Christians in the Holy Land." In *Christians in the Holy Land*, hg. v. Michael Prior und William Taylor, 31–44. London: The World of Islam Festival Trust, 1995.

Sabella, Bernard. „Socio-Economic Characteristics and Challenges to Palestinian Christians in the Holy Land." In *Palestinian Christians. Religion, Politics and Society in the Holy Land*, hg. v. Anthony O'Mahony, 82–95. London: Melisende, 1999.

Sabella, Bernard und Romell Soudah. *The Sabeel Survey on Palestinian Christians in the West Bank and Israel. Historical Demographic Developments, Current Politics and Attitudes Towards Church, Society and Human Rights*. Jerusalem: Sabeel, 2006.
Samuelson, Kate. „Why Jerusalem Isn't Recognized as Israel's Capital," *Time* (16.12.2016) (https://time.com/4604739/david-friedman-jerusalem-jewish-israel/).
Sara, Jack. „Evangelical Leaders to Take a Stand to Protect the Rights of the Palestinian People in the Holy Land" (https://www.ipetitions.com/petition/evangelical-leaders-to-take-a-stand-to-protect-the).
Sennott, Charles M. *The Body and the Blood. The Middle East's Vanishing Christians and the Possibility for Peace*. New York: Public Affairs, 2003.
Shaked, Ronni und Itamar Radai. „,Arab Idol'. A Palestinian Victory, At Last," *Tel Aviv Notes* (30.04.2017) (https://www.aftau.org/document.doc?id=579).
Shetreet, Shimon. „Freedom of Religion in Israel," *MFA* (20.08.2001) (https://mfa.gov.il/MFA/MFA-Archive/2001/Pages/Freedom%20of%20Religion%20in%20Israel.aspx).
Shlaim, Avi. *The Iron Wall. Israel and the Arab World*. London: Penguin, 2001.
Shlaim, Avi. *Israel and Palestine. Reappraisals, Revisions, Refutations*. London/New York (NY): Verso, 2009.
Shpigel, Noa. „This Israeli Mixed Arab-Jewish City Is in Denial," *Haaretz* (22.08.2017) (https://www.haaretz.com/israel-news/.premium.MAGAZINE-this-israeli-mixed-arab-jewish-city-is-in-denial-1.5444182).
Sizer, Stephen. „The Bible and Christian Zionism: Roadmap to Armageddon?" *Transformation: An International Journal of Holistic Mission Studies* 27:2 (2010): 122–32.
Sizer, Stephen. *Christian Zionism. Road-map to Armageddon*. Leicester: Inter-Varsity Press, 2006.
Smith, James W. und Elizabeth F. Smith. *In Their Midst. Interfaith Fellowship in Israel 1955–1989*. Nashville (TN): Fields Publishing, 2015.
Smith, Robert O. „Anglo-American Christian Zionism. Implications for Palestinian Christians." *Ecumenical Rev* 64:1 (2012): 27–35.
Smith, Robert O. *More Desired than our Owne Salvation. The Roots of Christian Zionism*. Oxford u. a.: Oxford University Press, 2013.
Smith, Sam. „Trump Era Confusion on Evangelical Identity. NAE Makes Clarifying Statement," *The Christian Post* (23.05.2018) (https://www.christianpost.com/news/trump-era-confusion-evangelical-identity-nae-national-association-statement-224301/).
Smooha, Sammy. „The Advances and Limits of the Israelization of Israel's Palestinian Citizens." In *Israeli and Palestinian Identities in History and Literature*, hg. v. Kamal Abdel-Malek und David C. Jacobson, 9–33. Basingstoke u. a.: Macmillan, 1999.
Söll, Georg. *Handbuch der Dogmengeschichte. Band III, Faszikel 4: Mariologie*. Freiburg: Herder, 1978.
Southern Baptist Convention. „On Prayer and Support for Israel," (2016) (http://www.sbc.net/resolutions/2266/on-prayer-and-support-for-israel).
Spector, Stephen. *Evangelicals and Israel. The Story of American Christian Zionism*. Oxford u. a.: Oxford Univ. Press, 2009.
Spittler, R. P. „Glossolalia." In *The New International Dictionary of Pentecostal and Charismatic Movements*, hg. v. Stanley M. Burgess und Ed M. Van der Maas, 670–76. Grand Rapids: Zondervan Publishing House, 2002.

Staff Writer. „23 Israeli Charities Receive $3.2 Million from John Hagee Ministries," *Breaking Israel News* (03.11.2015) (https://www.breakingisraelnews.com/52517/23-israeli-charities-receive-3-2-million-from-john-hagee-ministries-video-biblical-zionism/).
Staff Writer. „Evangelicals Buying into Anti-Israel ‚Fake Theology'. PJTN Leader Cardoza-Moore," *Breaking Israel News* (07.03.2017) (https://www.breakingisraelnews.com/84696/mid-east-christian-praise-god-daily-blessing-calling-israeli/).
Stanley, Brian. *The Global Diffusion of Evangelicalism. The Age of Billy Graham and John Stott*. Downers Grove: IVP Academic, 2013.
Stegemann, Ekkehard W. „Die böse Saat geht auf," *AudiaturOnline* (31.01.2012) (https://www.audiatur-online.ch/2012/01/31/die-boese-saat-geht-auf/).
Stegemann, Ekkehard W. und Wolfgang Stegemann. „Offener Brief an SEK und EKD," *AudiaturOnline* (04.06.2013) (https://www.audiatur-online.ch/2013/06/04/offener-brief-an-sek-und-edk/).
Stock, Eugene. *The History of the Church Missionary Society. Its Environment, its Men and its Work. Vol II*. London: Church Missionary Society, 1899.
Strauss, Valerie. „Top Trump Administration Officials Flock to Weekly Bible Study Classes at White House," *The Washington Post* (01.08.2017) (https://www.washingtonpost.com/news/answer-sheet/wp/2017/08/01/top-trump-administration-officials-flock-to-weekly-bible-study-classes-at-white-house/).
Suarsana, Yan. „Die globale Ausbreitung des Evangelikalismus ab 1950." In *Handbuch Evangelikalismus*, hg.v. Frederik Elwert, Martin Radermacher und Jens Schlamelcher, 95–107. Bielefeld: transcript, 2017.
Suarsana, Yan. „Die Pfingstbewegung als Kind der Globalisierung." In *Pentekostalismus – Pfingstkirchen*, hg.v. Polykarp Ulin Agan SVD, 11–32. Siegburg: Franz Schmitt Verlag, 2017.
Suermann, Harald. „Einleitung und Hinführung zur palästinensischen Theologie." In *Zwischen Halbmond und Davidstern. Christliche Theologie in Palästina heute*. Theologie der Dritten Welt 28, hg.v. Harald Suermann, 9–36. Freiburg u.a.: Herder, 2001.
Suermann, Harald, Hg. *Zwischen Halbmond und Davidstern. Christliche Theologie in Palästina heute* 28. Freiburg u.a.: Herder, 2001.
Sumpter, Philip. „Christian Agency in Israel-Palestine. Historical Background and Contemporary Observations." In *Arab Evangelicals in Israel*, hg.v. Azar Ajaj, Duane Alexander Miller und Philip Sumpter, 1–34. Eugene (OR): Pickwick, 2016.
Swedenburg, Ted. „The Role of the Palestinian Peasantry in the Great Revolt (1936–1939)." In *Islam, Politics, and Social Movements*, hg.v. Edmund Burke III und Ira M. Lapidus, 169–203. Berkeley u.a.: University of California Press, 1988.
Tackett, Michael. „Trump Fulfills His Promises on Abortion, and to Evangelicals," *The New York Times* (16.05.2019) (https://www.nytimes.com/2019/05/16/us/politics/trump-abortion-evangelicals-2020.html).
Tatford, Frederick A. *That the World May Know. Vol. 1: The Restless Middle East. Lands of the Great Religions*. Bath: 1982.
Tatham, C. Ernest. *Bible Prophecy*. Dubuque (IA): ECS Ministries, revised ed. 2015.
Tejirian, Eleanor H. und Reeva Spector Simon. *Conflict, Conquest, and Conversion. Two Thousand Years of Christian Missions in the Middle East*. New York: Columbia University Press, 2012.
Tobler, Titus. *Nazareth in Palästina nebst Anhang der vierten Wanderung. Mit einer artistischen Beilage*. Berlin: G. Reimer, 1868.

Townsend, Duane. „The Christian New Apostolic Reformation. Wolves in Sheep Clothing," *Medium* (02.07.2018) (https://medium.com/@duane.townsend/the-christian-new-apostolic-reformation-wolves-in-sheep-clothing-54a5e5d119d8).
Tsimhoni, Daphne. *Christian Communities in Jerusalem and the West Bank since 1948. An Historical, Social, and Political Study.* Westport (CT)/London: Praeger, 1993.
Tsimhoni, Daphne. „The Christians in Israel: Aspects of Integration and the Search for Identity in a Minority within a Minority." In *Middle Eastern Minorities and Diasporas*, hg. v. Moshe Ma'oz und Gabriel Sheffer, 124–52. Brighton/Portland (OR): Sussex Academic Press, 2002.
Tsimhoni, Daphne. „The Greek Orthodox Patriarchate of Jerusalem during the Formative Years of the British Mandate in Palestine." *Asian and African Studies* 12:1 (1978): 77–121.
Tsimhoni, Daphne. „Israel and the Territories – Disappearance." *Middle East Quarterly* 8:1 (2001): 31–42.
Tsimhoni, Daphne. „The Shihab Al-Din Mosque Affair in Nazareth. A Case Study of Muslim-Christian-Jewish Relations in the State of Israel." In *Holy Places in the Israeli-Palestinian Conflict. Confrontation and Co-Existence*, hg. v. Marshall J. Breger, Yitzhak Reiter und Leonard Hammer, 192–230. London/New York: 2010.
Tsimhoni, Daphne. „The Status of the Arab Christians Under the British Mandate in Palestine." *Middle Eastern Studies* 20:4 (1984): 166–92.
United-Christian-Council-in-Israel, Hg. *UCCI Celebrating 50 Years of History 1956–2006*. Jerusalem: 2006.
Uriely, Natan, Aviad Israeli und Arie Reichel. *Residents' Attitudes toward Toursim Events. The Case of Nazareth 2000*. Proceedings of the Second International Seminar on Tourism Management in Heritage Cities, 2000.
Ursinus, Michael. „Art. Millet." *EI (2. Aufl.)*, Bd. 6: 61–64.
Vovchenko, Denis. „Creating Arab Nationalism? Russia and Greece in Ottoman Syria and Palestine (1840–1909)." *Middle Eastern Studies* 49:6 (2013): 901–18.
Wagner, Charles Peter. *Churchquake! How the New Apostolic Reformation is Shaking up the Church As We Know it*. Ventura (CA): Regal, 1999.
Wagner, Charles Peter, Hg. *The New Apostolic Churches*. Ventura (CA): Regal Books, 1998.
Wagner, Charles Peter. *Warfare Prayer. How to Seek God's Power and Protection in the Battle to Build His Kingdom*. Ventura (CA): Regal, 1992.
Wagner, Donald E. *Anxious for Armageddon. A Call to Partnership for Middle Eastern and Western Christians*. Scottdale: Herald Press, 1995.
Wagner, Donald E. *Dying in the Land of Promise. Palestine and Palestinian Christianity from Pentecost to 2000*. London: Melisende, 2003.
Wallis, Jim. „From 1970s Chicago to 2018 Wheaton. A Timeline of Evangelical Backsliding," *Sojourners* (26.04.2018) (https://sojo.net/articles/1970s-chicago-2018-wheaton-timeline-evangelical-backsliding).
Watts, J. Wash. *Palestinian Tapestries*. Richmond: Southern Baptist Convention, 2. Aufl. 1936.
Weaver, John. *The New Apostolic Reformation. History of a Modern Charismatic Movement*. Jefferson, North Carolina: McFarland & Company, 2016.
Weber, Timothy P. *On the Road to Armageddon. How Evangelicals Became Israel's Best Friend*. Grand Rapids: Baker Academic, 2005.
Weiner, Herbert. *The Wild Goats of Ein Gedi. A Journal of Religious Encounters in the Holy Land*. Garden City: Doubleday, 1961.

Weiner, Justus Reid. *Human Rights of Christians in Palestinian Society*. Jerusalem: Jerusalem Center for Public Affairs, 2005.

Weiner, Justus Reid. „Palestinian Christians: Equal Citizens or Oppressed Minority in a Future Palestinian State?" *ORIL* 7:26 (2005): 26–222.

White, Benjamin Thomas. *The Emergence of Minorities in the Middle East. The Politics of Community in French Mandate Syria.* Edinburgh: Edinburgh Univ. Press, 2011.

Wilder, Forrest. „Rick Perry's Army of God," *Observer* (03.08.2011) (https://www.texasobserver.org/rick-perrys-army-of-god/).

Wright, Christopher. „Introducing the Larnaca Statement," (25.02.2016) (https://www.lausanne.org/about/blog/introducing-the-larnaca-statement).

Younan, Munib. *Witnessing for Peace. In Jerusalem and the World.* Minneapolis (MN): Fortress Press, 2003.

Zauzmer, Julie und Sarah Pulliam Bailey. „After Trump and Moore. Some Evangelicals Are Finding Their Own Label Too Toxic to Use," *The Washington Post* (14.12.2017) (https://www.washingtonpost.com/local/social-issues/after-trump-and-moore-some-evangelicals-are-finding-their-own-label-too-toxic-to-use/2017/12/14/b034034c-e020-11e7-89e8-edec16379010_story.html?utm_term=.5b1b1f8a7ce5).

Zile, Dexter Van. „Why Has Jack Sara Declared War on American Evangelicals?," *The Times of Israel* (27.01.2018) (https://blogs.timesofisrael.com/why-has-jack-sara-declared-war-on-american-evangelicals/).

Verweise aus dem Internet

http://araborthodoxy.blogspot.com/2014/07/statement-of-arab-orthodox-clergy-of.html.
http://bfree.org.il/english.
http://en.fcsi.ws/.
http://visualpraise.com/catalog/index.php?main_page=product_info&cPath=57&products_id=181&zenid%20=mo605hej6eas1kh3fgm583ml37.
http://www.asiagathering.hk/sharings/the-road-from-asia-to-jerusalem/.
http://www.baptist.co.il/leadership.php.
http://www.emmausnazareth.net/about/history/.
http://www.emmausnazareth.net/about/history/.
http://www.friendsofnazareth.org.
http://www.hope-nazareth.org.
http://www.hope-nazareth.org/index.php?option=com_content&view=article&id=89&Itemid=57.
http://www.lpj.org/newsite2006/news/2006/08/deir-rafat-eng.pdf.
http://www.musalaha.org/recognition-1.
http://www.sibi.cc/about/history.
https://bethbc.edu/faculty/.
https://bethbc.edu.
https://christatthecheckpoint.bethbc.edu.
https://de.icej.org/wir-ueber-uns.
https://edition.cnn.com/election/2016/results/exit-polls.
https://elimfellowship.denarionline.com/Projects/Detail/?givingOption=4CB92FF233.

https://embassies.gov.il/berlin/AboutIsrael/Dokumente%20Land%20und%20Leute/Die_Unabhaengigkeitserklaerung_des_Staates_Israel.pdf.
https://feast.icej.org/about.
https://ifesworld.org/en/region/mena/.
https://il.chemin-neuf.org/en/home/locations/mary-of-nazareth-international-center.
https://int.icej.org.
https://livestream.com/watchmen/JGG/videos/141506232.
https://muntherisaac.blogspot.com/2017/12/blog-post.html.
https://new.huji.ac.il/en/event/24954.
https://sat7.org/our-channels/channel-overview/sat-7-arabic.
https://statementonsocialjustice.com/.
https://twitter.com/realDonaldTrump/status/995980604016611329.
https://watchmen.org/past/convergence2018.
https://www.asiagathering.hk.
https://www.baptist.co.il/history/.
https://www.betterlifeteam.com/en/home.
https://www.cufi.org/impact/about-us/mission-and-vision/.
https://www.emmaus.edu/history.
https://www.facebook.com/ChristiansUnitedforIsrael/posts/we-like-that-father-gabriel-naddaf-a-greek-orthodox-priest-has-issued-a-call-for/10152416978199814/.
https://www.facebook.com/OurLadyQueenofPalestine/.
https://www.freemarriage.org.il/.
https://www.ihopkc.org/about/statement-of-faith/.
https://www.ihopkc.org/press-center/faq/ihopkc-part-new-apostolic-reformation/#.
https://www.j-diocese.org/index.php?lang=en&page=1296659988562.
https://www.lausanne.org/content/larnaca-statement.
https://www.nazcol.org/accreditation/.
https://www.nazcol.org/faculty-and-staff/.
https://www.nazcol.org/history/.
https://www.newfamily.org.il/languages/deutsch/.
https://www.tevchurch.com/.
https://www.tevchurch.com/deutsch.
https://www.youtube.com/watch?v=u-9XM-q8cdg.
https://zochrot.org/en/village/49225.

Sämtliche Verweise aus dem Internet wurden zuletzt am 03.03.2020 abgerufen.

Register

Abu Ghazaleh, Andraos 18 f., 115, 118, 120–122, 228, 230 f., 241–243, 247, 260, 274
Al-Sakakini, Khalil 39, 45
Anglikanisch 9 f., 13–15, 17, 23, 25 f., 35, 56 f., 60, 62 f., 80–84, 88, 91, 94, 107 f., 125–127, 129, 131 f., 136, 144, 147 f., 153
Aramäisch 27, 51, 53–56, 78, 136, 183–186, 194, 201 f., 252, 254
Assemblies of God 1, 10, 14, 17–19, 26, 81, 90–93, 95 f., 102, 108, 116, 119–122, 124 f., 130 f., 148, 158, 250, 253, 263 f., 266, 268 f.

Baker, Dwight 80, 85, 87 f., 97, 99–101, 103–105, 113–115
Baptistisch 1, 10, 14 f., 17–19, 21, 26, 80 f., 84–88, 94, 96 f., 99–106, 108, 110–112, 114–126, 128–132, 139, 142 f., 146–149, 155, 158, 164, 253, 258–266, 268, 270
– Association of Baptist Churches (ABC) 19, 101 f., 113, 116–119, 121–125, 130, 187, 191, 230, 250, 263, 269 f., 274
– Baptist Convention Israel (BCI) 86, 101, 115–117, 270
– Baptistenschule 20 f., 23, 87 f., 99–102, 112, 114, 117 f., 143 f., 146, 148, 153, 258, 260, 263, 266, 270
– Lokale Baptistengemeinde 18 f., 23 f., 115, 118–122, 230, 241 f., 248, 260, 263, 270, 274
– Southern Baptist Convention (SBC) 9, 17, 86, 88, 101 f., 104, 110 f., 114, 116 f., 131, 191, 258, 263
Bethlehem Bible College (BBC) 121, 181–183, 187 f., 192, 264, 269 f., 276 f.
Bibel 22, 27, 83, 87 f., 92, 94, 97, 112, 119, 122, 136, 138, 149–152, 157, 160, 167 f., 175, 178, 194, 196, 198 f., 206, 209 f., 212, 214, 217, 219, 223, 232, 234, 242 f., 253, 258, 262, 265–267, 270–273, 277
– Bibelkreis 146, 150, 152, 165, 188, 263, 265, 268
– Bibelstunde s. Bibelkreis
– Biblisch 21, 92, 121, 150–154, 160, 168 f., 198, 210, 222, 226 f., 230, 234, 253, 261, 267, 269, 271, 273, 276 f.
Bickle, Mike 222–225, 231
Britisch 8, 10, 26, 29–31, 35, 40–48, 50 f., 58, 63, 75, 78 f., 84, 86 f., 89, 251
Brüdergemeinde 1, 89, 94–97, 113, 122, 130, 142, 147, 150, 153 f., 167, 196, 200, 265 f., 268
– Offene Brüdergemeinde 10, 14, 19, 26, 81, 84 f., 88 f., 94 f., 108, 119, 124 f., 130 f., 140, 144 f., 150, 158, 193, 196 f., 223, 250, 253, 265, 267, 271
– Geschlossene Brüdergemeinde 18 f., 89, 116, 129, 131, 142, 266

Christians United for Israel (CUFI) 27, 161 f., 168–170, 179, 184
Church of Christ s. Gemeinde Christi
Convention of Evangelical Churches in Israel (CECI) 10, 14 f., 17–21, 26, 80 f., 85, 99, 110, 116, 119 f., 124–132, 148 f., 153, 158, 185, 187, 192, 218, 220, 250, 253, 258, 266, 269 f., 274

Darby, John Nelson 166–168, 171, 187, 197, 201, 223
Deir, Costa 72, 111 f., 121 f.
Demian, David 225–229, 238
Dispensationalismus 166–168, 187, 193, 196 f., 200 f., 213, 223 f., 226, 239, 253
– Prämillenaristischer Dispensationalismus 91, 166–168, 187, 193, 196 f., 200 f., 223 f., 226, 239, 253
Drusisch 11, 41, 43, 51–53, 56 f., 65, 76, 78, 97, 136, 252

Endzeit 2, 27, 93, 114, 160, 162, 166–168, 170 f., 178 f., 184 f., 187, 189, 196–201, 224, 226, 228, 232, 237, 239 f.
Entrückung 166–168, 187, 196–200, 202, 223–226, 254

Erweckung 12, 69, 73, 81, 84f., 89f., 93–96, 111, 113–115, 120, 122,226, 228f., 232f.
Evangelical Alliance Israel (EAI) 23, 26, 107, 128f., 132, 192
Evangelisch 13–15, 81–84, 86, 88, 106, 127f., 131, 149, 192, 206, 209

Fellowship of Christian Students in Israel (FCSI) 20, 22, 123, 151, 241, 243–245, 248, 272
Freie Methodisten 20, 111, 116, 130f., 146–148, 150f., 276
Fuller Theologisches Seminar 172–175, 186, 204, 209, 219
Fürbittaktivismus 222

Gebet 23, 28, 71f., 76, 90f., 95, 97, 110, 114, 137, 146f., 152, 156, 164, 170, 188, 205, 210, 215, 218, 220f., 223, 228f., 231–233, 239f., 243–247, 254, 259–262, 265–268, 274
– Gebetshaus 28, 221–224, 230, 235, 239, 247, 254
– Gebetstreffen 22, 110f., 113, 119, 122, 130, 152, 215, 221, 229, 231–233, 239, 242, 246, 261f., 264, 273
– Zungengebet 90f., 112, 122, 130, 232, 234, 245f., 268
Geistliche Kriegsführung 28, 121, 203–207, 221–223, 229, 231, 239–241, 247
Gemeinde Christi 18f., 97–99, 116, 129, 131, 145, 150, 153f., 267f.
Glaube 1, 10, 15, 24, 27f., 31, 85, 94, 104, 112, 115, 123, 125, 127, 129, 132, 136, 138, 140–146, 149, 154, 156f., 159f., 162, 171, 174f., 177f., 194f., 202, 211f., 214–217, 219f., 227–229, 234, 237, 242f., 247, 250, 252–254, 263f., 274
– Gläubig 22, 66, 69, 73, 92–94, 109–111, 113, 119, 129, 132, 140f., 143–147, 157, 166f., 195–200, 209, 223–226, 232, 239, 242f., 247, 253, 273f.
– Gläubigentaufe 105, 144
– Glaubensbekenntnis 99, 149, 152f., 157, 159f.
– Glaubensfrage 146, 157, 253

Global Gathering 203, 221, 225f., 229f., 233, 239, 241
Gottesdienst 18, 21–23, 25, 38, 69, 83f., 88, 98, 117–119, 121f., 127, 130, 146f., 150, 152f., 188, 223, 232, 242f., 258–268, 271, 274, 276
Großbritannien s. Britisch

Habibi, Munir 93–96, 113
Hagee, John 27, 159, 164, 168–172, 176, 179, 184, 191, 197, 223, 225
House of Prayer and Exploits (HOPE) 20, 28, 121f., 152, 189, 193, 203, 207, 221, 226, 228, 230–234, 236f., 239–242, 244, 246f., 254, 260, 274

Inǧīlī 13–15, 80f., 88, 103, 108, 125–127, 130–132, 140, 250
International House of Prayer in Kansas City (IHOPKC) 203, 206, 221–223, 225f., 230–233, 239–241
Intrater, Asher 221, 223, 227–229
Islam s. Muslimisch
Islamische Bewegung 16, 60, 65, 69f., 73–76, 79, 136

Jeffress, Robert 164, 168, 171f., 176, 191, 197, 223
Jerusalem 6, 8, 14, 20, 23, 27, 33, 35, 37–40, 44, 46f., 49, 55, 59, 61f., 66, 72f., 76, 82–84, 86, 88–91, 93, 96, 98, 100f., 107, 112, 114, 116, 125, 160, 162, 164, 166–172, 176f., 180, 182, 184, 187, 201, 208, 223–226, 228, 253, 256f., 262–264, 271–273
Jüdisch 1f., 4–6, 8, 16f., 27, 29–33, 41, 43f., 48f., 51f., 56f., 59f., 63, 65, 67, 70, 78, 82, 84, 86, 89–92, 96, 98, 101, 103f., 108f., 111, 113f., 136f., 146, 149, 157, 159, 161f., 167–171, 176–179, 183–185, 190, 192, 195–201, 207f., 210, 212–217, 223–229, 231, 235–241, 249, 251–253, 270, 273, 277
Juster, Daniel C. 223, 229

Katanacho, Yohanna 181–183, 185–188, 200, 202, 242f., 254, 260, 269

Katholisch 9, 17, 22, 26, 34, 43, 50, 52–54, 56f., 60, 62f., 65, 69–73, 76, 78, 83–85, 87, 90, 93, 134, 136f., 140f., 144, 146–150, 152–156
- Römisch-katholisch 9, 17, 25, 43, 56–58, 60f., 63, 65, 68–73, 79, 135–137, 147, 155f., 180, 275
Kawar, Majid 93f., 96, 113, 122
Kirche des Heiligen Geistes 18f., 116, 130f., 268
Kirche des Nazareners 1, 9f., 14, 18f., 26, 81, 97f., 102, 106, 108, 116, 119, 121, 124f., 130f., 144, 146, 148, 158, 250, 253, 262, 264, 266, 268, 276
Kommunistisch 16, 26, 60, 65–71, 74, 78f., 135f., 252

Labberton, Mark 173–175, 186
Lausanner Bewegung 14, 174f., 203–207, 209, 219, 247
Lausanner Initiative für Versöhnung in Israel-Palästina (LIRIP) 28, 208–211, 219, 221, 241f., 246, 254
Lindsey, Robert 88, 100, 112, 114
Lutherisch 9, 13f., 35, 63, 80–82, 84, 102, 106, 131, 147f., 13f., 35, 80, 84, 106–108, 125, 131, 147f.

Maria 27, 70–73, 137f., 154–157, 253
- Marienverehrung 26, 65, 70f., 73, 137, 154, 156
Messianisches Judentum 22f., 27f., 101, 109f., 114, 121, 132, 177f., 193, 201–203, 208–221, 223f., 226–229, 232f., 244–246, 254, 259, 262, 264, 271f., 275, 277
Millet 8, 10, 29f., 40–44, 50, 251
Munayer, Salim 7, 20, 101, 114, 177f., 188, 203, 208f., 271
Musalaha 20, 22, 28, 189, 203, 207–209, 211, 213, 215, 218–221, 241, 245–247, 254, 269, 271
Muslimisch 1, 6–9, 11f., 17, 26, 29–34, 36, 38, 43–45, 50–53, 56f., 61–65, 68, 73–77, 79, 83, 97, 134, 136, 144, 163, 169, 182, 185, 208, 214, 224, 233, 249, 251f., 263, 274

Naddaf, Gabriel 53–56, 77, 183–185, 192f., 201
Nazareth 1, 16–31, 37, 46f., 60–76, 78–89, 91, 93f., 96–102, 104f., 112–120, 122, 129–131, 134–150, 153–157, 159, 170, 183f., 186–190, 193, 196f., 202f., 208f., 211, 213, 218, 220f., 223, 228, 230f., 233, 235f., 238f., 241, 243, 246f., 249, 252–259, 261–266, 268–277
Nazareth Evangelical College (NEC) 20–22, 117f., 130, 146, 151, 187f., 243, 259f., 262–264, 269, 276f.
Neue Apostolische Reformation (NAR) 121, 206, 222, 231, 240

Orthodox 9f., 23, 32, 35–39, 43, 45–48, 54, 56f., 59–64, 66–70, 73, 77–79, 87, 90, 93, 134–137, 140–142, 144, 146–150, 152–157, 252
- Griechisch-orthodox 9, 17, 25f., 29–31, 33, 36, 43f.,51, 53–63, 65, 72, 82–84, 91, 135f., 143, 145, 147f., 152f.,, 155f., 183, 275
Osmanisch 8, 10, 26, 29–44, 46, 48, 58, 61f., 75, 78f., 84, 251

Palästinensische Befreiungstheologie 27, 107, 161, 163, 179–183, 191, 195, 201, 254
- Kontextuelle Theologie 179f., 201
Personenstandsangelegenheiten s. Personenstandsrecht
Personenstandsrecht 2, 8, 10f., 15, 25, 29f., 34, 42, 44, 47, 56, 60, 78f., 105, 127, 134, 157, 149, 251, 253
Pfingstlich-charismatisch 13, 16, 26, 28, 89, 96f., 101, 103, 111–115, 119–123, 126, 131, 152f., 203, 212, 219, 221, 239–241, 246, 250, 254, 260
Protestantisch 9, 13, 34, 43, 63, 81, 83–85, 97, 103, 106–108, 124f., 132. 168, 177

Religionsgemeinschaft 1–3, 8–12, 14f., 17, 25–27, 29–36, 39–41, 43–48, 50f., 56–58, 60–62, 64f., 68f., 74, 78f., 91,

95 f., 105–108, 124, 127–132, 134–144, 148 f., 154, 157 f., 192, 249–253

Sachnini, Fouad   18 f., 87, 94, 96, 99 f., 112 f., 115, 118, 122, 258–261
Shihab al-Din   74–76, 78 f., 137

Trump, Donald   23, 159, 164–166, 169 f., 172–175, 183, 185, 187, 201

United Christian Council in Israel (UCCI)   92, 97, 101–111, 113, 115, 121, 123–125, 128, 132
(US-)amerikanisch   2, 14, 17, 24, 27, 29, 35, 63, 76, 79, 81, 85–88, 90, 92, 97, 99–102, 104, 112, 114–118, 120, 129, 151, 159 f., 162–164, 166 f, 169, 172–176, 182, 184 f., 191 f., 201, 205, 214, 222, 230 f., 235, 237, 253, 259–261, 263, 265, 267, 270, 273 f., 276

– US-Botschaft   27, 164, 166, 168–170, 172, 176, 178, 182, 185, 187, 191, 201, 212, 253

Versöhnung   28, 203, 208 f., 219, 225–230, 232, 254, 271

Wagner, Charles Peter   204–206, 222 f., 240
Watchmen for the Nations   28, 203, 221, 225, 232 f., 238–242
Whitman, Roy   90–96, 113 f.

Zionismus   2 f., 5, 12, 14 f., 26–28, 35 f., 45 f., 48 f., 64, 91 f., 113 f., 121 f., 129, 132 f., 136, 139, 142, 159–164, 166, 168, 171 f., 176–188, 191–193, 195, 200–203, 210–213, 216–218, 220 f., 224, 226, 230–233, 235, 239–242, 245–247, 249 f., 253 f., 260

www.ingramcontent.com/pod-product-compliance
Lightning Source LLC
Chambersburg PA
CBHW031422150426
43191CB00006B/364